증보개정판

아동복지의 이해

최순옥 · 윤난호 · 장수영 · 이주연 · 김은숙

태영출판사

머리말

그동안 정보화 · 세계화라는 급속한 사회 변화 속에서 아동복지를 둘러싼 환경에도 급속한 변화가 일어나고 있다. 이러한 사회 전반적인 변화에 따라 가족기능의 변화와 여성역할의 변화로 아동이 보호를 받는 가정은 많은 변화를 하게 되었다. 핵가족화와 자녀수의 감소, 이혼가정과 재혼가정의 증가, 맞벌이가정의 증가와 한부모가정의 증가 등은 부모의 육아부담으로 이어지고, 학대받는 아동의 증가 등 아동의 건전한 성장과 발달을 저해하는 요인들은 계속 늘어나고 있는 추세이다. 그 어느 때보다 가족, 사회, 국가가 힘을 합쳐 아동이 안전하고 건강하게 성장할 수 있는 환경을 조성하려는 노력이 필요하게 되었으며, 아동의 기본 권리를 보장해야 한다는 복지적 요구도 커지고 있다. 이제 우리사회는 아동을 한 사회의 구성원이자 국가의 인적자원으로 인식하고 국가투자의 주요한 대상으로 인식하여야 한다.

이러한 시대적 변화와 새로운 인식으로 아동복지의 이론, 정책, 실천방법 등 아동복지의 중요한 내용들은 최대한 담아보고자 노력하였으며, 대학에서 아동복지 관련 과목의 교재로 사용하기에 적합하도록 최근의 이론적 동향과 조사연구자료 및 아동복지 사업현황과 통계를 담고 있다. 또한 아동복지를 누구나 쉽게 이해할 수 있도록 하여 아동복지를 전공하는 학생뿐 아니라 복지를 전공하는 사람들에게 지침서로 도움이 될 것으로 기대해 본다.

이 책은 모두 14장으로 구성되어 있다. 제 1장 아동과 아동복지에서는 아동복지의 기본적인 개념에 대한 이해를 돕고자 하였으며, 제 2장 아동발달의 이해에서는 일반적으로 나타나는 발달원리를 중심으로 인간발달의 이해를 돕고자 하였다. 제 3장 아동의 권리와 역사적 배경에서는 아동권리 시각에서 아동복지에 접근하고자 하였으며, 제 4장 아동복지 대상과 서비스에서는 아동복지 대상을 요보호 아동과 일반아동을 구분해 보고 이들에게 제공되는 서비스의 기능 수행에 따라 아동복지 서비스를 구분하여 살펴보고 아동복지 서비스를 실천할 때 기준이 되는 기본원칙에 대해서 살펴보았다. 제 5장 아동복지 발달사에서는 아동복지의 변천과정을 시대별 · 국가별로 고찰하였으며, 제 6장에서는 제도적 접근방법으로 아동복지정책과 아동복지관련법률 및 서비스전달체계를 다루었다. 그리고 이론적 접근을 기반으로 구체적으로 아동복지의 실천분야를 소개하기 위하여, 제 7장 빈곤아동과 아동복지, 제 8장 아동학대와 아동복지, 제 9장 장애아동과 아동복지, 제 10장 아동보육 및 방과후 보육, 제 11장 가정위탁 및 입양과 시설보호 사업, 제 12장 아동상담 및 학교사회사업, 제 13장 다문화가족과 아동복지를 다루었다. 마지막 14장에서는 아동복지의 과제와 전망에 대한 이해로 아동복지의 과제와 발전방향을 개괄하였다.

그동안 대학에서 아동복지를 강의하면서 느꼈던 문제점을 줄이기 위하여 여러 차례의 편집회의를 거쳐 내용을 수정 · 보완하였으나 아직도 미진함과 아쉬움이 남는다. 부족하고 미흡한 부분에 대해서는 계속해서 새로운 자료와 함께 보완해 나갈 것이며 여러분의 조언을 부탁드린다. 마지막으로 이 책이 나오기까지 적극적인 지원을 해주신 태영출판사 김현태 사장님과 편집을 위해 애쓰신 직원 여러분에게 감사를 드린다.

2011년 2월에

저자 일동

차 례

아동과 아동복지

01
Chapter

1. 아동의 개념
2. 아동복지의 개념
3. 아동복지의 이념
4. 아동복지의 기본조건 및 원칙
5. 아동복지의 의의와 기능

아동의 개념은 시대와 사회적 변천에 따라 한 사회가 아동에게 부여하는 독특한 일련의 역할과 기대에 의해 다르게 정의되어 왔으며, 아동복지의 개념 또한 그 사회가 추구하고 있는 이데올로기와 정치적 관점 및 시대적 요구에 따라 다르게 정의되어져 왔다.

그러나 비록 아동과 아동복지의 개념이 이렇듯 다양하다 할지라도 "아동"이라는 대상이 인간의 전 생애를 통틀어 가장 특별한 사회적 보호를 필요로 하는 시기에 속해 있으며, 미래를 책임질 사회적 역할이 기대되는 대상이라는 점에서는 의견의 차가 없으며, 이들의 건전한 성장과 발달을 위해서는 포괄적 대책이 필수적으로 요구된다는 점에도 의견의 일치를 보고 있다.

따라서 이 장에서는 아동복지를 이해하는 기초로서 아동과 아동복지의 기본 개념을 우선적으로 제시하고, 더불어 한 사회의 아동복지를 이해하는 분석의 틀로 작용하는 아동복지의 다양한 이념과 원칙, 그리고 아동복지가 갖는 의의와 기능을 살펴보고자 한다.

1. 아동의 개념

아동의 개념은 크게 특정 연령군의 인구 집단의 보편적 특성과 욕구, 그리고 한 사회가 그 사회의 아동에게 부여하는 독특한 일련의 역할과 기대를 중심으로 정의 내려지는 발달적 관점에서의 정의와 사회적 책임과 의무, 그리고 권리와 제도적 지원을 중심으로 정의 내려지는 법적 관점에서의 정의로 구분할 수 있다.

비록 아동에 대한 발달적 관점에서의 정의와 법적 관점에서의 정의가 다소 상이할지라도 아동을 연구의 대상으로 삼는 학문 분야에서 아동을 정의할 때, 발달적 관점은 매우 중요한 준거로 고려되어 왔으며, 이러한 관점은 아동의 복지에 대한 사회적 책임의 실체로서 작용하는 법적 정의에서도 그 근간을 이루고 있다.

따라서 여기서는 아동에 대한 발달적 관점에서의 정의와 법적 관점에서의 정의를 통해 아동의 개념을 구체적으로 설명해 보고자 한다.

1) 발달적 관점에서의 정의

발달심리학은 인간의 전 생애에 걸쳐 일어나는 모든 발달적 변화의 양상과 과정을 연구하는 학문의 한 분야로, 인간의 연령이 변화함에 따라 발달적 변화가 일어나는 양상을 있는 그대로 기술해 주는 현상학적 기술(phenomenal description) 연구와 그러한 발달적 변화가 일어나는 원인과 과정을 추론하고 이론화하려는 발달기제(developmental mechanism) 연구에 관심을 두어 왔다.

그 결과 발달심리학에서는 인간의 전 생애가 보편적 특성과 욕구에 따라, 다른 시기와는 질적으로 크게 구분되는 각기 다른 단계로 구분됨을 설명하였으며, 아동기 또한 다른 연령군의 인구 집단과는 신체적, 인지적, 정서적, 사회적으로 뚜렷하게 구분되는 보편적 특성과 욕구를 지닌 시기로 가정하고 있다.

발달심리학적 관점에 근거하여 아동을 정의해 보면, 표 1-1에 제시된 바와 같이 영아기와 유아기 이후의 시기에 해당되는 만 6세부터 11세에 해당되는 연령군이라 할 수 있다.

표 1-1 인간발달의 단계와 주요 발달내용

발달단계	주요 발달 내용
태내기 (수정–출생)	기본적인 신체구조와 기관이 형성된다. 신체의 성장이 일생 중 가장 빠른 속도로 이루어진다. 태내환경으로부터 크게 영향을 받는다.
영아기 (0–만 2세)	신생아는 의존적이기는 하나, 나름대로 다양한 능력을 가지고 있다. 신체의 성장과 발달의 속도가 매우 빠르다. 학습능력과 기억력이 신생아기에도 형성된다. 첫돌 무렵에 부모에 대한 애착이 형성된다.
유아기 (만 2세–만 6세)	운동기능과 체력이 신장된다. 자기중심적이다. 인지적 미성숙으로 인해 세상을 보는 눈이 비논리적이다. 자율성과 자기 통제력이 크게 증가한다.

아동기 (만 6세–만 11세)	신체의 성장 속도가 이전 시기에 비해 느려진다. 체력과 운동기능이 더욱 신장된다. 유아기의 자기중심성이 사라진다. 기억력과 언어기능이 증가한다. 자아개념이 발달한다. 친구가 생활의 중심이 된다.
청년기 (만 11세–만 20세)	신장과 체중이 급격히 성장하고 성적 성숙이 이루어진다. 추상적 사고가 가능하다. 청소년기의 자기중심성이 나타난다. 자아정체감의 확립이 심각한 문제도 대두된다. 또래집단이 형성되고 그 영향력이 커진다.
성년기 (만 20세–만 40세)	신체적 건강이 최고조에 달하다가 서서히 감퇴하기 시작한다. 지적 능력이 더 복잡해진다. 친밀한 관계가 이루어지며, 대부분의 사람들이 결혼하여 부모가 된다. 직업을 갖는다.
중년기 (만 40세–만 60세)	신체적 건강과 정력이 감퇴하기 시작한다. 실생활의 지혜는 증가하나, 새 것에 대한 문제해결 능력은 저하된다. 자녀들이 집을 떠나고 빈 둥지 증후군이 나타난다.
노년기 (60세 이후)	지적 능력과 기억력이 감퇴한다. 은퇴로 인해 수입은 감소하지만 여가시간이 많아진다. 다가오는 죽음에 대비하여 삶의 목적을 찾을 필요가 있다.

* 출처 : Papalia, D. E., & Olds, S. W.(1989). Human Development(7th ed.). McGraw–Hill.

2) 법적 관점에서의 정의

아동복지는 아동의 건전 육성에 대한 사회적 책임을 제도적 뒷받침 하에 실천하는 분야로, 주로 법적 규정에 의하여 다양한 시책을 실시하게 되며, 대부부분의 나라에서도 이러한 입장을 취하고 있다(이소희, 2005).

따라서 아동의 법적 정의는 아동에 대한 사회적 책임과 의무, 그리고 권리와 제도적 지원을 규정하는데 있어 기준이 된다는 점에서 매우 중요하다고 할 수 있으며, 그 정의가 발달심리학적 관점을 근간으로 하기는 하나, 각 나라의 사회 문화적인 맥락 및 법률의 성격에 따라 상이한 특성을 갖는다.

우리나라의 법에서는 표 1-2에 제시된 바와 같이 법의 성격에 따라 아동의 개념을 규정하고 있는데, 그러나 그 용어에서도 아동, 소년, 연소자, 청소년, 미성년자가 혼재되어 유사 개념으로 사용되고 있을 뿐 아니라 각각의 법에서 규정하고 있는 아동의 연령이 다소 상이하게 규정되어 있어 아동복지정책을 통합적으로 실시하는 데 어려움이 따르고 있다.

표 1-2 국내 법률에서 규정하는 아동의 정의

법률	용어	연령 구분
아동복지법	아동	18세 미만의 자
청소년기본법	청소년	9세 이상, 24세 이하의 자
영유아보육법	영유아	6세 미만의 취학전 아동 (만 12세 미만까지 가능-방과후 보육)
소년법	소년	20세 미만의 자
소년원법	소년	20세 미만의 자
청소년보호법	청소년	만 19세 미만의 자
청소년의 성보호에 관한 법률	청소년	만 19세 미만의 자
민법	미성년자 혼인적령	만 20세 미만의 자 남자-만 18세, 여자 -만 16세
형법	형사미성년자	14세 되지 아니한 자
근로기준법	연소자	18세 미만의 자
모자보건법	영유아	출생 후 6년 미만의 자
모부자복지법	아동	18세 미만의 자녀
국민기초생활보장법	아동	18세 미만의 자

* 출처 : 이소희(2005). 아동복지론.

2. 아동복지의 개념

아동복지의 개념은 아동에 대한 인식과 사회가 추구하고 있는 이데올로기와 정치적 관점 및 시대적 요구에 따라 다르게 정의되어져 왔으며, 아동을 둘러싼 환경의 변화에 따라 발전을 거듭하여 왔으나 아직까지도 그 개념이 모호한 편이다. 왜냐하면 그것은 "복지(Welfare)"의 개념이 추상적이면서도 동시에 능동적인 실천개념을 공유하고 있어 매우 다면적일 뿐 아니라 관련분야에서 다양한 용어와 결합되어 특수한 상태로 사용되기 때문이다(이소희, 2005).

따라서 여기서는 우선 일반적인 사회복지의 개념과 함께 사회복지활동을 전개하는 주체 및 대상, 대상에게 제공되는 복지활동의 내용과 수준을 고려하여 사회복지를 기술적으로 정의해 보고자 하며, 이를 통해 아동복지의 개념을 정의해 보고자 한다.

1) 사회복지의 정의

일반적으로 "사회복지(Social Welfare)"란 상태적 측면에서 보면 사회구성원 모두가 기초적인 생활 욕구(의식주)를 충족하면서 최소한의 인간다운 생활을 영위하는데 필요한 신체, 심리, 정서, 사회, 경제적 자원들을 기본적으로 누리는 안녕의 상태인 동시에 인간의 가치와 존엄성이 최고도로 실현되는 상황을 말하며, 상태지향적인 측면에서 보면 그 같은 상태를 추구하기 위한 사회 공동의 노력으로 정의될 수 있다(장인협, 1987).

그리고 이러한 사회복지는 다시 사회복지활동을 전개하는 주체 및 대상에게 제공되는 복지활동의 내용과 수준에 따라 '좁은 의미의 사회복지'와 '넓은 의미의 사회복지'로 세분화되어 기술되어지기도 하는데, 그 내용은 다음과 같다.

(1) 좁은 의미의 사회복지

가족이나 시장과 같은 정상적인 공급구조가 제 기능을 발휘하지 못할 경우에 공공 및 민간이 요보호 대상자들의 자립을 돕는 형태이다.

(2) 넓은 의미의 사회복지

한 개인의 욕구가 가족이나 시장의 노력만으로는 충족될 수 없는 것을 정상적인 상태로 간주하고, 다양한 복지주체들이 모든 사회구성원들의 자아 완성을 돕기 위해 모든 서비스를 제공하는 형태이다.

2) 아동복지의 정의

앞서 언급되었던 사회복지의 정의를 토대로 아동복지를 정의해 보면, 아동복지란 사회적 구성원으로서의 모든 아동이 기초적인 생활 욕구를 충족하면서 이들이 신체적, 정서적, 사회적으로 최상의 발달을 기하는데 필요한 자원들을 기본적으로 누리는 안녕의 상태인 동시에 아동의 가치와 존엄성이 최고도로 실현되는 상황을 추구하기 위한 사회 공동의 노력이라고 정의될 수 있다.

그리고 이러한 아동복지는 다시 아동복지활동을 전개하는 주체 및 대상, 대상에게 제공되는 복지활동의 내용과 수준에 따라 '좁은 의미의 아동복지'와 '넓은 의미의 아동복지'로 세분화되어 기술되어지기도 하는데, 그 내용은 다음과 같다.

(1) 좁은 의미의 아동복지

부모나 가족을 통해 적절한 보호와 자원을 제공받지 못하는 특수한 욕구를 가진 아동과 그 가족을 대상으로 제공되는 복지형태이다.

(2) 넓은 의미의 아동복지

특수 욕구를 가진 아동과 가족은 물론 모든 아동과 그 가족을 대상으로 다양한 복지 주체들이 서로 유기적인 관련 하에 체계적으로 전개하는 복지형태이다.

한편 오늘날은 아동을 포함한 모든 국민의 복지보장이 하나의 권리로 인식되고 있으며, 복지의 주체를 국가로 간주하고 있기 때문에 대부분의 나라에서는 넓은 의미의 아동복지 정의를 수용하고 있는 편이다.

3. 아동복지의 이념

아동복지의 이념은 전체 사회 이데올로기 측면에서 보면 하위 이데올로기이며, 그리고 이러한 아동복지의 이념은 그 책임의 문제에 있어 부모 및 가족과 국가 간의 책임 소재의 변화와 그 책임의 강도에 의해 다양한 변화를 겪어 왔기 때문에 한 국가가 어떠한 아동복지 이념을 추구하느냐는 아동복지의 대상이 되는 아동과 그 가족에 대한 개입의 내용과 수준을 결정해 왔다는 점에서 중요하다(송주미, 1998).

따라서 여기서는 다양한 아동복지의 이념을 국가-가족-아동 간의 관계 속에서 설명했던 Harding의 분류에 따라, 대표적인 아동복지 이념을 살펴보고자 한다.

1) 자유방임주의

자유방임주의(Laissez -faire)에서는 국가의 관여는 개인의 자유에 대한 억압이므로, 국가에 의한 어떠한 조치도 구속이나 통제라고 가정함으로 아동복지에 대한 국가역할의 최소화를 핵심으로 한다.

따라서 이 이념에서는 국가는 아동의 부모가 아님으로 아동의 부모가 지닌 아동에 대한 우선적 책임과 권리를 중시, 아동과 가정에 대한 불간섭주의 입장을 취하며, 국가의 역할을 아동의 보호 조건이 성립되지 않는 경우에만 최소한의 개입, 선별적, 개별적 수준의 개입으로 한정한다.

2) 국가부권주의

국가부권주의(State Paternalism)에서는 부모-자녀 간의 생물학적 유대보다는 양육자-아동 간의 심리적 유대를 강조하므로, 아동보호에 대한 광범위한 국가개입을 핵심으로 한다.

따라서 이 이념에서는 부모가 아동보호에 부적절한 기능을 할 경우, 국가가 가족과 아동에게 언제든지 개입하여 아동을 보다 나은 양육환경으로 옮길 수 있다는 국가 권위주의적 입장을 취하며, 국가의 역할을 아동의 복지를 증진하고, 위험을 최소화해 주는 것으로 본다.

3) 가족중심주의

가족중심주의(Pro-family/ Defence of the Birth Family)에서는 생물학적인 가족이 중요하다고 보며, 가능하다면 이는 보호되고 유지되어야 함을 강조하므로, 생물학적 부모-자녀 관계의 유지를 핵심으로 한다.

따라서 이 이념에서는 아동의 최선의 이익은 친부모에게서 양육받는 것으로 봄으로써 국가가 아동에게 대리적 보호를 제공하기 보다는 아동에게 대리적 보호가 필요하지 않도록 가족을 위한 지지적 서비스를 제공할 것을 강조하는 입장을 위하며, 국가의 역할을 가족의 유지를 위한 다양한 지지라고 본다.

4) 아동권리주의

아동권리주의(Children's Right)에서는 아동을 성인과 같은 자율권을 지닌 독립된 존재로 봄으로, 아동의 자기결정권과 권리의 극대화를 핵심으로 한다.

따라서 이 이념에서는 성인과 국가를 통해 아동을 통제하고자 하는 것에 회의적인 입장을 취하며, 국가의 역할을 아동이 성인으로부터 자유를 얻을 수 있도록 보장해 주는 것으로 본다.

4. 아동복지의 기본조건과 원칙

아동복지를 추구하는 과정에서 아동의 권리로서 기본적으로 보장되어야 하는 조건 또는 요소를 무엇으로 보아야 할 것이며, 아동이 당면한 문제를 해결하여 이들의 건전한 성장과 발달을 도모하기 위해 아동복지정책과 서비스를 추구하는데 기본적으로 고려해야 할 원칙이 무엇인지에 대한 견해는 학자에 따라 다르며, 이는 'UN 아동권리에 관한 국제협약' 및 '아동복지 관련법'에 따라서도 다소 상이하게 제시되고 있다.1)

따라서 여기서는 'UN 아동권리에 관한 국제협약'과 우리나라 '아동복지법'에서 제시되고 있는 아동복지의 전제 조건과 원칙을 종합하여 모든 아동의 건강한 성장과 발달 및 안녕을 추구하는데 기본이 되는 기본 조건과 원칙을 구체적으로 제시해 보고자 한다.

1) 아동복지의 기본조건

아동복지에서 기본적으로 추구해야 할 조건을 제시해 보면 다음과 같다.

(1) 건강한 가정과 부모

부모와 가정은 인간의 가장 일차적인 환경으로, 가족성원의 양육과 보호, 사회화, 정서적 발달은 물론 인격형성에 있어서도 중요한 역할을 수행하는 체계라는 점에서

1) ① UN 아동권리에 관한 국제협약(1989)에서는 아동의 기본권리로서 시민권과 자유권, 가정환경 및 대리보호에 대한 권리, 보건 및 복지에 대한 권리, 교육·여가·문화활동에 대한 권리, 특별 보호에 대한 권리 등을 명시하고 있다.

② 우리나라 아동복지법(2004)에서는 국가, 지방자치단체, 보호자의 책임으로 명시한 아동의 기본권리로 건강 및 복지에 대한 권리, 건강하고 안정하게 양육받을 권리, 아동의 권익과 안전이 존중받을 권리, 장애아동의 보호권리 등을 명시하고 있다.

아동의 건강한 성장과 발달 및 안녕을 추구하는데 있어 가장 중요한 요인이 된다. 따라서 국가와 사회는 다양한 가정복지 서비스를 통해 건강가정 육성 및 바람직한 부모 역할 수행을 지원하여 아동의 건강한 성장과 발달 및 안녕을 도모해야 한다.

(2) 경제적 안정

가정의 빈곤은 아동복지의 지표이며, 동시에 가정 기능의 수준을 측정하는 지표로(Garbarino, 1992), 이는 아동의 사회적 혜택(건강, 안전, 교육, 보건)을 제한하여 아동의 건강한 성장과 발달 및 안녕을 저해하는 요인이 된다. 따라서 국가와 사회는 다양한 사회보장제도를 통해 빈곤가정의 경제적 안정을 지원하여 아동의 건강한 성장과 발달 및 안녕을 도모해야 한다.

(3) 건강 및 안전

아동이 건강하게 출생하여 행복하고 안전하게 자라도록 지원하는 것은 아동 개개인의 생존과 직결될 뿐 아니라 인류와 한 국가의 존속과 관련되어 있다는 점에서 아동복지의 기반이 되는 요인이다. 따라서 국가와 사회는 모든 아동의 신체적 · 정신적 건강을 위한 적절한 공공 의료서비스의 제공을 지원하여 아동의 건강한 성장과 발달 및 안녕을 도모해야 한다.

(4) 교육

우리나라의 헌법에서는 모든 국민이 능력에 따라 균등하게 교육을 받을 권리를 명시하고 있으며, 아동의 보호자가 기타 사정으로 아동을 보호 · 교육하기 어려운 경우라도 국가와 사회가 보호와 함께 건전한 교육을 제공하여 아동을 건강한 사회성원으로 육성해야 한다는 조항을 명시하고 있다. 따라서 국가와 사회는 모든 아동에게 적절한 공교육 서비스를 지원하여 아동의 능력과 잠재력의 계발 및 성장을 도모해야 한다.

(5) 여가와 문화 활동

아동에게 놀이란 아동의 성장 · 발달에 있어 중요한 수단이며, 성장을 촉진하는 하나의 성장기제이고, 아동이 지닌 가능성과 잠재력을 발달시킬 수 있는 수단으로서 가장 완전하게 학습할 수 있는 최선의 방법이란 점에서 아동의 놀이 및 여가활동의 보장은 아동의 균형 있는 성장의 필수 요인이 된다. 따라서 국가와 사회는 모든 아동에게 놀이와 문화 활동을 지원하여 아동의 건강한 성장과 발달 및 안녕을 도모해야 한다.

(6) 아동노동의 보호

아동의 노동은 아동의 교육권이나 여가 및 문화 활동의 권리를 침해하며, 발달적 관점에서는 아동의 신체발달과 건강을 저해할 뿐 아니라 인지적 발달이나 정서적 발달에 문제를 초래하는 요인이 됨으로, 세계 각국은 물론 우리나라에서도 아동복지법과 근로기준법 등을 통해 연소 아동의 노동금지 및 아동노동 관련 금지 행위를 규정하고 있다. 따라서 국가와 사회는 아동 노동을 보호하여 아동의 건강한 성장과 발달 및 안녕을 도모해야 한다.

(7) 특수아동을 위한 보호

'UN 아동권리에 관한 국제협약'에서는 법적 분쟁상의 아동과 착취 상황 하의 아동을 특별 보호조치를 받을 권리가 있는 아동으로 규정하고 있으며, Fredericksen(1972)은 정상적인 결혼을 하지 않은 부모에게서 태어난 아동, 취업모 아동, 장애아동, 인격 및 행동장애아동, 소수집단 아동, 저소득층 아동을 특수욕구를 가진 아동으로 규정하고, 이들 아동의 특수 욕구에 관심을 확대해야 함을 강조하고 있다. 따라서 국가와 사회는 특수아동의 유형에 따라 다양한 사회 복지적 대책을 제공하여 특수 욕구를 가진 아동들의 사회적응과 학교적응을 도모해야 한다.

2) 아동복지의 원칙

아동이 당면한 문제를 해결하여 이들의 건전한 성장과 발달을 도모하기 위해 아동복지정책과 서비스를 추구하는 데는 기본적으로 고려해야 할 원칙이 있다. 이에 대해 장인협(1981)은 아동복지사업의 원칙을 "권리와 책임의 원칙", "보편성과 선별성의 원칙", "개발적 기능의 원칙", "통합성의 원칙", "전문성의 원칙" 등의 다섯 가지로 제시하고 있으며, 김성경(2005)은 위의 다섯 가지 원칙에 "예방성과 치료성의 원칙"을 추가하여 여섯 가지로 제시한 바 있다.

이에 여기서는 장인협(1981)의 원칙을 근간으로 하여 김성경(2005)이 제안한 여섯 가지 원칙을 통해 아동복지의 제 원칙을 설명해 보고자 한다.

(1) 권리와 책임의 원칙

권리와 책임의 원칙이란, 아동복지사업이 '아동-부모-사회'의 상호관계를 바탕으로 실시되어야 할 뿐 아니라 이들 세 주체 간에 계속적인 균형유지와 상호관계를 지녀야 한다는 것으로, 즉 이들 중 어느 한 부분의 권리의 상실이나 부적응, 지나친 요구 등이 야기될 때 아동복지에 많은 문제점이 도출될 수 있는 만큼, 아동에게는 독자적인 권리와 책임을 부여하고, 부모와 사회에게는 부모와 사회로서의 권리와 책임을 감당하도록 할 때, 아동복지 대책이 효과성과 효율성을 가질 수 있음을 의미한다.

(2) 보편성과 선별성의 원칙

보편성과 선별성의 원칙이란, 아동복지 사업은 보편성과 선별성[2)]이 동시에 적용되어야 한다는 것으로, 사회복지의 발달사를 통해 볼 때, 사회복지의 모습은 선별적인 복지에서 보편적인 복지로 이행되는 바, 아동복지의 경우에도 지속적으로 선별

2) 사회복지에서 의미하는 보편성이란, 전체 아동을 대상으로 하여 포괄적이고 균등한 기회를 제공함을 의미하며, 선별성이란, 아동에 대한 복지를 추구하는데 있어 조건이나 기준을 통해 대상을 선별하여 이들에게 보충적이고 열등적인 서비스를 제공하는 것을 의미한다.

적인 복지에서 보편적인 복지의 방향으로 발전해야 함을 의미한다.

(3) 개발성의 원칙

개발성의 원칙이란, 아동복지의 대상인 아동의 변화를 유도하고, 이들이 가진 능력을 최대한 발휘할 수 있도록 해야 한다는 것으로, 아동에게 국가발전에 능동적으로 참여하여 활동할 수 있는 기회를 제공함으로써 사회적으로 자립할 수 있도록 하고, 동시에 사회적 기여를 창출할 수 있도록 해야 함을 의미한다.

(4) 전문성의 원칙

전문성의 원칙이란, 산업화, 도시화, 정보화 시대에 따라 점차 날로 높아지는 아동의 욕구를 충족시키기 위해서는 전문적인 지식과 기술을 지닌 전문 인력이 활용되어야 한다는 것으로, 최근의 심각한 사회문제는 매우 다양한 문제들이 복잡하게 얽혀있는 만큼, 아동복지를 실천하는데 있어 전문 인력의 양성과 배치를 통해 아동복지 대책의 효과성과 효율성을 높여야 한다는 것을 의미한다.

(5) 통합성의 원칙

통합성의 원칙이란, 아동이 하나의 인격을 가진 전인적인 존재인 만큼 이들이 건전하고 건강하게 성장과 발달을 도모하기 위해서는 아동복지의 기본 조건[3)]을 포괄적이고 통합적으로 제공해야 한다는 것으로, 이를 위해서 예방조치와 함께 문제를 조기에 확인하고 진단하고, 치료할 수 있는 아동복지 실천체계의 구축이 요구된다는 것을 의미한다.

(6) 예방성과 치료성의 원칙

예방성과 치료성의 원칙이란, 아동복지를 추구하는데 있어 가장 바람직한 것은

3) 아동복지의 기본 조건으로는 건강한 가정과 부모, 경제적 안정, 보건, 교육, 여가 및 문화활동, 아동노동의 보호, 특수아동을 위한 보호가 있다.

아동의 문제를 미연에 방지하는 것이며, 동시에 만일 문제가 발생할 경우에는 확인된 문제의 해결을 위해 최선의 조치를 실시해야 한다는 것을 의미한다.

5. 아동복지의 의의와 기능

아동복지는 사회적 구성원으로서의 모든 아동의 복지를 사회가 보장해 주는 것이며, 이러한 아동복지는 한 가계의 계승자며, 미래를 이끌어 갈 역사적인 존재인 아동을 최우선으로 하여 아동의 부모와 가족, 아동이 살고 있는 지역사회와 국가 및 나아가 국제적인 차원에서 의의를 갖는다.

따라서 아동복지의 의의에 대한 분명한 인식은 개인이나 사회가 적극적인 자세를 지니고 아동복지에 임하게 함으로써 아동복지를 증진시키는데 기여하는 바, 여기서는 아동복지가 갖는 의의와 기능을 살펴보고자 한다.

1) 아동복지의 의의

(1) 발달심리학적 관점에서 본 아동복지의 의의

발달심리학적 연구 성과는 아동발달에 대한 인식을 높임으로써 아동복지의 실천 방향을 설정하고, 구체적인 실천 지침을 마련하는데 기여하여 왔다. 즉, 모든 인간 발달 이론들은 공통적으로 발달이 연속적인 변화이며, 인간의 발달은 기초성, 적기성, 누적성, 불가역성의 원리에 따르기 때문에 발달의 초기에 적절한 복지조치를 받으면 더 나은 발달적 성취를 이룰 수 있으나 만일 그렇지 못하다면 발달적 손상을 경험하여 이후 발달에 심각한 영향을 받게 되어 돌이킬 수 없는 결과를 초래한다는 견해를 밝힘으로써 아동복지를 증진시키는데 기여한 바 있다.

인간 발달의 원리가 아동복지에 기여한 바를 구체적으로 살펴보면 다음과 같다.

1 기초성의 원리

기초성의 원리는 아동복지가 인간의 전 생애 중, 생의 초기에 개입함으로써 이후 있을 수 있는 다양한 문제를 예방하는데 그 근거를 제공하였는데, 즉 아동기는 성인기의 기초가 형성되는 기간으로 아동기에 경험하는 모든 경험은 성인기 행동의 여러 특성을 결정하는 원인이 되는 바, 생의 초기의 개입은 다양한 문제의 발생을 사전에 예방하게 할 수 있다.

2 적기성의 원리

적기성의 원리는 인간의 발달에는 유기체를 둘러싼 내적 · 외적 사건들이 발달에 최대의 영향을 미치는 짧은 기간인 최적기가 있으며, 어떤 특정한 발달과업은 그 시기를 놓치면 다음 시기에 보충되기 어렵다는 것을 강조함으로써 아동복지가 갖는 의의를 뒷받침하는 근거를 제공하였다.

3 누적성의 원리

누적성의 원리는 인간의 성장, 발달에 있어서 어떤 결손이 생기면 이는 다음의 발달에 부정적인 영향을 미치고, 이 때 적절한 개입을 하지 않으면 결손이 누적되어 보다 심각한 결손으로 나타날 수 있음을 강조함으로써 아동복지가 갖는 의의를 뒷받침하는 근거를 제공하였다.

(2) 아동의 생활환경적 변화에서 본 아동복지의 의의

오늘날의 사회는 급격한 발달에 따라 사회구조 및 가치관이 급속도로 변화하고 있으며, 이러한 영향은 아동의 의식구조와 생활방식을 크게 변화시켰을 뿐 아니라, 동시에 아동에 대해 갖는 사회적인 요구 또한 다양화하게 했다. 따라서 아동복지가 효과적으로 이루어지지 위해서는 개체로써의 아동의 변화에 주의를 기울여야 함은 물론 아동이 생활하는 주변 환경을 충분히 파악할 필요가 있는데, 아동의 생활환경적 변화에서 본 아동복지의 의의를 구체적으로 살펴보면 다음과 같다.

1 아동의 사회 · 인구학적 특성의 변화

한 나라의 아동인구의 구조와 그 추이는 아동복지 수준에 영향을 미치는 요소로써 아동복지정책 입안의 기초 자료가 되며, 일반적으로 전체 인구에 비해 아동인구의 비율이 높은 나라는 아동복지의 수준이 낮은 반면, 아동인구의 비율이 낮은 나라는 아동복지의 수준이 높은 편이다(이소희, 2005).

우리나라의 경우 최근 출산율의 감소로 인해 해마다 아동인구가 점차 감소되어 전체 인구 중 아동인구의 비율이 약 25% 수준으로 크게 감소하고 있을 뿐 아니라, 특수교육을 필요로 하는 아동인구와 부적응아동 또한 상대적으로 해마다 꾸준히 증가하고 있는 추세에 있다.

따라서 아동의 이러한 사회 · 인구학적 변화는 아동의 건전한 육성에 대한 사회적 책임을 강조하는 이유가 됨으로써 아동복지의 의의를 뒷받침해 주는 근거가 되고 있다.

2 가정환경 및 부모환경 특성의 변화

아동에게 있어 가정과 부모는 매우 의미 있는 환경이다. 그것은 아동이 태어나서 맨 먼저 접하는 곳이며, 자립할 때까지 그의 생리적 · 심리적 욕구를 충족시키고, 각종의 위험으로부터 보호받을 뿐 아니라 사회구성원으로서 필요한 지지를 받는 곳이기 때문이다. 이렇듯 가족 및 부모환경은 다양한 요인들이 서로 역동적으로 상호작용하기 때문에 아동의 복지에 직 · 간접적으로 미치는 영향이 크다.

가정환경은 가족구성원에게 영향을 미치는 가정의 모든 조건, 제재와 그 작용을 뜻하는데, 가정환경 및 부모환경 특성의 변화에 따른 아동복지의 의의를 구체적으로 살펴보면 다음과 같다.

첫째, 가족의 크기, 형태 및 범위의 변화를 들 수 있다. 오늘날 가족은 핵가족, 외둥이 가족 등 다양한 가족의 형태를 가져왔으며, 전통적 가족이 수행해 왔던 기능(부부의 성적인 기능, 출산의 기능, 부양의 기능, 경제적 기능, 양육 및 교육의 기능, 휴식과 오락의 기능, 종교적 기능) 중, 특히 자녀의 보호와 양육 및 교육의 기능이 크게 약화되는 가족기능의 변화를 가져왔다.

둘째, 가족관계의 변화를 들 수 있다. 오늘날의 가족은 그 구조가 부모, 부모-자녀

관계에서 부부관계 중심으로 이양되면서 가족관계가 부부관계 중심으로 변화하였으며, 부부관계가 평등하고, 민주적인 관계로 변화되었을 뿐 아니라 더욱 밀착된 관계로 변화하고 있다. 그러나 이러한 변화에도 불구하고, 또 다른 측면에서는 부부간의 폭력과 학대 또한 빈번하게 발생함으로써 아동의 건전한 부모상 정립을 위협하고 있기도 하다.

셋째, 가족관의 변화를 들 수 있다. 오늘날 가족관은 과거에 비해 가족 내 이기주의가 크게 증가하고 있다고 특징지을 수 있다. 즉 가족 개개인이 가족의 화합을 위해 희생하고 양보하기 보다는 개개인의 만족과 성취에 더 많은 가치를 두고 있으며, 이는 부모의 책임을 유기하는 경우를 증가시켜 아동의 복지를 위협하고 있다.

따라서 가족과 부모환경의 이러한 변화는 아동의 건전한 육성에 대한 사회적 책임을 강조하는 이유가 됨으로써 아동복지가 갖는 의의를 뒷받침해 주는 근거가 된다.

3 아동의 욕구 및 요구의 변화

사회복지학에서 욕구는 생리적인 속성을, 요구는 권리적인 속성을 지니고 있는 원함(WANT)으로 보며, 사회복지는 사회의 욕구와 요구에 대한 대응으로 본다.

따라서 아동복지 또한 아동클라이언트의 욕구와 요구에 대응하는 활동이란 점에서 아동의 욕구와 요구의 변화에 민감하게 반응해야 하는데, 특히 아동의 계층별, 발달단계별로 아동의 요구가 다를 수 있다는 점은 아동복지의 방법에 있어 계층별 접근과 질적 접근의 필요성을 시사하는 것으로, 아동복지가 갖는 의의를 뒷받침해 주는 근거가 된다.

4 사회 환경적 특성의 변화

최근 우리 사회는 산업화 사회에서 발생하였던 산업화 문제와 견줄 만큼 심각한 정보화의 문제로 인해 적응에 어려움을 겪고 있고, 이는 정보화의 특성상 빠른 속도로 아동에게도 고스란히 전달되어 아동들에게 다양한 형태의 부적응 문제를 초래하고 있다. 따라서 사회 환경적 특성의 변화는 아동복지 방법을 채택하는데 있어 보다 다양하고 선진적인 접근이 요구된다는 점을 시사하는 것으로 아동복지가 갖는 의의를 뒷받침해 주는 근거가 된다.

2) 아동복지의 기능

(1) 아동에 대한 기능

아동이 자신들의 생리적, 문화적, 욕구를 스스로 충족하는 것은 사실상 어렵거나 불가능하며, 아동들의 경우에는 어떠한 개입 없이 그대로 방치해 둘 경우, 정상적으로 성장 · 발달하기 어려우며, 경우에 따라서는 생존까지도 위협받는 상황에 놓이게 된다. 그리고 아동복지의 대상이 되는 아동들은 저마다 가지고 있는 조건이나 처한 상황에 차이가 있음으로 아동복지가 모든 아동에게 동일한 기능을 갖는 것만은 아니라 할 수 있다.

그러므로 아동복지는 일반 아동에게는 이들이 더 건강하고, 또 건전하게 성장, 발달할 수 있도록 이들이 가진 능력을 개발, 육성시키는데 기능을 가질 뿐 아니라, 이들의 부모 및 가정이 건강하게 유지될 수 있도록 지지적인 서비스를 제공하며, 요보호 아동에게는 그들의 기본적인 욕구를 충족시켜 주고, 그들이 놓여있는 환경적인 어려움을 개선시키는 동시에 그들의 가정과 부모를 대신하여 그들을 양육, 보호할 수 있는 보완적, 대리적 서비스를 제공하는 기능을 수행한다.

(2) 부모에 대한 기능

아동을 보호하고, 교육할 일차적인 책임은 부모에게 있으며, 부모는 아동을 보호하고, 교육하는 중요한 역할을 수행한다. 그리고 실제적으로 부모들은 각기 다른 상황에서 자녀를 양육하게 되기 때문에 개개의 상황에 따라 필요로 하는 사회적 도움의 성격 또한 다르다.

그러므로 이러한 관점에서 아동복지는 1차적인 대상이 되는 아동뿐 아니라 그들의 부모를 지지(support)하고 보완(supplementary)하며 대리(substitute)하는 방법을 채택하여, 부모들로 하여금 부모역할을 충실히 수행할 수 있도록 각각의 부모가 필요로 하는 사회적인 도움을 제공하는 기능을 수행한다.

(3) 사회에 대한 기능

아동은 미래를 이끌어 갈 역사적인 존재인 만큼, 아동복지의 사회적 기능은 아동의 건전육성을 도모하고, 아동과 관련된 사회 문제의 발생을 예방하여 국가인력을 보호 · 육성하는 것이라 할 수 있다. 즉, 아동복지는 아동들의 복지를 도모할 수 있는 각종 교육, 문화, 의료시설을 설치하여 아동의 건전한 육성을 도모하며, 각종 복지 프로그램을 개발하고 제도를 창출하여 아동과 그들의 부모 및 가정의 복지대책을 강구하는 기능을 수행한다.

생각해보기

1. 각 법률에서 정의하고 있는 아동의 개념이 실제적인 법 적용과정에서 문제를 일으킨 사례를 조사해 보자.

2. 오늘날 가족은 이혼과 재혼의 되풀이와 만혼이나 늦둥이 출산 등으로 인해 가족주기에 다양한 변화를 겪고 있다. 이러한 가족주기의 변화가 어떠한 아동복지문제를 발생시키는가에 대해 연구해 보자.

아동발달의 이해

Chapter 02

1. 아동발달의 개념
2. 아동발달의 기본원리
3. 아동발달이론
4. 아동발달 특성과 부모의 역할

인간은 엄마 뱃속으로부터 태어날 때는 모든 것이 백지처럼 순수한 상태다. 그러나 성장을 해오는 동안 어떤 환경에 처해지는가에 따라 달라진다. 즉, 아이들은 마치 점토와도 같아서 누가 어떤 방식으로 모양을 만드느냐에 따라 멋진 청소년으로 자라서 사회에 중요한 인물이 될 수도 있고 반대로 그저 버려지는 흙덩어리처럼 사회에서 비난받는 사람으로 남을 수도 있다. 그만큼 아동을 훌륭한 한 인간으로 키워 내는 데에는 그들과 상호작용하는 많은 성인들의 역할이 중요하다. 그러기 위해서는 먼저 아동발달에 대한 충분한 이해가 있어야 한다.

그러므로 본 장에서는 아동발달을 이해하기 위하여 발달의 개념을 먼저 알아보고, 아동발달의 기본원리 및 성격을 파악하며, 아동발달에 따른 이론, 아동발달 특성에 따른 부모역할 등에 대해 알아보고자 한다.

1. 아동발달의 개념

1) 발달의 개념

인간은 태내에서 수정되는 순간부터 죽을 때까지 끊임없이 변화한다. 그 변화는 인간의 질적인 측면의 변화와 양적인 측면의 변화를 모두 포함한다. 즉, 발달은 크기에 있어서 작은 것에서 큰 것으로 진행하는 양적 변화과정과 기능적인 면에서 미숙하고 낮은 수준에서 성숙되고 높은 수준으로 이행하는 질적 변화과정을 말한다. 또한 발달은 영유아기의 성장뿐만 아니라 노년기의 노쇠현상도 포함한다. 그러나 이러한 변화의 양상은 매우 복잡하다. 왜냐하면 그것은 성숙, 신체적인 성장, 경험 등 여러 과정의 결과로 생겨나기 때문이다(이재연, 1992).

성장은 단순히 키와 몸무게가 증가하는 것만이 아니다. 신체의 각 조직과 기관은 각기 다른 비율로 성숙하며 아동의 성장은 매우 복잡한 단계의 변화들을 거친다. 일반적으로 말하는 신체적 성장은 새로운 체세포의 생성과, 단백질 및 기타 물질들이 기존세포에 더 많이 축적되는 과정을 말한다. 즉, 양적인 변화를 의미한다(공인숙 외, 2002).

성숙은 유전적 기제에 의해 나타나는 타고난 변화로 목소리의 변성, 초경, 뇌기능의 분화, 사춘기 등과 같은 신체적 · 심리적 변화를 의미한다(조성연 외, 2008).

또한 경험은 아동의 생물학적 환경과 심리적 환경의 전 영역을 포괄하는 광범위한 개념이다. 생물학적 환경에는 영양섭취, 의료, 약복용, 신체적인 사고 등이 있고, 심리적 환경에는 가정, 학교, 지역사회, 동료집단, 대중매체 등이 있다. 아동들은 이렇게 다양한 경험활동을 통해 학습되기도 한다.

그러므로 성장과 성숙, 경험, 이 세 가지 과정은 상호작용적이며 인간발달을 돕는 배경과 원인이 된다. 결국 발달이란 인간이 태내에 수정되는 순간부터 일생동안 성장 및 성숙, 다양한 경험을 통해 양적, 기능적, 구조적으로 더 많은 능력과 정교한 행동양식을 나타내게 되는 연속적인 과정이라 할 수 있다.

2) 아동발달의 정의와 의의

발달은 일생을 두고 변화를 의미하는데 아동발달은 모든 발달과정이 절정에 이룰 때를 다룬다. 즉, 아동발달은 일반적으로 수정의 순간부터 18세까지의 변화를 기술하고 예언하며, 아동의 경험이 성숙과 성장에 어떤 영향을 미치는가를 설명하고자 하는 학문이다.

아동발달 연구의 목적은 학문적인 것과 실용적인 것의 두 가지로 나누어 볼 수 있다.

첫째, 학문적인 측면에서는 수정에서부터 청소년기까지의 발달상의 변화를 기술하고 그러한 변화가 왜 일어나게 되었는가를 설명하며, 이와 관련된 변수를 밝히어 이를 바탕으로 발달의 경향을 예측하고 통제하고자 하는데 있다.

둘째, 실용적인 측면에서는 위에서 얻은 결과를 아동의 교육과 치료에 활용하는 것이다. 즉, 부모나 교사, 의사, 그리고 사회사업가 등과 같이 아동과 직접 관련이 있는 분야에 종사하는 사람들이 아동과 1 : 1의 관계를 맺고 아동발달에 관한 지식을 활용하여 아동에게 실제적인 도움을 주는 것을 말한다. 그러나 요즈음은 실용적인 목적 외에도 텔레비전과 같은 대중매체의 제작진, 정부의 정책위원회 등 많은 수의 아동을 대상으로 하는 한 분야에서도 아동발달에 관한 지식이 활용된다(이재연, 1992).

그러므로 아동발달은 학문적인 측면에서 얻은 이론적인 지식을 바탕으로 아동과 관련된 각 분야의 사람들이 아동을 위해 적절히 활용함으로써 아동에 대한 심미적인 안목을 높이는데 있다.

2. 아동발달의 기본원리

인간의 발달에는 개인에 따라 또는 그들이 속해있는 문화의 특성에 따라 다소 차이는 있을 수 있으나, 일반적으로 발달현상에 나타나는 보편적인 원리가 몇 가지 있다. 이 원리는 인간의 발달을 일관성 있게 지배하는 것으로 인정되어 '발달의 원리'라고 하는데 기본성격과 함께 구체적으로 제시해 보면 다음과 같다.

1) 발달의 원리

(1) 발달은 일정한 순서가 있다.

발달은 질서정연한 순서로 변화가 일어난다. 즉, 현재 일어나는 행동변화는 이전에 이루어졌던 내용들이 기초되어 이루어진 결과인 것이다. 이러한 원리는 앉고 서고 걷기 등의 보행기능과 조작기능 등 신체적인 측면뿐만 아니라 언어 발달 및 정서분화과정 등 여러 발달 영역에 고루 적용된다.

따라서 발달은 유전에 의해 정해진 순서대로 진행되므로 앞으로 나타나게 될 발달의 모습을 예측할 수 있다.

(2) 발달은 일정한 방향으로 진행된다.

신체 및 운동발달의 경우 다음과 같이 일정한 방향으로 발달이 이루어진다.

첫째, 발달은 위에서 아래 방향으로 이루어진다. 즉, 머리 부분이 먼저 발달하고 점차 팔, 다리 아래쪽 기관이 발달한다.

둘째, 발달은 중심에서 말초의 방향으로 이루어진다. 태아의 발달과정을 볼 때 심장부분이 먼저 발달하고 손가락이나 발가락이 나중에 생기는 것은 바로 이러한 발달을 나타낸다고 볼 수 있다.

셋째, 발달은 전체 활동에서 특수 활동의 방향으로 이루어진다. 예를 들면, 물건을 잡을 때 손 전체를 사용하다가 점차 필요한 손가락만으로도 잡을 수 있는 것이다.

(3) 발달은 연속적이나 속도는 일정하지 않다.

발달은 상승과 하강 과정을 거치며 일생동안 끊임없이 변화하지만 발달해 가는 속도는 신체적 · 심리적 특성에 따라 혹은 발달영역에 따라 동일하지 않다. 즉, 영아기에는 두뇌발달이 급격하게 증가하고 생식기관은 12세까지는 완만하다가 이후 빠른 발달속도를 나타낸다. 이처럼 발달영역에 따라 발달해 가는 모습이 다른데, 신체부위에 따라 성장시기와 성장속도가 다른 현상을 비동시적 성장(asynchronous growth)이라고 한다(조성연 외, 2008).

(4) 발달에는 개인차가 있다.

발달의 순서는 일정하지만 최종적으로 이루어진 발달의 정도와 속도는 각 아동마다 다르게 나타난다. 즉, 각각의 아동들은 매우 독특하며 똑같은 아동이 없다는 것이다. 성별이나 연령이 같다고 해도 개인의 신장이나 체중은 물론 정신능력이 다르다. 또래보다 조숙한 아이가 있는가 하면 어떤 아이는 모든 발달이 늦게 나타나는 아이도 있는 것이다. 이것은 발달의 개인차 때문이며, 이 개인차는 유전과 환경의 영향에서 비롯된다고 볼 수 있다.

(5) 발달에는 결정적 시기가 있다.

아동발달에는 신체, 정서, 언어, 사회영역을 막론하고 결정적 시기가 있다. 즉, 결정적 시기(critical period)란 발달이 가장 용이하게 이루어지는 최적의 시기를 의미한다. 특정의 기술이나 행동은 결정적 시기 이전이나 이후에는 비록 발달이 불가능한 것은 아니지만 발달의 가능성은 매우 낮다. 이것은 한 사건의 영향력이 가장 큰 어떤 일정한 시기를 의미하는 것으로 이 영향은 돌이킬 수 없는 경우가 많다(이태희, 2004).

러셀과 러셀(Russell & Russell, 1952)은 임신한 어미쥐가 수정 후 7~8일 사이에 X선을 쬔 경우 새끼가 뇌손상을 입고, 수정 후 2일 반쯤 후에 X선을 쬔 경우에는 척추에 손상이 오는 것을 발견했다. 사람의 경우도 임산부가 임신한지 첫 3개월 동안 풍진에 걸린다면 아기의 눈, 귀, 뇌에 영구적인 손상이 오기 쉽다. 즉, 첫 3개월이 인간의 눈, 귀, 뇌에는 민감기인 것이다(이재연, 1992).

정신분석학자인 에릭슨(Erikson)은 출생 후 1년은 다른 사람에 대한 신뢰심의 발달에 중요한 시기로서 신뢰감이 발달하지 못하면 영원히 장애가 계속된다고 하였다(임종운, 2002).

그러므로 아동발달에 있어서 결정적인 시기에 부정적인 경험으로 인해 정상발달을 못하게 되면 일생동안 장기적인 결함이나 심각한 결과를 초래할 수 있다.

(6) 발달은 분화와 통합의 과정을 거친다.

발달은 일반적인 것에서 특수한 것으로 분화되고, 분화된 단순한 특수행동은 다시 통합되어 새롭고 한층 복잡한 형태로 진행된다(오정수 · 정익중, 2009). 즉, 아동의 운동발달을 보면 처음에는 각 부분들이 분화되지 못하여 미숙한 모습, 정교하지 못한 둔한 모습을 보이다가 점차 각 기관이 분화되면서 세련되고 필요한 부분만 사용하게 된다. 보다 정확하고 신속한 행동은 각 기관이 분화된 이후 다른 여러 기관들이 상호협응할 수 있는 통합능력이 생긴 후에야 비로소 가능하게 되는데, 이 때에 이르러 완전한 발달이 이루어진다고 볼 수 있다. 예를 들면 아동이 물건을 잡으려면 먼저 몸을 앞으로 구부리고, 팔을 뻗고 손목을 움직이며, 필요한 손가락을 움직이는 등 각 부분에서 분화가 이루어진 후 서로 협응하는 통합과정을 거쳐서 물건을 한 번에 잡을 수 있게 된다.

(7) 발달의 각 영역은 상호 밀접하게 연관되어 있다.

한 영역의 발달은 다른 영역의 발달과 각기 독립적으로 이루어지는 것이 아니라, 서로 밀접히 관련되어 영향을 주고받는다. 신체발달은 감각능력 및 운동기술뿐만 아니라 지적 호기심, 대인관계 등에 영향을 미치며, 나아가서는 정서 및 사회성 발달에 영향을 미친다. 즉, 신체발달이 빠른 아동은 주변의 기대로 인해 리더십을 발달시킬 기회가 더 많으며, 강력한 호기심과 성취욕으로 다른 영역의 발달에 좋은 영향을 끼칠 수 있다. 반면 신체발달이 늦은 아동은 사회성 발달이 저조할 수 있는데, 이는 병약한 몸 때문에 여러 아동과 어울릴 기회가 적기 때문이다.

그러나 발달영역들이 연결되어 있어 서로 영향을 주고받지만 한 발달영역의 극적인 변화가 다른 발달 영역에 큰 영향을 주는 것은 아니다. 때로는 아주 작은 변화가 다른 영역에 강력한 영향을 미칠 수 있으며, 반대로 아주 강한 사건이 그다지 큰 영향을 미치지 못하는 경우도 있다는 것을 간과해서는 안 된다(Berger, 2003 : 5).

(8) 발달은 유전과 환경과의 상호작용 결과이다.

인간의 성장 · 발달은 개체의 유전적 요인과 환경적 요인의 상호작용 결과에서 이루어진다. 즉, 인간은 부모로부터 받은 유전적 영향과 외계로부터 받은 환경의 영향에 의해 발달하는 것이다. 즉, 음악이나 미술, 운동에 대한 소질을 타고난 아이는 외부환경의 자극에 의해 타고난 잠재능력을 더욱 개발시킬 수 있는 것이다. 이러한 발달에 영향을 미치는 환경은 영양이나 의료시설의 혜택, 교육 등과 같은 물리적 환경과 가족, 친구, 학교, 대중매체와 같은 사회적 환경이 있다.

2) 발달에 영향을 미치는 요인들

발달에 영향을 미치는 요인은 크게 생물학적 요인, 환경적 요인, 심리적 요인

등 세 가지로 나눌 수 있다. 그 내용을 자세히 살펴보면 다음과 같다.

(1) 생물학적 요인

인간발달에 영향을 미치는 생물학적인 요인은 유전적 요인들이나 유기체의 내면적 요인들과 관련된 것들이다. 주로 부모, 민족, 질병, 성차 등이 이에 해당된다.

1 부모

부모로부터 물려받은 체중, 신장, 피부색, 모발 색과 모발 형태를 비롯한 생물학적 특성은 다음 세대에 전수된다. 부모로부터 물려받은 특성은 다시 우성인자와 열성인자가 있어 발달에 결정적 영향을 미치기도 하며, 때로는 잠복되어 있다가 다음 세대로 전수되기도 한다.

2 민족

민족은 선천적인 요인을 공유하는 사회집단이다. 물론 대부분의 경우 지역적으로 동질성을 공유하기도 하나, 일반적으로 생물학적 특성을 간직하고 고유한 문화적 특성을 가지고 있는 집단이다. 한 민족의 고유한 특성들은 다음 세대에 전수된다.

3 질병

질병은 유기체의 발달에 매우 중요한 영향을 미친다. 예를 들어, 고열을 수반하는 열병이 지적 발달에 이상을 초래하기도 하고, 어떤 질병은 신체적 발달을 저해하기도 한다. 특히 임신 중 산모의 질병은 태아의 지적 발달이나 신체발달에 결정적으로 영향을 미칠 수 있다.

4 성차

남자와 여자의 성차는 생리적, 신체적 차이 뿐만 아니라 정신적, 사회적 발달에 차이를 유발하는 요인이다. 예를 들어, 여자에 비해 남자는 신체근육이 더 발달되어 있고, 여성은 여성호르몬이나 남성호르몬이 더 많이 분비된다. 또한 능력 면에서도 차이가 있다는 견해가 있다.

(2) 환경적 요인

환경적인 요인도 인간발달에 중요한 영향을 미친다. 특히 아동의 출생지, 성장지가 갖는 자연적인 조건이나 지리적 조건은 인간발달에 영향을 미치는 중요한 요인 중 하나이며, 이 외에도 부모의 양육방식, 가정, 출생순위, 영양, 기후 및 계절 등도 발달에 영향을 미치는 중요한 요인이다.

1 거주지

아동이 성장하는 거주지가 도시냐 농촌이냐, 도심이냐 교외이냐는 아동의 지적, 신체적, 사회적 발달에 매우 중요한 영향을 미친다. 특히 도시에 비해 낙도나 산간벽지에 사는 어린이들의 문화실조 현상은 거주지의 문제로 나타난 현상으로 설명될 수 있다.

2 양육방식

문화적 전통이나 가치는 부모의 양육방식에 영향을 주고 이렇게 형성된 부모의 자녀양육방식은 아동의 발달에 영향을 미치는 것으로 알려졌다. 예를 들어, 부모가 아동을 허용적인 태도로 키운 경우는 권위적이거나 독재적인 태도로 아동을 키운 경우보다 더 개방적이고 온정적인 성격을 갖는 것으로 보고되고 있다(Baumrind, 1967).

또한 동양인과 서양인의 얼굴이나 체형의 특성도 이러한 양육방식의 차이에서 비롯된 것으로 설명할 수 있다.

3 가정

한 개인은 그가 태어나고 자란 가정에 따라 국적, 사회계층, 혹은 경제적 지위가 결정될 뿐만 아니라 그로인한 문화적 경험의 양이 결정된다. 사회경제적 지위가 높은 가정에서 자란 아동은 낮은 계층의 가정에서 자란 아동보다 지적인 능력이 더 우수하거나 신체발육이 더 빠른 것으로 보고되고 있다.

4 출생순위

출생순위, 가족 내의 위치가 발달에 영향을 미칠 수 있다. 예를 들어, 맏아들과 장녀는 책임감이 강한 반면에 막내는 자기중심적이고 이기적 성격을 갖는 것으로 보고되고 있다.

5 영양

영양의 적절한 섭취는 발달에 필수적이고 그것이 부적절하면 실조상태에 빠지게 된다. 특히 최근에는 영양의 과다 섭취로 비만이나 질병의 문제가 대두되고 있다. 반대로 영양의 불균형이나 부족으로 각기병, 야맹증, 성장장애가 나타나기도 한다. 특히 발달 초기의 영양공급은 심신발달에 매우 중요한 영향을 미친다.

6 기후, 계절

특정 기후나 계절은 발달에 영향을 미칠 수 있다. 테너(Tanner)에 따르면, 9~10월 사이에 체중증가율이 가장 높으며, 또한 열대지방 사람들이 추운지방의 사람들보다 행동의 이완이 잘 나타나거나 체구가 더 왜소한 것은 기후나 계절이 발달에 영향을 미치는 것으로 해석될 수 있다.

(3) 심리적 요인

발달에 영향을 미치는 심리적 요인에는 친자관계, 부모의 결손, 정신적 상처 등을 들 수 있다.

1 친자관계

최근 교육학과 심리학의 연구보고에 따르면, 부모-자식 간의 관계가 발달에 영향을 미칠 뿐만 아니라 이상행동의 원인이 되는 것으로 밝혀지고 있다. 특히 부모의 편애나 차별, 배척뿐만 아니라 지나친 사랑이나 과잉보호는 발달에 악영향을 미치는 것들이다. 부모의 편애와 차별은 질투와 적개심을 형성하며, 배척은 반사회적 성향을 갖게 할 수 있으며, 익애나 과잉보호는 버릇없고, 자기중심적이며, 이기적

성향을 갖게 할 수 있다.

2 부모의 결손

부모의 결손은 지적, 정서적, 사회적, 심리적 발달에 영향을 미친다. 예를 들어, 모성실조(maternal deprivation) 현상이란, 발달과정에서 모성으로부터 받아야 할 심리적 양육이 결여되었거나 시기적으로 부적절하게 주어졌을 때 지적, 정서적, 사회적 혹은 성격적 발달이 결손이나 왜곡현상을 보이는 것을 말한다. 모성실조 현상에서 알 수 있듯이 인간발달에서 부모로부터 받는 심리적 양육 혹은 애정의 중요성을 실감할 수 있다.

3 정신적 상처

사람들은 심리적으로 받는 충격적 경험이나 좌절(부모와의 사별, 연인과의 헤어짐, 친구의 죽음, 화제, 경제적 파탄, 재난, 사고 등)을 **외상적 경험**(trauma) 또는 **정신적 상처**라고 한다. 이러한 경험들은 무력감, 우울증, 건전한 정신적 발달을 저해하는데 영향을 주는 것으로 보고되고 있다.

지금까지 발달에 영향을 미치는 생물학적, 환경적, 심리적 요인들을 살펴보았다. 각각의 요인들은 여기서 소개된 것보다 더 다양할 수 있으며, 알려진 효과 또한 클 수 있다.

이러한 하나하나의 요인은 독자적으로 발달에 영향을 미친다기보다는 유기체와 다른 요인들이 서로 상호작용하면서 하나의 역동적 체제를 이루어 발달을 결정해 나간다는 것이다. 예를 들어, 아무리 좋은 환경이라 할지라도 유기체가 가진 유전적 소양이 나쁘다면 좋은 결과를 기대하기 어렵고, 또한 그 반대도 마찬가지일 것이다. 따라서 인간의 발달도 유기체의 특성과 그에 맞는 최적의 환경적 조건이 주어졌을 때 보다 훌륭한 발달을 기대할 수 있다(이해경 외, 2007).

3. 아동발달이론

발달에 대한 이론은 학자들마다 매우 다양하게 제시되고 있지만 아동발달을 포괄적으로 설명하고 있는 것은 하나도 없다. 즉, 동일한 현상에 대해서도 이론가들은 각자의 관점에 따라 제각기 다르게 해석하고 있다. 특히 20세기에 들어서며 현대 심리학의 영향으로 발달에 대해 좀 더 체계적으로 분석하고자 하려는 시도가 이루어졌다.

따라서 본 장에서는 대표적인 것으로 성숙주의이론, 정신역동이론, 인지발달이론, 학습이론 등에 대해 다음과 같이 살펴보고자 한다.

1) 성숙주의이론

(1) 기본개념

성숙주의이론은 루소의 자연주의 모델을 아동발달 연구에 과학적으로 적용시킨 것이다. 홀(Hall)과 게젤에 의해 발전된 이론이며, 기본적으로 인간발달의 과정이 유전적으로 이미 결정되어져 있다고 설명한다. 즉, 인간발달을 유전인자의 통제를 받는 신경계통의 성숙에 기인하는 것으로 보며, 성숙이란 인간발달을 도와주는 '내적인 힘'을 말한다. 성숙이론가들은 아동 자신의 발달속도에 따라 발달할 수 있도록 아동중심의 양육환경을 제공할 것을 강조한다.

따라서 어떤 경험의 영향보다는 '생물학적 준비도'가 영유아 학습능력의 최우선적 요인이라고 보았다.

(2) 성숙주의 주요 아동관

① 영유아는 심리 내부에 발달을 위한 중요한 힘을 갖고 있는 존재이다.

② 영유아의 발달은 예정된 순서에 따라 개별적인 발달 예정표에 따라 이루어진다.

③ 영유아가 자신의 잠재 가능성을 충분히 발달시킬 수 있도록 발달 및 성숙수준에 부합되지 않는 성취를 강요하거나 성숙을 재촉하는 성인의 개입은 적절치 않다.

(3) 게젤(Gesell, 1880 ~1961) : 미국의 심리학자, 소아과 의사

게젤은 루소의 자연주의 모델을 아동발달 연구에 과학적으로 적용시켰으며, 스탠리 홀(G. Stanley Hall)의 지도하에 심리학으로 박사학위를 취득하고 이어서 의과대학에서도 생리학을 연구하여 박사학위를 취득하였다.

또한 게젤은 미국 예일대학교에 '아동발달연구소'를 설립하고 인간의 성장과 발달은 유전인자가 통제하는 시간표대로 진행될 뿐이며, 개개인의 학습과 성장률도 유전인자가 좌우한다고 보았다. 그는 최초로 영화 카메라를 써서 정상적인 유아와 어린이들의 육체 및 정신의 발달을 연구했다. 즉, 인간발달의 과정을 심리학과 의학을 통합한 정신발달의 실증적 연구에 두었으며, 사진과 관찰로써 기록할 수 있다고 믿었다.

게젤은 학습이 어린이의 행동에 영향을 미치려면 어린이들이 일정 수준의 발달단계에 있어야 하며, 운동기능과 적응행동, 언어발달, 개인적 · 사회적 기능 등 4가지 영역의 발달에는 유전적인 틀이 있다고 하였다. 「유년기와 인간의 성장(Infancy and Human Growth)」(1928)에서 이러한 이론을 바탕으로 아동발달 도표를 제시했으며, 3개월에서 30개월 된 유아들을 평가하기 위해 195개의 행동 항목을 이용했다. 1938년 헬렌 톰슨과 함께 생후 4주인 유아들을 평가하기 위한 수정발달도표를 만들어 냈다. 이것은 몇몇 전문가들에게 비판받기도 했으나 그의 책들은 미국의 육아법에 많은 영향을 끼쳤다. 또한 아이들의 양육에는 지나친 관대함이나 엄격한 규율보다는 분별 있는 지도가 가장 바람직하다고 제안했다.

표 2-1 게젤의 운동발달단계

연령	발달특성
4주	· 앉고 서고 기거나 걸을 수 없다. · 엎드릴 때 머리를 약간 쳐들 수 있다.
28주	· 드러누워서 잡을 수 있으며, 이 손에서 저 손으로 움직일 수 있다. · 기어갈 수 있다. · 혼자 설 수 있으며 도움을 받아 설 수 있다. · 블록을 쌓을 수 있다. · 작은 물체를 잡을 수 있다.
2년 6개월	· 한 발로 설 수 있다. · 블록 열 개로 탑을 쌓을 수 있다. · 손가락으로 크레용을 잡을 수 있다.
3년 6개월	· 발끝으로 두 번 또는 그 이상 걸을 수 있다. · 한 발로 깡충 뛸 수 있다. · 발을 교대하며 계단을 내려올 수 있다. · 무딘 가위를 사용하며 크레용으로 정확한 특징을 그릴 수 있다.
6년	· 발끝으로 다섯 걸음 이상 갈 수 있다. · 81.3cm 뛸 수 있다. · 이름을 쓸 수 있다. · 열 가지 이상의 물체를 정확히 셀 수 있다.

(4) 게젤의 성숙이론에 대한 평가

① 아동의 내적인 능력을 체계적인 연구방법을 사용하여 과학적으로 설명했다는 점에서 의의가 크다

② 게젤이 체계화한 아동발달에 대한 연구방법은 오늘날 아동연구에 많은 영향을 주었다.

③ 연령변화에 따른 아동의 발달을 보다 체계적으로 연구함으로써 종단적 연구를 실시하였다.

④ 게젤은 지나치게 성숙요인만을 강조하고 환경적 요인을 무시하여 다른 심리학자의 비판을 받았다.

⑤ 게젤의 연구대상 아동이 대부분 예일대학교 근처에 살고 있던 중상류층 아동들이었기 때문에 연구결과를 다른 계층 및 다른 문화권의 아동들에게 일반화하기가 어렵다.

2) 정신역동이론

(1) 기본개념

정신역동이론은 인간의 성격발달에 많은 영향을 미쳤으며, 인간의 정신과 여러 가지 힘 사이의 관계를 다루고 있다. 즉, 인간의 마음 속 깊은 곳에서 일어나는 서로 다른 다양한 힘들의 역동적인 상호작용을 강조하고 있는 것으로 프로이드는 인간의 잠재의식이 인간 행동에 미치는 영향에 대해 심리성적 이론을 주장한 반면 에릭슨은 인간이 사회적 상호관계에서 생겨나는 갈등을 극복하는 방식으로 심리사회적 이론을 설명한다.

(2) 프로이드의 심리성적 발달이론

1 지그문트 프로이드(Sigmund Freud, 1856년 ~ 1939년)

Sigmund Freud

프로이드는 정신과 의사이며 철학자로서 정신분석이라는 용어를 처음으로 사용한 사람이다. 1856년 5월 6일, 현재는 체코슬로바키아의 영토가 된 모라비아의 프라이버그에서 8남매 중 맏아들로 출생하여 생애의 대부분을 비엔나에서 보냈다. 그는 빈민가에서 자라면서 자신이 학대받는 소수민족인 유대인임을 항상 의식하였고, 유대인은 의학이나 법학을 전공하지 않고는 마땅한 직업을 갖기 어렵다는 생각으로 의학을 전공하였다.

프로이드의 가족배경은 그의 정신분석이론을 이해하는데 자주 거론될 만큼 그의 이론형성에 영향을 미쳤다. 프로이드 아버지는 그 시대의 보통사람들이 그러하듯 권위적인 사람이었으며, 어머니는 매력적이고 정이 깊었으며 사려 깊게 보살펴 주는 사람이었다. 프로이드는 아버지가 세상을 떠났을 때 자신이 느낀 혼란스러운 감정으로 인해서 자신의 꿈을 얻었고, 오이디푸스 콤플렉스를 발견했다고 말했다. 즉, 꿈의 의미를 탐색하면서 성격발달의 역동성에 대한 통찰력을 얻었으며, 아동기 기억을 검토하면서 아버지에 대해 느꼈던 강한 적대감과 어머니에 대한 성적 감정을 깨달은 것이다. 몹시 질투했던 갓난 동생이 죽은 후 일생동안 느껴야 했던 죄책감, 어린 시절에 목격한 어머니의 나체에 대한 강한 성적 흥분, 가부장적이던 아버지에 대한 증오와 반발 등 가족 내에서의 경험들이 프로이드로 하여금 인간의 심층 심리에 관심을 갖게 했으며, 무의식을 인간행동과 성격의 결정요인으로 중시하게 하였다.

2 프로이드의 아동관

아동의 정신세계는 의식세계와 무의식 세계가 있으며, 이를 빙산에 비유한다면 수면 위에 떠올라 있는 부분이 의식의 영역이고 수면 밑의 더 큰 부분이 무의식의 영역이다(Santrock, 2002).

프로이드는 영유아를 '무의식의 존재'로 보았다. 즉, 영유아는 갈등을 회피하는 방책으로 사회적으로 바람직하지 못한 본능적 충동이나 생각들을 무의식 속에 눌러 넣어 비록 의식의 표면에서는 사라지지만, 무의식 속에 잠재되어 있기에 항상 영유아의 행동에 영향을 미치게 된다(서영숙 외, 1998).

영유아의 행동을 좌우하는 심적 에너지의 원천인 '리비도'의 작용에 의해 나타나는 충동은 사회적 제재를 받아 억압되기 때문에 영유아는 갈등적 존재일 수밖에 없다고 보았다(서영숙 외, 2007, p. 36).

3 성격의 구조

프로이드는 인간의 성격구조를 의식구조와 같이 다음 3단계로 설명한다.

① 원초아(id)

원초아는 성격의 무의식적인 부분으로 본능과 충동의 원천으로 기본욕구의 저장고이고 성격의 기초가 된다. 내적 또는 외적 자극에 의해 이 부분의 에너지가 증가하게 되면 긴장이 유발된다. 이때 원초아는 즉각적인 긴장해소를 추구하게 되며 현실성이나 도덕성을 전혀 고려하지 않고 즉각적인 자기만족을 추구하게 된다. 이러한 경향성을 쾌락의 원리라 한다. 프로이드는 원초아의 충동을 주로 성적 본능과 공격성으로 보았다(오정수 · 정익중, 2009, p. 100-101).

② 자아(ego)

자아는 원초아로부터 분화된 것으로서 외부세계에 바람직하지 않은 결과를 초래하지 않으면서 동시에 원초아의 충동을 만족시키는 행동을 선택하는 역할을 한다. 생후 2년째가 되면 발달하며 현실이라는 외부세계와 접촉하여 성격을 지배하고 통제한다. 즉, 자아는 초기단계의 '쾌락 원리'에서 탈피해 '현실원리'에 의해 이성적인 자아로 진행되어 충동적인 욕구를 참을 수 있게 만들며 우리 의식의 대부분을 차지한다.

③ 초자아(superego)

초자아는 생후 4~5세에 발달하며 성격의 판사와 같은 부분으로 어떤 행위의 선악을 구분하는 개인의 양심을 말한다. 즉, 초자아란 부모와 다른 사람들이 어린이에게 가르쳐 준 사회의 가치와 도덕의 내면화된 표상으로 원초아의 충동을 억제하도록 하고 자아가 현실적인 목표 대신 도덕적인 목표를 추구하도록 한다.

따라서 전체 성격의 이러한 각 영역들은 고유의 기능, 특성 구성의 요소와 역동 및 기제 등을 가지고 있으나, 서로 아주 밀접하게 관련되어 있다. 인간의 행동은 거의 이 세 체계 간의 상호작용에 의해서 나타나는 것이다. 즉, 원초아는 쾌락을 추구하고, 자아는 현실을 검증하며, 초자아는 완전을 추구한다.

원초적 자아가 충족되지 않으면 인간의 자아는 불안감을 느끼게 되고, 초자아가 자아를 충족시키지 못하면 죄의식을 느끼게 된다. 이러한 불안감과 죄의식에서 일시적으로 벗어나기 위해 인간의 자아는 억압, 합리화, 퇴행, 무관심, 반동, 투사, 승화 등과 같은 방어기제를 사용하게 된다(정영숙 외, 2001).

4 발달단계

프로이드는 아동이 성장하면서 성적 에너지(libido)의 만족을 얻는 신체 부위가 단계마다 변화한다고 하였다. 즉, 인간의 성격은 구강기, 항문기, 남근기, 잠복기, 생식기 등 다음 표 2-2와 같이 다섯 단계를 거치며 발달하게 된다고 보았다.

표 2-2 프로이드의 심리성적 발달단계

단 계	연 령	특 징
구강기	출생~1세	· 아동의 성적 에너지가 입에 있기 때문에 주로 빨고 깨물고, 삼키는 등에서 만족을 느낀다. · 원초아가 강하다. · 욕구충족이 부족하거나 과도하게 충족된다면 고착되어 구강기적 성격을 갖는다. 즉, 손가락 빨기, 과식, 과음, 과흡연, 수다떨기 또는 타인에 대한 의존 혹은 분노 등이 생긴다.
항문기	1~3세	· 아동의 성적 에너지가 주로 항문으로 옮겨져서 대·소변의 배설행위에 만족을 느낀다. · 원초아 및 자아가 우세하다. · 배변훈련 시 부모가 너무 조급하거나 억압적으로 하면 성인이 되어 항문기 고착성격을 나타낸다. 즉, 정리 정돈을 못하거나 낭비벽과 고집이 세며, 완고하고 인색한 특징이 있다.
남근기	3~5세	· 아동은 성적 에너지가 성기로 옮겨져 생식기에 관심을 갖고 자신의 성기를 만짐으로써 쾌감을 느낀다. · 원초아, 자아, 초자아가 작용한다. · 남아는 오이디푸스 콤플렉스, 여아는 엘렉트라 콤플렉스가 나타나며, 즉 이성의 부모를 애정의 경쟁자로 느끼지만 곧 좌절하고 동성의 부모와 동일시하여 남아는 남자다움을, 여아는 여자다움을 발달시킨다. · 이 시기에 고착이 되면 남자는 경솔하고, 과시적, 공격적이며, 여자는 방종하고 유혹적이며 경박한 특징을 나타낸다.
잠복기	5~12세	· 성적 욕구에 대한 흥미가 약해지고 갈등이 억압되어 평온해지는 시기이다. · 원초아, 자아, 초자아가 작용한다. · 아동은 지적 작용인 학업에 열중하고 동성의 친구와 어울려 놀이와 게임을 즐긴다. · 아동은 침착성과 자기 통제력을 발달시킨다. · 이 시기에 고착되면 이성에 대한 친밀감을 갖지 못하고 동성애에 빠질 수 있다.
성기기	12세 이상	· 사춘기에 해당되며, 성숙한 성욕의 시기로 이성에 대한 관심이 생긴다. · 양심이 융통성 있게 발달한다. · 이 시기에 순조롭게 발달하면 이타적이고 성숙한 생식기적 성격을 보이고 그렇지 못하면 권위에 반항하고 비행행동을 나타낸다.

(3) 에릭슨의 심리사회적 이론

1 에릭슨(Erikson, 1902~1994)

에릭슨(Erikson)은 독일태생의 미국 정신분석학자로서 프로이드로부터 깊은 영향을 받았으며, 신프로이드 학파의 한 사람으로 발달이 이루어지는 사회적 맥락을 더 중요시하였다.

그는 프로이드의 딸 안나 프로이드 밑에서 아동정신분석을 연구하였고, 그가 주장한 발달단계는 사회적 요소의 중요성을 강조하는 심리사회적 성격이론이었다. 그 이유는 인간발달이 생물학적인 성숙과 그것을 바탕으로 잠재력을 개발할 수 있는 사회적 여건이 충족되어 각 단계에서 직면하는 위기를 극복하면 건전한 자아 발달이 이루어진다고 보기 때문이다.

1950년 출간된 「아동기와 사회(Childhood and Socity)」에서 에릭슨은 인간의 사회 정서발달이 평생 여러 단계를 걸쳐서 이루어진다고 하였으며, 또한 점성원칙으로 각 단계의 발달이 전 단계의 심리사회적 갈등 해결과 통합을 토대로 이루어진다고 하였다.

2 발달단계

에릭슨은 프로이드가 성격발달의 기초로 성적인 에너지(리비도)를 강조한 것과는 달리 사회적인 에너지를 강조하였다. 즉, 그는 인간의 성격발달이 개인과 사회적 환경의 상호작용적 결과라고 설명하며 다른 사람과의 사회적 관계에 초점을 맞추어 발달단계를 제시하였기에 그의 이론을 심리사회적 이론이라고 한다.

에릭슨은 발달이 전 생애에 걸쳐서 8단계의 발달단계를 가지고 있으며 각 단계마다 특정한 심리사회적 위기와 과제가 있다고 하였다. 심리사회적 위기를 잘 다루는 여부에 따라 긍정적 · 부정적 결과를 가져오는데, 즉 다음 단계로 이동하기 위해서는 반드시 전 단계의 과제를 해결해야 하고 그 단계의 위기관리 결과로 인해 성인이 된 후에도 성격형성에 많은 영향을 미친다고 하였으며, 자세히 살펴보면 다음 표 2-3과 같다.

표 2-3 에릭슨의 심리사회적 발달단계

단계		연령	특징
제1단계	신뢰감 대 불신감	0~1세	· 유아의 신체적 · 정서적 욕구를 만족시켜 줌으로써 신뢰감이 생긴다. · 인생의 가장 중요한 시기이다.
제2단계	자율성 대 수치심 및 회의감	1~3세	· 초기 유아기에 해당되며 프로이드의 항문기에 해당된다. · 자율성이 발달하며 주변환경에 대해 적극적이다. · 사회적 기대에 실수나 실패를 하면 수치심과 회의감이 생긴다.
제3단계	주도성 대 죄책감	3~6세	· 유아기로 프로이드의 남근기에 해당된다. · 유아의 행동은 목표 지향적이고 주도성을 획득한다. · 양심이 발달하여 잘못하면 죄책감을 느낀다.
제4단계	근면성 대 열등감	6~11세	· 학령기에 해당되며 자아성장의 결정적 시기이다. · 근면성과 성취감을 배운다. · 또래와 상호작용하며 학습에 대한 기초적인 인지 및 사회기능을 습득한다.
제5단계	정체감 대 역할혼미	청소년기	· 프로이드의 생식기에 해당한다. · 자아정체감이 발달하며 고민 · 갈등이 생기며, 자신의 역할에 대한 혼미감도 생긴다.
제6단계	친밀감 대 고립감	성인전기	· 부모로부터 독립하고자 하며, 직업을 선택하고 배우자를 찾는다. · 타인과의 친밀감을 형성치 못하면 소외감과 낮은 자존감이 생긴다.
제7단계	생산성 대 침체감	성인기	· 중년기로 대충 35~50세까지이며 인간의 완전한 성숙기에 해당된다. · 인간은 자신이 속한 어떤 조직에서 다음 세대에 영향을 끼치고 이끌고자 하는 욕구를 만족시킬 수 있다. · 생산성을 발휘하지 못하면 성격이 침체화된다.
제8단계	자아통합 대 절망감	노인기	· 개인이 충족감과 만족감으로 자신의 삶을 되돌아보고 인생의 성공과 실패에 잘 적응해 왔다면 그는 자아통합을 하게 된다. · 자아통합을 이룬 사람은 자신의 일생주기를 수용하고 자기 자신의 위험을 물리적 · 경제적 위협으로부터 지키게 된다.

(4) 정신역동이론에 대한 평가

1 프로이드 이론과 에릭슨 이론의 공통점

① 인간의 자아분석에 기초를 두고 자아의 성장과정을 설명하고자 하였다.

② 과학적인 근거를 제시할 수 있는 정확성이 결여되어 있다.

③ 인생의 초기경험을 중요시하여 어린 시절의 경험과 부모와의 관계가 인간발달에 큰 영향을 미침을 강조하였다.

④ 인간의 발달과정이 질적 차이가 있는 단계로 구성되어 있고 발달도 단계별로 진행된다고 주장하였다(유안진, 1999 : 72).

2 프로이드 이론과 에릭슨 이론의 차이점

① 프로이드가 청년기까지 발달 5단계로 성격발달이 완료됨을 강조한 것에 비해 에릭슨은 전 생애에 걸쳐서 발달이 지속되는 것으로 보고 발달 8단계로 구분하였다.

② 프로이드는 한 단계에서 발달이 순조롭게 이루어지지 않으면 고착현상이 일어나 실패를 되돌릴 수 없다고 하였으나 에릭슨은 다시 애정으로 보살펴 주면 수정될 수 있다고 하였다.

③ 프로이드는 원초아와 무의식을 중요시하였으나 에릭슨은 의식을 중요시하였다.

④ 프로이드는 부모와의 관계만을 중요시하였으나 에릭슨은 사회문화적인 요인도 중요시하였다.

⑤ 프로이드는 자신의 신경증적 환자들을 치료하는 과정에서 무의식을 분석한 자료를 이론의 근거로 하였으나 에릭슨은 정상인을 대상으로 자료를 수집하였다(조성연, 2008).

3) 인지발달이론

(1) 기본개념

인간은 능동적으로 환경에 적응하고, 스스로 사고하며 정보를 처리하고, 새로운 표상과 지식을 저장 · 구성하며, 창조해 나가는 적극적이고 주도적인 존재이다. 따라서 발달은 객관적인 환경적 요인에 의해 결정되는 것이 아니라 인간이 어떻게 환경적 요인들을 받아들이고 처리해 가느냐의 주관적인 경험내용에 의해 결정되는 것이다.

인지발달이론에서의 발달은 인간의 능동적인 성숙요인과 함께 물리적 · 사회적 환경과의 계속적인 상호작용을 통해서 이루어진다고 보는 것이다. 이 이론의 대표자인 피아제는 아동을 호기심 많고 능동적인 존재로 보고, 아동은 자발적으로 환경과의 끊임없는 상호작용을 통해 발달한다고 하였다(서영숙 외, 2003).

(2) 장 피아제(Jean Piaget, 1896년-1980년)

Jean Piaget

피아제는 스위스의 철학자, 자연과학자이며 발달심리학자이다.

그는 생물학에서 출발하여 인간의 의지를 복잡한 유기체가 환경에 대해 생물학적으로 적응해 가는 과정의 특수한 형태로 보고 인간의 지각, 학습, 경험 등 인식의 근본문제를 과학적으로 연구하였다.

그는 유아가 성인으로 성장하면서 어떻게 인지발달을 하는지에 대해 연구함으로써 인식의 본질을 밝혀 보려고 하였다.

피아제는 어린이의 발달을 성숙과 환경의 상호작용의 결과라고 보고 어린이가 세상에 관한 지식을 어떻게 구축해 나가느냐에 대해 그의 세 자녀를 주의 깊게 관찰하면서 인간발달단계에 관한 아이디어를 얻은 후 계속하여 실험실 안팎에서 어린이를 관찰하고 그들과 이야기함으로써 그의 이론을 발전시켜 나갔다(B. J. Wadsworth, 1972).

1 피아제 이론의 주요개념

- 도식 : 세상에 대한 이해의 '틀'이다. 즉, 도식은 사물이나 사건 또는 사실에 대한 전체적인 윤곽이나 개념을 말한다.
- 동화 : 이미 경험이나 학습으로 알고 있는 개념, 즉 기존의 도식에 새로운 자극

이나 경험을 변형시켜 동일시하려는 과정이다.

- 조절 : 새로운 자극이 기존의 도식에 맞지 않을 때 기존의 도식을 변형시키는 것을 말한다. 예를 들면 생후 6개월된 아기는 모든 것을 입으로 빨려고 손으로 가져가지만 2세쯤 되면 손가락은 물건을 잡거나 장난감을 가지고 노는 것으로 인지하게 된다.
- 평형화 : 새로운 것에 대한 도식이 충분히 이해되면 아동은 개인 내 인지구조와 환경간의 조화로 평형상태를 이루게 된다.

2 피아제의 인지발달단계

피아제는 아동이 인지적으로 성장하면서 인지적인 내용은 변할 수 있으나 인지구조의 기능은 언제나 똑같이 작용한다. 피아제는 조직화와 적응과정을 통해 새롭게 생기는 인지구조가 기존의 구조와 질적으로 상이하다고 가정하고, 이러한 인지구조의 질적인 변화에 기초하여 인지발달단계를 다음 표 2-4와 같이 제시하였다.

표 2-4 피아제의 인지발달단계

단 계	연 령	특 징
감각운동기	0~2세	· 이 시기는 보고 듣고 맛보기 등의 감각과 신체적 운동으로 환경과 상호작용하여 세상을 이해한다. · 대상영속성이 생긴다. 즉, 물체가 눈앞에 안보여도 여전히 존재함을 이해한다.
전조작기	2~7세	· 언어를 습득하며 자기 중심적이다. · 비언어적 상징놀이가 증가하여 가상놀이를 즐긴다. · 직관적 사고로 눈으로 보는 것만을 보고 판단한다. - 양의 보전개념이 없다. 즉, 같은 양이라도 다른 그릇에 있으면 다르다고 본다. · 물활론적 사고를 한다. 즉, 모든 사물이 살아있다고 본다.
구체적 조작기	7~11세	· 논리적인 사고가 가능하여, 즉 유목화, 서열화, 보존개념을 획득한다. · 자아중심성이 사라진다.
형식적 조작기	11세 이후	· 추상적인 사고가 가능하다. · 가설을 세우고 논리적으로 문제해결을 할 수 있는 능력이 있다.

(3) 피아제의 인지발달이론에 대한 평가

① 아동은 스스로의 방법으로 배우고 그들의 사고방식은 성인과 차이가 있음을 알게 하여 교육적인 시사점을 주었다.
② 도덕발달을 인지발달과 연관지었던 초기 연구들은 발달연구에서 사회인지라는 새로운 영역을 개척하였다.
③ 아동의 흥미와 교사의 흥미를 계속 상호 교류함에 있어서는 교육적이다.
④ 인간발달에 대한 사회와 문화의 영향을 거의 고려하지 않았다.
⑤ 연구방법 측면에서는 더욱 성숙된 단계로 아동을 이끌지 못했으며, 주요개념들에 대한 과학적 검증이 어렵다.
⑥ 피아제가 사용한 임상적 면접방법은 객관성과 신뢰성이 결여된다는 비판을 받았다.

4) 학습이론

(1) 기본개념

학습이론은 행동주의 학파에서 나온 것으로 발달의 주요 추진력이 유기체 내부가 아닌 환경에 있다고 봄으로써 생물학적 요인보다는 환경적 요인을 더 강조한다. 또한 학습이론의 기본원리는 자극과 반응 간의 관계에 있기 때문에 대부분의 행동은 이러한 자극과 반응간의 관계를 학습한 결과로 간주한다. 즉, 인간행동의 대부분은 학습되거나 학습에 의해 수정된다는 기본전제에 근거를 두는 것이다.

따라서 학습이론은 인간의 특정한 행동을 유발시키는 선행조건(antecedents)과 뒤이어 일어나는 결과에 의해 발생하는 것으로, 즉 행동에 대한 결과적 사건, 특히 강화나 벌이 특정행동을 유지, 강화시키거나 소멸시키는데 영향을 미친다고 본다.

(2) 파블로프(Pavlov)의 고전적 조건화

고전적 조건화는 수동적 조건화라고 하며, 20세기 초 러시아의 생리학자 파블로프에 의해 보고된 것이다.

파블로프는 개의 타액분비에 대한 연구를 하는 중, 개가 입 안에 실제 음식이 들어가기 전에 타액을 분비하기 시작하는 것을 발견하였다. 이러한 관찰을 통해 그는 자극과 반응 사이의 연합은 학습된 것이라는 결론을 내렸다. 여기서 입 안의 음식은 '무조건자극'에 해당되며 음식에 대한 타액분비는 '무조건반응'이다.

또한 파블로프는 개에게 종소리를 들려준 후 음식을 주었더니 종소리만 들어도 침을 흘린다는 사실을 발견했다. 이 때 개는 종소리와 먹이를 연합하였고 고전적 조건화가 성립된 것이다. 즉, 종소리는 '조건자극'이고 종소리에 대한 타액분비는 '조건반응'인 것이다.

고전적 조건형성 절차를 자세히 살펴보면 다음 표 2-5와 같다.

표 2-5 고전적 조건형성의 절차

조건화 전	음식(무조건자극) ► 타액분비(무조건반응) 종소리(중성자극) ► 무반응
조건화 단계	종소리(중성자극) + 음식(무조건자극) ► 여러 번 반복 후 무반응 또는 타액분비
조건화 후	종소리(조건자극) ► 타액분비(조건반응)

1 주요개념

- 소거 : 무조건자극(음식) 없이 반복적으로 조건자극(종소리)만 제시하면 조건반응이 없어지는 데 이것을 '소거'라고 한다.
- 자발적 회복 : 소거 후 다시 조건자극을 제시하면 조건반응이 일어나는데 이것을 '자발적 회복'이라고 한다.
- 재조건화 : 소거 후 조건자극과 무조건자극을 연합해 제시하면 신속히 조건화

가 형성되는데 이것을 '재조건화'라고 한다.

- 자극일반화 : 조건화된 유사한 자극에 대해서 조건반응 하는 것으로 종소리 대신 다른 음조의 사이렌에도 같은 반응을 하는 것이다.
- 자극변별화 : 자극일반화는 점차 분화되어 변별화로 대치된다. 즉 음식을 제공하던 조건자극과 유사한 것에만 반응하는 것이다.

(3) 스키너(Skinner)의 조작적 조건화

조작적 조건화는 도구적 조건화(instrumental conditioning)라고도 하며, 스키너가 발달시켰다. 스키너는 고전적 조건형성의 원리를 학습된 행동의 일부에 지나지 않는다는 신념을 가지고, 많은 행동은 자극에 대한 단순한 반응이 아니라 인간의 자발적인 능동적 행위라고 주장했다. 이러한 행동을 그는 작동(operant)이라고 명명했으며, '작동'이란 행동 그 뒤에 따라오는 우연적인 결과에 영향을 받고 변화하는 것이라고 했다. 따라서 조작적 조건형성이나 조작적 학습이란 행동결과의 통제라고 볼 수 있다(여광응 외, 2006).

스키너는 행동이 조작되어 가는 과정을 설명하기 위해 '스키너 상자'라는 것을 만들어 실험하였다. 스키너 상자는 먹이통과 그에 연결된 지렛대, 먹이접시로 구성되어 있다. 이 상자 속에 굶주린 쥐를 넣어 두고 쥐가 이리저리 상자 안을 돌아다니다가 우연히 지렛대를 누르면 먹이가 접시에 나오게 하였다. 지렛대를 누르면 먹이가 나온다는 긍정적인 결과가 여러 번 반복되다 보면 쥐는 점차 지렛대 누르기와 먹이와의 관계를 학습하게 된다. 그 결과 다른 행동은 사라지고 지렛대 누르는 속도가 점점 빨라진다. 즉, 보상이 주어지거나 긍정적인 강화를 받게 되는 행위는 반복되고 반대로 강화되지 않거나 처벌된 행위는 발생확률이 줄어든다.

1 주요개념

- 강화 : 어떤 행동의 결과가 그것을 받아들이는 개인의 지각에 의해 행동이 반복되어질 경향이 있으며 정적강화와 부적강화가 있다. 정적강화는 어떤 행동결과가 그가 바라는 어떤 좋은 것일 경우, 즉 칭찬이나 용돈, 음식 등이며, 부적강화는 싫어하는 것을 제거하기 위해 어떤 행동이 증가되는 것으로 예를 들면, 스키

너 상자 속의 비둘기가 혐오자극인 전류를 피하기 위해 단추를 계속 쪼는 행위를 말한다.

- 벌 : 강화와 반대되는 개념으로 벌은 행동을 감소시키는 것으로 싫어하는 것을 가하는 벌(예 : 체벌이나 야단치는 것)과 좋아하는 것을 못하게 하는 감하는 벌(예 : 공부시간에 교실 밖으로 내쫓거나 좋아하는 장난감 뺏기 등)이 있다.

(4) 반두라(Bandura)의 사회학습이론

전통적인 학습이론에서는 동물실험을 기초로 자극과 반응, 강화, 소거 등 여러 가지 개념들을 발달시켰다. 그러나 인간은 자극을 주면 반응하는 단순한 로봇이 아니라 능동적이며 사고할 줄 아는 인지적 능력을 지닌 사회적 존재이다. 동물과 달리 행동과 결과간의 관계를 생각하며, 앞으로 일어날 일을 미리 예측할 줄도 안다(Shaffer, 1999 : 49).

반두라는 아동이 사회적 상황에서 타인들의 행동을 단순히 관찰만 하여도 그들의 행동을 학습할 수 있다고 보았다. 예를 들면 남에게 상해를 입힌 아동이 선생님으로부터 벌을 받는 것을 본 아이는 자신도 혼날까봐 그런 행동을 하지 않으며, 다른 아동이 인사를 잘 한다고 칭찬받는 것을 보면 똑같이 인사를 잘하는 행동을 하게 된다. 이처럼 다른 사람의 행동을 관찰함으로써 학습하는 것을 '대리적 조건형성' 또는 '관찰학습'이라고 한다. 또한 이러한 학습은 일상적인 사회생활에서 이루어지기 때문에 사회학습이론이라고 한다.

그러므로 사회학습이론은 강화이론에 토대를 두고 있으며, 반두라는 관찰학습에서의 이러한 인지적 과정이 주의집중과정, 파지(把持)과정, 운동재생과정, 강화와 동기과정을 거쳐서 다음과 같이 이루어진다고 보았다(이옥형, 1997 : 68).

주의집중과정 ► 파지과정 ► 운동재생과정 ► 동기과정

1 주요개념

- 주의집중과정 : 노출된 모델을 선택적으로 관찰하고 주목할 만한 내용을 결정

하는 과정이다.

- 파지과정 : 관찰한 내용을 파지하는 과정, 즉 모델을 관찰한 후 어느 정도 시간이 지나면 그 모델의 행동을 모방하게 되는데 그 행동을 상징적인 형태로 기억하기 위해 인지적 형태로 저장하는 것이다.
- 운동재생과정 : 상징적인 표상을 적절한 행위로 변화시키는 과정, 즉 아동은 자신이 관찰한 행동을 수행하는데 모델의 행동과 차이가 나는 것을 스스로 수정 · 연습하여 모델의 행동과 일치하도록 노력한다.
- 강화와 동기적 과정 : 동기를 유발시키는 과정을 말한다.

(5) 학습이론에 대한 평가

① 고전적 조건형성은 경험적인 실험을 통해 학습이 이루어진다는 연합의 원리를 과학적으로 이끌어 학습이론의 초석을 마련하였다. 그러나 그 대상이 선천적인 반응을 유발하는 자극에 국한된다는 점에 한계가 있다.

② 스키너의 조작적 조건형성은 고전적 조건형성의 한계를 극복하고 학습이론의 범위를 상당히 넓혔다는 평가를 받고 있으며, 아동의 문제행동을 수정하여 바람직한 행동을 학습시키는데 유용하게 활용된다. 그러나 너무 환경의 중요성만을 강조하고 생물학적인 영향력은 무시하였다는 점과 동물실험을 인간에 적용하는데 한계가 있다는 비판을 받는다.

③ 반두라의 사회학습이론은 과학적인 방법을 통해 모델이 행동에 미치는 영향을 밝혔고 사회적 행동이 어떻게 변화되어 가는지를 인식시켰다. 인지발달의 사회적 · 정서적 · 동기적 측면을 고려하며, 관찰학습과 상징적 표상을 통해 인간의 사고가 사회와 어떻게 연관되는가를 구체적으로 보여주었다. 또한 초기 학습이론에 비해 환경과 행동 간의 관계를 설명할 때 인간의 인지체계를 연계하여 설명함으로써 인간의 능동적 역할을 강조하였다는데 의의가 크다. 그러나 인지체계가 어떻게 발달하고 이러한 발달이 관찰학습에 어떻게 영향을 미치는지에 대해서는 규명하지 못했다는 지적을 받는다(조성연 외, 2008).

4. 아동발달 특성과 부모의 역할

1) 영아기 발달특성과 부모역할

(1) 영아기의 발달특성

영아기는 라틴어 'Infans'에서 유래된 '말을 하지 않음'이란 뜻으로 출생 후 2년 동안 말을 하지 않는 시기를 말한다. 영아기는 신체적인 발달이 다른 어떤 인생의 시기보다 두드러지는 시기이다. 영아는 출생 후 1년 사이에 출생 시 신장의 40%가 커지고, 체중도 출생 시의 3배가 된다. 신체의 기능적 발달도 현저해서 머리 들기와 뒤집기, 앉기와 서기, 걷기와 뛰기 등의 기능이 순차적으로 일어날 뿐만 아니라 감각기관도 현저하게 발달한다. 시각과 청각, 후각, 촉각 등이 발달하여 오감을 형성한다(성영혜 외, 1995 : 171).

이러한 신체적 발달과 함께 영아기는 성격과 사회성, 인지적 측면에서 성인이 되기까지 지속적으로 영향을 미치는 발달의 기초가 이루어지는 시기라고 할 수 있다. 보다 중요한 것은 이러한 각각의 영역에서 부모와의 상호작용이 절대적인 역할을 한다는 것이다.

(2) 영아기의 부모역할

이 시기의 어머니는 단순히 수유나 배변훈련과 같이 생리적인 욕구해결과의 관계성만을 통해서만 영향을 미치는 것이 아니다. 어머니는 영아에게 사회적 대상으로서 신뢰와 친숙함의 관계를 형성하게 되는 존재로서의 의미를 가진다.

심리학자 에릭슨(Erikson)은 이 시기를 '기본적 신뢰'를 형성하는 시기라고 하였다. 영아는 어머니의 행동, 특별히 수유행동이나 생리적 욕구를 해결해 주는 행동이 일관성과 예언성, 신뢰성이 있을 때 어머니에 대한 기본적 신뢰감을 형성하게 된다고 하였다. 그러나 이와 반대로 영아가 부모의 행동을 전혀 예측할 수 없다고 믿거나 부모의 도움이 필요하나 옆에 부모가 없는 경험을 반복적으로 하게 될 때 '기본적인 불신'의 정서를 획득하게 된다.

화이트(White, 1993)는 영아를 위한 보육목적을 다음과 같이 설정하는 것이 바람직하다고 보았다.

첫째, 영아에게 사랑받고 보호받고 있음을 느끼게 한다.
둘째, 영아가 특정 기술을 발달시킬 수 있도록 도와준다.
셋째, 영아가 바깥세계에 대해 흥미를 느끼도록 격려한다.

그러므로 영아기 자녀를 둔 부모는 무엇보다 기본적 신뢰감을 형성하기 위하여 부모-자녀의 긍정적인 상호작용이 필요하며, 영아에게 조기경험이 중요하다는 사실을 인식하여야 한다. 부모의 행동이 영아발달에 영향을 미치는 한편, 아기의 행동 또한 성인행동에 영향을 주는 주요소이다. 영아는 사회적 환경과 양육자의 행동에 능동적으로 영향을 주므로 양육자는 아기행동을 잘 파악함으로써 효율적인 최적의 상호관계를 이루도록 해야 한다.

2) 유아기 발달특성과 부모역할

(1) 유아기의 발달특성

유아기는 대략 만 2세에서 6세까지의 시기를 말한다. 유아기는 영아기보다 좀 느리지만 발육이 현저해서 생후 4년 정도이면 출생 때 신장의 약 2배가 되고, 체중은 생후 2년이면 출생 때의 약 4배, 4년이면 5배에 달한다. 뇌신경의 발육도 현저해지고, 4세 전후가 되면 뇌의 중량은 성인의 약 80%에 미친다. 뇌 중량의 발육과 정신발달과의 관계가 반드시 비례한다고는 말할 수 없지만, 뇌신경계의 발육에 따라서 지능이나 운동기능 등이 발달한다.

또한 이 시기의 유아들은 영아와는 달리 말을 하기 시작하여 자유자재로 구사할 수 있게 되면서 지적인 활동이 급격히 성장하는 시기이다. 그러나 아직 아동기에서 발달하게 되는 논리적인 사고는 발달되지 못하며 자기중심적이다.

3세에서 6세 사이의 유아는 콜버그의 도덕발달 단계에 비추어 볼 때 '타율적 도덕성' 단계로 아직 자율적인 도덕성이 형성되지 못하는 시기이다.

(2) 유아기의 부모역할

이 시기에는 무엇보다도 유아들이 자립심과 자아존중감을 가질 수 있도록 부모가 도와 주는 것이 매우 중요하다. 자립심은 유아기 아동이 보다 독립적으로 일상생활을 잘 할 수 있도록 도와주며, 자아존중감은 긍정적인 자아개념을 형성할 수 있도록 도와준다. 유아들은 타인을 돕고, 성인을 기쁘게 하고 성공적으로 과제를 끝마칠 수 있을 때 매우 큰 만족감을 느끼며 자신감 또한 얻는다.

그러기 위해서는 유아들이 충분한 시간을 갖고 실천해서 성취감을 느낄 수 있도록 부모는 기다려 주어야 하며, 하고자 하는 의지를 칭찬해 주고 실패하더라도 낙심하지 않도록 격려하는 마음을 아끼지 말아야 한다.

또한 부모는 아동의 욕구를 파악함과 동시에 적합한 행동을 할 수 있도록 행동의 기준을 제시하고 통제하며 적극적으로 사회화할 수 있도록 도와줄 수 있어야 한다.

3) 학령기 아동의 발달특성과 부모역할

(1) 학령기 아동의 발달특성

학령기는 만 6세에서 12세까지의 초등학교를 다니는 시기이다. 이 때에는 유아가 부모에게 보였던 절대적 의존의 정서가 점차로 완화되고, 가정에 머물러 있던 유아의 관심은 점차 학교와 또래집단으로 넓어지게 된다.

이 시기 아동의 신체발달은 유아기까지 지속된 신장과 체중, 흉위의 발육이 지속적으로 증가하는 특징을 띤다. 운동능력의 발달에 있어서는 전신적인 근육운동이 8~9세경까지 현저하게 발달하며, 달리기 · 뜀뛰기 · 던지기 등의 운동이 발달하게 된다. 특히 10~11세부터는 여아의 발육이 남아를 상회하는데, 이것은 여아가 더 조숙하기 때문이다. 그러나 청년기에 들어서면 남자들의 발육이 현저해진다.

또한 아동기는 지적인 발달이 뚜렷하게 나타나는 시기로 피아제의 발달단계 중 구체적 조작기에 해당되며, 탈중심화 및 보존개념을 형성하게 된다. 언어의 발달은 초등학교 입학 때쯤이면 약 5000개의 어휘를 구사하게 되는데, 6학년이 되면 이의 두 배로 늘게 되고, 문장표현 능력도 현저한 발달을 보인다. 또 기억력과 사고력의 발달도 현저하여서, 8~10세경에 기계적 기억의 발달은 절정에 도달한다(송명자, 1996 : 199).

프로이드는 이 시기를 성적 긴장이 잠복하는 것으로 그다지 중요하게 생각하지 않았지만 에릭슨은 이 시기를 인간의 사회성 발달에서 아주 결정적인 시기로 생각하였다(E. H. Erikson, 1974). 성적인 에너지가 잠복하는 이 시기는 오히려 정서적 평온을 되찾으면서 가족 내에서 형성되던 상호작용을 벗어나 더 넓은 사회로 관심을 돌릴 뿐만 아니라 한 사회가 공유하는 문화의 유용한 기술과 도구를 배울 수 있게 된다는 것이다.

(2) 학령기 아동의 부모역할

학령기에는 또래와의 관계를 매우 중요시하는 시기로 아동들은 또래들과의 상호작용을 통해 자기 자신에 대해 새롭게 지각하고, 타인과 상호 소통하는 방식을 획득하게 되는데, 이 때 집단에 대하여 소속감 및 소외감을 발달시키게 된다(이순형 외, 2003 : 90).

따라서 이 시기에 아동은 친구와 어울리기를 원하나 때로는 친구들로부터 따돌림을 경험하고 힘들어 하는 경우가 종종 있다. 부모는 평소 아동의 친구관계를 잘 관찰하고 아동의 심리상태를 파악하여 바람직한 친구관계를 형성할 수 있도록 도와주어야 한다.

또한 학령기 아동은 학교공부나 학원수강으로 바쁘게 생활하는 경우가 많은데, 학교숙제는 가급적 부모가 직접해 주는 것을 지양하고 방법을 알려주어 스스로 할 수 있도록 도와 주어야 한다. 학원수강도 가급적 아이가 너무 피곤할 만큼 많이 시키지 말고 아동의 적성과 흥미를 고려하여야 하며 시간을 효율적으로 관리하는 능력도 길러주어야 한다.

학령기 아동을 위해 부모는 옳고 그름에 대한 기준을 바르게 제시해 주고 잘한 것에 대해서는 칭찬을 해 주며, 잘못한 일에 대해서는 스스로 책임감을 느낄 수 있도록 적절한 훈육을 통해 가르쳐야 한다.

그러므로 이 시기는 유아기와는 달리 부모의 역할이 더욱 기대되는 시기이다. 부모는 올바른 양육태도로 아동의 긍정적인 사회적응에 도움을 줄 수 있어야 하며, 자율적인 아동으로 성장할 수 있도록 도와주어야 할 것이다.

생각해보기

1. 발달의 기본원리 및 아동발달의 특성에 대해 기술해 보시오.

2. 프로이드가 말한 성격의 구조에서 원초아, 자아, 초자아에 대해 설명하고 사례를 들어 보시오.

3. 정신역동이론 중 프로이드의 심리성적 이론과 에릭슨의 사회심리적 이론의 공통점과 차이점에 대해 논하시오.

4. 파블로프의 고전적 조건화 과정에 대해 설명하시오.

5. 만일 내 아이가 학교에서 왕따를 당한다면 어떻게 문제를 해결할지 토의해 보시오.

6. 내가 부모님을 닮은 점과 차이점에 대해 서로 토의해 보시오.

아동의 권리와 역사적 배경

Chapter 03

1. 아동권리의 개념과 내용
2. 아동권리사상의 발전과정
3. 유엔 아동권리협약
4. 한국의 아동권리 상황

아동복지의 이념적 기초가 되는 아동의 권리는 아동복지 실현의 전제가 되는 핵심과제이다. 본 장에서는 아동권리의 개념과 내용, 아동권리사상의 발전과정, 아동권리협약 그리고 우리나라에서의 아동권리 상황을 살펴보기로 한다.

1. 아동권리의 개념과 내용

1) 아동권리의 개념

과거에 아동의 권리는 보호받지 못하거나 아동은 사회적 약자로서 중요하지 않은 존재로 인격적 존엄성과 권리를 지닌 존재로서 가치를 인식하고 보호하지 못하였다.

아동에게 인권은 아동을 하나의 인격체와 권리의 주체자로 인식하고 차별 없이 살아갈 권리를 말한다.

아동권리사상은 20세기에 들어와 확립되었으며 아동은 수동적인 보호의 대상에서 능동적인 권리의 주체라는 사상으로 발전하게 되었으며, 자선이나 박애에 의한 소극적인 보호에서 권리와 책임에 의한 적극적인 복지가 요청된 것이다(오정수 · 정익중, 2009).

2) 아동권리의 내용

아동권리의 내용은 제공(Provision), 보호(Protection), 참여(Participation)라는 '3P의 개념'을 들 수 있다(장인협 · 오정수, 2000).

(1) 제공(Provision)의 개념

아동의 생존에 필요한 인적 · 물적 자원을 제공받고 사용할 수 있는 권리를 말한다. 아동의 욕구와 관심을 인정하고 충족해 주고자 하는 것으로서 이름과 국적을 가질 수 있는 권리, 교육 및 보건서비스를 받을 수 있는 권리, 복지, 여가 및 문화 활동의 기회제공과 보호가 필요한 요보호 아동, 장애아동, 난민아동이 보호를 받을 권리를 의미한다.

(2) 보호(Protection)의 개념

아동은 열악하고 유해한 환경이나 행위로부터 보호받아야 할 권리를 말한다. 예를 들면 신체적 · 성적 학대로부터 보호받을 권리, 문제있는 부모로부터 격리가 가능한 권리를 말한다.

(3) 참여(Participation)의 개념

아동이 자신의 삶에 중요한 영향을 미치는 결정에 대하여 알고 능동적으로 참여할 수 있는 권리를 말한다. 아동의 동의가 필요한 의사결정에는 친권상실, 이혼, 입양 등에 아동의 의사가 존중되어야 하며 자신의 삶을 결정하는데 간섭을 받지 않고 참여할 수 있는 권리이다. 성인기에 대한 준비로서 사회활동에 참여할 기회를 가져야 할 권리를 의미하며 정보접근권도 여기에 포함된다.

3) 아동권리의 유형

아동권리의 내용은 생존권, 발달권, 보호권, 참여권의 네 가지 유형으로 분류할 수 있다(이재연, 2009).

(1) 생존권

아동이 생명을 유지하고 최상의 건강과 의료혜택을 받을 권리이다.

적절한 생활수준을 누릴 권리, 안전한 주거지에서 살아갈 권리, 충분한 영양을 섭취하고 기본적인 보건서비스를 받을 권리 등 기본적인 삶을 누리는데 필요한 권리를 말한다.

(2) 발달권

아동이 잠재능력을 최대한 발휘하는데 필요한 권리, 교육받을 권리, 여가를 즐길 권리, 문화생활을 하고 정보를 얻을 권리, 생각과 양심, 종교의 자유를 누릴 권리가 이에 속한다.

(3) 보호권

아동이 모든 형태의 학대와 방임, 차별, 폭력, 고문, 징집, 부당한 형사처벌, 과도한 노동, 약물과 성폭력 등 어린이에게 유해한 것으로부터 보호받을 권리를 말한다.

(4) 참여권

아동이 자신의 나라와 지역사회 활동에 적극적으로 참가할 수 있는 권리, 자신의 의견을 표현하고, 자신의 삶에 영향을 주는 문제들에 대해 발언권을 지니며, 단체에 가입하거나 평화적인 집회에 자유롭게 참여할 수 있는 권리를 의미한다.

2. 아동권리사상의 발전과정

1) 아동권리선언(1922)

세계 최초로 선언된 '세계아동헌장'은 1920년 아동복리회를 설립한 영국의 애글란타인 젭(Eglantyne Jebb) 여사가 작성한 1922년 5개조로 된 아동권리선언(Declaration of the Right of the Child)이다. 젭(Jebb)은 아동의 신체적 · 도덕적 · 정서적 발달을 돕는 것이 국가의 의무이며 이를 위해 필요한 요소를 제공받아야 함을 강조하였다. 젭(Jebb)에 의해 제정된 아동권리선언문은 아동권리를 본격적으로 제안한 것이었다.

2) 제네바선언(1924, 1948)

아동권리선언이 기초가 되어 1924년 국제연맹회의에서 '아동의 권리에 관한 제네바선언'이 채택되고 공식화되었다. 제네바선언은 전문과 함께 모두 5조항으로 이루어져 있다.

제네바선언은 아동권리에 관한 최초의 국제적 문서이다.

제네바선언 전문
모든 나라의 남녀와 인류가 아동에 대하여 최선의 것을 주어야 할 의무를 진다는 것을 인정하고 인종, 국적 또는 신념에 관한 어떠한 사유에도 관계없이 모든 아동에게 다음과 같은 사항을 보장할 것을 선언하고 또한 자기의 의무로서 수락한다.

제네바선언 5조항(1924)
1조 아동이 신체적 · 정신적 측면에서 정상으로 성장하는데 필요한 모든 수단을 제공해야 한다. 2조 굶주린 아동은 음식을 제공받아야 하고, 병든 아동은 치료받아야 하며, 발달이 늦은 아동은 도와 주어야 하고, 비행아동은 갱생하도록 하며, 고아와 부랑아는 주거와 원조를 받도록 해야 한다. 3조 아동은 위험에 처한 경우에 제일 먼저 구제되어야 한다. 4조 아동은 생계를 연명할 수 있는 위치에 있어야 하고 모든 형태의 착취로부터 보호받아야 한다. 5조 아동은 아동이 지닌 재능의 개발이 결국 인류동포에게 공헌한다는 인식 아래서 양육되어야 한다.

제네바선언(1924)은 1948년 차별받지 않을 권리와 가정환경에서 보호받을 권리를 부가한 7개 조항으로 구성되어 개정 · 선포되었다(한성심 · 송주미, 2003).

제네바선언 7조항(1948)
1조 어린이는 인종, 국적 및 종교적 신조의 문제를 초월하여 보호되어야 한다. 2조 어린이는 하나의 실체로서의 가정을 존중하며 보호를 받아야 한다. 3조 어린이는 물질적 · 도덕적 · 정신적으로 정상적인 발달을 위해 필요한 조건이 충족되어야 한다. 4조 굶주린 어린이는 먹여야 하며, 병든 어린이는 간호를 받아야 하고, 신체적으로 정신적으로 장애가 있는 어린이는 도움을 받아야 하며, 부적응 어린이는 재교육을 받아야 하며, 고아나 부랑아는 수용 · 보호되어야 한다. 5조 어린이는 위험을 당했을 때 제일 먼저 구조되어야 한다. 6조 어린이는 사회복지나 사회보장의 혜택을 받아야 하며, 적절한 시기에 생계를 세울 수 있는 훈련을 받아야 하며, 모든 형태의 착취로부터 보호를 받아야 한다. 7조 어린이는 그의 능력을 동포를 위해 봉사해야 한다는 자각 속에서 양육되어야 한다.

3) 유엔 아동권리선언(1959)

'아동권리에 관한 제네바선언'을 기초로 1959년 유엔은 '아동권리선언'을 채택하고 "아동은 충분한 성장을 위하여 애정과 물질적인 안정 속에서 성장할 권리가 있으며 부모와 사회는 그 책임을 진다."라고 규정하였다. 10개 조항으로 확대된 유엔 아동권리선언은 다음과 같다.

유엔 아동권리선언 10조항(1959)
1조 인종, 피부색, 성, 언어, 종교, 정치적 견해, 국가적 또는 사회적 출신, 재산, 문벌, 기타의 지위로 인하여 차별받는 일이 없이 이들의 권리가 부여되어야 한다. 2조 아동은 특별한 보호를 받으며 또한 건전하며 정상적인 방법 및 자유와 존엄의 상태하에서 신체적, 지능적, 도덕적, 정서적 및 사회적으로 성장할 수 있는 기회나 혜택이 법률과 기타의 수단으로써 제공되어야 한다. 이 목적을 위해 법률을 제정함에 있어 아동의 최선의 이익에 대하여 최대한 고려해야 한다. 3조 아동은 이름과 국적을 가질 권리를 가진다. 4조 아동은 사회보장의 혜택을 받을 권리를 가진다. 5조 신체적, 정신적 또는 사회적으로 장애가 있는 아동은 그 특수 사정에 의해 필요한 특별한 치료, 교육 및 보호를 제공받을 권리를 가진다. 6조 아동은 가능한 한 양친의 사랑과 책임하에 또한 어떠한 경우에도 애정과 도덕적 및 물리적 보장이 있는 환경하에서 양육되어야 한다. 7조 아동은 교육을 받을 권리를 가진다.

8조 아동은 우선 보호와 혜택을 받을 권리를 가진다.
9조 아동은 방임이나 학대 및 착취 등으로부터 보호받을 권리를 가진다.
10조 아동은 인종적, 종교적, 기타의 형태에 의한 차별을 조장할 우려가 있는 관습으로부터 보호받을 권리를 가진다.

3. 유엔 아동권리협약

1) 유엔 아동권리협약의 배경

1989년 유엔총회에서 아동권리협약(Convention on Rights of the Child)을 채택하였다. 협약의 발효를 기해 1990년 '아동을 위한 세계정상회담(World Summit for Children)'이 유엔본부에서 개최되었다. 이 회담은 아동 관련 회의 중 가장 중요한 국제회의로서 전세계적 차원에서 추진되어 온 아동의 권익보호와 복지향상에 대한 성과 평가, 교훈 및 미래를 위한 제언을 하는 의미있는 자리였다(이재연 외, 2009).

2002년 아동을 위한 세계아동정상회담에서 채택된 선언 및 행동계획(Declaration and Plan of Action)의 실행 성과를 검토하고, 차후 10년간 아동을 위해 전세계적인 차원에서 추진할 새로운 목표 및 행동계획을 설정하고 이에 대한 헌신을 서약하는 유엔아동특별총회가 개최되었다.

유엔아동특별총회에서 향후 10년간 성취해야 할 중점과제를 담은 '아동에게 적합한 세상(A World Fit for Children)'이라는 결과문서가 채택되었다. 이 결과문서는 네 가지 주요 우선 사안과 21개 성취지표는 표 3-1과 같으며, 지난 10년간의 아동의 보호와 복지를 평가하고 앞으로 오는 10년간의 아동권리 향상을 위해 국제적인 기준을 마련하였다.

아동권리협약은 국제적 인권조약으로 아동의 권리문제에 대한 체계적이고 종합적인 권리 규범이다. 보다 더 구속력을 가지고 아동의 권리를 보장하기 위해 협약은 통과되었으며 이 협약의 주요 규정은, 모든 아동에게 필요한 보호와 도움을 제공하기 위하여 아동의 인격발달과 복지증진을 위하여 가정, 사회, 국가 모두 다 특별한 배려를 해야 한다고 규정되어 있다. 아동권리협약은 법적 구속력을 갖는 국제규범으로 18세 미만의 모든 아동을 보호 대상으로 함과 동시에 적극적인 권리의 주체로 인정하는 아동권리에 관한 국제문서이다(공계순, 2009).

표 3-1 아동에게 적합한 세상의 4가지 목표 및 성취지표

아동의 건강한 삶의 증진	· 2015년까지 5세 이하 아동사망률 1/3 수준으로 감소 · 모성사망률 2015년까지 1/3 수준으로 감소 · 2010년까지 영아영양실조 및 저체중 출산율 1/3 수준으로 감소 · 2010년까지 깨끗한 물과 위생시설을 확보하지 못한 인구 1/3 수준으로 감소 · 2010년까지 아동의 조기개발을 위한 국가정책 수립 · 청소년들을 위한 국가 차원의 보건정책 수립 · 2015년까지 기초보건제도를 통해 연령별 적합한 자녀 생산에 따른 보건혜택 수여
질 높은 교육의 제공	· 취약아동을 포함, 모든 아동들에게 조기 보육 및 교육 수여를 위한 포괄적 계획 준비 · 2010년까지 학교에 다니지 않는 아동의 수를 1/2 수준으로 감소시키고, 초등학교 취학률 또는 대안 초등학교 프로그램 참여율을 현재의 90% 수준으로 증대 · 2005년까지 초등 및 고등교육에서의 성비 불균형 제거, 2015년까지 성차별 없는 동등교육 · 셈하기, 문자해독 등 측정 가능한 배움의 결과를 얻을 수 있는 수준 높은 교육 실시 및 살아가는데 필수적인 기술 습득 혜택 제공 · 모든 청소년들의 배움에 대한 욕구 충족 · 2015년까지 성인, 특히 여성의 문자해독률 50% 향상
학대, 착취 및 폭력으로부터 아동보호	· 아동을 모든 형태의 학대, 착취 및 폭력으로부터 보호 · 아동을 무력분쟁으로부터 보호하고 인도법 및 인권협약 준수 · 어린이에 대한 이상성욕, 인신매매, 납치 및 성 착취 등으로부터 아동보호 · 아동노동에 관한 ILO협약 제182조에 규정되어 있는 극악한 형태

	의 아동노동 철폐를 위한 즉각적이고 효과적인 조치강구 · 특히 열악한 환경에 처한 아동들의 여건 개선을 위해 노력
HIV/AIDS 퇴치	· 2005년까지 15~24세 청소년의 HIV/AIDS 감염률 25% 감소, 2010년까지 전세계적인 발병률 25%로 감소 · 2005년까지 AIDS바이러스 유아 감염률 20%로 낮추고, 2010년까지 50%감소 · AIDS로 인한 고아나 감염된 어린이들을 지원하는 환경과 제도 2003년까지 수립, 2005년까지 정책과 전략을 집행

2) 유엔 아동권리협약의 특징과 원칙

(1) 유엔 아동권리협약의 특징

유엔 아동권리협약은 각각의 아동을 완전한 인간으로 간주하였고, 또 아동을 특별하게 보살펴 주고 보호해야 할 대상으로 간주하였다. 이런 맥락에서 유엔 아동권리협약의 특징을 살펴보면 다음과 같다(노병일, 2008).

① 유엔 아동권리협약에 따르면, 협약을 비준한 국가는 자기 나라가 아동에게 여러 권리를 주기 위해 어떤 조처를 취하였는지에 대해 의무적으로 보고하도록 되어 있다.

② 유엔 아동권리협약에서는 아동도 판단능력이 발달한다는 점을 감안하면서, 아동이 자기 생활에 영향을 미치는 결정을 내리는데 참여할 권리가 있음을 명시하고 있다. 그 결과, 유엔 아동권리협약에서는 아동도 자신의 목소리를 전달할 수 있음을 명시하고 있다.

③ 유엔 아동권리협약에 따르면, 협약을 비준한 국가는 자기 나라가 아동에게 여러 권리를 주기 위해 어떤 조처를 취하였는지에 대해 의무적으로 보고하도록 되어 있다. 그러므로 유엔 아동권리협약에 따라서, 전세계적 아동권리가 얼마나 잘 반영되고 있는지를 모니터할 유엔위원회(UN Committee)가 설립되어 있다.

(2) 유엔 아동권리협약의 원칙

아동권리협약은 무차별의 원칙, 아동이익 최우선의 원칙, 아동생명존중 및 발달보장의 원칙, 아동의사존중의 원칙이 반영되어 있다.

1 무차별의 원칙 (국제협약 제2조)

아동과 그의 부모 또는 법적 후견인의 인종, 피부색, 성별, 언어, 종교, 정치적 또는 다른 의견, 국적, 민족, 사회적 출신, 재산, 장애, 출생 혹은 기타의 지위에 따른 차별을 금지하고, 아동의 부모, 후견인 또는 가족 구성원의 신분, 활동, 견해 또는 신념을 이유로 모든 형태의 차별과 처벌로부터 아동을 보호한다는 원칙이다.

2 아동최선의 이익 원칙 (국제협약 제3조)

이 원칙은 아동권리협약의 중심 원칙으로 볼 수 있다. 공공 또는 민간사회복지기관, 법원, 행정당국 또는 입법기관 등에서 실시하는 아동에 관한 모든 활동에서 아동의 최상의 이익을 최우선적으로 고려하고, 아동에 대해 법적 책임이 있는 사람의 권리와 의무를 고려하여 아동복지에 필요한 보호와 배려를 보장하며, 이를 위하여 입법적 · 행정적 조치를 비롯한 모든 적절한 조치를 취하여야 한다는 내용이다.

3 아동의 생명존중 및 발달보장의 원칙 (국제협약 제6조)

모든 아동이 고유의 생명권을 가지고 있음을 인정하고 가능한 최대로 아동의 생존과 발달을 보장하여야 한다는 원칙이다.

4 아동의사존중의 원칙 (국제협약 제12조)

자신의 견해를 형성할 능력이 있는 아동 본인에게 영향을 미치는 모든 문제에서 자신의 견해를 자유스럽게 표현할 권리를 보장하며, 아동의 견해에 대하여 아동의 연령과 성숙도에 따라 정당한 비중이 부여되어야 한다는 원칙이다. 아동에게 영향을 미치는 어떤 사법적 · 행정적 절차에서도 아동이 직접 또는 대표자나 적절한 기관을 통하여 자신의 의사를 표현할 기회가 주어져야 한다고 규정하고 있다.

3) 유엔 아동권리협약상 아동권리의 근거

유엔 아동권리협약의 일반 원칙을 토대로 명시되어 있는 아동권리협약상 구체적인 권리는 시민권과 자유의 권리, 가정환경 및 대리보호에 관한 권리, 기초보건 및 복지에 관한 권리, 교육, 여가 및 문화적 활동에 대한 권리, 특별보호조치에 대한 권리 등이다.

제시된 5가지의 구체적 권리를 다시 나누어 살펴보면 크게 자유적 권리와 사회적 권리의 보장이다. 자유권적 권리는 시민적 권리와 자유에 관한 내용을 포함하고 있으며, 사회권적 권리는 가정환경 및 대리보호, 기초보건 및 복지, 교육, 여가 및 문화적 활동, 특별 보호조치 등 아동의 삶의 질을 보장하는 구체적인 내용을 포함하고 있다(오정수 · 정익중, 2009).

표 3-2 유엔 아동권리협약의 일반원칙 및 아동권리

구 분		내 용
일반원칙		· 무차별의 원칙 (제2조) · 아동최선의 이익원칙 (제3조) · 아동의 생명존중 및 발달보장의 원칙 (제6조) · 아동 의사존중의 원칙(제12조)
자유권적 권리	시민권과 자유의 권리	· 성명권과 국적취득권, 부모로부터 양육받을 권리 (제7조) · 신분보존의 권리 (제8조) · 표현의 자유 (제13조) · 사상, 양심 및 종교의 자유 (제14조) · 결사 및 집회의 자유 (제15조) · 사생활의 보호 (제16조) · 정보접근권 (제17조) · 고문 및 기타 비인도적 취급을 받지 않을 권리 (제37조 1항)
사회권적 권리	가정환경 및 대리보호	· 부모의 지도와 책임 (제5조, 18조 1항 및 2항) · 정상적 가정생활을 누릴 수 있는 권리 (제9조) · 가족의 재결합 (제10조) · 아동을 위한 양육비의 회수 (제27조 제4항) · 가정의 보호를 받지 못하는 아동 (제20조)

구 분		내 용
사회권적 권리	가정환경 및 대리보호	· 입양에서 아동 이익우선의 권리 (제21조) · 불법 해외이송 및 미귀환에 대한 권리 (제11조) · 아동학대로부터의 보호 및 신체적 · 심리적 · 사회적 회복의 권리 (제19조, 제39조) · 양육 및 보호기관에 대한 심사권 (제25조)
	기초보건 및 복지	· 보건과 의료적 서비스를 받을 권리 (제24조) · 장애아동의 권리 (제 23조) · 사회보장 및 아동보호시설에 대한 권리 (제26조, 제18조 3항) · 생활수준에 관한 권리 (제27조)
	교육, 여가 및 문화적 활동	· 교육을 받을 권리 (제28조) · 교육목표에 대한 권리 (제29조) · 여가, 오락활동 및 문화적 활동에 대한 권리 (제31조)
	특별 보호조치에 대한 권리	· 법적 분쟁상의 아동에 대한 권리 (제37조, 제39조, 제40조) · 착취 상황하의 아동에 대한 권리 (제32조, 제33조, 제34조)

4) 우리나라의 아동권리에 관한 국제협약(1991)

1989년 유엔에서 채택한 아동권리협약은 우리나라에서 1990년 협약에 서명하고 1991년 비준하여 협약 실행의 당사국이 되었으며, 협약은 국내법과 동일한 효력을 지니게 되었다. 따라서 우리나라에서도 비준국의 의무로서 협약 내용의 이행사항을 5년마다 UN에 보고서를 제출함으로써 알리게 되었으며 유엔아동권리위원회의 권고절차를 이행하면서 협약정신을 따르기 위한 노력을 하고 있다.

1991년 협약당시 현행관련법들과 저촉되는 일부 조항을 유보하는 형태로 비준하였는데 유보한 조항은 부모면접권 보장, 관계당국의 허가를 통한 입양허가제, 상소권의 보장이다.

아동권리협약 유보조항의 내용은 다음과 같다.

(1) 부모면접권 보장(협약 제9조 3항)

우리나라 민법 제837조 2항에서 부모의 면접권만을 보장할 뿐 아동의 면접권이 보장되어 있지 않기 때문에 유보시켰다.

(2) 입양허가제(협약 제21조 가항)

입약절차에 관한 협약에서 관계 당국의 허가를 받아 엄격하게 입양하도록 했으나 우리나라 민법 제869조의 호적법 제66조는 당사자의 협의와 입양신고만으로도 입양이 가능하였기 때문에 유보시켰다.

(3) 상소권의 보장(협약 제40조 2항 나호)

우리나라 헌법 110조의 4항과 군사법원법 제534조에서 비상계엄하의 군사재판에서는 단심제만 허용되어 아동재판에서 보장되고 있지 않기 때문에 유보시켰다.

유엔아동권리위원회는 협약 당사국의 의무로서 5년마다 보고서를 유엔에 제출하게 함으로써 아동권리협약 이행을 증진시키도록 하고 있다. 현재까지 우리 정부는 국가보고서를 1994년 11월에 제1차 보고서를, 2000년 5월에 2차 보고서를 제출하였고 2008년 12월 제 3, 4차 유엔아동권리협약 통합 국가보고서를 제출하였다.

유엔아동권리위원회는 제출된 국가보고서를 심의해 아동의 인권보장의 장애요인을 분석하고 그 대안을 해당국 정부와 함께 모색하고 있다. 그 동안 우리 정부는 협약의 규정과 국내법 및 정책의 조화를 위해 각종 아동권리 관련법규의 제 · 개정을 실시해 왔다.

우리 정부가 제출한 보고서를 심의한 유엔아동권리위원회는 이에 관한 심사결과를 통고하였는데 2003년 1월에 나온 2차 보고서에 대한 권고들을 살펴보면 다음과 같다.

- 협약의 내용을 유보하는 부분이 남아 있고(3개 유보조항)
- 협약의 이행과 조정기능을 담당하는 기구가 없으며
- 관련 통계가 불완전해 개선이 필요함
- 시 · 도별 교육위원회와 학교운영위원회에 학생 참여가 보장되어 있지 않고

• 학교와 가정에서의 체벌이 여전하며
• 아동관련 통계가 행정부처마다 다르다.

정부의 2차보고서에 대한 유엔아동권리위원회의 권고사항을 이재연(2005)의 유엔아동권리협약 이행 모니터링 자료를 보면 다음과 같다.

표 3-3 정부의 2차 보고서에 대한 유엔아동권리위원회 권고사항

클리스터	유엔아동권리위원회 2차 권고사항
일반이행조치	아동관련 정책을 조정할 상설기구 설립
	유보조항 철회
	아동, 특히 소외계층 아동을 위한 예산 우선 배정
아동의 정의	민법상 혼인적령의 남녀 차이 동일화
일반원칙	차별을 금지하는 입법조치 사회적 차별금지를 위한 행동지향적 조치 아동견해 존중을 위해 아동복지법 개정 징계과정에 아동의 견해에 대한 존중과 아동의 참여증진
시민적 권리와 자유	가정, 학교 등에서 체벌 금지하는 규칙 개정
가정환경과 대안양육	가정위탁, 그룹홈 확대 아동학대방임사례 담당 국가 시스템 구축 국가의 허가에 의한 입양
기초보건과 복지	저소득층 대상 무료 이용 공공보건의료기관 설립 장애아동 차별 인식전환 장애아동에 대한 물리적 접근도 높이기 모유수유에 대한 국가규범 채택
교육	공교육 수준 향상/무상교육실시 계획 수립
특별보호조치	소년사법기준의 완전 이행 상업적 아동 성착취에 관한 국가행동계획 개발 이주자 자녀를 위한 교육과 사회복지 관련법 개정

정부의 2차 보고서에서 유엔아동권리위원회에서 우리나라 아동의 권리에 관한 문제점으로 지적한 권고사항은 다음과 같다(보건복지부 외, 2006).

(1) 아동의 정의

최저 혼인연령을 남아 18세와 여아 16세로 차이를 둔 것을 지적하고 민법상 여아의 최저 혼인연령을 남아와 같이 18세로 상향 조정하여 남녀 초혼 가능 연령의 동일차를 권고하였다.

(2) 일반원칙

무차별의 원칙과 관련하여 특히 한부모가정 아동, 혼외출생아동, 장애아동, 여아 및 이주가정 아동에 대한 차별을 제거하기 위해 사회적 차별을 명백히 금지하는 행동지향적 법률을 제정하고 대중교육과 인식 캠페인을 포함한 혁신적인 조치가 필요함을 권고하였다. 아동의 견해를 존중하기 위해 아동복지법을 개정하고 법원, 행정지구, 학교 및 교육의 집계과정에서 아동의 참여를 증진하고 촉진하기 위한 입법조치를 포함한 모든 조치와 아동의 참여권에 대한 교육적 정보를 제공할 것을 권고하였다.

(3) 시민적 권리와 자유

가정과 학교에서 체벌이 허용되고 있는 체벌을 명백하게 금지할 것을 권고하였다. 체벌관련 법률을 개정하고, 체벌에 관한 태도를 변화시키기 위하여 공공교육 캠페인을 실시하며 대안적 방법을 강구하도록 한다.

(4) 가정환경과 대안양육

가정에서 분리된 아동에 대한 대안양육체계의 개발이 제한적이며, 사적 양육기관이 정부의 규제나 정기적인 감사를 받지 않는 것을 문제점으로 지적하여 그룹홈을 증대하고 위탁가정에 대한 재정적 지원과 상담지원체계를 확대하고 가정위탁,

그룹홈을 증대할 것을 권고하였다. 또한 헤이그협약 비준과 입양은 당국의 허가에 의해서만 성립되도록 하며 입양에 관한 협약의 원칙을 따르고 국내 및 해외 입양체계를 재검토할 것을 권고하였다. 아동학대에 대한 전국적인 체계가 미비하므로 아동학대방임 사례를 접수, 모니터, 조사하는 국가 시스템을 구축하고, 처벌보다는 피해자와 가해자의 회복과 재통합을 위한 체계를 갖추도록 하며 관계자 교육을 권고하였다.

(5) 기초적 보건과 복지

저소득층대상 무료의료, 공공보건의료 기관을 설립할 것을 권고하였는데 보건예산을 늘리고 저소득가정이 무료의료체계에 접근할 수 있도록 한다. 모유수유의 중요성에 대한 교육을 실시하여 모유수유를 장려하고 직장 여성이 모유수유 때문에 어떤 불이익도 당하지 않도록 하며 10대의 흡연과 약물남용에 대한 종합적인 대책을 세울 것을 권고하였다. 장애아동에 대한 차별근절 인식제고를 위하여 공공영역에서 물리적인 접근도를 높이기 위한 조치를 취할 것과 장애아동에 대한 차별문화에 대처하는 효과적인 조치를 취할 것을 권고하였다.

(6) 교육

공교육수준을 향상시키고 무상교육실시 계획을 수립할 것을 권고하였다.

(7) 특별보호조치

보호처분을 받은 아동이 형사절차를 거치지 않고 자유가 침해되지 않도록 하는 소년사법기준의 완전한 이행과 아동 성착취를 철폐할 수 있도록 효율적인 통계수집과 국가행동계획을 개발하고, 성학대 가해자와 피해자들의 회복과 재통합을 위해 적합한 치료프로그램과 서비스를 보장할 것과 성매매자를 대상으로 예방조치를 개발할 것을 권고하였다.

우리 정부가 국내법과 일치하지 않는 이유로 비준을 유보한 3개 조항은 현재 다음과 같이 관련법규의 제 · 개정을 실시하였다.

1 유보조항 제9조 3항 : 아동이 부모를 만날 수 있는 면접교섭권

민법 제837조의 2(면접교섭권) ① 자(子)를 직접 양육하지 아니하는 부모의 일방과 자(子)는 상호 면접교섭할 수 있는 권리를 가진다(개정 2007. 12. 21). ② 가정법원은 자의 복리를 위하여 필요한 때에는 당사자의 청구 또는 직권에 의하여 면접교섭권을 제한하거나 배제할 수 있다(개정 2005. 3. 31).

2 유보조항 제21조 가항 : 권위있는 정부당국이 입양을 허가해야 한다는 입양허가 제도

민법 제2절 양자 제1관 입양의 요건 제869조 (15세 미만자의 입양 승낙) 양자가 될 자가 15세 미만인 때에는 법정대리인이 그에 갈음하여 입양의 승낙을 한다. 다만, 후견인이 입양을 승낙하는 경우에는 가정법원의 허가를 받아야 한다(개정 2005. 3. 31).

3 유보조항 제40조 나-(5)항 : 범법행위를 한 아동이 상급사법당국의 심사를 받을 권리를 보장한 상소권 보장제도

제 · 개정된 법령 없음

4. 한국의 아동권리 상황

1) 아동권리선언(1923)

1920년대 초반 유럽에서 아동권리에 대한 관심이 생겨난 비슷한 시기에 우리나라는 제네바선언보다 1년 앞선 1923년 어린이선언문과 아동권리공약 3장이 방정환에 의해 발표되었다. 이것은 아동에게 권리를 찾아 주자는 아동권리옹호운동이며 일본에게 주권을 빼앗긴 가운데에서도 민족의 희망인 어린이를 사랑하고 씩씩하게 키우자는 의지의 표명이었다.

1923년 어린이날 기념식장에서 낭독된 우리나라 최초의 '아동권리선언'인 '아동권리공약 3장'의 내용은 다음과 같다.

① 어린이를 재래의 윤리적 압박으로부터 해방하여 그들에 대한 완전한 인격적 예우를 허(許)하라.
② 어린이를 재래의 경제적 압박으로부터 해방하여 만 14세 이하의 그들에 대한 무상 또는 유상의 노동을 폐(廢)하라.
③ 어린이에게 그들이 고요히 배우고 즐거이 놀 만한 각양의 가정 또는 사회적 시설을 행(行)하라.

세계적으로 앞선 우리의 아동권리선언은 제네바선언보다 아동권리를 더 포괄적으로 담고 있으며 아동의 인격적 독립과 아동의 노동금지, 가정이나 사회에서 아동이 배우고 놀 권리를 보장해 줄 것을 선언한 것이다.

2) 대한민국 어린이헌장(1957년 제정, 1988년 개정)

우리나라 아동이 누려야 할 기본적인 권리의 내용은 어린이헌장과 청소년헌장에 나타나 있다. 어린이헌장과 청소년헌장은 현 사회의 아동에 대한 다짐과 약속을 명시하고 있으며 선언적 의미가 강하다.

대한민국 어린이헌장에는 아동이 누려야 할 기본적 인권의 존중에 대해서 명시되어 있으며 전문과 11개의 조항으로 구성되어 있다.

대한민국 어린이헌장

대한민국 어린이헌장은 어린이날의 참뜻을 바탕으로 하여, 모든 어린이가 차별 없이 인간으로서의 존엄성을 지니고, 나라의 앞날을 이어나갈 새사람으로 존중되며, 아름답고 씩씩하게 자라도록 함을 길잡이로 삼는다.

1. 어린이는 건전하게 태어나 따뜻한 가정에서 사랑 속에 자라야 한다.
2. 어린이는 고른 영양을 섭취하고, 질병의 예방과 치료를 받으며, 맑고 깨끗한 환경에서 살아야 한다.
3. 어린이는 좋은 교육시설에서 개인의 능력과 소질에 따라 교육을 받아야 한다.
4. 어린이는 빛나는 우리문화를 이어받아, 새롭게 창조하고 널리 펴 나가는 힘을 길러야 한다.
5. 어린이는 즐겁고 유익한 놀이와 오락을 위한 시설과 공간을 제공받아야 한다.
6. 어린이는 예절과 질서를 지키며, 한겨레로서 서로 돕고, 스스로를 이기며 책임을 다하는 민주 시민으로 자라야 한다.
7. 어린이는 자연과 예술을 사랑하고 과학을 탐구하는 마음과 태도를 길러야 한다.
8. 어린이는 해로운 사회 환경과 위험으로부터 먼저 보호되어야 한다.
9. 어린이는 학대를 받거나 버림을 당해서는 안 되고, 나쁜 일과 힘겨운 노동에 이용되지 말아야 한다.
10. 몸이나 마음에 장애를 가진 어린이는 필요한 교육과 치료를 받아야 하고, 빗나간 어린이는 선도되어야 한다.
11. 어린이는 우리의 내일이며 소망이다. 나라의 앞날을 짊어질 한국인으로, 인류의 평화에 이바지할 수 있는 세계인으로 자라야 한다.

청소년헌장

청소년은 자기 삶의 주인이다. 청소년은 인격체로서 존중받을 권리와 시민으로서 미래를 열어 갈 권리를 가진다. 청소년은 스스로 생각하고 선택하며 활동하는 삶의 주체로서 자율과 참여의 기회를 누린다. 청소년은 생명의 가치를 존중하며 정의로운 공동체의 성원으로 책임 있는 삶을 살아간다.

가정, 학교, 사회 그리고 국가는 위의 정신에 따라 청소년의 인간다운 삶을 보장하고 청소년 스스로 행복을 가꾸며 살아갈 수 있도록 여건과 환경을 조성한다.

청소년의 권리

- 청소년은 생존에 필요한 기본적인 영양, 주거, 의료, 교육 등을 보장받아 정신적 · 신체적으로 균형있게 성장할 권리를 가진다.
- 청소년은 출신, 성별, 종교, 학력, 연령, 지역 등의 차이와 신체적 · 정신적 장애 등을 이유로 차별받지 않을 권리를 가진다.
- 청소년은 물리적 폭력뿐만 아니라 공포와 억압을 포함하는 정신적인 폭력으로부터 보호받을 권리를 가진다.
- 청소년은 사적인 삶의 영역을 침해받지 않을 권리를 가진다.
- 청소년은 자신의 생각과 느낌을 자유롭게 펼칠 권리를 가진다.
- 청소년은 일할 권리와 직업을 선택할 권리를 가진다.
- 청소년은 여가를 누릴 권리를 가진다.
- 청소년은 건전하고 다양한 문화, 예술활동에 자유롭게 참여할 권리를 가진다.
- 청소년은 다양한 매체를 통하여 자신의 삶에 필요한 정보에 접근할 권리를 가진다.
- 청소년은 자신의 삶과 관련된 정책결정 과정에 민주적 절차에 따라 참여할 권리를 가진다.

청소년의 책임

- 청소년은 자신의 삶을 소중히 여기며 자신이 선택한 삶에 책임을 진다.
- 청소년은 앞 세대가 물려준 지혜를 시대에 맞게 되살려 다음 세대에 물려줄 책임이 있다.
- 청소년은 가정 · 학교 · 사회 · 국가 · 인류공동체의 성원으로서 자기와 다른 삶의 방식도 존중할 줄 알아야 한다.
- 청소년은 삶의 터전인 자연을 소중히 여기고 모든 생명들과 더불어 살아간다.
- 청소년은 통일시대의 주역으로서 평화롭게 공존하는 방법을 익힌다.
- 청소년은 남녀평등의 가치를 배우고 이를 모든 생활에서 실천한다.
- 청소년은 가정에서 책임을 다하며 조화롭고 평등한 가족문화를 만들어 간다.
- 청소년은 서로에게 정신적 · 신체적 폭력을 행사하지 않는다.
- 청소년은 장애인을 비롯한 소외받기 쉬운 사람들과 더불어 살아간다.

청소년헌장은 1990년 처음 제정, 공포되었으며 1998년 청소년의 주체적인 삶과 자율성을 강조하는 새로운 내용으로 개정, 선포되었다. 청소년헌장에 포함된 청소년의 권리는 생존의 보장과 성장의 권리, 차별받지 않을 권리, 폭력으로부터 보호받을 권리, 사적인 삶의 권리, 생각과 느낌의 권리, 모임활동의 권리, 배움의 권리, 일과 직업의 권리, 문화예술 활동의 권리, 정보접근의 권리, 민주적 참여의 권리 등이다(공계순, 2009).

아동 · 청소년 기본법(안)

(2008. 10. 27 입법 예고함)

제3장 아동 · 청소년의 권리 증진

제18조(아동 · 청소년의 권리와 책임) ① 아동 · 청소년의 기본적 권리는 아동 · 청소년의 활동 · 복지 · 보호 등 아동 · 청소년의 일상과 관련된 모든 영역에서 최우선적으로 고려될 수 있도록 존중되고 보장되어야 한다.

② 아동 · 청소년은 안전하고 쾌적한 환경에서 생활할 수 있도록 적절한 법적인 보호와 특별한 배려를 받을 권리가 있다.

③ 아동 · 청소년은 인종, 성별, 종교, 장애유무, 출생지역 등에 따른 어떠한 종류의 차별도 받지 않아야 하며, 착취 · 학대 · 방임 · 부당한 처벌 등으로부터 보호받을 권리가 있다.

④ 아동 · 청소년 자신의 신체적 · 정신적 능력을 최대한 개발시키는 교육을 받고, 휴식과 여가를 즐기며, 문화생활과 예술을 향유하고, 사회의 정당한 구성원으로서 본인과 관련된 의사결정에 참여할 권리가 있다.

⑤ 아동 · 청소년은 자신의 의사를 표현할 자유를 가지며, 신체적 · 정신적 건강의 향상과 복지를 위한 정보 및 자료에 접근할 권리가 있다.

⑥ 아동 · 청소년은 자신의 능력을 개발하고 건전한 가치관을 확립하며 가정 · 사회 및 국가의

구성원으로서의 책임을 다하도록 노력하여야 한다.

제19조(아동 · 청소년의 정책참여 보장) ① 국가 및 지방자치단체는 아동 · 청소년과 관련된 정책수립 과정에 아동 · 청소년의 참여 또는 의견수렴을 보장하는 조치를 시행하여야 한다.

② 국가는 아동 · 청소년 정책의 제안 · 점검을 위하여 아동 · 청소년 분야의 전문가와 아동 · 청소년이 참여하는 아동총회 및 청소년특별회의를 매년 개최하여야 한다.

③ 제2항에 의한 아동총회는 10세에서 15세까지, 청소년특별회의는 16세에서 25세 미만의 아동 · 청소년이 참석하는 것을 원칙으로 하고, 참석대상 · 운영방법 등 세부적인 사항은 대통령령으로 정한다.

제20조(아동 · 청소년권리의 모니터링) ① 보건복지부가족부장관은 아동 · 청소년의 권리증진과 제16조에 따른 '아동의권리에관한협약'의 이행상황을 점검하기 위하여 아동 · 청소년권리에 관한 모니터링을 하여야 한다.

② 보건복지부장관은 대통령령령으로 정하는 바에 따라 아동 · 청소년권리 모니터링 업무를 공공기관 또는 민간단체에 위탁할 수 있다.

③ 아동 · 청소년권리 모니터링의 내용은 다음과 같다.

1. 아동 · 청소년권리와 관련된 법과 제도의 개선에 관한 사항
2. 아동 · 청소년권리에 대한 교육 및 홍보
3. '아동의권리에관한협약'의 이행에 관한 사항
4. 그 밖에 보건복지부장관이 아동 · 청소년권리와 관련하여 필요하다고 인정한 사항

제21조(아동 · 청소년의 우대) ① 국가 또는 지방자치단체는 아동 · 청소년에 대하여 국가 또는 지방자치단체가 운영하는 수송시설, 궁 · 능, 박물관, 공원, 공연장 등의 시설의 이용료를 면제 또는 할인할 수 있다.

② 국가 또는 지방자치단체는 다음 각호의 1에 해당하는 자가 아동 · 청소년의 일상생활에 관련된 시설을 운영하는 경우 청소년에 대하여 당해 시설의 이용료를 할인하여 주도록 권고할 수 있다.

1. 국가 또는 지방자치단체의 보조를 받는 자
2. 관계법령에 따라 세제상의 혜택을 받은 자
3. 국가 또는 지방자치단체로부터 위탁을 받아 업무를 수행하는 자

③ 아동 · 청소년이 제1항 또는 제2항의 규정에 따라 이용료의 면제 또는 할인을 받고자 하는 때에는 이용하고자 하는 시설의 관리자에게 다음 각호의 1에 해당하는 학생증,주민등록증, 제22조의 규정에 의한 청소년증 그 밖에 연령을 확인할 수 있는 증빙자료를 제시하여야 한다.

1. 『초 · 중등교육법』 제2조의 규정에 의한 학교의 학생임을 증명하는 서류
2. 『고등교육법』 제2조의 규정에 의한 학교의 학생임을 증명하는 서류

④ 제1항 또는 제2항의 규정에 따라 이용료를 면제 또는 할인받을 수 있는 시설의 종류 및 청소년의 연령 기준 등은 대통령령으로 정한다.

제22조(청소년증) ① 시장 · 군수 · 구청장은 9세 이상 19세 미만의 자에 대하여 청소년증을 발급할 수 있다.

② 청소년증은 이를 다른 사람에게 양도하거나 대여하여서는 아니된다.

③ 누구든지 청소년증과 동일한 명칭 또는 표시의 증표를 사용하여서는 아니된다.

④ 제1항에 규정에 의한 청소년증의 발급 및 재발급신청과 교부에 관하여 필요한 사항은 보건복지부령으로 정한다.

제23조(어린이날과 어린이 · 청소년 주간) ① 어린이의 인격을 존중하고 어린이가 행복한 세상을 만들기 위하여 매년 5월 5일을 어린이날로 한다.

② 아동 · 청소년의 능동적이고 자주적인 주인의식을 드높이고 아동 · 청소년의 건강한 성장에 필요한 국민의 참여분위기를 조성하기 위하여 매년 5월 1일부터 5월 7일까지를 어린이 주간으로 하고, 5월 25부터 5월 31일까지를 청소년 주간으로 한다.

③ 국가 및 지방자치단체는 민간단체가 주관하는 어린이날 및 어린이 · 청소년 주간 행사에 대해 행정적 · 재정적 지원을 할 수 있으며, 기타 행사와 관련하여 필요한 사항은 대통령령으로 정한다.

생각해보기

1. 아동권리 '3P'의 개념은 무엇인지 살펴봅시다.

2. 유엔 아동권리협약의 4가지 원칙을 아동권리 침해사례를 적용시켜 토론해 봅시다.

아동복지 대상과 서비스

04 Chapter

1. 아동복지 대상
2. 아동복지 서비스
3. 아동복지시설
4. 아동복지 서비스 원칙

아동복지의 대상은 18세 미만의 모든 아동과 부모 및 가족이 포함된다. 아동복지의 대상 분류방법을 보편주의와 선별주의 원칙에 의거하여 구분하면 보호를 필요로 하는 요보호 아동과 일반아동으로 구분될 수 있다.

본 장에서는 아동복지 대상을 요보호 아동과 일반아동을 구분해 보고, 이들에게 제공되는 서비스의 기능 수행에 따라 아동복지 서비스를 구분하여 살펴보고자 한다. 이에 카두신(Kadushin)의 분류방법인 지지적 서비스, 보충적 서비스, 대리적 서비스에 대해서 살펴보고, 아동복지 서비스를 실천할 때 기준이 되는 기본원칙에 대해서 살펴보고자 한다.

1. 아동복지 대상

아동복지의 대상은 아동복지법에 근거하여 '18세 미만의 아동'은 모두 아동복지의 대상자가 된다. 즉, 18세 미만의 모든 아동과 그 부모 및 가정이 아동복지의 대상이라 할 수 있다. 아동복지의 대상에 부모 및 가족이 포함되는 것은 아동은 발달단계 특성상 아동의 건강한 발육과 성장을 위해서는 보호 양육의 역할을 담당하는 보호자가 필요하기 때문이다. 따라서 아동복지 서비스는 대상인 아동뿐 아니라 부모 및 가족까지도 대상에 포함되기 때문에 아동중심적인 동시에 가족친화적인 서비스로 제공되어야 하는 것이다.

아동복지의 대상의 구분방법으로는 아동의 연령이나 문제에 따라 구분할 수 있고, 사회복지 서비스 또는 급여의 할당원칙에 의해 보편주의와 선별주의에 의거하여 구분될 수 있다. 기본권으로서 모든 사람이 사회복지 급여를 받을 수 있다는 보편주의에 입각할 경우 아동복지의 대상은 모든 아동과 그 부모 및 가정이라 할 수 있다. 모든 아동에 대해 동일한 수준에서 할당이 이루어짐을 의미하며, 낙인의 문제를 최소화하고 사회적 통합을 극대화할 수 있다는 장점을 가지고 있다. 선별주의에 따르면 자신의 욕구를 스스로 충족시키는 것이 불가능한 한계집단에게 집중적으로 급여가 제공되는 것으로 아동복지 대상은 요보호 아동과 그 가족이 된다. 여기서는 보편주의와 선별주의에 입각하여 아동복지 대상을 요보호 아동과 일반아동으로 구분하여 살펴보고자 한다.

1) 요보호 아동

아동복지법 제2조 제2호에 의하면 '보호를 필요로 하는 아동'은 보호자가 없거나 보호자로부터 이탈된 아동, 또는 보호자가 아동을 학대하는 경우 등 보호자가 아동을 양육하기에 부적당하거나 양육할 능력이 없는 경우의 아동으로 규정하고 있다. 즉, 요보호 아동이란 아동의 기본적인 욕구를 충족시키거나 문제를 해결할 가정이 부재한 경우, 개별 가정의 능력으로는 아동의 기본적인 양육의 욕구를 해결할 수 없는 상황에 처한 아동이라 할 수 있다.

장인협과 오정수(2001)의 요보호 아동 분류를 살펴보면 다음과 같다.

첫째, 양육환경상의 보호가 필요한 아동 — 가족의 구조와 기능이 결손되어 건강한 양육환경에서 성장하기 힘든 아동들로 구체적으로 빈곤가정아동, 결손가정아동, 부모부재아동 등이 포함된다.

둘째, 신체적 · 정신적 · 정서적으로 문제나 장애를 지닌 아동 — 자신들이 가진 독특한 심신상의 결함으로 정상적인 사회참여에 제한을 받고 있고, 독립적인 인격체로서의 존엄성을 침해당하고 있는 경우가 이에 해당된다. 장애인복지법에 의한 장애아동은 신체장애아동, 정신장애아동으로 분류되며, 신체장애아동은 외부 신체기능의 장애, 내부기관의 장애, 정신적 장애아동은 정신지체, 정신장애, 발달장애아동으로 구분될 수 있다.

셋째, 사회적 · 법적 보호가 필요한 아동 — 가출아동, 비행아동 등이 포함된다.

넷째, 특별보호를 요하는 아동 — 학대 및 유기된 아동, 미혼모의 아동 등이 포함된다.

이상에서 살펴본 것처럼 가정환경상의 문제를 지닌 빈곤가정의 아동, 결손 및 부모부재 가정의 아동, 부부갈등이나 학대와 같은 병리적인 문제를 가지고 있는 가정의 아동이 요보호 아동의 범주에 포함될 수 있다. 또한 선천적이든 후천적이든 신체적 · 정신적 능력의 결여 때문에 스스로 생활하는데 불편함을 경험하는 아동도 요보호 아동이며, 미혼모, 가출아동이나 비행아동과 같이 사회적으로 보호를 필요로 하는 아동도 요보호 아동의 범위에 포함된다.

아동복지 대상에서 요보호 아동은 다양한 원인에 의하여 보호를 필요로 하는 아동과 요보호 아동을 포함한 가정까지가 아동복지 서비스의 대상이 된다고 할 수 있다.

2) 일반아동

일반아동이란 아동이 속한 가정에서 제공되는 보호 이외의 다른 특별한 보호를 받지 않고 생활할 수 있는 아동들을 의미한다. 일반아동의 경우 현재 심각한 문제가 없다는 개념이 앞으로도 문제를 경험할 가능성이 전혀 없다라는 것을 의미하는 것은 아니다. 일반아동은 단지 현재 뚜렷한 문제를 지니지 않고 있다는 것이지 그들의 기본적인 욕구와 현재보다 더 나은 상태를 위한 욕구를 가지고 있으므로, 아동복지 서비스가 이러한 다양한 욕구를 충족시켜 주어야 하는 것이다. 뿐만 아니라 요보호 아동이 경험하는 문제를 예방하는 차원에서 아동복지 서비스가 접근되어야 하는 필요성이 있는 것이다. 따라서 아동의 기본적인 욕구를 충족시키고, 아동의 건강한 발달과 성장을 위해 모든 가족에게 제공되어야 할 다양한 아동복지 서비스의 대상은 바로 일반아동들이라 할 수 있다.

아동복지의 대상은 좁게는 현재 다양한 어려움을 경험하고 있어 욕구를 충족시키지 못하거나 문제를 경험하고 있는 요보호 아동과 그 가족의 욕구충족과 문제를 해결해 주어야 하는 것이다. 넓게는 예방적인 차원에서 18세 미만의 모든 아동과 그 가족에게 다양한 욕구를 충족시켜 줌으로써 건강한 발달과 성장을 할 수 있도록 아동복지 서비스가 제공되어야 하는 것이다.

2. 아동복지 서비스

아동복지에 있어서 가장 중요한 것은 아동의 욕구가 무엇인지 파악하여 욕구를 충족시킬 수 있는 아동복지 서비스를 제공하는 것이라 할 수 있다. 아동과 아동을 포함한 가정의 욕구를 충족시키기 위한 아동복지 서비스는 대상이나 장소, 기능에 따라 다양하게 분류할 수 있으며, 대상에 의한 분류는 요보호 아동을 위한 서비스, 일반아동을 위한 서비스로 분류될 수 있다. 아동복지 서비스의 장소에 의한 분류는 아동이 가정 내에 머물면서 필요한 서비스를 제공받는 가정 내 서비스와 가정을 떠나 다른 가정이나 시설에 머물면서 서비스를 제공받는 가정 외 서비스로 분류될 수 있다. 아동복지 서비스의 기능에 의한 분류는 아동복지 서비스가 가정의 역할 수행에 어떤 기능을 하는가에 따라 지지적 서비스, 보충적 서비스, 대리적 서비스 3가지로 분류될 수 있다.

이처럼 아동복지 서비스는 매우 다양하게 분류될 수 있으나 여기서는 아동복지 서비스의 기능에 따른 카두신(Kadushin)의 3S모델 분류를 중심으로 살펴보고자 한다. 카두신은 아동복지 서비스 기능을 중심으로 지지적 서비스, 보충적 서비스, 대리적 서비스로 분류하였으며, 이는 아동양육의 일차적인 책임은 부모와 가정에 있음을 전제로 하고 있다. 아동을 양육하는데 부모가 역할을 할 수 있도록 국가와 아동복지 관련기관 및 전문가들이 지지하고, 이를 수행하지 못할 경우 부모의 역할을 보충, 대리한다고 하였다.

1) 지지적 서비스

지지적 서비스(supportive service)는 부모와 아동의 능력을 지지하고 강화하는 서비스로 부모가 아동 양육에 대한 정보와 기술이 부족한 경우, 부모-자녀관계나 가족관계가 원만하지 못한 경우 부모의 양육기능을 지지, 강화해 주는 서비스이다. 지지적 서비스는 장소를 옮기지 않고 자기 집에 살고 있는 아동과 부모에게 제공되며, 가장 예방적 차원이 강한 서비스라 할 수 있다. 지지적 서비스는 가정이 스트레스 상황에서 아동의 기본적 욕구를 충족시킬 수 없는 위험에 처했을 경우 긴장을 완화시키고, 가족의 기능을 회복 · 유지 · 강화시켜 준다(Kadushin, 1988).

지지적 서비스는 아동복지 서비스의 제1차 방어선으로 예방적 차원이 강하여 부모와 아동의 자율성을 강조하면서 그들의 능력을 지지해 주고 강화시켜 주는 서비스로, 아동복지 관련기관이나 전문가는 부모나 아동이 역할기능을 제대로 수행될 수 있도록 원조하는 역할을 해 준다. 지지적 서비스에는 아동상담소, 가정상담소, 지역사회복지관에서 제공하는 상담서비스, 부모교육, 아동학대 · 방임을 위한 보호와 예방서비스, 미혼부모나 한부모를 위한 서비스 등이 있다.

2) 보충적 서비스

보충적 서비스(supplementary service)는 부모의 보호나 양육이 부적절한 경우, 부모가 여러 가지 상황에 의해 아동을 양육하는데 기능을 제대로 수행하기 어려운 경우, 부모의 양육역할을 대신하거나 도와주는 역할을 하는 서비스이다. 부모의 사망, 유기, 이혼, 별거 등으로 인해 부모의 역할이 영구적으로 수행되기 어려울 때, 혹은 교도소 수감, 질병, 직업상의 이유 등으로 인해 일시적으로 부모의 역할수행이 힘들 때 제공될 수 있다(공계순 외, 2004).

보충적 서비스에는 경제적 지원을 위한 공공부조의 소득보완사업, 장애아동이나 비행아동을 위한 복지서비스, 보육서비스 등이 있다.

3) 대리적 서비스

대리적 서비스(substitute service)는 아동이 원가정에서 부모와 함께 생활할 수 없는 상황이 발생하거나 부모가 양육역할을 전부 상실했을 경우 부모가 아닌 제3자가 부모의 역할을 대신해 주는 서비스이다. 대리적 서비스는 부모가 양육의 책임을 일시적 또는 영구적으로 포기하고, 아동은 자신의 원가정에서 분리되어 다른 가정이나 시설에서 양육되는 형태이다. 대리적 서비스에는 가정위탁서비스, 입양서비스, 시설보호서비스 등이 포함되며, 가정위탁서비스는 타가정에서 일정기간 동안 양육을 제공하는 서비스이다. 입양서비스는 아동양육에 대한 친부모의 권리와 의무가 모두 소멸되고, 타인에게 양육의 권리와 의무가 이양되는 서비스이다. 시설보호서비스는 제3차 방어선인 시설에서 집단적 양육서비스를 아동에게 제공하며, 소규모 양육시설인 공동생활가정에서부터 대규모 양육시설에 이르는 다양한 형태를 가지고 있다.

지지적 서비스	보충적 서비스	대리적 서비스
아동의 욕구를 충족시키기 위한 부모의 능력을 지지, 강화	부적절하거나 제한된 부모의 보호를 보상하거나 아동이 받아야 할 보호를 보충	아동의 개별적 욕구에 따라 부모의 보호를 부분 또는 전체를 대신함
↓	↓	↓
· 아동상담소, 가족상담소, 지역사회복지관에서 제공하는 상담서비스 · 부모교육 서비스 · 학대, 방임아동을 위한 서비스 · 미혼부모, 한부모를 위한 서비스	· 소득보완사업(공공부조) · 아동수당 · 보육서비스 · 가정봉사원 파견 서비스	· 가정위탁서비스 · 입양서비스 · 시설보호 : 그룹홈, 쉼터, 긴급피난처, 아동양육시설, 아동치료보호시설

출처 : Kadushin & Martin(1988) 재구성.

[그림 4-1] 카두신의 아동복지 서비스 유형 분류

3. 아동복지시설

아동복지 서비스 실천은 아동복지와 관련된 전문적인 지식과 현장경험을 바탕으로 한 전문가와 전문기관으로부터 제공되어야 한다. 아동복지법에서 규정하고 있는 전문가의 의해 서비스가 제공되는 아동복지시설의 종류는 다음과 같다.

표 4-1 아동복지시설 종류

종 류	사업내용
아동양육시설	보호를 필요로 하는 아동을 입소시켜 보호, 양육하는 것을 목적으로 하는 시설
아동일시보호시설	보호를 필요로 하는 아동을 일시 보호하고 아동에 대한 향후의 양육대책수립 및 보호조치를 행하는 것을 목적으로 하는 시설
아동보호치료시설	불량행위를 하거나 불량행위를 할 우려가 있는 아동으로서 보호자가 없거나 친권자나 후견인이 입소를 신청한 아동 또는 가정법원, 지방법원소년부지원에서 보호위탁된 아동을 입소시켜 그들을 선도하여 건전한 사회인으로 육성하는 것을 목적으로 하는 시설
아동직업훈련시설	아동복지시설에 입소되어 있는 만 15세 이상의 아동과 생활이 어려운 가정의 아동에 대하여 자활에 필요한 지식과 기능을 습득시키는 것을 목적으로 하는 시설
자립지원시설	아동복지시설에서 퇴소한 자에게 취업준비 기간 또는 취업 후 일정기간 보호함으로써 자립을 지원하는 것을 목적으로 하는 시설
아동단기보호시설	일반가정에 아동을 보호하기 곤란한 일시적 사정이 있는 경우 아동을 단기간 보호하며 가정의 복지에 필요한 지원조치를 하는 것을 목적으로 하는 시설
아동상담소	아동과 그 가족의 문제에 관한 상담, 치료, 예방 및 연구 등을 목적으로 하는 시설
아동전용시설	어린이공원, 어린이놀이터, 아동회관, 체육, 연극, 영화, 과학실험전시시설, 아동휴게숙박시설, 야영장 등 아동에게 건전한 놀이·오락 기타 각종 편의를 제공하여 심신의 건강유지와 복지증진에 필요한 서비스를 제공하는 것을 목적으로 하는 시설
아동복지관	지역사회 아동의 건전육성을 위하여 심신의 건강유지와 복지증진에 필요한 서비스를 제공하는 것을 목적으로 하는 시설
공동생활가정	보호를 필요로 하는 아동에게 가정과 같은 주거여건과 보호를 제공하는 것을 목적으로 하는 시설

지역아동센터	지역사회 아동의 보호 · 교육, 건전한 놀이와 오락의 제공, 보호자와 지역사회의 연계 등 아동의 건전육성을 위하여 종합적인 아동복지 서비스를 제공하는 시설

출처 : 아동복지법.

또한 아동복지법에서는 아동복지시설의 고유업무 외에 아동복지 사업을 실시할 수 있도록 하고 있으며, 사업의 내용은 다음과 같다.

1) 아동가정지원사업

지역사회아동의 건전한 발달을 위하여 아동, 가정, 지역주민에게 상담, 조언 및 정보를 제공해 주는 사업이다.

2) 아동주간보호사업

부득이한 사유로 가정에서 낮동안 보호를 받을 수 없는 아동을 대상으로 개별적인 보호와 교육을 통하여 아동의 건전한 성장을 도모하는 사업이다.

3) 아동전문상담사업

학교부적응아동 등을 대상으로 올바른 인격형성을 위한 상담, 치료 및 학교폭력 예방을 실시하는 사업이다.

4) 학대아동보호사업

학대아동의 발견, 보호, 치료 및 아동학대의 예방 등을 전문적으로 실시하는 사업이다.

5) 공동생활가정사업

보호를 필요로 하는 아동에게 가정과 같은 주거여건과 보호를 제공하는 것을 목적으로 하는 사업이다.

6) 방과후 아동지도사업

저소득층 아동을 대상으로 방과후 개별적인 보호와 교육을 통하여 건전한 인격형성을 목적으로 하는 사업이다.

아동복지법에서는 18세 미만의 모든 아동과 그 가족을 위해서 아동관련 전문기관과 전문가에 의한 아동복지시설을 운영할 수 있도록 하고 있으며, 이들 시설에서 다양한 사업을 제공하고 있다.

4. 아동복지 서비스 원칙

아동복지의 서비스 실천에는 기본적인 원칙을 가지고 있으며, 각각의 서비스 실천 원칙은 독자성을 가지고 있다. 서비스 원칙에는 서로 독립된 독자성을 지니고 있으면서 서로 유기적 관련을 가지고 적용되어야 더 나은 효과를 기대할 수 있으며, 그 어떠한 원칙이라도 기본적으로는 아동이 지닌 개인차를 고려해서 실시되어야 한다. 아동을 위한 사회적 복지 서비스 실천은 삼자관계(부모, 아동, 사회)의 조화 속에서 가능하게 된다. 또한 이들 삼자는 각기 권리와 의무를 지니게 되며 만일 권리와 역할 간에 갈등이 생기게 되면 아동복지는 제대로 실천되지 않게 되는 것이다. 따라서 아동복지 서비스 실천시 기본 원칙은 반드시 지켜져야 하는 것이다.

아동복지 서비스 원칙을 권리와 책임의 원칙, 보편성과 선별성의 원칙, 개발적 기능의 원칙, 통합성의 원칙, 전문성의 원칙을 중심으로 살펴보면 다음과 같다(장인협 · 오정수, 2001).

1) 권리와 책임의 원칙

아동복지 서비스는 아동, 부모, 국가(사회)의 상호관계를 바탕으로 실시되어야 하며, 삼자관계는 지속적인 균형유지와 상호관계를 바탕으로 항상 권리와 책임을 가져야 한다. 또한 아동, 부모, 국가의 권리와 책임 간에는 서로 조화를 이루어야 하는 것이다. 이들 중 어느 한 부분이라도 권리의 상실이나 부적응, 지나친 요구 등이 야기될 때, 아동복지는 많은 문제점을 도출하게 되는 것이다. 아동복지는 어느 한 주체에서만 책임을 지는 것이 아니라 각자에게 주어진 사회적 역할의 범위 내에서 독자적 책임을 지는 것과 동시에 상호 유기적 관련 하에 서로 책임을 나누어진다(주정일 · 이소희, 2003).

따라서 아동은 아동으로서의 권리와 책임을 부여받았고, 부모는 부모로서의 권리와 책임을 감당해야 하며, 그리고 국가(사회)는 국가(사회)로서의 권리와 책임을 충실히 이행할 때 진정한 아동복지를 실천하게 된다.

(1) 아동의 권리와 책임

아동복지의 주체로서 아동도 독자적인 한 인간으로서의 권리와 함께 일련의 책임이 있다. 아동이 가진 가장 중요한 권리는 유엔아동권리협약에서처럼 '아동은 가능한 한 양친의 보호책임 아래서 자라날 권리가 있다'는 것이며, 그 외 세계아동의 권리선언 및 아동의 권리를 위한 국제협약 등에 명시되어 있으며, 이러한 권리들은 더욱 강화된 관점으로 각국의 관계법에 규정되어 있다.

또한 권리에 이어 책임도 강조되고 있는데, 비록 아동이라 할지라도 단순히 성인의 보호만을 필요로 하는 의존적 · 수동적인 존재가 아니라, 독립된 개체로서 자신의 삶을 능동적으로 받아들이고 행동해야 한다는 점을 의미한다. 그렇다고

해서 권리에 앞서 책임이 우선이라는 것을 의미하지는 않는다. 왜냐하면 아동의 경우에는 아직 미성숙한 존재이며 기본적인 생리적 욕구를 충족시키기 위해서는 성인의 도움이 필요하기 때문에 권리에 앞서 책임이 우선되어서는 안 되며, 아동의 권리와 책임이 조화를 이루고 인정받아야 하는 것이다.

(2) 부모의 권리와 책임

현대사회에서 아동복지에 대한 책임이 사회나 국가로 많이 이양되고 있다고 하지만 자녀양육에 대한 1차적 책임은 부모에게 있을 뿐만 아니라, 현실적으로 볼 때 아동을 위한 사회보장 수준이 미약하기 때문에 그 비중에 있어서도 부모가 사회나 국가보다도 더 많이 차지하고 있다. 특히 부모의 양육책임은 사회주의 성향의 사회보다도 자본주의 성향의 사회에서 더 강하다.

일반적으로 부모는 자녀의 양육에 책임을 지는 존재로 인식하고 있으며 실제로 양육상의 부모의 책임은 각종 아동복지 관계법에 규정되어 있다[1]. 그러나 부모는 양육책임 뿐만 아니라, 부모된 자로서의 권리도 지니고 있다(이소희 외, 2004).

부모는 아동의 환경에서 가장 중요한 환경이며, 아동에게 영향을 미치는 중요한 요소라 할 수 있다. 부모가 아동을 안전한 환경으로부터 보호하고, 부모와 아동의 상호작용을 통해 기본적인 습관을 형성시켜 주고 나아가 교육에 참여하는 것 등의 다양한 것 까지가 부모의 책임으로 인식되고 있다. 시대의 흐름과 사회의 변화에 따라 부모의 권리와 책임에 대한 규정이 변화하지만 부모의 권리와 책임은 아동의 삶에 중요한 요인임에는 분명하다.

(3) 국가(사회)의 권리와 책임

"한 사회의 미래는 그 사회가 어린이를 어떻게 보호하고, 교육하느냐에 의해서 예측할 수 있다"(Moynihan, 1986)는 말은 아동복지에 대한 사회와 국가 책임의 중요성

1) 영유아보육법 제3조 2항 "모든 보호자는 영유아를 건전하게 보호할 책임을 진다"고 명시하고 있으며, 아동복지법 제3조 2항 "국가와 지방자치단체는 보호자와 더불어 아동을 건전하게 육성할 책임을 진다." 민법 제913조 "친권자는 자를 보호하고 교양할 권리, 의무가 있다"고 규정하여 자녀양육은 권리이자 부모를 1차적 책임자로서 규정하고 있다.

을 단적으로 나타낸 것이라고 볼 수 있는데, 일반적으로 아동에 대한 국가적 책임성은 아동관계법에 명시하고 있다. 그렇지만 아동복지 실천 활동에서 사회와 국가의 책임은 아동과 가정이 처한 상황에 따라 달라진다. 즉, 상담소나 일시 보호시설을 설치하여 부모역할을 지지하거나, 어린이집이나 각종 보험 및 공적 부조제도를 통해서 부모의 역할을 보충하는 것이 그것이다. 나아가 만약 이러한 부모역할의 지지나 보충만으로는 도저히 부모로서의 양육의 책임을 다할 수 없을 경우에는 사회와 국가가 전적으로 책임을 져야 하는 것이다. 예를 들면, 보호자가 없는 아동을 아동복지법의 규정에 따라 부모역할을 대리할 수 있는 기능을 감당하는 시설에서 양육하는 것이 여기에 해당된다. 아동양육시설에서 책임의 정도는 최저한도의 생활보장을 기본선으로 하고, 아동의 건강한 발달을 궁극적인 목표로 한다.

국가가 가진 권리는 매우 거시적인 측면에서 파악될 수 있다. 예를 들면 법률이 정한 바에 따라 국민으로 하여금 납세의 의무를 다하도록 요구할 권리가 그것이다. 왜냐하면 아동복지를 포함한 모든 복지재정은 거의 조세수입에 의해 충당되기 때문에 국민의 복지에 대한 요구는 또한 납세의 의무를 수행함으로써 실현될 수 있고 정당화될 수 있기 때문이다.

2) 보편성과 선별성의 원칙

보편주의는 다양한 국가에서 보편시여제도를 만들어 내게 하였으며 대표적으로 영국의 아동수당, 국민보건 서비스 등이나 그 외 많은 국가들이 실시하고 있는 가족수당, 무상의무교육 등을 들 수 있다. 보편시여제도는 전체 세입에서 충당되는 것으로 이러한 세입은 대부분 누진적 과세구조를 통해서 거두어지는 것이기 때문에 이 시여책의 재분배효과는 상당한 것으로 평가된다.

선별주의는 도움을 필요로 하는, 즉 사회가 법적으로 인정하는 요보호 상태에 빠져 있는 자가 도움을 요청하는 경우에 한하여 가장 조속한 시일 내에 자립할 수 있게 하는 방향으로 시혜하는 것을 목적으로 한다.

다시 말하면, 선별주의란 욕구가 있는 아동을 대상으로 치료적 서비스를 목적으로 사회가 책임을 지고 문제를 문제별로 분류하여 적절히 대처해 나가는 것이다. 보편주의는 전체아동을 대상으로 예방적 서비스를 목적으로 사회가 책임을 지고 문제별 의식 없이 제도적으로 설정해 나가는 것이다. 예를 들면 입시제도를 포함한 교육환경 개선이라든가 문화시설, 보건, 건강, 오락시설들의 확충을 의미한다.

과거 아동복지에서는 협의적이며, 선별주의에 입각한 일부 선정된 특수대상만을 위한 대책에만 급급해 왔다. 선별주의 원칙은 예방보다는 치료적 측면이 강하여 아동복지의 근본적인 문제해결에는 한계가 있다. 현재의 아동복지는 선별주의적 접근은 물론 보다 더 거시적이고 기본적인 측면에서 예방과 치료를 모두 고려한 보편주의적 원칙을 중심으로 한 아동복지 접근과 실천을 위해 노력하고 있다. 즉, 보호와 치료를 중심으로 하는 보완적 기능의 한계를 탈피하여 전체 아동과 그의 가족을 대상으로 하는 예방과 개발을 중심으로 보편성을 띤 제도적 기능이 수행될 수 있는 아동복지가 실천되어야 한다.

3) 개발적 기능의 원칙

아동이 가진 능력을 최대한으로 발휘하도록 하는 것으로 개발적 기능의 원칙에는 아동의 사회적 자립과 함께 사회적 기여의 창출이라는 관점이 내포되고 경제적 이익도 관련이 된다. 개발적 기능이라는 것은 목적에서 적극성을 띠고, 접근방법에서 포괄성을 가지며, 대상인구와 각 부문에 관련돼야 하며, 종전까지의 순수한 치료적 혹은 미시적 수준에서 지역사회적, 국가적, 거시적 수준까지의 제 복지기능의 관여를 의미한다고 할 수 있다. 제도적 변화를 초래하는 것만이 개발적 기능의 특성은 아니며, 그것은 국가 전체의 욕구와 문제해결을 위한, 또는 경제개발과 사회개발의 제 조건을 향상시키고 창조하는 일의 기능수행까지 포괄하는 것이다. 이러한 개발적 기능의 원천은 많은 사회 문제들이 기존 사회구조의 성격에서 또는 사회적 · 경제적 변천과정에서 일어난다는 인식에서 연유되고 있는 것이다.

따라서 보다 적극적으로, 전체적으로 또는 다부문적인 접근시도를 통해서 사회문제를 야기시키는 사회구조나 사회변화에 바람직한 변화를 초래하여 국가적 개발체계와의 보조를 촉진시켜야 하는 것이다.

개발적 내용을 가진 과제는 '경제적 성장, 필요의 발견, 사회계획, 변화와 발전에 대한 많은 사람들의 참여, 지도자의 개발, 기관과 집단간의 조정과 협조의 향상, 직원의 훈련과 감독에 관여하는 일' 등과 같이 그 구체적 사항들을 지적할 수 있다.

우리나라의 아동복지사업은 구호적이며 사후 대책적인 기능이 주가 되어온 것이 사실로써, 고아나, 기아, 특별보호를 요하는 아동들의 시설보호와 일부 거택보호 등이 지배적이었다. 그러나 이러한 기능만 가지고는 국가발전이나 경제개발의 역기능 현상으로 나타나는 부정적 요소들에 대처할 수 없다. 따라서 앞으로는 보다 적극적이며 예방적이며 의도적으로 변화를 가져올 수 있는 개발적 기능이 아동들을 위해 수행되어야 한다. 오늘날 아동문제가 야기되는 현실은 예방적 대책의 부재현상이나 경제개발 과정에서 야기되는 제 문제에 대하여 적극적인 개발기능의 결여로 비롯된다고 보겠다.

4) 포괄성의 원칙

아동의 발달은 신체, 정서, 인지, 사회 발달 등이 각각 분리되어 발달하는 것이 아니라 상호 밀접하게 관련되어 있으므로 아동의 욕구 또한 포괄적인 관점으로 접근하는 것이 필요하다.

아동복지의 기본전제가 되는 요소인 안정된 가정생활, 경제적 안정, 교육기회, 건강유지, 노동, 오락 활동 및 특수보호 등에 대한 프로그램이나 서비스가 포괄적이고 통합적으로 제공되어야 한다. 아동복지 서비스가 상호 보완적으로 적절히 제공되어야 함에도 불구하고, 부분적인 서비스 제공만으로는 아동욕구 충족과 문제를 완전히 해결할 수 없을 것이다. 그러므로 아동복지 서비스는 다양한 아동문제에 접근할 수 있는 통합적인 서비스가 요구되며, 어느 분야에서든 상호간에 의뢰, 조정, 보완함으로써 아동의 전인적인 특성을 고려한 접근이 이루어져야 한다.

즉, 아동복지 서비스는 아동뿐 아니라 가족의 다양한 욕구까지도 고려한 서비스 제공이 필요하며, 다양한 욕구를 충족시킬 수 있는 다양한 기관과의 연계망을 구축하는 것도 필요하다.

5) 전문성의 원칙

전문성의 원칙은 아동복지 서비스는 전문가와 전문기관에 의해서 이루어져야 한다는 원칙이다. 아동복지 서비스의 전문성은 산업화, 도시화, 정보화 사회에 따라 점차 높이 요구되면서, 기존의 양육보조 활동이나 자원봉사적인 역할만으로는 현대사회에 당면한 아동문제를 쉽게 해결하는데 도움이 될 수 없다. 이에 아동의 욕구를 충족할 수 있는 전문적인 지식과 기술을 지닌 전문 인력과 기관이 요구되고 있다.

따라서 아동복지 서비스를 효율적으로 전개하기 위해서는 아동 및 인간발달을 이해하고 있는 전문적인 지식과 능력이 요구되며, 아동 관련 프로그램을 직접 기획하고 실천할 수 있는 능력을 가진 전문가가 필요하다. 또한 기존 전문가에 의한 체계적인 교육과 훈련을 통해서 다양한 아동복지 서비스 분야의 전문가를 양성하고 활용해야 한다. 뿐만 아니라 아동관련 전문가들이 아동관련 전문기관에서 아동에게 다양한 서비스를 제공하는 것이 아동복지 서비스가 효율적으로 전달되는 것이다.

생각해보기

1. 선별주의 측면에서의 아동복지의 대상에 대해서 설명해 보세요.

2. 아동복지 서비스를 기능에 따라 분류하여 설명해 보세요.

3. 아동복지 서비스의 원칙에 대해서 설명해 보세요.

아동복지 발달사

05
Chapter

1. 아동복지의 발달배경
2. 한국의 아동복지 발달사
3. 외국의 아동복지 발달사

역사 속에 등장하는 복지문제에 대처해 온 원조방식은 인류의 발자취이자 삶의 지혜이지 역사 속에 묻혀 박물관에 전시되는 유물이 아니다. 왜냐하면 사회복지의 역사 속에서 나타났던 원조방식은 현재에 발생하는 복지문제가 기존의 원조방식으로는 해결하기 어렵다거나 또는 전혀 새로운 형태의 문제가 등장할 때마다 우선적으로 고려해 볼 수 있는 해법으로 작용하여 문제해결의 실마리를 제공해 줄 수 있기 때문이다.

따라서 이 장에서는 먼저 아동복지가 성장 · 발전하게 된 배경을 살펴보고, 더불어 외국의 아동복지와 한국의 아동복지가 발달해 온 발자취를 시대별로 살펴봄으로써 오늘날의 아동문제 해결의 실마리를 찾아내고, 미래의 나아갈 방향을 모색하여 우리나라 아동복지의 지속적인 발전을 전망해 보고자 한다.

1. 아동복지의 발달배경

아동문제를 해결하기 위한 본격적인 대안으로서의 아동복지 서비스와 제도는 20세기 전후에 들어서야 출현하였는데 이는 다음과 같은 사회적 변화에서 기인하였다고 볼 수 있다(Kadushin. & Martin, 1988).

첫째, 인본주의 이념의 발전과 함께 이전에 수용되었던 아동문제 해결방법을 거부하는 움직임이 증대하였다. 즉, 기독교의 생명존중사상과 18세기 이후의 계몽주의는 아동의 복지가 개인적인 의무에서 종교적 의무로, 더 나아가서는 시민적 의무로 발전하게 하는 원동력이 되었다.

둘째, 인도주의적 이념이 강화되고, 지원할 수 있는 사회의 경제적인 발전과 정치적 상황의 변화가 있었다. 즉, 개인의 생존자체가 위협을 받을 정도로 경제적으로 곤란한 상태에서는 특별한 보호가 필요한 아동에 대해서조차 인도주의적 태도를 갖기 힘들었지만 산업혁명을 토대로 발달한 생산력은 사회로 하여금 이러한 아동을 돌볼 수 있는 여력을 갖게 하였으며, 아동문제를 사전에 예방해야 미래에 나타날 수 있는 사회적 짐을 줄일 수 있다는 인식과 함께 빈민에게까지 투표권이 확대됨으로써 이들의 욕구와 이익에 관심을 기울일 수밖에 없는 정치적 상황이 아동복지를 발전시키는데 기여하였다.

셋째, 가족, 이웃과 같은 일차적 사회제도의 기능이 변화 또는 상실되고, 기타 사회제도가 전문화되기 시작하였다. 즉, 과거에는 부모가 감당하지 못하는 아동복지의 문제를 친척, 이웃이나 지역사회 구성원들이 상호원조를 통해 해결해 왔으나, 산업화와 도시화는 전통적 가족기능을 상실하게 하였고, 사회원조의 기능을 하던 교회나 직장조합도 각각 종교와 직장의 문제와 관련된 기능에 집중하게 되면서 아동복지의 문제만을 전담할 수 있는 제도와 서비스를 필요로 하게 하였다.

넷째, 아동기가 인간의 성장과정에서 분명히 구분되는 기간이며, 아동이 특수한 성질, 독특한 욕구와 능력을 가진 인구집단으로 인식되기 시작하였다. 즉, 평균수명이 30세에 지나지 않았던 시기에는 아동기가 길지 않았을 뿐 아니라 경제적으로도 가능하면 빨리 독립해야 했지만, 경제적 발전에 힘입어 아동에 대한 관심과 애정이 증가하고 아동기가 중요한 시기로 인식되면서 아동을 위한 공식화되고 체계화된 교육제도가 개발되기 시작하였고 아동기가 점차 확대되어 가면서 다양한 아동복지 서비스에 대한 필요성이 크게 증가하게 되었다.

다섯째, 사회 내에서 가족과 아동이 차지하는 지위가 향상되었다. 즉, 가족이 생명과 재산, 그리고 이름을 자손 대대로 이어주는 중요한 기능을 하였음에도 불구하고 과거에는 성인들이 가족보다 교회, 국가, 군대, 동료집단 조합, 직업 등에 일차적 관심과 충성심을 보여야 했지만, 근세에 이르러서는 가족이 그 무엇보다 중요한 삶의 중심이 되었고, 그 결과 자연스럽게 가족의 구성원인 아동의 중요성도 증가함으로써 아동복지를 발전시키는데 기여하였다.

여섯째, 아동출생과 사망률이 고출생 · 고사망에서 저출생 · 저사망으로 변화하면서 부모와 아동 간의 정서적 애착관계가 보다 친밀하고 강렬해졌다. 즉, 과거와 같이 부모와 아동과의 관계가 단기간에 종결되는 상황에서는 부모의 정서적인 안정을 위해서라도 아동에 대한 일정의 무관심과 거리감을 유지할 수밖에 없었기 때문에 자연히 가족이 성인 중심으로 운영되었지만, 위생설비와 공중보건 및 의학의 발달 그리고 보다 효과적인 피임방법의 개발은 보다 적은 수의 아동들이 출생하여 보다 오래 생존하는 것을 가능하게 하였다. 따라서 이러한 현상은 부모로 하여금 사망에 대한 두려움 없이 아동과 깊은 정서적 애착관계를 형성할 수 있도록 하였고 보다 신중하고도 계획된 아동의 출산은 아동의 가치를 한층 더 높이는 결과를 낳음으로써 아동복지를 발전시키는데 기여하였다.

일곱째, 과학적 지식의 진보는 아동복지학문과 전문직을 탄생시켰다. 즉, 아동발달의 문제에 대한 과학적 관심과 연구의 결과들은 아동기의 중요성을 강화시키는 역할을 하였으며, 아동기가 여러 학자들의 진지한 연구의 대상이 되기 시작함으로써 궁극적으로는 아동발달과 아동복지와 관련된 새로운 학문과 전문직을 발전시키는데 기여하였다.

여덟째, 아동의 법적 지위가 향상되었다. 즉, 과거 아동은 부모의 소지품과 같은 존재였으나, 이와 같이 비천한 위치에 있던 아동이 여러 사회적 변화에 따라 특별한 관심을 받게 되면서 1954년 11월 국제연합총회에서 아동권리선언을 채택하기에 이르렀으며, 더 나아가 1990년 유엔총회에서 "아동의 권리에 관한 국제협약"이 만장일치로 채택되어 아동을 단순히 보호를 필요로 하는 대상이 아닌 독립적 기본권리와 자유를 향유하는 주체로 인정하고 아동과 관련된 모든 결정에 있어서 아동의 최선의 이익이 일차적 기준이 되어야 함을 법적으로 명시함으로써 아동의 법적 지위를 최고 수준으로 높여 놓았다. 이 법은 강제성은 없어도 비준국가의 정기적인 보고서 제출과 심사과정 등을 통해 우리나라를 포함한 많은 국가의 아동복지법은 물론 아동복지 서비스와 제도를 개선시키는 데 크게 기여하였다.

2. 한국의 아동복지 발달사

1) 근대 이전의 아동복지

근대 이전에 우리나라에서 실시된 복지는 해당시대를 지배했던 종교에 큰 영향을 받았으며 더불어 사회구조적 특성과 깊은 관련이 있다는 특징을 갖는다.

즉, 삼국시대를 거쳐 고려시대에까지 왕조로부터 공인된 불교는 태어나서 병들고 늙고 죽음을 맞이하는 인간의 고통과 고민에 많은 관심을 가지며, 인간이 겪는 고통과 고민을 스스로 극복하는 것이 해탈이고 이러한 인간의 고통과 고민을 사회적으로 해결하는 것을 구제로 보는 관점을 취함으로써 복지문제에 대한 원조방식을 발달시켰으며, 조선시대의 통치이념인 유교 또한 인(仁)의 윤리를 강조함으로써 측은한 마음을 불러일으키는 대상에 대한 관심과 보호를 강조, 복지문제에 대한 다양한 원조방식을 발달시켜 왔던 것을 볼 수 있다.

또한 이 시기 복지는 전통 농경사회라는 사회구조적 특성상, 천재지변으로 인한 가난에 지속적으로 시달렸기 때문에 당시의 복지는 백성들의 배고픔과 헐벗음을 해결해 주는 구휼에 큰 관심을 두었던 것을 알 수 있다.

근대 이전에 행해졌던 우리나라의 아동복지 시책을 각 시기별로 보다 구체적으로 살펴보면 다음과 같다.

(1) 삼국시대

고대 우리나라 아동복지의 역사는 「삼국사기」와 「삼국유사」와 같은 고문헌(古文獻)을 통해 볼 때, 삼국시대 이전부터 시작되었음을 알 수 있으며, 아동을 요보호 대상자로 분류하여 이들에 대한 구빈사업이나 보호사업에 초점을 두었음을 알 수 있다.

「삼국사기」에 의하면, 신라 제3대 유리왕은 통치 5년(서기 28년)에 관가를 중심으로 홀아비, 과부, 늙어서 자식 없는 사람, 늙고 병든 사람과 함께 고아(孤兒)를 요보호 대상자로 정해 무료 급식과 양육을 왕명으로 하였으며, 백제와 고구려에서도 백제 온조왕 33년(서기 15년)과 고구려 태조왕 56년(서기 108년)에 재해를 당한 사람들 속에 아동을 포함시켜 관곡을 배급하였다고 기록되어 있다(구자헌, 1989).

또한 삼국시대에서는 재난에 대한 구제책의 일환으로 관가에서 식량을 배급하되 생활은 자신의 거처에서 하는 것이 상례였던 것으로 보이는데, 이러한 형태는 오늘날의 거택보호에 해당된다고 하겠으며, 보호의 수준이나 동기는 달라도 근본적인 대책의 방향은 오늘날과 비슷하였다고 볼 수 있을 뿐 아니라 이러한 조치에서 아동보호의 역사성을 파악할 수 있다(이소희, 2005).

(2) 고려시대

고려시대는 불교가 왕조로부터 공인될 만큼 매우 융성해져 불교의 이념이 사회의 전체 분위기를 지배하였던 시대였으며, 동시에 엄격한 신분차별을 지키는 계급사회였다.

그러므로 고려시대에서는 불교의 기본 정신인 '자비' 사상에 입각하여 천재지변이나 질병 등으로 인해 부모에 의해 양육 · 보호가 어려워진 고아, 기아, 빈곤아동들을 사찰에 위탁하게 한다거나 관(官)에서 수용 · 보호하는 시설구제의 형태가 최초로 시작되었으며, 이를 본받아 민가에서도 무의무탁한 아동들을 양자녀나 노비로 수양하기도 했다.

이를 보다 구체적으로 살펴보면, 먼저 고려 제6대 임금인 성종은 통치 10년(서기 991년)에 부모나 친족이 없는 아동에게 관에서 양곡을 주어 구호하게 하였으며, 통치 13년(서기 994년)에는 부양할 부모나 친족이 없는 어린 고아를 10세까지는 관에서 수용 · 양육하고, 10세가 지나면 본인의 희망에 따라 거주하도록 왕명으로 고시하였다. 또한 고려 충목왕은 통치 3년(서기 1347년)에 관립의 영아원이라 할 수 있는 해아도감(孩兒都監)을 설치하여 유아들을 보호 · 양육하게 하였다.

그러나 불교의 자비정신에 입각함과 동시에 자활근로라는 명분으로 사찰이나 관에서 고아를 보호 · 양육하였던 제도는 나이 어린 아동에게 사역을 시키거나 승려가 되도록 하였다는 점에서 나이 어린 아동에게는 힘든 측면도 없지 않았으며, 고아의 민간 수양보호는 수양을 빙자하여 아동을 인신매매하거나 유괴, 착취하는 등의 폐단을 만들어 내기도 했다.

(3) 조선시대

고려시대가 불교의 이념이 사회의 전체 분위기를 지배하였던 시대였다면 조선시대는 유교의 통치이념이 사회전반을 지배했던 시대였으며, 아동복지에 관하여서도 고려시대보다 진일보하여 고아와 기아 및 빈곤아동에 대한 다양한 원조방식이 제도화된 시기였다.

먼저 이 시기에는 환곡, 비황, 구황 등의 구휼제도와 활인서, 혜민서 등의 의료구제기구를 통해 사궁(四窮), 즉 환과고독(鰥寡孤獨)에 대한 구호와 환난상휼(患難傷恤)에 중점을 두어 빈민의 고통을 감소 내지 제거하려 노력했으며, 조선 제18대 임금인 현종은 관에서 수용·보호해야 할 아동은 증가하였지만 수용할 수 있는 여건이 마련되지 못하자, 통치 2년(서기 1661년)에 흉년에 한하여 민간수양을 허가하였으며, 이후 민간수양 시 관부의 허가를 받도록 하는 민간수양 허가제를 실시하고, 민간수양을 희망하는 이들에게는 아동의 옷값을 관에서 지급하도록 하였다.

또한 조선 제19대 임금인 숙종(서기 1696년)과 제20대 임금인 영조(서기 1774년)는 각각 수양임시사목과 동사목을 제정·편찬하여 무의무탁 아동의 수용·보호를 제도화하였으며, 특히 조선 제22대 임금인 정조는 통치 7년(서기 1783년)에 수양임시사목과 동사목을 집대성하여 자휼전칙(字恤典則)이라는 법령을 제정·공포하여 부모나 친족 또는 적당한 보호자가 없는, 무의무탁한 아동을 관에서 수용·보호하도록 하고, 만일 수용·보호 중에 부모나 친척이 나타나 양육을 희망할 경우에는 가정으로 귀가시키되 아동을 제대로 양육하지 못하고 걸식이나 유기할 경우에는 다시 관에서 수용·보호하고 가정 내로 영구히 되돌려 보내지 않을 것을 명문화하였다.

위와 같은 구체적인 조치들은 오늘날 아동복지법에서 규정하고 있는 아동양육시설과 위탁서비스의 설치배경과 그 맥락을 같이하는 것으로, 그 당시의 사회적 상황을 고려해 볼 때 상당히 발전된 아동보호 조치라고 할 수 있으며, 더불어 가정적 분위기에서의 양육을 최대한으로 고려하는 오늘날 아동복지정책 기조와 그 맥락을 같이 하고 있어 그 의의가 더욱 크다 하겠다.

2) 과도기적 근대 아동복지

과도기적 근대 아동복지 시기는 조선시대 말기부터, 일제침략시대, 8.15해방 및 한국전쟁을 전후한 1950년대를 의미하는 것으로(이소희, 2005), 이 시기의 아동복지는 일제의 침략과 제2차 세계대전, 그리고 미소양국에 의한 신탁통치와 연이어 발생한 한국전쟁 등, 국내외적인 정치적 격동기였기 때문에 거의 공백기였다고 할 수 있으며, 외국과 종교적 성격을 지닌 기관이 아동복지사업을 주도했었다고 특징지울 수 있다.

이 시기의 아동복지 발전사를 이소희(2005; 101)의 견해에 근거하여 보다 구체적으로 살펴보면 다음과 같다.

(1) 통치적 차원의 아동보호

1910년 한일합방 직후, 일본은 제생원이라는 수용시설을 설립하여 통치적 차원의 아동보호사업을 처음으로 시작하였으며, 이후 1921년에는 총독부에 사회과를 설치하여 각종 구호사업을 지휘 · 감독하도록 하였을 뿐 아니라 1944년에는 생활이 빈곤한 임신부와 13세 이하의 아동의 가택구호를 원칙으로 한다는 규정을 담은 조선총독부구호령이라는 법령을 제정하고 이를 통해 아동보호사업을 벌였다.

그러나 이 시기는 일본이 제2차 세계대전 말기의 극심한 어려움에 처해있던 시기로 아동보호사업들은 사실상 명목적인 것에 불과하였다고 볼 수 있으며, 이러한 관점에서 볼 때, 이 기간 동안 실시된 아동복지정책은 순수한 아동의 복지를 보장하는 기능보다는 통치기능의 일환이었다고 볼 수 있다(이소희, 2005).

(2) 해외 선교기관 중심의 요보호 아동복지사업

전통 농경사회에서는 불교와 유교가 중심이 되어 요보호 아동을 보호하였으나 대원군의 쇄국정책이 중단되고 개화정책을 실시한 이후에는 천주교와 기독교 배경을 지닌 외국기간의 후원이 전개되기 시작하였다. 즉, 조선시대 말엽인 고종 25년(서기 1888년)에 프랑스 신부에 의해 명동 천주교회 내에 우리나라 최초의 고아원이 설립되었을 뿐 아니라 19세기에는 최초의 특수교육기관인 맹아학교가 설립되는 등, 해외 선교사를 중심으로 한 일련의 보호사업과 교육사업을 통한 특수 아동복지가 전개되어 아동복지를 비롯한 사회복지의 발달초기에 의미 있는 영향을 미쳤다.

그럼에도 불구하고 해외 선교기관에서의 복지사업이 본격적으로 전개된 것은 8.15 광복과 한국전쟁을 전후로 사회가 극도로 어려울 때였으며, 실제로 이 시기에 외원단체의 도움은 시기적으로 매우 절실하였지만 이 시기의 외원단체의 목적은 전문적 사회복지 실천에 있었다기보다는 종교적인 선교가 앞선 보호였다는 한계를 갖고 있었다(엄명용, 2000).

(3) 비행아동을 위한 제도적 보호

우리나라에서는 아동의 보호와 함께 사회적 질서유지와 안정의 차원에서 다른 아동복지 분야보다도 비행아동에 대한 보호서비스가 비교적 일찍 시작되었다.

이를 보다 구체적으로 살펴보면, 1923년에 우리나라 최초의 비행아동 보호시설인 영흥학원이 설립되었으며, 이후 1938년에는 목포학원이 설립되기도 했다.

한편 이러한 교정시설의 설립에 뒤이어 비행아동의 법적 처리를 위한 법제정과 행정지원을 위한 조직이 갖추어지기 시작했으며, 소년령(1942), 소년법(1958)이 제정되었을 뿐 아니라, 경성소년재판소라는 소년법원(1942)이 설치되기도 했다.

그러나 당시의 비행아동에 대한 보호조치는 응징주의에 바탕을 둔 시설수용이 주된 방법이었다는 한계를 가지고 있었으며, 이는 오늘날 교정복지 분야에 시사하는 바가 크다고 하겠다.

(4) 근로아동을 위한 제도적 보호

광복을 전후하여 사회적으로나 경제적으로 어렵고 혼란한 상황에서 아동들이 심한 노동으로 혹사당하는 경우가 늘어나자 미군정 체제하에서 아동노동법규가(1946) 제정 · 공포되었다.

이 법규에서는 아무리 가정이 가난하여도 14세 미만의 아동은 근로할 수 없도록 하였을 뿐 아니라, 특히 수업시간에는 근로할 수 없도록 하였으며, 이외에도 근로할 수 있는 직업의 유형을 제한함으로써 근로아동을 보호하기 시작했다.

그리고 그 이듬해인 1947년에 이 법규를 발전시킨 미성년자노동보호법을 제정 · 공포하였는데, 이 법은 아동노동법규를 더욱 발전시킨 것으로 최저 근로 연령을 12세 미만으로 하향 조정하였을 뿐 아니라 근로시간도 규정함으로써 근로아동을 위한 복지 조치에 반드시 아동의 발달적 특성이 고려되어야 하며, 아동은 어떠한 상황에서도 수단적 존재로 이용될 수 없다는 점을 명시하였다.

3) 근대적 아동복지

근대적 아동복지 시기는 한국전쟁이 끝나고 5.16 군사정부가 수립되면서 산업화를 통한 조국건설이라는 기치를 내걸었던 1960년대 초반부터 아동복리법이 아동복지법으로 전문 개정된 1980년대 초반의 약 20년간을 의미하는 것으로(이소희, 2005), 이 시기의 아동복지는 1960년대를 시점으로 급격하게 이루어진 산업화와 도시화에 의해 야기된 각종 아동 및 가족문제를 해결하기 위한 노력으로 특징지울 수 있으며, 아동복리법(1961)을 위시하여 아동의 복지에 직 · 간접적으로 영향을 미친 사회복지 관련법이 제정됨으로써 복지에 대한 사회 및 국가의 책임이 보다 확고해짐과 동시에 비교적 조직적이고 체계적인 복지서비스가 실시되기 시작했다는 것으로 특징지울 수 있다.

이 시기의 아동복지 발전사를 이소희(2005 : 105)의 견해에 근거하여 보다 구체적으로 살펴보면 다음과 같다.

(1) 아동복지법 및 아동복지 관계법의 제정

1960년대부터 1980년대는 표 5-1에 제시된 바와 같이 우리나라 아동복지의 기본법이라 할 수 있는 아동복리법(1961)을 위시하여 사회복지사업법(1970), 생활보호법(1961), 국민복지연금법(1973), 의료구호법(1970)과 의료보험법(1976) 등, 아동의 복지에 직 · 간접적인 영향을 미치는 주요 사회복지 관련법이 제정되었으며, 이를 통해 요보호 아동에 대한 정의와 이들에 대한 국가책임의 원칙이 법제화되었다.

표 5-1 1970~1980년대 주요 사회복지 관계법의 입법 및 공포일자

구분	명칭	제정일자	개정일자
사회복지 서비스에 관한 법률	아동복리법	1961	아동복지법(1981)
	고아입양특례법	1961	
	고아의 후견직무에 관한 법률	1961	
	윤락행위 등 방지법	1961	

	갱생보호법 사회복지사업법 심신장애자복지법 노인복지법 모자보건법 미성년자보호법	1961 1970 1981 1981 1973 1961	 사회복지사업법(1983)
공적부조에 관한 법률	생활보호법 의료구호법 재해구호법 재해구제로 인한 의사상자 구호법 군사원호보상법 국가유공자 등 특별 원호법 자활지도사업에 관한 임시조치법	1961 1970 1962 1970 1961 1962 1968	생활보호법(1982)
사회보험에 관한 법률	공무원연금법 군인연금법 군인보험법 선원보험법 산업재해보상법 사립학교 교원연금법 국민복지연금법 의료보험법	1962 1963 1962 1962 1963 1973 1973 1976	

그러나 당시의 복지입법의 대부분은 향후 한국사회의 변화를 전망하지 않은 채, 주로 일본의 관계법을 근거하여 졸속으로 제정하였기 때문에 실현성이 없는 명목수준의 법들이 많았으며, 정권의 정당성을 확보하기 위한 도구로 사용되었을 뿐 아니라, 성장론에 입각한 아동복지관을 가짐으로써 경제 성장에 부정적인 영향을 주지 않는 범위 내로 복지서비스에 한계를 두는 등, 사후 조치적이며, 보충적 성격의 아동복지 서비스였다.

(2) 시설보호사업의 증대

과도기적 근대사회에 시작된 수용형 시설보호사업은 한국전쟁의 여파가 지속적으로 가족생활의 어려움을 가중시키고, 산업화의 기치 아래 급격히 변화한 사회구조와 기능적 변화로 인해 가족결손과 해체를 앞당겨 기아와 부랑아, 장애아 등의 요보호 아동들을 꾸준히 증가시킴으로써, 이 시기 우리나라 아동복지의 주종 사업으로 간주될 정도로 증대하였다(이소희, 2005).

그러나 시설보호사업의 양적인 팽창은 외원기관의 원조를 받기 위해 보호시설을 설립하는 폐단을 낳았으며, 이는 아동이 불필요하게 가정을 떠나 시설에 분리 수용되는 문제점을 낳기도 했다.

(3) 입양제도의 발달

입양제도는 과도기적 근대사회의 주요 아동복지사업인 수용형 시설보호사업의 설치배경과 그 맥락을 같이하는 것으로, 급격히 증가한 전쟁고아를 양육하고 보호할 뿐 아니라, 아동에게 친부모와 함께 가정에서 자라는 것과 유사한 환경을 제공할 수 있는 차선의 아동복지대책으로 여겨지며, 이 시기에 적극적으로 추진되었다.

그러나 이 시기 입양제도는 법적 보장체계의 미비와 입양에 대한 국내의 부정적인 정서로 인해, '고아 수출국'이라는 오명을 얻을 만큼 국내입양보다는 국외입양에 의존하는 문제를 낳았다.

(4) 탁아사업의 확충

1960년대 이후에 아동복리법(1961)의 제정을 계기로 적극적인 아동복지정책의 일환으로 채택된 것이 탁아사업(현재의 보육사업)이었으며(이소희, 2005), 이는 산업화로 인해 가난한 여성근로자가 증가하였던 당시의 사회적 배경과 맥락을 같이한다.

이에 따라 우리나라 정부는 탁아시설의 증설을 위해 재단법인이 아니더라도 탁아시설을 설치 · 운영할 수 있도록 하는 미인가 탁아시설 임시조치 요령(1969)을 마련하여 탁아시설의 확충에 노력을 기울였다.

(5) 장애아동복지사업의 전개

우리나라에서 장애아동복지에 관한 제도적 장치가 마련된 것은 1970년대에 들어서면서부터이며, 이 시기 마련된 특수교육진흥법(1977)과 심신장애자복지법(1982)은 아동복지법(1981)과 함께 그 당시 장애아동복지사업의 전개를 이끌었으며, 오늘날까지도 장애아동복지사업의 근간을 이루고 있다.

그러나 당시의 장애아동복지사업은 장애아동에 대한 낮은 사회적 책임의식과 전문 인력의 부족으로 인해 활발히 전개되지 못하였으며, 더불어 장애를 사전에 예방하는 능동적인 방식보다는 발생된 장애에 대처하는 수동적인 원조방식을 채택함으로써 사업의 효과성을 거두기 어려웠다.

3) 현대적 아동복지

현대적 아동복지 시기는 아동복지법(1981)이 제정되었던 때부터 2000년 아동복지법이 전면적으로 개정되기 이전까지의 약 20년간을 의미하는 것으로, 이 시기의 아동복지는 요보호 아동만을 보호의 대상으로 삼았던 이전 시기들에 비해 아동복지의 대상을 모든 아동들로 보편화하였고, 아동은 물론 영유아의 보육과 교육, 그리고 청소년에 대한 관심을 반영한 관련법과 제도가 마련되었다는 것으로 특징지울 수 있다.

그리고 이 시기는 무엇보다 우리나라가 1997년 11월부터 심각한 경제적 위기상황에 놓이게 되면서 아동부모들의 실직, 가정폭력 및 아동학대의 문제가 대두되었을 뿐 아니라 가정의 해체로 인해 위기에 놓인 아동들의 문제를 적극적으로 해결해야 하는 과제가 대두되었던 시기이기도 하다.

이 시기의 아동복지 발전사를 보다 구체적으로 살펴보면 다음과 같다.

(1) 보편적 아동복지체계로의 진입

동서고금을 막론하고 사회복지의 패러다임은 사회적 약자를 대상으로 최저기준의 복지서비스를 제공하는 보충적 복지에서 사회 구성원 모두를 대상으로 최적의 복지서비스를 제공하는 제도적 복지로 전환되어 왔으며, 우리나라 역시도 고도의 경제 성장과 더불어 복지에 대한 국민들의 인식이 높아지면서 이러한 추세를 반영한 관련법과 제도들이 나타나게 되었다.

특히 우리나라 아동복지 분야에서는 1961년에 제정된 아동복리법의 체계가 전면개정되어, 1981년 아동복지법이 제정되면서 보호의 대상이 '요보호 아동'에서 '모든 아동'으로 전면 수정되면서 보편적 아동복지체계로의 진입을 선언하였다.

(2) 영유아의 교육과 보육의 진흥

제5공화국에 들어서 유아교육진흥법(1982)이 제정됨에 따라, 영유아교육은 획기적인 변화를 겪게 되었다. 즉 그 동안 탁아기능과 함께 교육의 기능을 담당하였던 어린이집을 유아교육기관인 새마을 유아원으로 흡수하고, 관장 부서도 보건사회부에서 내무부로 이전하였으며, 종사자도 유치원교사 자격증 소지자로 한정함으로써 우리나라 유아교육에 대한 인식이 확대되었을 뿐 아니라, 정부의 적극적인 지원에 힘입어 많은 유아교육기관이 설립되는 등, 유아교육이 진흥되는 효과를 낳았다.

그러나 정부가 유아교육기관을 저소득 계층이 밀집되어 있는 지역에 우선적으로 설립하고, 생활보호 대상자의 자녀를 우선적으로 취원하도록 함으로써 탁아의 기능을 갖도록 조치하기는 하였으나, 결과적으로 탁아사업은 아동복지사업이라기보다는 교육사업의 색채를 띠게 되었으며, 다양한 계층의 탁아욕구를 충족시키기 어렵다는 문제를 가져왔다. 이에 정부에서는 1989년 아동복지법 시행령을 개정하여 새마을 유아원을 아동복지시설인 탁아시설로 환원 조치하였으며, 가정 탁아제도를 마련하고, 업무 관장부서도 다시 보건사회부로 환원 조치한 바 있다.

그러나 위와 같은 노력에도 불구하고 영유아 보육의 획기적인 전환점은 1991년 제정된 영유아보육법이라 할 수 있는데, 이 법은 무엇보다 영유아를 6세 미만의 취학전 아동으로 정의하고, 모든 국민과 국가, 지방자치단체가 보호자와 더불어 영유아를 건전하게 보육할 책임을 갖는다는 점을 확고히 하였으며, 더불어 법인, 단체, 개인을 포함한 다양한 운영 주체에 의해 어린이집을 확충하게 하고, 보육업무 체계를 당시의 주무 부처인 여성가족부로 일원화하는 등, 보호와 보육의 통합을 지향하였다는 의의를 갖는다. 한편 영유아보육법은 1997년에 개정되면서 무상보육실시의 근거를 마련하였다.

(3) 청소년복지의 제도화

우리나라에서 청소년에 대한 사회적 관심을 처음 표현한 것은 1977년 설치된 청소년대책위원회의 발족이었으나 사실 청소년대책위원회는 유명무실한 기관이었다 할 수 있으며, 청소년에 대한 사회적 관심이 본격화된 것은 청소년육성법(1987)의 제정이었다고 할 수 있다.

이를 보다 구체적으로 살펴보면, 청소년육성법은 법률의 어느 조항에서도 '청소년 복지' 혹은 '복지'란 표현을 사용하고 있지는 않았지만, 법률의 목적을 기술하는데 있어 "이 법은 청소년의 인격형성을 도모하고, 청소년의 보호 · 육성 · 선도 및 지원에 관한 사업을 효율적으로 추진함으로써 청소년이 국가 발전에 이바지할 수 있는 건실하고 유능한 국민으로 성장하도록 함을 목적으로 한다"고 명시하고 있으며, 무엇보다 이 법을 통해 청소년정책의 영역을 설정하고 이를 담당할 수 있는 행정체계가 확립되었다는 점은 청소년육성법이 청소년복지의 수행을 위한 근거법으로 기능을 수행했다는 근거를 제공해 준다(이용교, 1999).

한편 이후 1991년에는 청소년육성법의 대체법으로 청소년기본법(1991)이 제정되어, 비로소 법률로써 청소년의 복지증진이 명시되기에 이르렀으며, 이 밖에도 한국청소년개발원 및 한국청소년상담원의 설치, 국무총리청소년보호위원회의 설치, 청소년 지도사 및 청소년상담사의 제도화 및 청소년학과, 청소년문화학과, 청소년지도학과 등 청소년 관련학과가 설치되는 등, 청소년 복지가 개화되기에 이르렀다.

그러나 이러한 발전에도 불구하고 당시의 청소년복지는 요보호 청소년을 일시적 또는 장기적으로 수용 · 보호하고, 치료하는 청소년 쉼터, 가출청소년보호시설, 학대받은 아동일시보호시설, 약물 오남용 치료시설, 청소년 중간의 집 등의 설치 · 운영이나 이러한 복지시설에 대한 정부지원 등에 관한 규정을 전혀 담고 있지 않아 보호대책보다 육성대책이 먼저 시작되었다는 구조적인 문제를 안고 있었다(이용교, 1999).

(4) 학대아동보호사업의 전개

우리나라에서 학대아동복지사업이 정책적으로 전개되기 시작한 것은 1981년에 제정된 아동복지법에서 아동학대예방을 위한 법적 근거가 처음 등장하면서부터였다고 할 수 있으며, 우리나라가 1991년 『유엔아동권리에 관한 국제협약』에 비준되면서 본격적으로 전개되었다고 할 수 있다.

그러나 당시의 학대아동보호사업은 1989년에 한국아동학대예방협회가 민간차원에서 발족하여 전국 9개 시 · 도 지역사회복지관 내에 아동학대신고센터를 개설하여 전국조직망을 마련하는 등의 민간차원에서의 움직임이었다고 할 수 있으며, 외국의 학대아동보호사업의 수준에 비해 여전히 미흡한 수준이었을 뿐 아니라, 특히 아동학대에 대한 사회적 책임의식과 아동보호체계의 제도화가 미비하여 그 효과성을 거두기 어려웠다.

5) 2000년 이후의 아동복지

2000년 이후의 우리나라 아동복지사업은 우리나라가 1991년 『아동권리 국제협약』의 회원국이 됨에 따라, 아동의 권리에 관한 국제협약을 최대한 반영한 아동복지법이 2000년에 전면적으로 개정됨으로써 다시 한번 전환점을 맞이하였던 것으로 특징지울 수 있으며, 그 내용을 요약해 보면 다음과 같다.

첫째, 아동을 보호의 대상이 아니라 권리의 주체로 보는 사조를 기초로 한 아동권리 체계로 진입하였다.

둘째, 아동보호체계가 제도화되고, 아동에 대한 법적 보호가 강화되었다. 즉, 2008년을 기준으로 하여 전국에 44개의 아동보호전문기관과 1개의 중앙보호전문기관이 설치 · 운영되고 있으며, 아동학대행위자에 대한 처벌 규정이 강화되고, 아동학대 신고의무자가 확대되었으며, 아동학대에 대한 고소고발 및 증인거부 특례 등을 도입하여 아동에 대한 법적 보호의 강화가 추진되고 있다.

셋째, 영유아 보육이 전면적으로 확대되었다. 즉, 육아 부담을 소득에 따라 50% 경감하였을 뿐 아니라 보육료에 대한 보조금을 확대하였으며, 소득에 따른 차등보육료의 확대와 만 5세 무상보육이 확대되는 등, 보육 및 육아교육 지원의 공공성이 확대되었다.

넷째, 장애아동에 대한 교육재활 지원서비스가 확대되었다.

우리나라는 1970년대에 들어서면서부터 특수교육진흥법(1977)을 제정하여 특수교육을 필요로 하는 자에게 국가 및 지방자치단체가 교육기회를 제공하고 교육방법 및 여건을 개선하여 자주적인 생활능력을 기르게 함으로써 그들의 생활안정과 사회참여에 도움을 주는 교육제도와 교육방법 및 기술을 의미하는 교육재활서비스를 제공하였으며, 이후 1994년에는 특수교육 대상자의 초등학교 및 중학교 과정의 교육을 의무교육으로 하고, 유치원 및 고등학교 과정의 교육을 무상교육화함으로써 장애아동의 교육기회를 점진적으로 확대해 왔던 바 있다.

그 결과 2007년에 들어서는 기존의 법령이 유치원 및 고등학교 과정 특수교육대상자에 대한 국가의 책무성이 약하다는 지적에 따라, '장애인 등에 대한 특수교육법'을 제정하여 유치원 및 고등학교 과정 특수교육대상자에 대한 의무교육 실시에 대한 법적 근거를 마련하였으며, 2010년 3월부터는 '장애인 등에 대한 특수교육법' 제3조 및 동법 시행령 제2조에 따라, 특수교육 대상자에 대하여는 만 5세 이상의 유치원, 초등학교, 중학교 및 고등학교 과정의 교육을 의무교육화하였고, 2012년부터는 만 3세 이상의 유치원 과정부터 만 17세 이하의 고등학교 과정까지 총 15년을 의무교육 기간으로 확대하기로 함으로써 OECD 가입 국가 중 장애아동에 대한 의무교육 수혜기간이 가장 긴 국가가 될 예정이다.

3. 외국의 아동복지 발달사

외국의 아동복지제도와 서비스가 발전한 배경을 살펴보는 것은 그들의 선행 경험이 우리나라의 아동복지를 발전시켜 나가는데 유익한 참고가 될 수 있다는 점에서 큰 의미를 갖는다.

본 장에서 소개될 스웨덴과 미국의 아동복지 서비스는 그 시작은 유사했으나, 20세기에 들어오면서 스웨덴은 아동복지 프로그램과 서비스를 사회보험제도를 통해 국가가 모든 아동과 가족에게 보편적으로 제공하는 방향으로 발전하였던 반면 미국의 경우에는 정부가 가족의 독자적인 아동양육 권리와 책임을 존중하면서 가족이 제 기능을 할 수 없을 때만 개입하는 잔여적 입장을 고수하여 역사상 지속적으로 민간단체가 주요 기능을 하면서 정부는 주로 정책의 입안과 수행만을 담당하는 특징을 갖고 전개되는 등, 그 모습이 극명하게 달라졌다.

따라서 여기서는 선진국 중 가장 진보된 복지국가의 형태를 띠고 있는 국가 중 하나인 스웨덴과 잔여적인 아동복지 서비스 형태를 고수하고 있는 미국을 중심으로 외국의 아동복지 발달사를 살펴보고자 한다.

1) 스웨덴의 아동복지 발달사

스웨덴의 아동복지 시초는 1763년에 제정된 '구빈법'에 의해 아동을 포함한 보호가 필요한 사람들을 구빈원에 수용 · 보호하였던 것에서 그 유래를 찾을 수 있으며, 1902년에 제정된 아동복지법은 1934년 제정된 청소년보호법과 함께 근대적 의미의 사회복지를 여는 시초가 되었을 뿐 아니라, 아동과 청소년복지의 기초가 되었다.

스웨덴의 아동복지제도는 아동의 부모와 가정에게 가족이 아동을 건강하게 양육하기 위해 필요한 재정적 지원, 의료보험, 주택수당, 보육서비스, 출산휴가 및 아동양육을 위한 유급휴가제도 등을 제공하는 간접적 재정지원 방식과 아동과 청소년에게 아동수당, 부모보험보조, 부양대출, 아동연금, 장애아수당 등을 제공하는 직접적 재정지원 방식을 취하고 있으며, 이를 통해 아동문제를 사전에 예방하려는 보편주의적 접근을 취하는 방향으로 발전되어 왔다. 스웨덴의 아동복지제도의 내용을 보다 구체적으로 살펴보면 다음과 같다.

(1) 기본적인 수당 및 연금과 보험을 통한 보편적 지원

먼저 스웨덴에서는 16세 이하의 모든 아동에게 아동수당과 아동연금이 지급되어 약 100만 가정에서 160만 명의 아동들이 아동수당을 받고 있는 것으로 알려져 있으며, 부 또는 모 혹은 양친이 모두 사망한 아동에게는 아동연금을 지급하여 생활안정을 지원하고 있는데, 만일 아동이 재학 중이거나 기타 기본적인 교육을 이수하고 있는 경우에는 18세 이상의 학생에게도 아동연금을 연장 지급하도록 제도화하고 있다.

또한 스웨덴에서는 제세수입과 정부의 사회보험예산을 재원으로 하여 신혼가정, 청소년 및 재학생 가정 등에게 주택비와 자녀의 수에 비례하여 주택수당이 차등 지급되고 있으며, 건강보험을 통해 각종 통원치료, 입원치료, 치과진료비 등이 지원되고 있을 뿐 아니라, 19세까지의 모든 건강검진과 치과검진이 무료로 실시되고 있고, 자녀를 가진 가정에 대해서는 임신기간의 무상건강검진, 유아학교 아동들에 대한 무료검진이 실시되고 있을 뿐 아니라, 16세 이하의 자녀가 병원에 입원해 있는 경우에는 부모나 친척이 병원을 방문하기 위해 소요되는 초과 교통비까지도 지급되고 있다.

더불어 스웨덴에서는 출산 또는 아동의 입양이 발생할 경우 부모보험계약이 자동적으로 이루어져 부모들이 이를 통해 출산 후 360일 간 아동양육을 위해 가정에 머무는 기간 동안에 발생하는 수입손실을 보상받으며, 부모가 교대로 가정에 머무를 경우에도 정해진 기간을 아동이 8세에 이르기까지 분할지급 받을 수 있을 뿐 아니라 부모가 아동의 질병이나 치과진료 등에 따른 보호를 위해 가정에 머무르게 될 경우에도 부모가 연간 60~120일간의 부모보험금을 지급받을 수 있도록 하고 있다.

(2) 장애아와 장애아 가정지원

스웨덴에서는 사회봉사법에 따라 장애아와 장애아 가정을 지원하고 있으며, 이러한 법률을 통해 국가가 이들의 욕구를 충족시킬 책임을 갖고 있음을 명문화하고 있다.

따라서 스웨덴에서는 19세 이하의 장애아 대부분을 '정상화의 원리'에 따라 가정 내에서 보호하도록 하기 위해 장애아동을 보호하는 가정에게 장애아보호수당을 지급하고 있으며, 만일 여타의 사유로 가정보호가 불가능한 장애아동들의 경우에는 사회복지위원회가 family home이나 가정과 비슷한 소규모 집단주거 형태인 호스텔 등에 배치하고 있다. 한편 스웨덴에서는 1994년에 장애아지지서비스관련법이 입법화되었는데 이는 카운티협의회와 시당국의 장애인에 대한 재활의 책임, 특별장려금의 지원, 장애아 부모에 대한 지원강화 등을 주요내용으로 하고 있다.

(3) 영유아 보육지원

스웨덴에서는 1995년부터 모든 시 당국이 1~16세의 아동들을 위해 탁아소나

가정탁아서비스를 제공할 것과 6~12세 아동들을 위한 방과후 보호 서비스를 제공할 것을 의무화하였다. 그 외에도 낮 동안 돌보아 줄 부모나 탁아모가 그 자녀들의 교육적 · 사회적 활동에 자녀들과 함께 참여하는 프로그램인 개방유아원이 국가예산으로 운영되고 있는데, 이는 1972년 처음 시작된 이래 점차 증가하여 1997년에는 전국적으로 1,500개로 증가하여 특히 젊은 부모들에게는 큰 도움이 되고 있다.

(4) 아동학대와 방임 예방지원

스웨덴에서는 전세계적으로 주목을 받고 있는 아동학대와 방임의 문제에 관해서도 예방적 접근을 취하고 있는데, 우선 주거지역의 유아학교를 개방하여 어린 자녀를 가진 부모들을 대상으로 아동학대와 방임에 관한 다양한 예방교육을 실시하고 있으며, 아울러 가정 내에서 아동에 대한 어떠한 체벌이나 정신적 벌도 허용하지 않도록 강력한 법규를 마련하여 만일 아동에게 신체적 손상이나 고통을 주었을 경우에는 최고 2년의 구금형과 벌금형을 규정하였을 뿐 아니라, 학대 행위가 보다 심각할 경우 최고 10년의 구금형에 처할 수 있도록 하고 있으며, 아동이 적절한 보호를 받지 못하고 건강 및 발달이 위험한 상태에 처해 있다고 간주될 때에는 아동보호를 위해 시 사회복지위원회의 개입을 의무화하고 있다.

이상에서 살펴본 바와 같이 스웨덴의 아동복지제도는 매우 빠르게 진전되어 왔다. 즉 1960년대에는 매우 제한된 아동만을 그 대상으로 하였으나, 오늘날에 와서는 아동복지 서비스를 제공받고 있는 아동의 수가 거의 50배 정도 증가했으며, 투입되는 예산도 GDP의 2.4%에 달하고 있다.

스웨덴의 경우 1990년대 중반, 잠시 경제적인 침체를 겪으면서 아동수당 액수를 다소 줄이기도 하였으나 경제가 회복되면서 1998년 중반부터는 예전의 수준을 회복하였을 뿐 아니라 이후 꾸준히 아동수당이 인상되어 왔으며, 경기침체 중에서도 아동과 가족을 위한 정책과 프로그램의 거의 대부분을 보존하고, 남녀로 하여금 직장과 가정생활을 조화시킬 수 있도록 원조하는 정책의 중요성을 강조함으로써 스웨덴 정부의 아동과 가족복지에 대한 지속적인 투자 의지를 보여주고 있다.

2) 미국의 아동복지 발달사

식민시대 미국의 아동복지는 스웨덴의 경우와 마찬가지로 1601년에 제정된 영국의 구빈법의 전통에 따라 구빈원에 기아나 고아를 성인들과 함께 수용하는 것으로 시작되었으나 이후 영국으로부터 독립한 후부터는 정부가 가족의 독자적인 아동양육 권리와 책임을 존중하면서 가족이 제 기능을 할 수 없을 때만 개입하는 잔여적 입장을 고수하는 방향으로 아동복지제도를 발전시켜 왔다. 미국의 아동복지 발달사를 보다 구체적으로 살펴보면 다음과 같다.

(1) 초기 빈곤아동정책과 민간 아동복지활동

영국에서 독립한 초기 미국사회는 처음에는 영국의 사회복지제도를 그대로 적용하였으며, 평등과 자유방임주의를 중심적인 사상으로 삼음으로써 빈곤을 나태한 개인의 책임이라 생각하여 정부가 개인의 복지문제를 책임지려하지 않았다. 그러나 미국사회는 이후 정치적으로 근대 민주주의를 실현하여 공업화가 신속히 진행되고 산업화가 활발해지면서 인구의 도시집중화와 도시빈곤 문제에 직면하게 되면서 복지의 문제, 특히 빈곤과 장애인, 정신질환자, 아동 및 청소년 보호에 관심을 가지게 되었으며, 19세기에 접어들면서 점차적으로 각종 범죄, 악습과 빈곤으로부터 아동들을 구제하는 "아동구제"시대로 돌입하게 되었다.

이 시기 미국은 1850년대 이후부터 시설보호가 아동의 건전한 발달에 도움을 주지 못하는 생각이 발전하면서 가정에서의 보호를 모색하기 시작했으며, 민간 아동구호협회를 중심으로 빈곤가정 아동의 위탁가정사업을 전개하였다.

그러나 당시의 위탁가정사업은 초기에는 아동의 의식주와 자립의 기회를 제공해 줄 가정을 찾아 연결해 주는 과업에만 전념하였으며, 아동의 욕구에 따라 선별적으로 위탁가정을 선택하는 것이 아니라 위탁가정의 필요에 따라 위탁가정보호가 결정되는 경우가 많아 아동들에게 적절한 양육환경을 제공하는 데에는 한계가 있었다.

(2) 아동복지 제도의 발전

미국은 오랜 전통인 자조의 정신을 강조해 왔으며, 정부가 국민 개인과 가족생활에 개입하지 않아야 한다는 원칙과 각 주정부의 자주권을 존중·강화한다는 원칙을 고수해 왔기 때문에 가능하면 아동 가족복지에 관여하는 것을 기피하였다.

하지만 시간이 지나면서 다양한 지역아동의 삶의 질 간에 현격한 차이가 드러나기 시작하자 이를 해소하기 위한 방안으로 1909년에 제1차 백악관 회의를 개최하여 아동복지 증진을 위한 정부의 책임을 강조함으로써 미국의 아동복지 정책이 수립되고 서비스 프로그램이 발달하는 중요한 계기를 마련하였으며, 1912년에는 미국연방정부에 아동문제를 전담하는 아동국(Children's Bureau)을 설치하기에 이르렀다.

또한 1930년대의 경제대공황은 1935년의 사회보장법의 제정으로 이어지기도 했는데, 이 법은 연방정부 프로그램 중 가장 많은 가족과 아동들에게 제공된 소득지원 프로그램인 '요보호 아동의 가족부조'를 설립하게 하였을 뿐 아니라 아동국에게 요보호 아동을 위한 아동복지 서비스를 제공하는 주정부를 재정적으로 지원하고 원조하는 권한을 부여하게 하여 아동복지 서비스가 공공의 기능이 되도록 하였다.

이후 1960년대의 급격한 경제 성장과 진보적·사회적 분위기는 사회복지 서비스의 확대로 이어져 도시 빈민층 자녀들을 위한 헤드 스타트 프로그램과 저소득층을 위한 Food Stramp 프로그램과 같은 다양한 프로그램들의 실시를 이끌기도 했으나, 1970년대에 들어서면서부터는 다시 연방정부의 역할에 대한 보다 보수적인 입장이 대두되기 시작하여 아동에 대한 새로운 서비스가 줄고, 예산 삭감과 인플레이션으로 인해 아동복지 프로그램에 대한 지출이 감소되는 변화를 맞이하기도 했다.

한편 최근 30~40년 동안 미국의 아동복지제도는 보편적 아동복지제도의 확대보다는 아동학대와 같은 예외적 문제와 밀접하게 연관되어 진행되었는데, 1963년을 기점으로 미국의 50개 주에서 아동학대신고법이 통과되었고, 1974년에는 아동학대 예방 및 치료법이 통과되었으며, 「피학대아동 증후군」이라는 논문이 발표되면서 시작된 아동학대의 재발견은 폭발적인 아동보호서비스제도의 확대와 위탁보호아동 수의 증가로 이어지기도 했다.

그러나 이러한 노력에도 불구하고 대다수의 아동이 위탁가정을 전전하는 위탁보호제도의 문제점이 드러나게 되면서 미국사회는 아동을 위한 영구적인 계획의 중요성을 인식하게 되었으며, 이는 결과적으로 1980년 '입양원조와 아동복지법'의 제정과 1993년 '가족보존과 가족지원법'의 제정으로 이어져 아동복지 서비스의 초점이 아동의 보호에서 가족의 지원으로 전환되는 계기를 마련했다.

이후 미국의 아동복지계에서는 아동복지가 가족을 지원하는 방향으로 발전되기 위해서는 다양한 서비스가 지원되어야 하며, 이러한 지원이 부족한 현실 속에서 가족보존 서비스의 효과는 부정적이라는 점을 주장하며 다시 아동보호로의 복귀를 요구하는 목소리가 높아지기 시작하였고, 이에 1997년에는 '입양과 안정한 가족법'이 제정되어 가정 내 아동의 안전과 가족에 대한 재정지원을 규정하였다.

한편 보육서비스와 관련해서도 다른 선진국과 비교할 때 미국의 정부지원은 매우 빈약한 상태로, 1990년대에 들어와서야 보육이 정치적 이슈로 수용되기 시작하였으며, 1990년에 아동보육과 개발조성금이 조성되어 주정부에 저소득 가족의 보육을 보조하고, 보육의 공급과 질을 향상시키기 위한 재원을 제공하고 있다.

한편 1996년에 실시된 복지개혁법령은 복지혜택을 받고 있는 가족들의 복지로부터 직업으로의 전환을 돕기 위해 보육을 위한 재정적 지원을 증가시켰으며, 연방정부는 또한 세금 혜택을 통해 보육을 지원하고 있으나 세금의무가 없는 저소득층 가족은 아무런 혜택도 받지 못하고 있고, 1990년대 중반에 연방정부가 세금혜택을 통해 지출한 금액은 15세 미만 아동당 4달러에 지나지 않았다. 또한 미국은 유급출산 휴가에 관한 정부 프로그램이 전혀 없을 뿐 아니라 1993년 가족과 의료휴가법이 통과되면서 비로소 50명 이상이 고용된 직장의 직원에 한하여 매년 출산이나 입양 또는 심각한 질병을 앓고 있는 가족원을 돌보기 위해 12주 동안 무급휴가를 사용할 수 있게 되었다.

이상에서 살펴본 바와 같이 미국은 세계 최강의 경제대국임에도 불구하고 아동과 가족정책에 매우 소극적인 태도를 보여 왔으며, 1996년 제정된 '개인책임과 직업기회조정법'은 많은 편모들이 직업을 가진 후 원조를 받을 때보다 더 어려운 상황에 처하도록 만들었고, 아동학대와 방임의 수치 또한 증가하는 조짐을 보이고 있어 아동복지의 모습이 낙관적이지만은 않은 실정이다.

생각해보기

1. 아동복지의 발달사를 다룬 연구문헌들을 조사해 보고, 그 시대구분과 특징에 대해 조사해 보자.

2. 우리나라의 "아동복지가 발전되었다"라는 것을 확신할 수 있는 사례를 아동복지 세부 분야에서 찾아보자.

3. 우리나라의 "아동복지가 퇴보하였다"라는 것을 확신할 수 있는 사례를 아동복지 세부 분야에서 찾아보자.

아동복지정책과 아동복지관련법

06 Chapter

1. 아동복지정책
2. 아동복지정책의 전달체계
3. 아동복지법과 관련법

1. 아동복지정책

아동복지정책은 정부가 아동복지사업을 추진하기 위한 방침을 설정하는 것이며, 아동복지사업이나 제반문제에 대한 의사결정에 활용되는 정부의 지침, 법규, 행동계획 등을 의미한다. 즉 아동복지정책이란 "아동복지를 위한 행동 노선과 계획"이라 할 수 있으며, 아동복지사업을 수행하는데 필요한 지침과 방향을 설정하거나 계획하는 것이라고 할 수 있다(도미향, 2006). 그러므로 아동복지정책은 아동의 보호와 가족의 유지를 우선으로 하는 목표가 설정되어야 하며, 정책은 아동이나 가족의 욕구가 무엇인가에 기초하여서 정책결정이 이루어져야 한다. 그러므로 이 장에서는 아동복지정책의 개념과 아동복지정책의 분석, 우리나라의 아동복지정책의 추진방향과 내용 등에 대해 살펴보고, 다음으로 아동복지와 관련된 여러 가지 관계법에 대해 살펴보고자 한다.

1) 아동복지정책의 개념

아동복지정책의 개념을 다루기에 앞서 '정책(policy)'의 개념에 대해 살펴보면, "정책이란 수립된 계획(standing plan)" 또는 "특정한 목적을 달성하기 위해 필요한 행동과 관련된 원칙"이라고 정의 내려진다. 즉 정책이란 국가적 차원에서 계획된 각종 사업을 추진하기 위한 방침을 설정하는 것이다(도미향, 2006). 다시 말하면 사회복지정책은 사회복지의 목표를 이루기 위하여 필요한 행동들에 관한 원칙이라고 한다면, 아동복지정책은 아동의 복지를 위한 정부의 원칙이나 지침, 또는 조직화된 노력이라고 할 수 있으며, 더 구체적으로는 아동의 물질적 · 비물질적 욕구를 충족시키기 위한 법, 그리고 법에 기초한 정부의 급여 및 서비스로 제한하여 볼 수 있다. 아동복지정책은 아동과 관련된 사업을 수행하기 위한 원칙과 방향을 설정하거나 계획하는데 지침이 되는 정부의 조직화된 장단기 노력의 표현이라 정의 내릴 수 있으나 현재 우리나라에서는 아동복지정책은 아동복지와 동일한 개념으로 혼용되어 사용되기도 한다. 이러한 혼용은 아동복지정책이 아동복지의 주요 근간이 되기 때문으로 보인다. 또한 아동복지는 가족복지와 깊은 관련을 갖기 때문에 아동복지정책은 가족복지를 위한 제반 정책과 함께 논의되어야 한다는 점을 강조한다. 대부분의 복지국가들은 아동을 양육하는 가정을 대상으로 하는 소득 보장 등의 사회보장이 아동복지의 주요 축을 형성하고 있다(공계순 외). 이러한 점에서 우리나라 아동복지정책을 전담하는 전달체계가 2010년 3월부터 보건복지부에서 여성가족부로 이관된 점도 선진국과 같은 맥락에서 아동복지정책을 살펴보고자 하는 뜻이라고 생각되어진다.

2) 우리나라 아동복지정책의 추진방향

(1) 우리나라 아동복지의 목표와 중점추진 과제

1 저소득층 아동 · 청소년 지원 강화

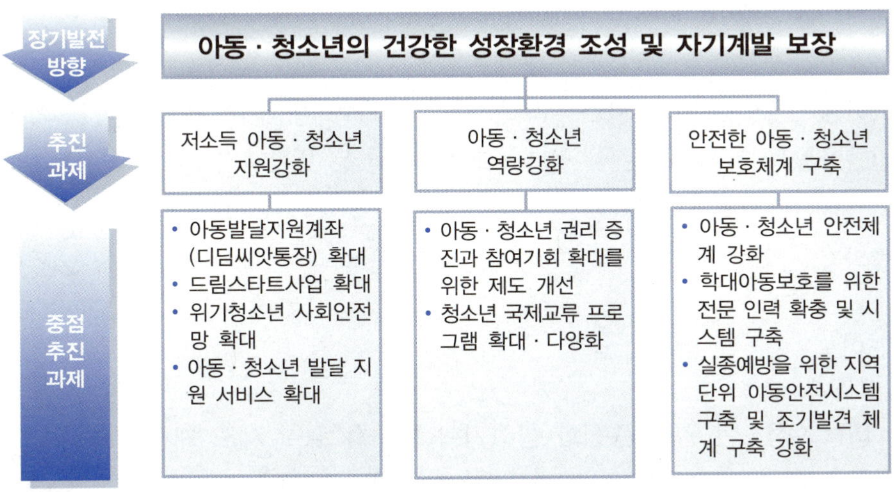

① 아동발달지원계좌(디딤씨앗통장) 확대

- 18세 이후 사회 진출 시 자립자금 마련을 지원하는 사업으로 지원대상을 단계적으로 확대
- 지원액 규모는 아동저축액과 1 : 1 매칭을 하되 월 3만원 범위 이내에서 지원

② 드림스타트 사업 확대

- 취약지역에 거주하는 지역사회 0(임산부)~12세 아동을 대상으로 보건, 복지, 교육의 맞춤형 통합서비스를 제공하는 사업으로 빈곤의 대물림을 차단하고 공평한 양육 여건을 보장하는 사전예방적인 '아동보호통합서비스'임
- 2008년 32개에서 2013년 250개 시 · 군 · 구까지 연차적으로 사업지역을 확대하며, 최종 목표는 663개소임

③ 위기청소년 사회안전망 사업 확대

- 지역사회 내 청소년 관련자원을 연계하여 학업중단, 가출, 인터넷 중독 등 위기청소년에 대한 상담 · 보호 · 의료 · 자립 등 맞춤형 서비스를 제공하는 청소년 통합지원체계(CYS-Net) 확대 구축
- 학교부적응 · 학업중단 청소년 자립지원 프로그램(두드림존, 해밀) 확대
- 찾아가는 상담인 청소년 동반자(Youth Companion) 병행 확대

④ 아동 · 청소년 발달 지원 서비스(방과후 지원사업) 확대

- 빈곤아동과 그 가족을 위해 돌봄 · 교육 · 체험 등 통합서비스를 제공하는 방과후 서비스 지원사업 확대
- 방과후 사업통합모델 및 전달체계 개선방안 마련

2 아동 · 청소년 역량강화

① 아동 · 청소년 권리 증진과 참여기회 확대를 위한 제도 개선

- 유엔 아동권리협약 이행점검을 위한 모니터링 센터 운영
- 청소년 참여위원회 및 청소년 운영위원회 확대 실시
- 청소년 활동체험 기회 확대를 위한 수련시설 확충 및 주 5일제 수업 전면 실시에

대비한 프로그램 개발 및 운영 확대

② 청소년 국제교류 프로그램 확대 · 다양화
- 청소년 교류를 확대 다변화하기 위해 국가별 교류테마 설정, 청소년간 실질적 교류기회 확대 등 교류 프로그램의 다양화 및 내실화 추진
- 해외체험 프로그램 참가자 수 확대
- 청소년 분야 국제협력 강화를 위해 국제회의, 포럼, 문화교류캠프 등 개최 확대

3 안전한 아동 · 청소년 보호체계 구축

① 안전한 어린이 생활환경 조성
- 제2차 어린이 안전종합대책 마련
- 가정 내 안전사고 예방을 통한 안전용품 보급 확대, 안전증진을 위한 교육 및 홍보 확대
- 사망자수 외 손상관련 통계를 포함한 아동안전지표 마련 및 활용

② 학대 아동보호를 위한 전문인력 확충 및 시스템 구축
- 학대아동을 위한 전문인력 확충 및 신고 의무자 범위 확대, 친권 제한 강화
- 아동 · 청소년 대상 성범죄자 신상정보 고지 및 피해아동 보호 강화
- 성범죄 피해아동 · 청소년 보호 명령제 도입 검토

③ 실종예방을 위한 지역단위 아동 안전 시스템 구축 및 조기 발견 체계 구축 강화
- 아동실종 예방 교육 및 홍보 강화, 실종아동 공익캠페인 MOU 체결
- 지역단위의 아동보호 안전망 구축
- 아동전문기관간 전산 DB 연계 구축

2. 보육정책

1) 영유아보육료 지원사업

(1) 영유아 보육료

- 어린이집을 이용하는 만 0~5세 영유아에 대해 보육료 지원
- 소득인정액이 영유아가구 소득하위 70% 이하인 가구의 자녀에게 보육료 연령별 정부지원 단가의 100% 지원

① 소득인정액의 개념 : 가구의 "소득"에 "재산을 소득으로 환산한 금액"을 합한 금액

② 영유아가구 소득하위 70% 이하의 개념 : 우리나라 전체 영유아 가구의 소득 및 재산을 분석하여 가장 낮은 계층을 소득하위 0으로 보고 가장 높은 계층을 소득하위 100으로 규정하여 하위로부터 70%를 의미(4인가구 기준 : 480만원)

③ 연령별 정부지원단가 : 0세 394천원, 1세 347천원, 2세 286천원, 3세 197천원, 4세 177천원, 5세 177천원

(2) 장애아 무상보육료

- 어린이집을 이용하는 만 12세 이하의 장애아동에 대해 무상보육료 지원
- 가구의 소득 · 재산 수준과 무관하며 장애인복지카드 발급 아동 대상(장애진단서를 제출한 만 5세 이하 아동 및 특수교육 대상자 진단 · 평가 결과 통지서 〈발달지체를 보이는 특수교육 대상자〉를 제출한 만 4~만 8세 이하의 아동도 지원 가능)
- 정부지원 단가의 100%(월 394천원) 지원

(3) 다문화 보육료

- 가구의 소득 · 재산 수준과 무관

- 「다문화가족 지원법」 제2조 1호에 따른 다문화가족의 결혼이민자(귀화허가를 받은 자 포함)와 출생시부터 대한민국 국적을 취득한 자 사이에서 출생한 자녀(만 0~5세)
- 「다문화가족 지원법」 제2조 1호에 따른 다문화가족과 동일세대원으로 생계를 같이 하는 전처 또는 전 남편의 사이에서 출생한 자녀(만 0~5세, 대한민국 국적인 아동에 한함)
- 정부지원 연령별 단가의 100% 지원

(4) 맞벌이가구 보육료('11. 3월부터 확대)

- 보육료(만 0~5세) 지원대상에서 탈락한 가구 중 맞벌이 가구를 대상으로 완화된 소득인정액 산정방식으로 지원여부 및 지원수준을 재선정하여 보육료를 지원

① 맞벌이가구 소득산정방식 : 부모가 모두 근로소득이 있는 가구는 부부합산 소득의 75%(25% 감액)만 반영하여 소득인정액 산출

② 맞벌이가구 보육료 확대 : ('10)부부 중 낮은 소득의 25% 감액 → ('11)부부합산 소득의 25% 감액

구분	지원 대상 (선정 기준 소득액 참조)	지원율	지원 금액
영유아 보육료	영유아 가구 소득하위 70% 이하	100%	만 0세 394천원 만 1세 347천원 만 2세 286천원 만 3세 197천원 만 4세 177천원 만 5세 177천원
장애아무상 보육료	만 12세 이하 장애아동 (가구 소득수준과 무관)	100%	394천원
다문화가족 보육료	만 0~5세 아동 (가구 소득수준과 무관)	100%	만 0세 394천원 만 1세 347천원 만 2세 286천원 만 3세 197천원 만 4~5세 177천원
맞벌이가구 보육료	부모가 모두 근로소득이 있는 가구(맞벌이)는 부부합산 소득의 25%를 감액하여 소득인정액 산출하여 보육료(만 0~5세) 지원 결정		

구분	3인까지	4인	5인	6인
만 0~5세 보육료 (소득하위 70% 이하)	416만원 이하	480만원 이하	537만원 이하	588만원 이하

※ 출처 : 보건복지부 홈페이지

2) 어린이집 미이용 아동에 대한 지원

① 어린이집 및 유치원을 이용하지 않는 아동에게 양육수당을 지원하여 부모의 양육부담을 경감하고 보육료 지원아동과의 형평성을 제고

② 지원대상은 차상위 이하 가구 36개월 미만 아동

③ 차상위 가구의 개념은 소득인정액이 최저생계비의 120% 이하 가구

④ 양육수당 지원대상 선정기준액

구분	3인까지	4인	5인	6인
어린이집 미이용 아동 양육수당 (차상위 가구 이하)	141만원 이하	173만원 이하	205만원 이하	237만원 이하

※ 출처 : 보건복지부 홈페이지

• 지원금액 : 월 10~20만원

※ 12개월 미만 월 20만원, 24개월 미만 월 15만원, 36개월 미만 월 10만원 지원

• 담당부서 : 보육사업기획과

3) 수요자 욕구에 맞는 보육서비스 제공

① 다문화가정 영유아 보육서비스 강화

- 다문화 특성화 어린이집 지정 및 한국어 교육 프로그램 지원

- 보육교사 대상 다문화 관련 교육강화

② 장애아동에 대한 보육환경 개선 및 법적 · 제도적 지원 강화

- 지역별 균형 있는 장애아 어린이집 확충, 편의시설 · 장비구비 지원
- 장애아 어린이집의 특수교사자격을 특수학교 교사수준으로 강화

③ 다양한 시간유형의 보육서비스 제공

- 시간연장 어린이집 대폭 확대

※ ('10) 시간연장 어린이집 6409개소 → ('11) 9,000개소

- 시간연장 보육교사 인건비 지원확대

※ ('10) 시간연장 보육교사 인건비지원 6,000명 → ('11) 10,000명

※ 인건비 지원방식 변경 : 별도의 채용없이 초과근무 형태로 담당할 경우 반별 월 30만원 지원

- 시간연장 어린이집 확대를 위해 인건비 지원방식 다양화

※ ('10년) 월급형태 지원(국공립 · 법인 어린이집 : 월지급액의 80% 지원, 민간어린이집 : 월 100만원 지원) → ('11년) 월급형태 지원 + 근무수당 지원(주간반 교사가 초과근무형태로 시간연장 보육을 제공할 경우, 시간연장 반별로 월 30만원 지원)

- 시간연장 최소 보육아동 기준 합리화

※ ('10) 시간연장 최소 보육아동 3명 → ('11) 2명

4) 평가인증 활성화

- 보육서비스의 수준 향상을 위한 효과적인 질적 관리 시스템 마련 및 부모에게 어린이집 선택의 합리적 기준 제공
- 시설규모별, 특성별 지표에 따른 평가

1단계 참여신청 (1개월)	2단계 자체점검 (3 ~ 4개월)	3단계 현장관찰 (1개월)	4단계 인증심의 (1개월)

※ 평가인증시설 현황('10. 12월 기준) : 전체어린이집 35,550개소 중 23,366개소 평가인증 통과(65.7%)

- 보육환경, 운영관리, 보육과정, 상호작용 및 교수법, 건강과 영양, 안전 등 70개

항목(40인 이상 어린이집 기준)

- 제2차 평가인증('10) 주요 변경사항
- 지표 고도화 및 통과점수 상향 조정(73.33→75점)
- 총정원 준수, 예·결산서 구비 및 준수여부, 어린이집 설치 기준 등 법적 준수사항을 지자체에서 직접 확인

5) 어린이집 건강·영양·안전관리 강화

- 어린이집 사고 예방 및 사후보상 제도화를 위해 「어린이집 안전공제회」(09. 11. 3) 설립
- 어린이집 안전사고 예방사업 및 안전사고 보상 등 사후관리 실시
- 어린이집 아동 및 종사자의 복리후생 증진 지원

※ 유치원·학교 안전사고보상을 위한 '학교안전공제회' 운영 중(중앙, 16개 시·도)

- 예방접종 내역 확인의무 강화 및 보건소 활용 건강교육·보건서비스 제공 등 영유아 건강·영양관리 제도 개선
- 시설 운영위원회 활성화, 지역별 부모 모니터링단 구성 등 시설 모니터링 체계 구축
- 건강·영양, 안전관리, 응급처치 등에 대한 매뉴얼 보급 등 안전 기준 정비 및 교육 강화
- 전국 보육교직원 대상으로 안전, 급식위생, 아동학대예방교육 실시

6) 보육정보 포털시스템 구축

- 어린이집의 아동, 종사자 관리, 보조금 지급 등 보육행정 업무 효율성 및 아이사랑카드 수요자 결제 편의성 제고
- 실무자를 위한 보육통합정보시스템, 부모 등을 위한 아이사랑보육포털(www.childcare.go.kr) 구축 운영
- 아이사랑보육포털을 통하여 어린이집검색, 보육료결제, 육아정보 및 상담 등

정보제공

7) 국 · 공립어린이집 등 확충

- 농산어촌 등 어린이집이 없는 지역에 국 · 공립시설을 확충
- 영유아 수가 적은 농산어촌의 특성을 고려한 소규모 어린이집 확충

8) 공공형 어린이집 도입

- 정부와 지역사회, 시설, 부모가 함께 책임지고 품질을 보증하는 새로운 유형의 어린이집
  - 평가인증결과 등이 우수한 민간 · 가정어린이집을 대상으로 정부가 일정한 운영비를 지원하면서 국 · 공립어린이집 수준의 운영기준을 적용하여 국 · 공립 수준의 보육서비스를 제공하며, 평가인증점수가 일정 기준 이상이고, 놀이터, 비상재해대비시설 등이 갖추어져 있으며, 1급 보육교사가 많은 어린이집을 위주로 선정
- 저소득층 등 취약계층에 우선적으로 보육서비스를 제공하고, 보육교사의 인건비를 국 · 공립어린이집 수준으로 지원
  - 정부, 지역사회, 부모가 함께 참여하여 보육서비스 품질을 관리할 수 있도록 지원하고, 아동학대, 급식 사고 등이 발생할 경우에는 바로 선정을 취소하는 등 엄격한 품질 관리 시스템을 구축

9) 아이사랑카드

- 지금까지 보조금형식으로 어린이집에 지급하던 정부지원 보육료를 이용권(전자바우처)형태로 부모에게 지급하여 직접 보육료(정부지원금+부모부담금)를 결제하도록 만든 카드이며, 보육료 지원을 받고자 하는 영유아의 보호자는 아이사랑카드를 발급받아야 한다.

(1) 아이사랑카드의 기대효과

부모는 아이사랑카드로 보육료를 결제하고 부모를 위한 보육포털(아이사랑포털, www.childcare.go.kr)을 통해 다양한 정보를 제공받을 수 있어 어린이집과의 소통증진 등 보육서비스에 대한 만족도가 높아질 것으로 기대한다.

어린이집에서는 보육료 신청과정에서 발생하는 유 · 무형의 업무가 없어지게 되어 영유아에게 보다 수준 높은 서비스를 제공할 수 있다.

(2) 아이사랑카드 신청 대상자

- 어린이집에 다니면서 정부로부터 보육료를 지원받고 있는 모든 아동의 부모
  - 법정저소득층
  - 만 0~5세 보육료 지원대상자(소득하위 70% 이하 가구)
  - 장애아동, 다문화가정의 영유아(소득 무관)
  - 지방자치단체 보육료 시책 지원대상(아이사랑카드 적용 시책)

(3) 아이사랑보육포털(www.childcare.go.kr)

신뢰성 있는 영유아 보육 정보 및 맞춤형 보육서비스를 제공하는 국가보육포털이다.

보육정책, 육아정보, 어린이집 찾기, 전자도서관, 어린이집 운영, 종사자 자격 · 경력확인, 평가인증, 안전공제 안내 등 알차고 풍부한 컨텐츠를 제공한다.

아이사랑카드 소지자의 경우 카드 결제관련 정보를 조회할 수 있으며, 인터넷 결제도 아이사랑 보육포털을 통해 가능하다.

- 아이사랑카드 관련문의 : (아이사랑 헬프데스크) 1566-0233
- 신한카드관련문의 : (신한아이사랑카드 전용상담실) 1544-8868
- 보건복지부 콜센터 : (국번없이) 129

10) 만 5세 누리과정

(1) 누리과정의 의의

• 만 5세아 보육 · 교육에 대한 국가 책임 강화
- 현재 소득하위 70%에게만 지원하던 보육료를 만 5세아 전체로 확대

• 만 5세 보육 · 교육과정 통합
- 어린이집과 유치원으로 이원화되어 있는 교육 · 보육과정을 통합하여 유아기에 필요한 기본 소양과 능력을 기르도록 재구성 · 적용

• 보육비용 부담 경감
- 어린이집에 만 5세 자녀를 보내는 모든 보호자에 대해 보육비 · 유치원비 지원을 순차적으로 늘려 경제적 부담 경감

(2) 주요 내용

• 만 5세아에 대한 유아 공통과정(프로그램) 도입
- 만 5세 공통과정은 만 3~4세와 분리하여, 유아기에 필요한 기본 능력을 중심으로 5세에 맞게 재구성 · 적용
- 교과 위주의 인지적 학습활동보다 기본 소양과 능력을 기르는 과정으로 초등학교 1~2학년군의 창의 · 인성교육 내용 등과 체계적인 연계성을 확보

• 지원대상을 만 5세아 전체로 확대하고 지원단가 연차적으로 인상
- 2012년 3월부터 모든 만 5세를 대상으로 어린이집 보육비와 유치원비 확대 지원하며, 지원대상은 2006. 1. 1~12. 31 출생 유아
- 현재 만 5세 이하 어린이를 둔 가정 중 소득기준으로 전체 70%의 가정에 대해 지원하던 것을 만 5세아 모두에게 확대 지원
- 2011년 월 17만7천원에서 2012년 20만원, 2014년 24만원으로 높이고, 2016년에는 월 30만원으로 지원단가 인상할 계획

※ ('11) 17.7만원 → ('12) 20만원 → ('13) 22만원 → ('14) 24만원 → ('15) 27만원 → ('16) 30만원

• 만 5세아 교육 · 보육비를 지방교육재정교부금으로 지원하고, 기존 만 5세아 보육비 예산은 보육서비스 질 제고 재원으로 활용
- 지금까지 만 5세아 유치원비는 지방교육재정교부금으로 부담하고, 어린이집 보육비는 국고와 지방비로 부담하였으나, 2012년부터는 모든 만 5세아 교육 · 보육비를 지방교육재정교부금에서 지원
- 기존 만 5세아 지원 예산은, 지자체와 협의하여 만 4세 이하 영유아 보육서비스 개선, 특히 보육교사 처우개선 및 어린이집 현대화 등에 우선 지원할 예정
- 만 4세 이하 교육 · 보육비 지원체제는 현행 유지

(3) 기대 효과

• 만 5세 유아교육 · 보육의 질 제고
• 학부모의 부담이 실질적으로 경감
• 만 4세 이하 어린이에 대한 보육 서비스 질 제고

특히, 만 5세 유아는 질 높은 공통과정 적용 및 초등학교와의 연계 강화, 공통과정(3~5시간)과 구분되는 종일제(공통과정 이후) 운영을 통해 한층 내실화된 프로그램 적용

※ 출처 : 보건복지부 홈페이지

3. 아동복지정책의 전달체계

사회복지에 있어서 전달체계란 급여 또는 서비스를 효율적으로 수혜자에게 전달하기 위하여 어떠한 조직을 통하여 실천할 것인가의 전략을 선택하는 것이다.

1) 전달체계

아동복지정책의 전달체계는 아동복지의 입법과 정책을 담당하는 정책주체, 이를

실질적으로 실천하는 기관이나 전문인력의 실천주체, 그리고 아동들의 인권을 옹호하고 지역사회의 참여를 도모하는 지역사회 주민들의 운동주체로 되어 있다.

2) 전달체계의 방향성

오늘날의 아동복지사업은 전문적인 지식과 기술을 요하는 전문적이므로 전문기구와 전문인력을 주체로 하는 제반 활동을 전개해야 하며 아동복지의 주체는 행정주도적이거나 상부하달식으로 일관하는 것보다 지역사회의 기반으로 하는 주민의 참여활동과 지역의 요구나 문제의 인식을 토대로 지역자원이나 행정의 자원을 공히 활용하는 지역복지적 주체의 활동이 활발히 전개해 나가야 한다.

① 경제발전의 혜택이 빈곤층까지 골고루 배분되어야 → 아동시기 때부터 인력투자를 게을리해서는 안 되고, 아동들 제반의 잠재적인 능력 개발이 국가적인 측면에서 이루어져야
② 아동의 양육면 : 가정이 주체 → 사회적 양육이 주체
③ 지역사회가 아동들에게 정신적 · 사회적으로 성장에 주요한 현장이며 환경 → 지역복지적 서비스 필요

3) 우리나라 아동복지행정의 전달체계

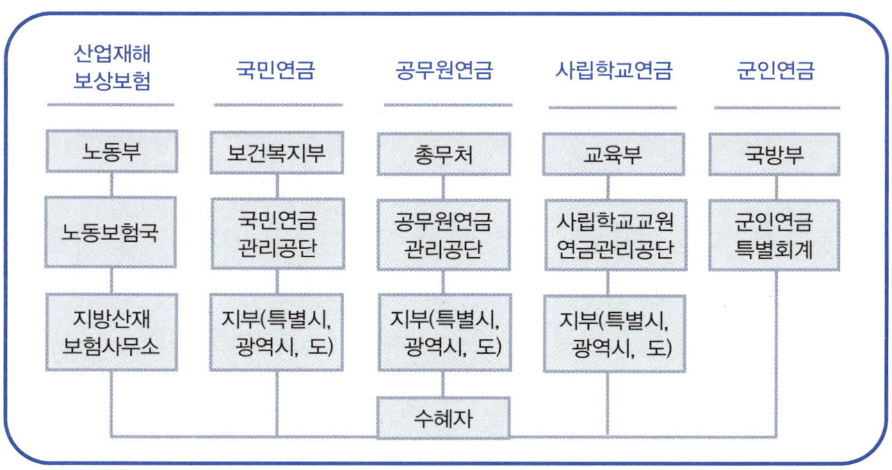

[그림 6-1] 사회보험의 전달체계

* 우리나라의 전달체계
여성가족부 → 시 · 도 각국 → 시 · 군 · 구(사회복지과, 계)
→ 읍 · 면 · 동(사회복지전문요원, 사회복지담당)
→ 빈곤가정 아동, 소년소녀가장 세대, 시설보호 아동

4. 아동복지법과 관련법

아동복지정책을 수행하기 위해서는 근거법이 있어야 하는데, 우리나라 아동복지에 관한 법은 아동복지와 직접 관련이 있는 법은 물론, 기타 아동에 관련된 여러 가지 법들이 존재하고 있다.

아동과 청소년복지와 직접 관련되는 법으로는 아동복지법, 영유아보육법, 한부모가족지원법, 모자보건법, 법, 청소년복지지원법, 청소년보호법, 청소년복지지원법, 보호시설에 있는 미성년자의 후견직무에 관한 법 등이 있다.

공공부조, 사회복지와 관련되는 법으로는 국민기초생활보장법, 사회복지사업법, 사회보장기본법, 장애인복지법, 윤락행위 등 방지법 등이 있다.

보건, 의료와 관련되는 법으로는 국민건강보험법, 의료급여법, 정신보건법, 보건소법, 학교보건법 등이 있다.

교육에 관련되는 법으로는 교육기본법, 유아교육법, 초 · 중등교육법, 장애인 등에 대한 특수교육법, 학교급식법, 학교보건법 등이 있다.

노동에 관련되는 법으로는 근로기준법, 직업안정법, 최저임금법, 장애인고용촉진 및 직업재활법 등이 있다.

법무에 관련되는 법으로는 소년법, 소년원법, 보호관찰법, 민법, 호적법, 가사소송법 등이 있다.

각 법은 그 목적에 따라 대상으로 하는 아동과 포괄하는 정책내용이 상이하다(공계순 외).

여기서는 아동복지의 근간이 되는 아동복지법을 살펴보고, 아동에게 직접적인 영양을 미치는 관련법으로 영유아보육법, 한부모가족지원법, 청소년복지지원법 등의 내용을 살펴보고자 한다.

아동복지법은 대한민국의 아동을 위한 기본법으로 대한민국의 모든 아동과 관련된 법은 이에 준거하여 마련되어야 한다. 이에 아동복지법 및 관련법은 모든 아동을 대상으로 하여야 하며, 인간으로서의 존엄성을 지니고 차별없이 건강하게 성장하여야 할 권리를 지니고 있어야 한다. 대한민국의 아동들이 건강하게 성장 · 발달하기 위해서는 성인, 사회, 국가의 보호 하에 어떠한 상황이라도 자신의 행동에 책임을 지는 인간으로서 성장 · 발달하기 위한 노력과 책임, 의무, 권리 등이 아동복지법상에 명시되어야 한다.

① 아동복지법은 아동의 생존과 보호, 발달에 기본적 입장을 두고, 권리를 지닌 주체로서 아동을 인지하여야 한다. 이에 아동은 가정을 중심으로 성장 · 발달하여야 하며, 가정을 이탈할 경우에는 가정과 같은 환경에서 성장 · 발달할 수 있도록 도와야 한다. 성인은 이들의 성장 · 발달을 돕고 경제적 · 인종 · 종교 · 성별의 차별 없이 아동의 기본적 욕구를 충족해 줄 수 있도록 해야 한다. 이를 제도적 장치로서 유해한 환경으로부터 아동을 보호하고 책임지는 역할을 사회와 국가가 해야 하는 것이 아동복지법의 의미라고 할 수 있겠다.

② 영유아보육법은 보호가 필요한 영유아들에게 신체적, 정서적, 인지적, 사회적 도움을 제공함으로써 보호자의 사회적 · 경제적 활동을 원활하게 하여 가정복지를 증진할 수 있도록 한다. 국가와 지방자치단체 뿐만 아니라 모든 국민은 영유아의 건전하게 보호할 책임을 지며 어린이집에 필요한 설치사항과 보육교사 및 종사자의 자격, 어린이집의 운영과 영유아보육에 필요한 비용의 부담과 보조, 세제지원 등에 관하여 규정하고 있다.

③ 한부모가족지원법은 경제적 어려움, 가족이나 이웃과의 단절, 자녀교육 등 어려움에 직면해 있는 한부모가족들에게 소득보장과 취업알선, 주거보장, 의료보건지원, 보육지원 등을 통해 국가적인 지원을 하기 위한 법이라고 할 수 있다. 한부모가족에 대한 국가의 책임, 한부모가족의 부 또는 모와 아동의 자립을 위한 노력, 보호대상자의 범위, 복지급여의 신청, 복지자금 대여, 고용

의 촉진, 공공시설에 매점 및 시설설치, 가족지원서비스, 국민주택의 분양 및 임대에 관한 제반 규정 등이 포함되어 있다.

④ 청소년복지지원법은 특히 청소년기를 지내면서 겪을 수 있는 문제의 발생을 예방하기 위한 사회적 잠금장치로서 청소년의 권리 및 책임과 가정 · 사회 · 국가 및 지방자치단체의 청소년에 대한 책임을 정하고 청소년육성정책에 관한 기본적인 사항을 규정하고 있다. 이에 청소년이 건전한 민주시민으로서 성장할 수 있도록 한다.

⑤ 법은 비불임부부의 입양을 유도하고 가정위탁보호서비스의 제도화를 유도하는 것으로 보호가 필요한 아동의 입양을 촉진하고 양자로 되는 자의 보호와 복지를 도모하기 위한 규정이다. 국가와 지방자치단체는 태어난 가정에서 양육이 곤란한 18세 미만의 아동에게 건전하게 양육될 수 있는 다른 가정을 제공하기 위해 필요한 조치와 책임이 있다.

각 법명별로 자세히 살펴보면 다음과 같다.

1) 아동복지법

(1) 입법배경

아동복지법은 아동복지에 관한 기본적인 법이며, 1961년 아동복리법이란 이름으로 최초로 제정되었다. 당시에 한국전쟁을 전후해서 발생한 빈곤아동, 전쟁고아, 부랑아 등 사회적 보호가 필요한 아동들의 보호를 목적으로 제정되었으며, 아동복리법이 1981년에 일반아동을 대상체계에 포함한 입법으로 아동복지법으로 전면 개편되었다.

(2) 입법내용

아동복지법 제1조에서는 아동이 건강하게 출생하여 행복하고 안전하게 자라나도록 그 복지를 보장함을 목적으로 한다고 규정하고 있다. 동법의 주요내용은 주로 아동복지 서비스를 초점으로 하고 있으므로 엄밀하게 이야기하여 '아동복지 서비스법'이 더 적절한 법명이 된다(공계순 외).

1 대상과 용어의 정의

대상은 18세 미만의 아동, 보호를 필요로 하는 아동, 보호자, 아동학대, 아동복지시설, 아동복지시설 종사자의 개념을 정리(제2조)하였다.

① 보호를 필요로 하는 아동 : 보호자가 없거나 보호자로부터 이탈된 아동, 보호자가 아동을 학대하는 경우 등 보호자가 아동을 양육하기에 부적당하거나 양육할 능력이 없는 경우의 아동

② 아동학대 : 보호자를 포함한 성인에 의하여 아동의 건강 · 복지를 해치거나 정상적 발달을 저해할 수 있는 신체적 · 정신적 · 성적 또는 가혹행위 및 아동의 보호자에 의하여 이루어지는 유기와 방임

③ 가정위탁 : 보호가 필요한 아동을 보호하기에 적합한 가정에 일정기간 위탁하는 것

2 기본이념

아동의 차별금지, 안정된 가정에서 행복하게 자랄 권리, 아동 이익 최우선을 원칙으로 한다.

3 책임

아동의 복지를 위한 국가와 지방자치단체의 책임, 보호자의 책임, 국민의 책임을 규정(제4조)하였다.

4 보호와 복지서비스의 내용

- 보호조처에 대해서는 다음 내용이 포함(제10조)

① 아동복지지도원 또는 아동위원에게 보호를 필요로 하는 아동 또는 그 보호자에 대한 상담지도를 행하게 하는 것

② 보호자 또는 대리양육을 원하는 연고자에 대하여 그 가정에서 보호양육할 수 있도록 필요한 조치를 하는 것

③ 아동의 보호를 희망하는 자에게 보호를 필요로 하는 아동의 보호를 위탁하는 것

④ 보호를 필요로 하는 아동에 적합한 아동복지시설에 입소시키는 것

⑤ 약물 및 알코올 중독, 정서장애, 발달장애 등으로 특수한 치료나 요양 등의 보호를 필요로 하는 아동에 대하여 전문치료기관 또는 요양소에 입원 또는 입소시키는 것

- 아동의 건강과 안전을 위한 보호자의 책임, 아동복지시설과 아동용품의 안전기준을 정하고 준수하도록 하는 것, 아동복지시설의 안전교육(제9조)을 규정했다.
- 아동학대를 예방하고 방지하기 위한 아동학대의 신고 의무와 절차(제26조). 응급조치 의무(제27조), 아동에 대한 금지행위(제29조)를 규정했다.
- 아동을 위한 시설보호 서비스로 아동복지시설의 설치, 아동전용시설 설치, 긴급전화 설치, 아동보호 전문기관의 설치를 규정했다.

5 서비스 전달체계

① 아동복지위원(제6조), 아동복지지도원(제7조), 아동복지시설종사자(제19조)

② 서비스 전달조직은 보건소(제8조), 아동복지시설(제16조), 아동보호전문기관(제24조), 아동복지단체(제37조)이다.

③ 아동복지시설의 종류는 아동양육시설, 아동일시보호시설, 아동보호치료시설, 아동직업훈련시설, 자립지원시설, 아동단기보호시설, 아동상담소, 아동전용시설, 아동복지관이 규정되었다(제16조).

6 재정

① 국가와 지방자치단체의 비용보조

② 징수, 보조금, 반환 규정

7 기타

비밀누설금지, 금지행위 위반 벌칙

(3) 아동복지법 개정내용

1 개정이유

아동학대에 대한 강력한 대처 및 예방을 위하여 제정된 「아동학대범죄의 처벌 등에 관한 특례법」에 따라 관련 조문을 정비하고, 아동학대 관련 범죄전력자가 아동관련기관에 취업하는 것을 10년 동안 제한하는 등 아동학대의 예방 및 피해자 지원에 관한 내용을 정함으로써 아동들이 행복하고 안전하게 자라나게 하려는 것이다.

2 주요내용

① 「아동학대범죄의 처벌 등에 관한 특례법」 제정에 따라 관련 조문을 정리함(제3조 등).

② 아동학대를 신고할 수 있는 긴급전화의 설치주체를 지방자치단체로 하여 사무주체를 명확히 함(제22조제2항).

③ 아동학대가 의심되는 경우 경찰관이 아동보호전문기관에 통보하도록 의무화하여 아동학대 조기발견을 위한 체계를 구축하도록 함(제27조의2 신설).

④ 아동학대 피해아동을 아동학대 관련 보호시설 및 의료기관에 보호 또는 치료를 의뢰하는 경우 정당한 사유 없이 이를 거부하지 못하도록 함(제27조의3 신설).

⑤ 아동학대 피해아동의 취학이 원활하게 이루어질 수 있도록 취학을 위한 조치 등을 할 수 있는 근거를 마련함(제29조제5항 신설).

⑥ 아동학대범죄전력자는 아동관련기관에 형 확정 후 10년간 취업을 제한하는 규정을 신설함(제29조의3부터 제29조의5까지 신설).

※ 출처: 법제처

2) 영유아보육법

(1) 입법배경

1961년에 제정된 아동복리법에는 탁아시설은 자녀들로 인해 일을 할 수 없어서 지장을 받거나 질병 기타 사정으로 인해 가정에서 보호할 수 없는 아동들을 대상으로 위탁을 받아 낮 동안 보호하는 시설로 출발하였다. 이런 탁아시설은 보호에만 중점을 두어서 교육프로그램이 결여되어 있다는 지적에 1982년에 유아교육진흥법이 제정되고, 이 법의 제정을 계기로, 탁아시설은 새마을 유아원으로 전환하게 되었다. 산업화 이후 여성들의 급격한 취업증가 이후 1987년 남녀고용평등법을 제정하고 직장탁아제도를 도입하도록 권장하였다. 1989년 9월 19일 아동복지법 시행령을 개정해서 탁아시설의 조항을 삽입하였으나 아동복지법에 의한 탁아시설은 운영의 주체가 법인에 한정되는 제한이 있었으며, 관할부서가 내무부, 노동부, 교육부, 보건복지부 등으로 다원화되어 있어서 효율적인 사업추진에 장애를 가져오자, 보육사업을 체계화하여 효율적으로 추진하자는 뜻으로 1991. 1. 14. 영유아보육법을 제정하게 되었다.

① 기본방향 : 법인, 단체, 개인이 포함한 다양한 운영주체, 보건복지부 중심으로 업무체계 일원화, 보호 · 교육을 통합한다.

② 최근의 개정내용 : 보육 수요 증가 → 자격기준 강화, 신고제 → 인가제로 전환하는데 있어서 보육의 공공성 강화, 운영의 개선점, 국무총리 소속 하 보육정책조정위원회 설치, 심의를 위한 중앙정책보육위원회 설치와 보건복지부가 주관한다(2008년 여성가족부에서 보건복지부로 이관됨).

(2) 입법내용

1 대상과 용어의 정의

① 보호자가 근로, 질병 기타 사정으로 보호하기 어려운 영아나 유아를 심신의 보호, 건전한 교육을 통해 육성하기 위해, 보호자의 경제적 · 사회적 활동을

원활하게 하기 위해 가정복지를 증진한다.

② 적용대상은 6세 미만의 취학전 아동인 영유아이며(제2조 제1항, 제16조), 12세까지 연장할 수 있다(제16조 단서), 우선 입소의 대상으로 생활보호대상자와 저소득층 자녀를 규정(제17조)한다.

③ 어린이집, 보호자, 보육교직원의 개념을 정의(제2조)한다.

2 책임

모든 국민은 영유아를 건전하게 보호할 책임을 지며, 그리고 국가와 지방자치단체의 책임을 규정했다(제3조).

3 복지서비스의 내용

어린이집의 내용은 영유아의 신체적, 지적, 정서적, 사회적 발달 등을 도모하는 내용을 포함하여야 하며, 구체적인 보육내용은 보건복지가족부령으로 정하도록 하였다(제18조). 또한 장학지도(제19조)와 건강진단에 관한 내용(제20조)을 규정하였다.

4 서비스 전달체계

조직과 인력은 다음과 같다.

① 서비스 전달조직으로 어린이집(제2조 제2항), 보육위원회(제4조), 육아종합지원센터(제5조)에 관한 내용을 규정했으며, 어린이집의 종류는 국·공립어린이집, 민간어린이집, 직장어린이집, 가정어린이집(제6조)이다.

② 인력에서는 보육교직원의 기준 및 보육교사의 자격을 정하고 있다(제9조 2항). 보건복지가족부장관은 보육교직원의 자질 향상을 위하여 교육훈련을 실시해야 한다(제10조).

5 재정

영유아 보육에 필요한 비용은 보호자가 부담하는 것을 원칙으로 규정(제21조), 국가와 지방자치단체의 비용보조(제22조), 사업주의 비용보조(제23조), 비용의 수납(제24조), 세제지원(제25조) 등에 관한 내용을 규정한다.

6 기타

보육실태조사(제9조), 보육계획의 수립 및 시행(제11조), 국 · 공립어린이집의 설치 등(제12조), 직장어린이집의 설치 등(제14조), 어린이집설치기준(제15조), 결격사유(제16조), 취약보육우선실시 등(제26조), 치료 및 예방조치(제32조), 급식관리(제33조), 지도 · 감독(제41, 42조), 벌칙(제54조), 경과조치에 관한 부칙

* **최근의 개정내용** - 6세 미만 취학전 아동, 보육정책조정위원회, 보건복지부장관 - 보육중앙정보센터, 시, 군수 - 지방육아종합지원센터 개설, 보건복지부장관 - 보육에 관한 연구, 연구기관 위탁, 어린이집의 결격사유인 자, 보육교직원, 직무, 어린이집의 장, 무상보육의 특례, 보육교사의 자격

(3) 영유아보육법 개정내용

1 개정이유

「아동복지법」 제17조에 따른 금지행위를 하여 벌금형 이상의 형을 선고받고 그 집행이 종료된 후 일정기간이 지나지 아니한 자에게는 어린이집의 설치 · 운영 및 어린이집에서의 근무를 하지 못하도록 하여 아동학대를 예방하고, 아동학대로 처벌받은 자가 어린이집에 근무하려는 경우 아동학대 방지를 위한 교육을 명하도록 하여 재범가능성을 줄이는 한편, 어린이집에서 보육료 외의 필요경비를 받는 경우 그 수납액 결정에 관한 사항은 어린이집운영위원회에서 심의하도록 하며, 보육과정 외에 특별활동프로그램을 실시할 경우 대체 프로그램을 마련하여 합리적인 특별활동 운영과 보호자의 양육비용 경감을 도모하려는 것이다.

2 주요내용

① 「아동복지법」 제17조에 따른 금지행위를 하여 금고 이상의 실형을 선고받고 그 집행이 종료된 날부터 10년이 경과되지 아니한 경우에는 어린이집 설치 · 운영을 할 수 없도록 함(안 제16조제5호).

② 어린이집 설치 · 운영자 및 어린이집 근무자 결격사유 중 벌금형 또는 통고처분을 받고 그 선고 또는 이행 후 2년이 경과되지 아니한 경우를 추가하고,

「아동복지법」 제17조에 따른 금지행위를 위반하여 벌금형을 선고받은 경우에는 10년이 경과되지 아니한 경우를 추가함(안 제16조제8호 신설).

③ 「아동복지법」 제17조에 따른 금지행위를 하여 자격이 취소된 후 자격 재교부 기한이 경과되지 아니한 경우에는 어린이집에 근무할 수 없도록 함(안 제20조제3호).

④ 보건복지부장관은 「아동복지법」 제17조에 따른 금지행위를 위반한 어린이집의 원장 및 보육교사에게 아동학대 행위 방지를 위한 교육을 명령하도록 함(안 제23조의2 신설).

⑤ 학부모에 대한 무분별한 특별활동 비용 요구를 방지하기 위하여 어린이집운영위원회는 어린이집을 설치 · 운영하는 자가 보육료 외의 필요경비를 받는 경우 그 수납액 결정에 관한 사항을 심의하도록 함(안 제25조제4항제8호 신설).

⑥ 특별활동의 남발을 막기 위하여 일정 연령 이상의 영유아에게 보건복지부령으로 정하는 특정한 시간대에 한하여 부모의 동의가 있는 경우 특별활동을 실시할 수 있도록 하고, 특별활동을 하지 않는 영유아의 보육 사각지대를 최소화하기 위하여 특별활동을 하지 않는 영유아에게는 별도의 프로그램을 제공하도록 함(안 제29조제4항 신설).

⑦ 어린이집의 원장은 영유아의 통학을 위하여 차량을 운영하는 경우 「도로교통법」 제52조에 따라 미리 어린이통학버스로 관할 경찰서장에게 신고하여야 함(안 제33조의2 신설).

⑧ 어린이집이 보호자의 동의 없이 특별활동을 운영하는 경우 및 특별활동에 참여하지 않는 영유아에게 대체 프로그램을 제공하지 아니하는 경우 해당 어린이집에 시정을 명할 수 있도록 함(안 제44조제4호의3 · 제4호의4 신설).

⑨ 어린이집 설치 · 운영자 및 보육교직원 등이 「아동복지법」 제17조에 따른 금지행위를 한 경우에는 시설운영정지 또는 폐쇄를 명할 수 있음(안 제45조제1항).

⑩ 어린이집의 원장 및 보육교사가 「아동복지법」 제17조에 따른 금지행위를 하여 자격이 취소된 경우에는 취소된 날부터 10년 이내에는 자격을 재교부하지 못함(안 제48조제2항).

※ 출처: 법제처

3) 한부모가족지원법

(1) 입법배경

이 법은 1989년 모자복지법으로 제정되어 배우자가 없거나 있어도 정신 · 신체장애로 인해 근로능력을 상실한 여성이 가계의 책임을 지고 있는 모자가정에 대한 대책을 규정하기 위한 법으로서 저소득 모자가족의 문제인 경제적 어려움과 자녀양육, 취업 등과 관련된 문제를 해결하고자 제정되었으나 2002년 모 · 부자복지법으로 명칭을 변경하여 모자가정 뿐만 아니라 저소득 부자가정을 지원하게 되었으며 2007년 한부모가족지원법으로 명칭을 변경하고 전문개정되었다. 동법은 한부모가족이 건강하고 문화적인 생활을 영위할 수 있도록 함으로써 한부모가족의 생활안정과 복지 증진에 이바지함을 목적으로 한다.

(2) 입법내용

① 국가와 지방자치단체는 한부모가족의 복지를 증진할 책임을 진다.
② 모든 국민은 한부모가족의 복지 증진에 협력하여야 한다.
③ 한부모가족의 모(母) 또는 부(父)와 아동은 그가 가지고 있는 자산과 노동능력 등을 최대한으로 활용하여 자립과 생활 향상을 위하여 노력하여야 한다.

(3) 대상과 용어의 정의〈개정 2008. 2. 29, 2010. 1. 18〉

① "모" 또는 "부"란 다음 각 목의 어느 하나에 해당하는 자로서 아동인 자녀를 양육하는 자를 말한다.
가. 배우자와 사별 또는 이혼하거나 배우자로부터 유기(遺棄)된 자
나. 정신이나 신체의 장애로 장기간 노동능력을 상실한 배우자를 가진 자
다. 미혼자{사실혼(事實婚) 관계에 있는 자는 제외한다}
라. 가목부터 다목까지에 규정된 자에 준하는 자로서 여성가족부령으로 정하는 자

② "한부모가족"이란 모자가족 또는 부자가족을 말한다.

③ "모자가족"이란 모가 세대주{세대주가 아니더라도 세대원(世代員)을 사실상 부양하는 자를 포함한다}인 가족을 말한다.
④ "부자가족"이란 부가 세대주{세대주가 아니더라도 세대원을 사실상 부양하는 자를 포함한다}인 가족을 말한다.
⑤ "아동"이란 18세 미만(취학 중인 경우에는 22세 미만을 말한다)의 자를 말한다.
⑥ "보호기관"이란 이 법에 따른 보호를 행하는 국가나 지방자치단체를 말한다.
⑦ "한부모가족복지단체"란 한부모가족의 복지 증진을 목적으로 설립된 기관이나 단체를 말한다.
[전문개정 2007. 10. 17]

(4) 한부모가족지원법 개정내용

1 개정이유

최근 이혼, 사별, 미혼부모, 별거 등으로 인한 급속한 가족환경의 변화로 한부모가족이 급증하는 추세에 따라 한부모가족에 대한 지원을 강화함으로써 한부모가족의 생활 안정과 복지 증진에 기여하고자 한다.

2 주요내용

① 한부모가족 아동이 병역의무를 이행하고 취학 중인 경우 아동의 연령기준을 병역의무 이행 기간만큼 연장함(제4조제5호).
② 복지 급여를 받는 보호대상자의 신청이 있는 경우에 복지 급여만이 입금되는 지원대상자 명의의 지정된 계좌(복지급여수급계좌)로 복지 급여를 입금하도록 하고, 그 복지급여수급계좌의 예금에 관한 채권은 압류할 수 없도록 함(제12조의5 및 제27조제2항 신설).
③ 국가나 지방자치단체가 청소년 한부모의 자립에 필요한 자산을 형성할 수 있도록 재정적인 지원을 할 수 있는 근거를 마련함(제17조의4 신설).
④ 벌금액을 징역 1년당 1천만원의 비율로 개정함으로써 벌금형을 현실화함(제29조).

※ 출처: 법제처

4) 청소년복지지원법

(1) 입법배경

1987년 청소년육성법으로 제정되었으며, 1991년 청소년복지지원법으로 법명을 변경 · 전문 개정되어, 청소년의 권리 및 책임과 가정 · 사회 · 국가 및 지방자치단체의 청소년에 대한 책임을 정하고 청소년육성정책에 관한 기본적인 사항을 규정함을 목적으로 하고 있다. 청소년에게 유해한 매체물과 약물 등이 청소년에게 유통되는 것과 청소년이 유해한 업소에 출입하는 것 등을 규제하고, 청소년을 청소년 폭력 · 학대 등 청소년 유해행위를 포함한 각종 유해한 환경으로부터 보호 · 구제함으로써 청소년이 건전한 인격체로 성장할 수 있도록 함을 목적으로 한다. 〈개정 1999. 2. 5〉

(2) 입법내용

① 청소년이 사회구성원으로서 정당한 대우와 권익을 보장받음과 아울러 스스로 생각하고 자유롭게 활동할 수 있도록 하며 보다 나은 삶을 누리고 유해한 환경으로부터 보호될 수 있도록 함으로써 국가와 사회가 필요로 하는 건전한 민주시민으로 자랄 수 있도록 함을 이 법의 기본이념으로 한다.

② 제1항의 기본이념을 구현하기 위한 장기적 · 종합적 청소년육성정책을 추진함에 있어서 다음 각호의 사항을 그 추진방향으로 한다.

가. 청소년의 참여보장

나. 청소년의 창의성과 자율성에 기초한 능동적 삶의 실현

다. 청소년의 성장여건과 사회환경의 개선

라. 민주 · 복지 · 통일조국에 대비하는 청소년의 자질 향상

(3) 대상과 용어의 정의

① “청소년”이라 함은 9세 이상 24세 이하의 자를 말한다. 다만, 다른 법률에서

청소년에 대한 적용을 달리할 필요가 있는 경우에는 따로 정할 수 있다.

② "청소년육성"이라 함은 청소년활동을 지원하고 청소년의 복지를 증진하며 사회여건과 환경을 청소년에게 유익하도록 개선하고 청소년을 보호하여 청소년에 대한 교육을 보완함으로써 청소년의 균형있는 성장을 돕는 것을 말한다.

③ "청소년활동"이라 함은 청소년의 균형있는 성장을 위하여 필요한 활동과 이러한 활동을 소재로 하는 수련활동 · 교류활동 · 문화활동 등 다양한 형태의 활동을 말한다.

④ "청소년복지"라 함은 청소년이 정상적인 삶을 영위할 수 있는 기본적인 여건을 조성하고 조화롭게 성장 · 발달할 수 있도록 제공되는 사회적 · 경제적 지원을 말한다.

⑤ "청소년보호"라 함은 청소년의 건전한 성장에 유해한 물질 · 물건 · 장소 · 행위 등 각종 청소년 유해환경을 규제하거나 청소년의 접촉 또는 접근을 제한하는 것을 말한다.

⑥ "청소년시설"이라 함은 청소년활동 · 청소년복지 및 청소년보호에 제공되는 시설을 말한다.

⑦ "청소년지도자"라 함은 제21조의 규정에 의한 청소년지도사 및 제22조의 규정에 의한 청소년상담사와 청소년시설 · 청소년단체 · 청소년관련기관 등에서 청소년육성 및 지도업무에 종사하는 자를 말한다.

⑧ "청소년단체"라 함은 청소년육성을 주된 목적으로 설립된 법인 또는 대통령령이 정하는 단체를 말한다.

⑨ "청소년유해매체물"이라 함은

가. 제8조 및 제12조의 규정에 의하여 청소년보호위원회가 청소년에게 유해한 것으로 결정하거나 확인하여 여성가족부장관이 이를 고시한 매체물

나. 제8조 제1항 단서의 규정에 의한 각 심의기관이 청소년에게 유해한 것으로 의결 또는 결정(이하 "결정"이라 한다)하여 여성가족부장관이 고시하거나 제12조의 규정에 의하여 청소년에게 유해한 것으로 확인하여 여성가족부장관이 고시한 매체물

⑩ "청소년유해약물등"이라 함은 청소년에게 유해한 것으로 인정되는 다음 가목에 해당하는 약물(이하 "청소년유해약물"이라 한다)과 청소년에게 유해한 것으로 인정

되는 다음 나목에 해당하는 물건(이하 "청소년유해물건"이라 한다)을 말한다.

가. 청소년유해 약물

㉮ 「주세법」의 규정에 의한 주류

㉯ 「담배사업법」의 규정에 의한 담배

㉰ 「마약류관리에 관한 법률」의 규정에 의한 마약류

㉱ 「유해화학물질 관리법」의 규정에 의한 환각물질

㉲ 기타 중추신경에 작용하여 습관성, 중독성, 내성 등을 유발하여 인체에 유해작용을 미칠 수 있는 약물 등 청소년의 사용을 제한하지 아니하면 청소년의 심신을 심각하게 훼손할 우려가 있는 약물로서 대통령령이 정하는 기준에 따라 관계 기관의 의견을 들어 청소년보호위원회가 결정하고 여성가족부장관이 이를 고시한 것

나. 청소년유해 물건

㉮ 청소년에게 음란한 행위를 조장하는 성기구 등 청소년의 사용을 제한하지 아니하면 청소년의 심신을 심각하게 훼손할 우려가 있는 성관련 물건으로서 대통령령이 정하는 기준에 따라 청소년보호위원회가 결정하고 여성가족부장관이 이를 고시한 것

㉯ 청소년에게 음란성 · 포악성 · 잔인성 · 사행성 등을 조장하는 완구류 등 청소년의 사용을 제한하지 아니하면 청소년의 심신을 심각하게 훼손할 우려가 있는 물건으로서 대통령령이 정하는 기준에 따라 청소년보호위원회가 결정하고 여성가족부장관이 이를 고시한 것

⑪ "청소년유해업소"라 함은 청소년의 출입과 고용이 청소년에게 유해한 것으로 인정되는 다음 가목의 어느 하나에 해당하는 업소(이하 "청소년출입 · 고용금지업소"라 한다)와 청소년의 출입은 가능하나 고용은 유해한 것으로 인정되는 다음 나목의 어느 하나에 해당하는 업소(이하 "청소년고용금지업소"라 한다)를 말한다. 이 경우 업소의 구분은 그 업소가 영업을 함에 있어서 다른 법령에 의하여 요구되는 허가 · 인가 · 등록 · 신고 등의 여부에 불구하고 실제로 이루어지고 있는 영업행위를 기준으로 한다.

가. 청소년출입 · 고용금지업소

㉮「식품위생법」에 의한 식품접객업 중 대통령령으로 정하는 것
㉯「영화 및 비디오물의 진흥에 관한 법률」에 의한 비디오물감상실업 및 「음악산업진흥에 관한 법률」에 의한 노래연습장업 중 대통령령으로 정하는 것
㉰「체육시설의 설치 · 이용에 관한 법률」에 의한 무도학원업, 무도장업
㉱「사행행위 등 규제 및 처벌특례법」에 의한 사행행위영업
㉲ 전기통신설비를 갖추고 불특정한 사람 상호간의 음성대화 또는 화상대화를 매개하는 것을 주된 목적으로 하는 영업. 다만,「전기통신사업법」 등 다른 법률의 규정에 의하여 통신을 매개하는 영업을 제외한다.
㉳ 청소년유해매체물, 청소년유해약물 및 청소년유해물건을 제작 · 생산 · 유통하는 영업 등 청소년의 출입과 고용이 청소년에게 유해하다고 인정되는 영업으로서 대통령령이 정하는 기준에 따라 청소년보호위원회가 결정하고 여성가족부장관이 이를 고시한 것

나. 청소년고용금지업소
㉮「식품위생법」에 의한 식품접객업 중 대통령령으로 정하는 것
㉯「공중위생관리법」에 의한 숙박업, 이용업, 목욕장업 중 대통령령으로 정하는 것
㉰「영화 및 비디오물의 진흥에 관한 법률」에 의한 비디오물소극장업 또는 「게임산업진흥에 관한 법률」에 의한 게임제공업 · 복합유통게임제공업 중 대통령령이 정하는 영업
㉱ 삭제 〈2004. 1. 29〉
㉲「유해화학물질 관리법」에 의한 유독물영업. 다만, 유독물 사용과 직접 관련이 없는 영업으로서 대통령령이 정하는 영업을 제외한다.
㉳ 회비 등을 받거나 유료로 만화를 대여하는 만화대여업
㉴ 청소년유해매체물, 청소년유해약물 및 청소년유해물건을 제작 · 생산 · 유통하는 영업 등 청소년의 고용이 청소년에게 유해하다고 인정되는 영업으로서 대통령령이 정하는 기준에 따라 청소년보호위원회가 결정하고 여성가족부장관이 이를 고시한 것

⑫ "유통"이라 함은 매체물 또는 약물 등을 판매(가두판매 · 자동판매기 · 통신판매 등을 포함한다. 이하 같다), 대여, 배포, 방송(종합유선방송을 포함한다. 이하 같다), 공연, 상영, 전시, 진열, 광고하거나 시청 또는 이용에 제공하는 행위와 이러한 목적으로 매체물 또는 약물 등을 인쇄 · 복제 또는 수입하는 행위를 말한다.

⑬ "청소년폭력"이라 함은 폭력을 통해 청소년에게 신체적 · 정신적 피해를 발생하게 하는 행위를 말한다.

(4) 청소년복지지원법 개정내용

1 개정이유

현재 위기상황에 노출되어 사회적 · 경제적 지원이 필요한 청소년 중 다른 법령이나 제도를 통해 지원을 받지 못하는 청소년에 대하여 생활지원, 건강지원, 학업지원, 자립지원 등을 제공하는 위기청소년 특별지원제도가 시행 중이다.

그러나 현행 위기청소년 특별지원제도는 지원 내용 및 지원 대상이 제한적이어서 청소년 복지 사각지대를 해소하는 데에 한계가 있으며, 현행법에서 위기청소년 특별지원의 내용과 대상 청소년의 선정기준 및 선정절차 등에 관한 사항을 하위법령에 위임하고 있어 청소년의 정보 접근 및 적극적인 제도 이용에 어려움이 있을 것으로 우려된다.

이에 위기청소년 특별지원에 관한 구체적인 사항을 법률로 직접 규정하는 한편, 위기청소년 특별지원에 대한 홍보를 강화하고 지원 내용 및 지원 대상을 확대하는 등 현행 제도의 미비점을 개선 · 보완함으로써 위기청소년 특별지원의 실효성을 강화하고 사회안전망을 튼튼하게 구축하려는 것이다.

2 주요내용

제10조제1항 중 "제15조제2항"을 "제15조제3항"으로 한다.

제14조제2항 본문 중 "생활지원, 학업지원, 의료지원, 직업훈련지원, 청소년활동지원 등 대통령령으로 정하는 내용에 따라 물품"을 "물품"으로 하고, 같은 조 제3항을 다음과 같이 한다.

③ 국가와 지방자치단체는 청소년과 그 가족 및 보호자에게 특별지원의 내용,

특별지원 대상 청소년의 선정기준 및 선정절차 등 특별지원에 관한 사항을 적극적으로 홍보하여야 한다.

제14조의2 및 제14조의3을 각각 다음과 같이 신설한다.

제14조의2(특별지원의 내용 등) ① 특별지원의 종류 및 내용은 다음 각 호와 같다. 다만, 제1호 및 제2호에 따른 지원은 제14조의3제3호에 해당하는 경우에만 한다.

1. 생활지원: 청소년이 일상적인 의 · 식 · 주 등 기초생활을 유지하는 데에 필요한 기초생계비와 숙식 제공 등의 지원
2. 건강지원: 청소년이 신체적 · 정신적으로 건강하게 성장하기 위하여 요구되는 건강검진 및 치료 등을 위한 비용의 지원
3. 학업지원: 「초 · 중등교육법」 제2조에 따른 학교의 입학금 · 수업료 및 같은 법 제27조의2에 따른 고등학교입학자격검정고시 또는 고등학교졸업학력검정고시의 준비 등 학업을 지속하기 위하여 필요한 교육 비용의 지원
4. 자립지원: 취업을 위한 지식 · 기술 · 기능 등 능력을 향상시키기 위하여 필요한 훈련비의 지원
5. 법률지원: 폭력이나 학대 등 위기상황에 있는 청소년에게 필요한 법률상담 및 소송비용의 지원
6. 청소년의 건전한 성장을 위하여 필요하다고 여성가족부장관이 인정하는 비용의 지원
7. 그 밖에 여성가족부장관이 정하는 기준에 따라 지방자치단체의 조례로 정하는 사유가 발생한 경우 필요한 물품, 서비스 또는 비용의 지원

② 특별지원의 지원기간은 1년 이내로 하되, 필요한 경우 1년의 범위에서 한 번 연장할 수 있다. 다만, 제1항제3호 및 제4호에 따른 지원은 두 번까지 연장할 수 있다.

③ 「국민기초생활 보장법」, 「긴급복지지원법」, 「의료급여법」, 「사회복지사업법」, 「성폭력방지 및 피해자보호 등에 관한 법률」, 「가정폭력방지 및 피해자보호 등에 관한 법률」 등 다른 법령에 따라 제1항과 동일한 내용의 지원을 받고 있는 경우에는 그 범위에서 특별지원을 하지 아니한다.

④ 특별지원의 내용에 따른 구체적인 금액 등에 필요한 사항은 여성가족부령으로 정한다.

제14조의3(특별지원 대상 청소년의 선정기준) 특별지원 대상 청소년은 해당 청소년이 속한 가구의 소득인정액(「국민기초생활 보장법」 제2조제8호에 따른 소득인정액을 말한다)이 여성가족부령으로 정하는 범위에 있는 9세 이상 18세 이하의 청소년 중 다음 각 호의 어느 하나에 해당하는 위기청소년 중에서 선정한다.

1. 제19조제1항에 따른 교육적 선도 대상자 중 비행 · 일탈 예방을 위하여 지원이 필요한 청소년
2. 「초 · 중등교육법」 제2조에 따른 학교에서 학업을 중단한 청소년
3. 보호자가 없거나 실질적으로 보호자의 보호를 받지 못하는 청소년
4. 그 밖에 여성가족부장관이 특별지원이 필요하다고 인정하는 청소년

제15조제2항 및 제3항을 각각 제3항 및 제4항으로 하고, 같은 조에 제2항 및 제5항을 각각 다음과 같이 신설한다.

② 제1항에 따라 신청을 할 때에는 다음 각 호의 자료 또는 정보의 제공에 대한 해당 청소년과 그 가구원의 동의 서면을 제출하여야 한다.

1. 「금융실명거래 및 비밀보장에 관한 법률」 제2조제2호 및 제3호에 따른 금융자산 및 금융거래의 내용에 대한 자료 또는 정보 중 예금의 평균잔액과 그 밖에 대통령령으로 정하는 자료 또는 정보(이하 "금융정보"라 한다)
2. 「신용정보의 이용 및 보호에 관한 법률」 제2조제1호에 따른 신용정보 중 채무액과 그 밖에 대통령령으로 정하는 자료 또는 정보(이하 "신용정보"라 한다)
3. 「보험업법」 제4조제1항 각 호에 따른 보험에 가입하여 낸 보험료와 그 밖에 대통령령으로 정하는 자료 또는 정보(이하 "보험정보"라 한다)

⑤ 제2항에 따른 동의의 방법 · 절차 등에 필요한 사항은 대통령령으로 정하고, 그 밖에 특별지원 대상 청소년의 선정절차 등에 필요한 사항은 여성가족부령으로 정한다.

제15조의2 및 제15조의3을 각각 다음과 같이 신설한다.

제15조의2(신청에 의한 조사) ① 특별자치도지사 또는 시장 · 군수 · 구청장은 제15조제1항에 따른 신청을 받은 경우 다음 각 호의 사항을 조사하여야 한다.

1. 보호자의 유무 및 보호정도 등 보호자에 관한 사항
2. 청소년의 생계, 학업 및 건강상태 등 생활실태에 관한 사항
3. 청소년이 속한 가구의 소득 및 재산에 관한 사항

4. 「국민기초생활 보장법」 등 다른 법령에 따른 지원에 관한 사항
5. 그 밖에 지원의 내용을 결정하기 위하여 필요한 사항

② 특별자치도지사 또는 시장 · 군수 · 구청장은 특별지원을 위하여 필요한 경우 관계 행정기관의 장에게 협조를 요청할 수 있다. 이 경우 관계 행정기관의 장은 정당한 사유가 없으면 그 요청에 따라야 한다.

③ 제1항에 따라 조사를 실시하는 특별자치도 또는 시 · 군 · 구 소속 공무원은 그 권한을 표시하는 증표를 지니고 이를 관계인에게 보여주어야 한다.

제15조의3(금융정보 등의 제공) ① 국가 및 지방자치단체는 「금융실명거래 및 비밀보장에 관한 법률」 제4조와 「신용정보의 이용 및 보호에 관한 법률」 제32조에도 불구하고 제15조제2항에 따라 제출한 해당 청소년과 그 가구원의 동의 서면을 전자적 형태로 바꾼 문서에 의하여 금융기관 등(「금융실명거래 및 비밀보장에 관한 법률」 제2조제1호에 따른 금융회사 등 및 「신용정보의 이용 및 보호에 관한 법률」 제2조제6호에 따른 신용정보 집중기관을 말한다. 이하 같다)의 장에게 금융정보 · 신용정보 또는 보험정보(이하 "금융정보 등"이라 한다)의 제공을 요청할 수 있다.

② 제1항에 따라 금융정보 등의 제공을 요청받은 금융기관 등의 장은 「금융실명거래 및 비밀보장에 관한 법률」 제4조와 「신용정보의 이용 및 보호에 관한 법률」 제32조에도 불구하고 명의인의 금융정보 등을 제공하여야 한다.

③ 제2항에 따라 금융정보 등을 제공한 금융기관 등의 장은 금융정보 등의 제공 사실을 명의인에게 통보하여야 한다. 다만, 명의인의 동의가 있는 경우에는 「금융실명거래 및 비밀보장에 관한 법률」 제4조의2제1항과 「신용정보의 이용 및 보호에 관한 법률」 제32조제5항에도 불구하고 통보하지 아니할 수 있다.

④ 제1항 및 제2항에 따른 금융정보 등의 제공요청 및 제공은 「정보통신망 이용촉진 및 정보보호 등에 관한 법률」 제2조제1항제1호에 따른 정보통신망을 이용하여야 한다. 다만, 정보통신망의 손상 등 불가피한 사유가 있는 경우에는 그러하지 아니하다.

⑤ 제1항 및 제2항에 따른 업무에 종사하고 있거나 종사하였던 사람은 업무를 수행하면서 취득한 금융정보 등을 이 법에서 정한 목적 외의 다른 용도로 사용하거나 다른 사람 또는 기관에 제공하거나 누설하여서는 아니 된다.

⑥ 제1항 · 제2항 및 제4항에 따른 금융정보 등의 제공요청 및 제공 등에 필요한

사항은 대통령령으로 정한다.

제43조제1항 및 제2항을 각각 제3항 및 제4항으로 하고, 같은 조에 제1항 및 제2항을 각각 다음과 같이 신설한다.

① 제15조의3제5항을 위반하여 금융정보를 다른 사람 또는 기관에 제공하거나 누설한 사람은 5년 이하의 징역 또는 3천만원 이하의 벌금에 처한다.

② 제15조의3제5항을 위반하여 신용정보 또는 보험정보를 다른 사람 또는 기관에 제공하거나 누설한 사람은 3년 이하의 징역 또는 2천만원 이하의 벌금에 처한다.

5) 입양특례법

(1) 입법배경

이 법은 해외입양을 위한 법적 기반을 위해 1961년 고아법으로 제정되어 당시 전쟁고아의 해외입양의 요건과 절차를 규정하였다. 이어 1976년과 국외입양과 국내입양을 동시에 권장해야 한다는 사회적 인식의 변화와 함께 입양특례법으로 전면 개정되었으며, 1995년 다시 전면 개정이 이루어졌으며, 이후 5차례에 걸쳐 일부개정이 이루어져 오늘에 이르고 있다.

(2) 입법내용

보호대상아동의 입양을 촉진하고 양자로 되는 자의 보호와 복지증진을 도모하기 위한 필요한 사항을 목적으로 하고 있다.

(3) 대상과 용어의 정의

18세 미만의 보호를 필요로 하는 아동이며, 입양된 아동(제2조)이다.

양자가 될 자격으로 보호자로부터 이탈된 자, 부모 또는 후견인이 입양을 동의하여 입양기관에 보호 의뢰한 자, 법원에 의하여 친권상실의 선고를 받은 자로 보장시설에 보호의뢰된 자, 기타 부양의무자를 알 수 없는 경우 보장시설에 의뢰된 자(제4조)이다.

① "아동"이라 함은 18세 미만의 자를 말한다.
② "요보호아동"이라 함은 아동복지법 제2조제2호의 규정에 의한 보호를 필요로 하는 아동을 말한다.
③ "입양아동"이라 함은 이 법에 의하여 입양된 아동을 말한다.
④ "부양의무자"라 함은 「국민기초생활 보장법」 제2조제5호의 규정에 의한 부양의무자를 말한다.

(4) 책임(제3조)

① 모든 아동은 그가 태어난 가정에서 건전하게 양육되어야 한다.
② 국가 및 지방자치단체는 태어난 가정에서 아동이 건전하게 양육될 수 있도록 지원하고 태어난 가정에서 양육이 곤란한 아동에게는 건전하게 양육될 수 있는 다른 가정을 제공하기 위하여 필요한 조치와 지원을 하여야 한다. 〈개정 2005. 3. 31〉
③ 모든 국민은 입양아동의 건전한 양육에 협력하여야 한다.
④ 국가 및 지방자치단체는 요보호아동의 입양 활성화 및 입양 후 가정생활의 원만한 적응을 위하여 다음 각호의 사항을 실시하여야 한다. 〈신설 2005. 3. 31, 2008. 2. 29, 2010. 1. 18〉

(5) 입양특례법 개정내용 [시행 2012. 08. 05]

1 개정이유

아동입양의 절차가 아동의 복리를 중심으로 이루어질 수 있도록 국가의 관리 · 감독을 강화하고, 최선의 아동 보호는 출신가정과 출신국가 내에서 양육되어야 한다는 것을 기본 패러다임으로 국가 입양 정책을 수립할 필요가 있다.

이를 위해, 이 법률의 제명을 「입양특례법」으로 변경하고, 국내외 입양 모두 법원의 허가를 받도록 하며, 친생부모에게 양육에 관한 충분한 상담 및 양육정보를 제공하는 등 부모의 직접 양육을 지원하고, 아동이 출생일부터 1주일이 지나고 나서 입양동의가 이루어지도록 하는 한편, 양자가 된 사람에게 자신에 대한 입양정보 접근권을 부여하고, 국내입양의 우선 추진 의무화 등을 규정함으로써 아동의 권익과 복지를 증진하려는 것이다.

2 주요내용

① 국가 및 지방자치단체는 입양의뢰 된 아동의 양친될 자를 국내에서 찾기 위한 시책을 최우선적으로 시행하도록 하고, 입양기관의 장은 보건복지부령으로 정하는 바에 따라 입양의뢰 된 아동의 양친을 국내에서 찾기 위한 조치를 하고 이를 관계기관의 장에게 보고하게 하며, 이러한 조치 및 관련 기관과의 정보공유 및 협조에도 불구하고 국내에서 양친이 될 자를 찾지 못하였을 경우에 한하여 국외입양을 추진할 수 있도록 함(안 제7조).

② 양친이 되기 위한 자격요건을 아동학대, 가정폭력, 마약 등의 범죄나 알코올 등 약물중독의 경력이 없는 자로 강화하고, 입양의 성립 전에 입양기관 등으로부터 보건복지부령으로 정하는 소정의 교육을 이수하도록 함(안 제10조).

③ 이 법에 따라 입양을 하려는 자는 소정의 요건을 갖추어 가정법원에 입양허가를 청구하도록 함(안 제11조).

④ 친생부모의 입양동의는 아동의 출생일부터 1주일이 지난 후 이루어지도록 하고, 입양동의와 관련하여 어떠한 금전, 재산상의 이익, 그 밖에 대가적 급부가 없어야 하는 등 동의의 효력을 갖도록 하기 위한 입양요건을 갖추도록 함(안 제13조).

⑤ 양친, 양자, 검사는 양친이 양자를 학대 또는 유기하거나 그 밖에 양자의 복리를 현저히 해하는 경우, 양자의 양친에 대한 패륜행위로 인하여 양자관계를 유지시킬 수 없게 된 경우 가정법원에 파양을 청구할 수 있도록 함(안 제17조).

⑥ 보건복지부장관은 국내입양활성화 및 입양에 대한 사후관리 등을 위하여 중앙입양원을 설치 · 운영하도록 하며, 중앙입양원은 입양아동 · 가족정보 및 친가족 찾기에 필요한 통합데이터베이스 운영, 입양아동의 데이터베이스 구

축 등의 사업을 수행하도록 함(안 제26조).

⑦ 이 법에 따라 양자가 된 자는 중앙입양원 또는 입양기관이 보유하고 있는 입양정보의 공개를 요청할 수 있도록 하고, 중앙입양원 또는 입양기관의 장은 친생부모의 동의를 받아 정보를 공개하도록 하며, 친생부모가 정보의 공개에 동의하지 아니하는 경우에는 그 인적사항을 제외한 정보를 공개하도록 함(안 제36조제1항 · 제2항).

⑧ 친생부모가 사망하거나 그 밖에 불가피한 사유로 친생부모의 동의를 얻을 수 없는 경우 및 양자된 자의 건강상태를 유지하기 위한 의료상의 목적 등 특별한 사유가 있는 경우에는 친생부모의 동의 여부에 관계없이 입양정보를 공개할 수 있도록 함(안 제36조제3항).

※ 출처: 법제처

생각해보기

1. 아동복지법이 개정되어야 한다면 어떻게 개정되는 것이 좋은지 생각해 보시오.

2. 영유아보육법이 개정되어야 한다면 어떻게 개정되는 것이 좋은지 생각해 보시오.

3. 한부모가족지원법을 근간으로 현재 시행되고 있는 정책을 살펴보고 그에 대해 토론해 보시오.

4. 청소년복지지원법을 근간으로 현재 시행되고 있는 정책을 살펴보고 그에 대해 토론해 보시오.

빈곤아동과 아동복지

07 Chapter

1. 빈곤과 빈곤아동
2. 빈곤아동을 위한 복지실천 방법
3. 빈곤아동 복지의 문제점 및 과제

빈곤이란 기본적인 욕구 충족을 위해 경제적, 사회문화적인 차원에서 결핍이나 부족된 상태를 의미하며, 빈곤아동은 사회 환경에 따라 다양한 형태로 발생되고 있다. 특히 우리나라의 경우 IMF 경제 위기 상황과 이혼의 증가 등으로 인해 빈곤아동이 증가하고 있다.

빈곤아동의 경우 신체발달 뿐 아니라 인지, 정서, 행동문제 등의 다양한 문제를 경험하고 있어 사회적인 개입이 절실한 실정이다. 따라서 본 장에서는 빈곤아동의 복지서비스 현황을 살펴보고, 이를 중심으로 빈곤아동을 위한 복지서비스 방향에 대해서 살펴보고자 한다.

1. 빈곤과 빈곤아동

1) 빈곤

빈곤의 사전적 의미는 기본 욕구를 충족시킬 수 있는 생활수단이 부족한 상태 또는 자원의 결핍으로 인해 기본적인 물질적인 욕구를 충족시킬 수 없는 상태를 말한다. 일반적으로 개인의 일차적인 욕구인 의식주를 생각하였으나 최근에는 경제적인 개념을 벗어나 교육, 건강, 사회, 기회, 문화 등의 사회적 조건과 자원의 결핍상태를 의미하는 경향이 있다. 경제적인 빈곤부터 문화적 빈곤, 인간적 삶의 질에 영향을 미치는 요인이 결핍된 인간적 빈곤까지 다양한 형태로 구분되어진다. 즉, 빈곤의 개념은 인간의 욕구가 변화하듯이 빈곤의 기준도 시대와 사회변화에 따라 변화되어 가고 있다.

절대적 빈곤이란 객관적으로 결정한 절대적 최저한도보다 미달되는 상태를 말하는데, 흔히 의식주 등 기본적 욕구를 해결하지 못하는 상태로 보고, 절대빈곤선 개념을 토대로 생존의 의미를 강조한다. 따라서, 절대적 빈곤은 실질 경제성장이 계속되어 그 사회의 전반적인 생활수준이 향상되면 빈곤선 이하의 생활을 하는 사람의 숫자도 감소하게 된다. 즉, 절대적 빈곤이란 최저생활에 필요한 기본수용을 추정하는 빈곤선을 중심으로 한 가구의 소득(또는 지출)이 최저생활을 유지하는데 필요한 생계비에 미달했을 때를 의미하는 것이다. 우리나라의 경우 최저생계비에 따라 기초생활수급대상자 선정과 급여의 수준을 결정하고 있다.

상대적 빈곤이란 동일 사회 내의 다른 사람과 비교하여 적게 가지는 것을 말하는데, 이는 특정사회의 전반적인 생활수준과 밀접히 관련된 개념이어서 경제, 사회발전에 따라 정책적으로 중시되며, 상대적 박탈과 불평등의 개념을 중시한다. 따라서 상대적 빈곤선은 특정사회의 구성원 대다수가 누리는 생활수준에 못 미치는 수준을 말하는데, 이것은 특정사회의 사회적 관습과 생활수준에 따라 크게 달라진다. 상대적 빈곤이란 한 사회의 기존 생활 수준과 직접 비교하여 정의하는 빈곤이다.

상대적 빈곤을 추정하는 방법으로는 첫째, 순수상대빈곤은 전체 사회의 계층별 소득순서에서 하위층에 해당되는 일정한 비율을 빈곤층으로 정의하며, 예를 들어 소득순으로 하위 20% 또는 하위 40% 이하일 때 빈곤층으로 구분된다.

둘째, 전체 사회에서 평균소득에 해당되는 일정한 비율을 빈곤층으로 정의하는 유사상대빈곤방식이 있다. 예를 들어 개발도상국의 경우 평균 소득의 1/3을 빈곤계수로 정의하는 것이 유사상대빈곤방식인 것이다.

2) 빈곤아동

빈곤아동이란 빈곤한 가정의 18세 미만의 아동으로 정의할 수 있다. 절대적 빈곤의 개념에 입각하여 우리나라의 최저생계비 이하의 소득을 가진 가정의 아동으로 국민기초생활수급권 가정의 18세 미만의 아동을 빈곤아동으로 정의할 수 있으며, 빈곤아동에는 소년소녀가정 아동 및 빈곤한 한부모가정 아동이 포함된다.

즉 빈곤아동이란 2014년 현재 우리나라의 최저생계비를 기준으로 최저생계비에 도달되지 못하는 국민기초생활수급권 가정의 18세 미만의 아동을 빈곤아동이라고 할 수 있다.

표 7-1 2010~2014년 최저생계비

구 분	1인가구	2인가구	3인가구	4인가구	5인가구	6인가구
2014년 (원/월)	603,403	1,027,417	1,329,118	1,630,820	1,932,522	2,234,223
2010년 (원/월)	504,344	858,747	1,110,919	1,363,091	1,615,263	1,867,435

※ 2014년 기준
7인 이상 가구의 최저생계비: 1인 증가시마다 301,720원씩 증가(7인 가구: 2,051,183원)

또한 상대적 빈곤의 개념에 따라 정의하면, 빈곤아동은 우리나라 평균가구소득의 하위 20% 이하에 포함되는 가정의 아동을 의미한다. 차상위계층의 아동까지 빈곤아동으로 볼 때에는 평균가족 소득의 하위 50% 이하에 포함되는 가정의 아동을 의미한다(김성경 외, 2009).

(1) 소년소녀가정 아동

소년소녀가정이란 부모가 모두 사망했거나 가출로 인해 가장 역할을 하는 경우, 부모가 장애를 가지고 있어 생활에 어려움이 있는 경우, 이혼한 경우, 부모의 가출 및 행방불명 또는 수감 중인 경우 등의 원인으로 인해 가장의 역할을 하는 경우를 말한다. 즉, 부모의 사망, 질병, 심신장애, 가출, 이혼, 복역 등으로 인해 만 20세 이하의 소년소녀가 실질적인 가장이 되어 가계를 책임지는 세대로서 국가의 보호, 지원을 필요로 하는 세대로 정의된다.

소년소녀가정의 법적인 의미로는 부모나 기타 친척 없이 미성년자인 아동이 한 가구의 가장 역할을 하는 경우를 말하지만, 최근에는 부모가 있더라도 아동이 적절하게 보호받지 못하는 경우 또는 아동이 조부모나 일가 친척과 생계를 같이 하지만 그들의 노령이나 질환 등으로 인해 실질적으로 가장 역할을 해야 하는 경우도 이에 포함된다(박정란 외, 2001).

(2) 한부모가정 아동

한부모가정은 '편부모가족', '모부자가정', '결손가정'이라는 용어로 사용되어 오다가 2007년 한부모가족지원법이 개정됨에 따라 '한부모'라는 용어로 사용되고 있다. 한부모가족의 발생 원인은 부모의 이혼, 별거, 사망, 유기 등의 다양한 원인에 의하여 양친 중 한쪽과 그 자녀로 이루어진 가정을 의미한다. 양육자에 따라 어머니가 양육하는 경우 여성 한부모가정, 아버지가 양육하는 경우 남성 한부모가정, 그 외 조손가정이 한부모가정의 범위에 포함되고 있다.

3) 빈곤아동의 문제

빈곤이 아동발달에 미치는 영향은 아동의 전반적인 영역에서 나타난다. 빈곤은 아동이 정상적 발달과업을 성취하는데 장애를 가져올 뿐만 아니라 그 장애들이 누적되어 성인에 이르기까지 부정적 영향을 미쳐 빈곤이 세대 간에 대물림되는 결과를 낳기도 한다. 빈곤이 아동에게 미치는 영향을 신체발달 문제, 정서 및 행동문제, 학업적 문제로 나누어 살펴보고자 한다.

(1) 신체발달 문제

빈곤아동과 비빈곤아동을 비교해 볼 때 가장 심각하게 큰 차이를 보이는 점은 신체적 건강으로 빈곤아동은 출생 시부터 신체적 건강에서 부정적 결과를 보이고 있으며, 발달과정에서도 낮은 성취를 보이고 있다(김성경 외, 2005). 또한 빈곤상태에서 생활하는 아동의 경우 전염병을 얻을 위험성도 더 높고, 전염성 때문에 어려움을 겪을 위험성 또한 더 높다. 뿐만 아니라 빈곤아동은 시각, 청각, 치과와 관련된 건강 문제도 더 많이 나타난다(Chafel & Hadley, 2001).

(2) 정서 및 행동문제

빈곤아동은 비빈곤아동에 비해 우울 및 충동성, 행동문제 등을 더 많이 경험하는 것으로 나타나고 있다. 미국의 경우에는 빈곤아동이 정서 및 행동 문제의 발생률이

1.3배 높은 것으로 나타났으며, 청소년 임신은 3.1배 높은 것으로 나타났다(Duncan & Brooks-Gunn, 2000). 빈곤가정의 한 형태인 한부모가정 아동의 경우에는 한부모가정에 대한 부정적인 인식으로 인해 한부모가정 아동의 자아존중감을 상실시켜 열등감, 고립감, 우울, 불안감 등 각종 심리적인 스트레스를 경험하는 것으로 나타났다(권영미, 2000; 동승자, 2000).

(3) 학업적 문제

빈곤아동은 비빈곤아동에 비해 상대적으로 자원이 부족하기 때문에 인지능력이 떨어지고, 학업성취가 낮으며 학년유급 및 학교 중퇴가 높아 전반적으로 학교 적응이 떨어지는 경우가 많은 것으로 나타나고 있다(오승환, 2000; 최선희, 2003). 빈곤아동의 경우 학교환경에 대해 스트레스를 많이 경험할 수 있으며, 이로 인해 학업성취에도 많은 어려움이 있음을 알 수 있다.

이 외에도 빈곤아동의 경우에는 비빈곤아동에 비해 가족과의 관계에서 많은 어려움을 경험하게 된다. 양육자의 부재로 인해 양육환경의 부족, 상호작용, 의사소통 등에서 어려움을 경험할 수 있게 되고, 이로 인해 또래관계와의 어려움, 타인과의 관계의 어려움으로 이어질 수 있다. 또한 가족, 이웃, 사회의 지원과 지지를 받지 못하는 현실에서 사회에 적응하기 어려우며, 사회적인 편견으로 인해 자신의 역량을 발휘하지 못한다는 것이 더 큰 문제로 나타나고 있다.

2. 빈곤아동을 위한 복지실천 방법

1) 소년소녀가정 지원사업

(1) 지원대상

2000년 9월부터 소년소녀가장이라는 표현이 소년소녀가정(youth family)으로 변경

되었으며, 소년소녀가정 제도는 아동에게 위험을 초래할 수 있어 UN 등에서도 폐지를 권고하고 있어 소년소녀가정 지정을 제한하고 가정위탁보호로 전환하는 것을 추진하고 있다(보건복지부, 2010).

소년소녀가정은 국민기초생활보장법에 의한 수급자 중 18세 미만의 아동이 실질적으로 가정을 이끌어 가고 있는 세대이며, 그 대상은 다음과 같다.

① 만 18세 미만의 아동으로만 구성된 세대이다.

② 만 18세 미만의 아동이 부양능력이 없는 부모와 동거하는 세대이다. 18세 미만의 아동이 국민기초생활보장법상 부양의무자(부모 제외)와 동거하는 경우에는 아동복지법 제10조 제1항 제2호의 대리양육가정으로 선정하고, 부양의무자가 아닌 친인척과 동거하는 경우에는 아동복지법 제10조 제1항 제3호의 가정위탁으로 선정한다.

③ 15세 미만의 아동으로만 세대를 구성할 경우 소년소녀가정 지정을 제한하고 가정위탁이나 시설(그룹홈)입소를 강구한다. 다만, 형제, 자매 등 2인 이상으로 당해 아동이 지역사회 내에서 독립적으로 오랫동안 생활해 왔고, 동거하지 않으나 주변에 친인척 등이 거주하여 수시로 보호를 받고 있어 가정위탁이나 시설(그룹홈)입소가 적절하지 않다고 판단되는 때에는 예외적으로 지정한다.

④ 그 외 지원아동이 만 18세 이상이나 중 · 고등학교에 재학 중인 경우에는 졸업시(졸업하는 날이 속하는 달)까지 지원한다.

(2) 지원내용

1 생계 및 교육급여

소년소녀가정에게는 국민기초생활보장에 의한 생계급여 및 교육급여를 제공한다. 생계급여는 주부식비, 연료비, 피복비, 장제비가 지급되고 주거급여 제외 대상자를 제외한 모든 수급자에 대하여 최저생계비 중 최저주거비를 분리하여 주거급여로 지급하고 있다. 주거급여는 가구별 0원~최저주거비까지 정률급여로 지급하며, 해당하는 수급자에게 가구별 현금급여액에 해당하는 금액을 차감한 나머지를 주거현금급여로 지급한다. 또한 중 · 고교생들의 경우 교통비, 교복비, 영양급식비, 부교재 및 교양도서비 등이 지급된다.

표 7-2 소년소녀가정 생계급여

(단위 : 원/월)

구분	1인가구	2인가구	3인가구	4인가구	5인가구	6인가구
현금급여기준	422,180	718,846	929,936	1,141,026	1,352,116	1,563,206

※ 2010년 보건복지부 자료
7인 이상 가구의 경우 1인 추가시 252,172원씩 증가 (7인 최저생계비 2,119,607원)

교육급여의 경우에는 고등학생의 경우 입학금 · 수업료 · 교과서대(112.3천원/인), 학용품비(46.6천원/인)를 제공한다. 중학생의 경우 부교재비(34천원/인), 학용품비(46.6천원/인)를 제공한다.

2 의료급여

의료급여법에 의해 1종 보호 대상자로 선정하여 외래 및 입원 진료비 등의 의료급여를 제공한다.

3 부가급여

부가급여는 지방자치단체로 이양하여 실시하고 있으며, 1인당 월 10만원 이상(2010년 기준) 지급된다.

4 전세자급 지원

국토해양부에서는 가구당 월평균 소득 이하인 무주택 소년소녀가정에게 임차전용면적 $85m^2$ 이하인 주택의 전세자금과 공공임대주택 임대보증금 대출지원을 제공한다.

5 정서적 후원

아동만으로 구성된 세대에 대해서는 이웃에 거주하는 아동위원, 종교인, 지역여성지도자, 공무원, 대학생 멘토 등을 후견인으로 지정하여 고충이나 애로 사항을 상시 의논, 해결하도록 한다. 또한 결연기관인 한국어린이재단에서는 소년소녀가정을 위해서 정서적 지원과 후원 프로그램 등을 실시하여 소년소녀가정을 위한 서비스가 제공되고 있다.

2) 한부모가족 지원사업

(1) 지원대상

2014년 한부모가족 지원사업안내에 의하면 다음에 해당하는 세대주인 어머니 또는 아버지와 그에 의하여 양육되는 만 18세 미만(취학시 만 22세 미만)의 자녀로 이루어진 가정이 지원대상이 된다.

지원대상을 자세히 살펴보면 다음과 같다.

- 배우자와 사별 또는 이혼하거나 배우자로부터 유기된 자
- 정신 또는 신체장애로 인하여 장기간 근로능력을 상실한 배우자를 가진 자
- 미혼자(사실혼 관계에 있는 자)
- 배우자의 생사가 분명하지 않는 자
- 배우자 또는 배우자 가족과의 불화 등으로 인하여 가출한 자
- 배우자의 장기복역으로 인하여 부양을 받을 수 없는 자(6개월 미만의 복역자는 제외)
- 국내에 체류하고 있는 외국인 중 대한민국 국민과 혼인하여 대한민국 국적의 아동을 양육하고 있는 자
- 부모로부터 사실상 부양을 받지 못하는 아동과 그 아동을 양육하는 조부 또는 조모(저소득 조손가족)

(2) 지원내용

2007년 한부모가족지원법으로 개정되면서 다양한 지원사업을 제공하고 있으며, 2014년 현재 한부모가족 지원사업은 다음과 같다.

1 자녀학비 지원

초 · 중등학교와 이와 동등한 학력이 인정되는 학교에 재학 중인 자녀에게 입학금 및 수업료가 지급된다. 고등학교의 경우 학교장이 직접 신청하도록 되어 있으며, 학비는 분기별로 학교에 직접 지급된다.

학비 외에 국민기초생활보장법에 의한 생계급여는 주 · 부식비, 피복 · 신발비, 위로비 등이 지급된다.

2 아동양육비 지원

저소득 한부모가구의 만 12세 미만의 아동에게 아동 1인당 매월 70,000원의 아동양육비를 지원한다.

3 복지자금대여

빈곤 한부모가족에게 장기저리의 복지자금을 대여함으로써 생업기반을 조성하여 조기자립 및 생활안정을 도모하도록 하고 있다. 빈곤 한부모가족으로서 근로능력 및 자립자활 의지가 뚜렷하고 현실성 있는 사업계획을 제시하는 빈곤 한부모가족에게 복지자금대여를 지원한다. 연간 재산세 납부실적에 따라 무보증 대출과 보증대출, 담보대출로 융자조건이 나누어져 있으며, 2010년도에는 연간 10억원의 규모로 지원이 이루어지고 있다.

4 자녀양육비 이행지원서비스

한부모가족 아동의 양육받을 권리 보호와 자녀양육 부담 경감 및 생활안정 지원을 위한 자녀양육비 이행지원서비스를 제공한다. 자녀양육비 이행지원서비스는 아동을 양육하고 있는 이혼가족, 별거가족, 미혼부 · 모가족 등 한부모가족 및 조손가족의 신속하고 실질적인 양육비 확보를 위한 법률구조 서비스 전액국가 부담 지원비, 양육비 등의 자녀양육에 대한 책임강화 조성, 효과적인 지원을 위해 전국적인 홍보강화서비스를 제공한다.

5 미혼모 · 부자 거점기관 운영지원

미혼모(부)가 자녀를 양육하고 경제적으로 자립할 수 있도록 함에 있어 미혼모

임신 초기부터 상담 및 정보 등을 제공하고자 효과적인 지원체계를 구축하여 지원한다. 이 서비스는 미혼모 · 부가 자녀를 스스로 양육하고자 할 경우 초기 위기에 대처할 수 있도록 서비스를 제공하여 아동양육은 물론 자립에 이르도록 지원한다.

이 서비스는 첫째, 온라인, 오프라인상의 정보제공 및 관련 기관(미혼모시설, 법률기관, 의료기관, 노동부 등)을 연계하여 종합적인 서비스를 제공한다.

둘째, 자녀 출산, 양육 및 응급상황 발생 시 아이 병원비, 분유와 기저귀와 같은 생필품 등 위기지원 기능을 수행한다.

셋째, 상담을 통한 미혼모 · 부자의 정서적인 지원을 한다.

넷째, 미혼모 · 부자를 위한 자녀와 놀이활동, 마사지 등과 같은 문화체험 프로그램을 제공한다.

다섯째, 미혼모 · 부자를 위한 출산, 양육, 부모교육 등과 같은 교육프로그램을 운영하여 제공한다.

여섯째, 자립경험의 발전적인 방향으로 나아갈 수 있는 자조모임 운영으로 미혼모 · 부의 네트워크 구축 및 정보제공을 한다. 그 외에 공공 또는 민간자원을 연계하여 효과적인 지원을 한다.

6 취약가족 역량강화서비스 지원

가족기능이 약화되어 있는 취약가족에게 지속적인 가족상담, 자원연계 등을 지원함으로써 기본적으로 가족결속력 및 역량강화를 위해 취약가족의 생계활동 등을 감안하여 찾아가는 상담(out-reach)을 제공한다.

7 한부모가족복지시설 입소자 상담 · 치료지원

한부모가족복지시설에는 모자(부자)보호시설, 일시보호시설, 미혼모자시설, 미혼모자공동생활가정, 미혼모공동생활가정이 운영되고 있다. 한부모가족복지시설 입소자들의 경우 다양한 심리적인 어려움을 경험하고 있다. 따라서, 한부모가족복지시설 입소자의 심리 · 정서적 전문 상담 및 치료 지원 등을 통하여 가족생활의 안정은 물론 조기 자립지원을 도모하고자 한다. 한부모가족복지시설 입소자들의 심리검사 지원, 정신보건센터나 정신과 병원을 통한 지원, 전문 심리치료센터를 통한 상담 · 치료지원을 제공한다.

8 가족충격 완충망 운영지원

성폭력, 실종, 유괴, 학교폭력, 자살 등 외상적 피해를 직 · 간접적으로 경험한 가족들의 보호를 위하여 피해를 최소화하고 지원을 극대화할 수 있도록 위기개입을 지원한다.

9 한부모가족 상담사업

한부모가족지원법 제7조에 의거하여 저소득 한부모가족 지원에 관한 상담, 지역사회 내 한부모가족복지시설의 이용안내 및 알선, 기타 보호를 요하는 자에 대한 상담을 제공한다.

10 빈곤 한부모가족 주거지원

무주택 빈곤 한부모가족을 위하여 영구임대주택(아파트)을 우선 제공한다.

11 빈곤 한부모가족 취업지원(취업성공 패키지)

개인별 취업역량 등에 대한 정확한 진단을 토대로 단계별 통합적 취업지원을 제공한다.

12 모 · 부자 세대 건강보험료 지원

모 · 부자 가정의 세대에 건강보험료를 소득에 따라 10~30% 경감해 주어 건강보험료를 지원한다.

3) 드림스타트 사업

드림스타트 사업은 가족해체에 따른 가족기능 약화 · 사회양극화 등에 따라 빈곤 대물림이 심화되고 있으나, 밀착형 서비스가 필요한 빈곤층 취약아동에 대한 집중 관리는 미흡하고, 국가 성장잠재력 제고를 위한 선제적 인적투자로서 아동에 대한 투자 필요성으로 사업이 추진되었다. 드림스타트 사업은 보건복지부에서 사업총괄을 하며, 각 시 · 군 · 구에서 사업을 수행하고 있다. 2013년 현재 시 · 군 · 구

내 저소득 아동 300명 이상 거주하는 빈곤아동 밀집지역에 설치하여 전국 211개 지역에서 운영되고 있으며, 운영체계는 다음과 같다.

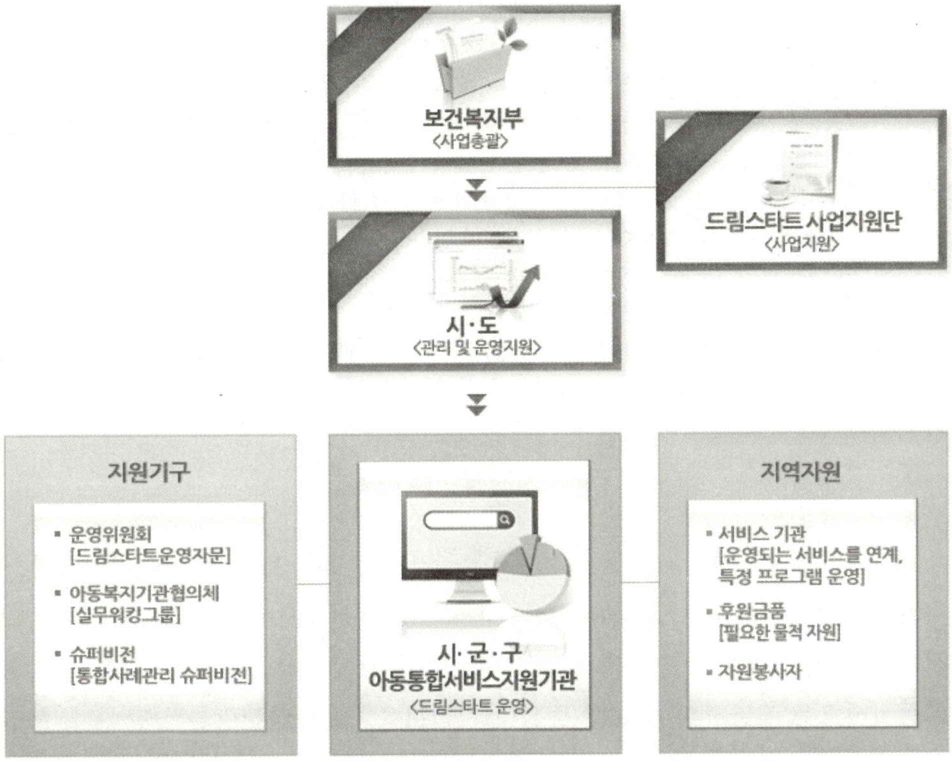

* 출처 : http://www.dreamstart.go.kr

[그림 7-1] 드림스타트 사업 운영체계

(1) 사업내용

드림스타트 사업은 아동 및 가정의 욕구 및 위기도에 따른 사례관리를 통해 건강 · 기초학습 · 사회성 함양 · 부모교육 · 가족지지 등 맞춤형 통합서비스를 제공한다. 드림스타트 사업 지원대상은 0~12세 저소득 아동(수급자 및 차상위, 120%) 및 가족, 임산부를 대상으로 하고 있다.

표 7-3 드림스타트 사업내용

구분	세부 내용
신체/건강	아동의 건강한 성장과 신체발달 증진 건강한 생활을 위한 건강검진 및 예방, 치료 아동 발달에 필요한 신체/건강 정보 제공
인지/언어	아동의 의사소통 및 기초학습 능력 강화 맞춤형 인지/언어 서비스를 통한 아동의 강점 개발
정서/행동	자아존중감 및 긍정적 성격 형성을 위한 정서발달 서비스 제공 올바른 사회 인식 및 이해를 도와 성숙한 사회시민으로 성장을 도모
부모의 양육	부모자녀 상호작용 및 적합한 교육환경을 위한 부모 역량 강화 부모의 유능감 및 자존감 강화 부모의 양육기술 지원 임산부의 건강한 출산 및 양육 지원

* 출처 : 드림스타트 http://www.dreamstart.kr

(2) 연계서비스

드림스타트 사업의 주요 연계서비스에는 건강서비스, 보육서비스, 복지서비스, 가족 및 통합지원서비스로 나누어 살펴볼 수 있다. 건강서비스는 취약계층 아동의 신체, 정서적 건강발달 증진을 위한 서비스이며, 보육서비스는 예방, 맞춤, 통합형 아동서비스를 지향하며 수요자 중심의 지역보육, 교육 안전망을 구축한다. 또한 아동양육과 관련된 실제적인 정보 및 훈련 제공을 통한 부모의 역량강화를 제공한다.

복지서비스는 취약계층 아동과 가족의 생활안정, 삶의 질 개선, 빈곤 대물림 차단을 할 수 있도록 지원한다. 가족 및 통합지원 서비스는 맞춤형 아동 및 가족방문으로 전문상담원이 1 : 1 가정방문 지원, 부모의 자긍심 강화 및 양육기술을 지원하는 서비스를 제공한다(그림 7-2 참조).

4) 급식지원사업

빈곤가정의 아동들이 건강하고 행복하게 자랄 수 있도록 지역실정과 아동의 가정 환경 및 욕구에 맞는 급식을 2000년 석식부터 지원하기 시작하였다. 이후 2001년 조식지원, 2004년에는 방학, 토 · 공휴일 중 중식지원이 이루어졌고, 그 해 말에는 방학 중 중식지원으로 확대되어 현재까지 실시되고 있다. 급식지원은 18세 미만의 취학 및 미취학 아동, 탈락아동을 대상으로 하고 있으며, 18세 이상인 경우에도 고등학교에 재학 중인 아동은 지원 대상에 포함하고 있다.

급식지원사업 내용으로는 첫째, 미취학아동인 경우 조 · 중 · 석식 중 아동별 특성에 따라 급식 형태 선택 지원한다.

둘째, 취학아동은 조 · 석식은 지방자치단체에서 연중지원하고, 학기 중 중식은 학교에서 지원하고, 학기 중 토 · 일 · 공휴일 중식과 방학 중 중식은 지방자치단체에서 지원하도록 하고 있다.

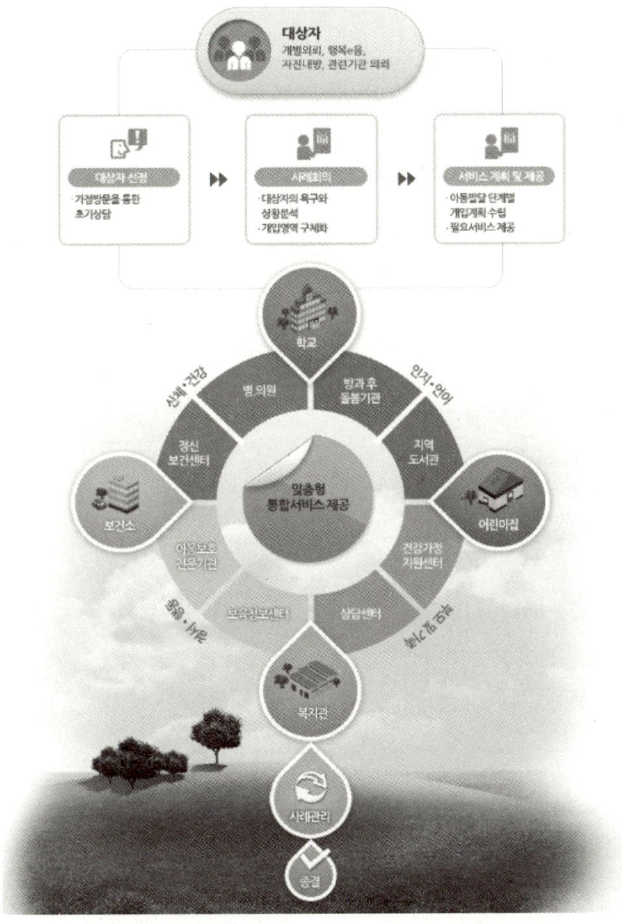

* 출처 : 드림스타트 http://www.dreamstart.kr

[그림 7-2] 드림스타트 사업 흐름도

5) 아동발달지원 계좌사업

2007년 4월부터 저소득 아동의 사회진출 시 필요한 자립자금 마련에 도움을 주기 위하여 아동복지시설 아동, 가정위탁 아동 등을 대상으로 아동발달지원계좌(CDA : Child Development Account)를 지원하고 있다. 2009년부터 CDA는 국민들에게 쉽게 다가가기 위하여 명칭 공모전을 거쳐 선정된 '디딤씨앗통장'으로 사용하고 있다.

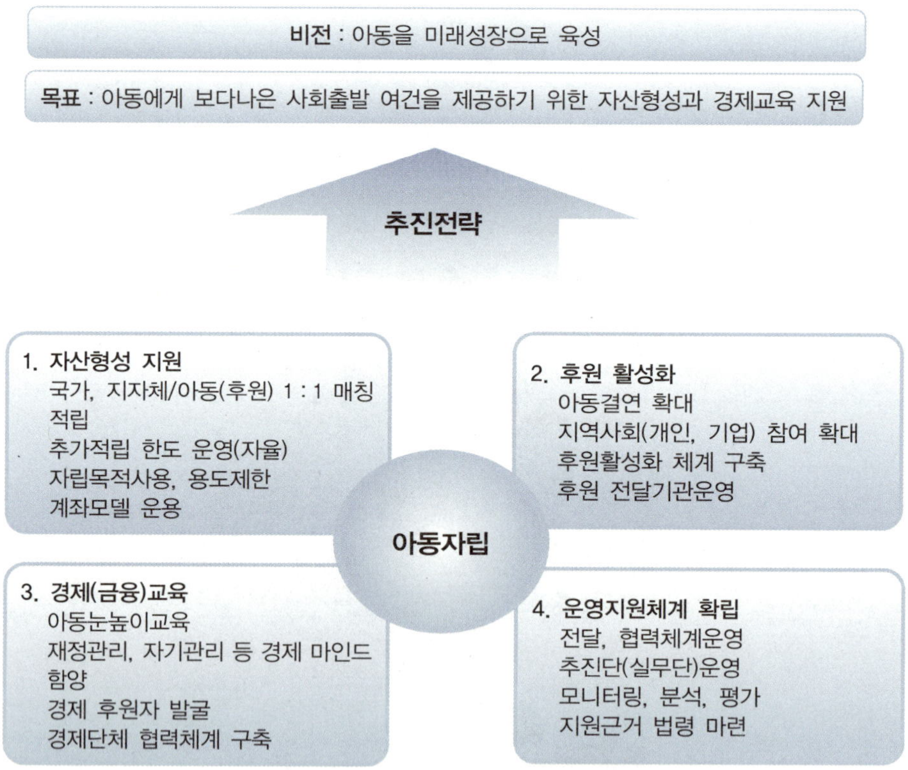

[그림 7-3] 디딤씨앗통장 목표

아동발달지원계좌사업은 아동이 보호자, 후원자의 후원으로 월 3만원 이내의 금액을 저축하면 국가(지자체)에서 만 17세까지 같은 액수(1 : 1 매칭펀드)를 지원하여 만 18세 이후 사회진출 시 학자금, 전세금, 창업자금 등으로 사용토록 하는 사업이다. 지원대상은 시설보호아동, 가정위탁보호아동, 소년소녀가정아동, 공동생활가정 아동, 장애인시설보호아동이 대상이며, 약 38,100명의 요보호아동 대상 가운데 2천명 정도의 소년소녀가정 아동이 본 사업의 대상이 된다.

6) 민간단체 지원사업

빈곤아동에 대한 민간단체 지원사업으로는 어린이재단의 아동결연사업과 지역아동센터사업, 위스타트 운동이 대표적이라 할 수 있다.

(1) 어린이재단 아동결연사업

아동결연사업은 요보호아동과 지역사회 이웃과의 결연으로 물질적 · 정신적 지원을 통해 아동의 건전한 성장을 도모하는 목적으로 민간단체에서 실시되는 지원사업이다. 1976년 '불우아동건전육성대책'이 수립된 1976년 이후 1977년 정부 주도로 사회인사와 시설보호아동과의 결연사업이 실시되었으나, 1981년부터 민간사업으로 전화됨에 따라 1986년 사회복지법인 한국복지재단에 위탁하여 실시하게 되었다. 한국복지재단은 2008년 1월 어린이재단으로 법인 명칭을 변경하여 아동결연사업을 지속하고 있다.

(2) 지역아동센터사업

지역아동센터는 지역사회 아동의 보호 · 교육, 건전한 놀이와 오락의 제공, 보호자와 지역사회의 연계 등 아동의 건전 육성을 위하여 종합적인 아동복지 서비스를 제공하는 사업이다. 지원대상은 지역사회 내 보호를 필요로 하는 18세 미만의 아동이며, 지역아동센터는 법인, 민간단체 및 개인 등에 의해 운영되고 있다. 2010년 7월 기준으로 전국에 운영 중인 지역아동센터 수는 3,200개소가 설치되어 있다.

정부는 지역아동센터 1개소 당 2011년도부터 월 470만원과 별도로 급식비를 지원하며, 지역아동센터의 운영시간은 하루 8시간 이상, 주 5일 운영을 원칙으로 하고 있다. 다만, 지역여건 및 실정에 따라 운영시간 연장 및 토·일요일 운영하도록 하고 있다.

지역아동센터의 프로그램으로는 정규프로그램과 특별프로그램으로 운영되고 있으며, 세부내용은 다음과 같다.

표 7-5 지역아동센터 프로그램

구 분		세부내용
정규 프로그램	생활지원(보호)프로그램	지역사회 내 방임아동보호, 일상생활지원, 건강생활지도, 위생지도, 안전지도, 급식제공 등(아동급식예산을 우선 활용하여 지역아동센터 이용 아동에게는 전원급식을 실시함)
	학습지원프로그램	학교생활준비지원, 학년별 학습지도하기, 학습부진아지도, 학습지원 성과 평가하기, 숙제지도, 예체능 교육 등
	놀이 및 특별활동지원	문화체험, 견학, 캠프, 공동체활동, 놀이활동 지원, 특기적성프로그램 지원 등
	지역자원 연계프로그램	지역 내 인적자원 확보 및 관리, 물적자원 확보 및 관리, 관련기관 연계프로그램, 홍보 등
특별프로그램		• 주말·공휴일·일요일 프로그램, 가족 기능강화 프로그램, 사랑방 프로그램, 야간보호 프로그램 운영, 1318세대 프로그램 • 지자체 및 지역아동센터에서는 주 5일 수업, 가정사정 등으로 주말 등 공휴일과 야간에 아동보호·학습지원이 필요한 경우에 지역실정 및 센터 여건에 따라 다양한 프로그램을 운영

(3) 위스타트 운동

위스타트(We Start) 운동은 2004년 5월 가난한 가정의 아이들에게 공정한 복지

(Welfare)와 교육(Education)의 기회를 제공해 가난 대물림을 끊고 삶의 출발(Start)을 돕자는 시민운동에서 부터 시작되었다. 빈곤아동에게 가난의 대물림을 끊어 주기 위해서 가급적 어린 나이에서부터 예방적이고 통합적인 개입을 통하여 빈곤층 아동에게 건강 · 복지 · 교육면에서 평등한 출발점을 제공하는 사업이다.

위스타트 운동은 We Start 마을 만들기, 교육 출발선 만들기, 건강 지킴이, 후견인 맺기, 희망의 집 꾸미기 5대 사업을 중점적으로 실시하고 있다.

1 We Start 마을 만들기

위스타트 마을 만들기는 빈곤아동 200~300명 정도 되는 지역을 대상으로 복지, 교육, 건강서비스를 3대 축으로 하는 맞춤형 사례관리 서비스를 제공한다. 현재 4개 광역 23개 지역이 We Start 마을로 지정되어 있다.

2 교육 출발선 만들기

빈곤층 아이들이 동등한 교육의 기회를 갖도록 지원하는 사업으로 방과후 교실을 활성화하고 무료교육을 실시해 뒤처진 공부를 보충하는 한편 사랑의 책보내기 운동 등을 펼쳐 동등한 교육의 기회를 제공한다.

3 건강 지킴이

열악한 환경 때문에 건강에 위협을 받는 빈곤층 아이들에 대해 무료 건강검진과 예방접종을 하고 치료도 해 주는 사업을 실시한다.

4 후견인 맺기

빈곤층 아이들에게 든든한 버팀목이 되고 희망을 심어줄 수 있는 후견인을 찾아 맺어주는 사업으로 가난한 아이들은 자원봉사 후견인과의 교류를 통해 꿈과 희망을 가꾸고 세상을 보는 눈을 키우게 된다.

5 희망의 집 꾸미기

희망의 집 꾸미기는 방과후 갈 곳이 없거나 부모의 보호를 받지 못하는 아이들에게 쉬거나 배우는 공간을 제공하는 사업이다.

3. 빈곤아동 복지의 문제점 및 과제

1) 예방을 위한 정책

빈곤아동을 위한 정책은 예방에 초점을 맞추어서 실시되어야 하지만 현재의 정책으로는 빈곤아동 발생을 막기에는 역부족이다. 빈곤아동들은 비빈곤아동들에 비하여 가정적으로 열악한 환경에 처해 있으며 문화경험의 기회도 박탈되어 있다. 따라서 빈곤아동의 건강한 성장 · 발달을 위해 포괄적인 서비스가 예방차원에서 제공되어야 하며, 빈곤아동을 위한 복지서비스도 개인의 특성, 가족환경, 또래집단, 학교환경, 지역사회 영역 전반을 다룰 수 있는 서비스 접근이 이루어져야 한다. 또한 소년소녀가정, 빈곤 한부모가정의 예방이 빈곤아동 발생 예방의 지름길이라 할 수 있음으로 적절한 예방정책이 필요하리라 본다.

2) 다양한 서비스와의 통합 및 연계

빈곤아동들의 성장 · 발달에 맞추어 문화적인 서비스나 교육적인 서비스를 지역사회의 다양한 기관들을 통하여 제공받을 수 있어야 한다. 현재는 빈곤아동들의 문화적인 경험이나 지지가 대부분 복지관을 통해서 제공되고 있지만 아동들이 청소년기로 진입하면 복지관이나 이외 다른 기관들과의 연계를 통해 다양한 활동에 참여하도록 하여야 할 것이다. 이를 위해 각 영역을 전문적으로 다루는 기관들이나 학교, 지역사회가 아동의 건전한 발달을 위해 통합 · 조정되어야 한다. 각 영역의 서비스가 가족 내의 아동, 학교 내의 아동, 지역사회 내의 가족 등에 초점을 맞추어 발달적, 맥락적 관점을 유지하며 전문가에 의하여 접근되어야 한다.

3) 빈곤아동의 발달단계에 따른 체계적 건강관리 필요

빈곤가정의 아동의 경우 경제적인 어려움으로 인해 건강상태가 좋지 않고 발달정도가 부진하며 정서 및 행동문제에서 일반 아동에 비해 우울 및 충동성, 행동문제 등을 더 많이 경험하고 있다. 현재에는 의료급여법에 따라 의료급여가 지원되고 있지만 영양섭취가 부족하여 신체발달에 어려움과 질병에 노출되는 경우가 많다.

따라서 빈곤아동의 건강한 성장을 보장하기 위한 체계적 건강관리 지원이 필요하며 이를 위해 어린이집 및 학교에서 건강관리를 강화하여 아동의 성장과정에 따른 주기적 · 체계적인 건강관리를 지원해 주는 서비스를 제공해야 한다.

4) 빈곤아동을 위한 서비스의 전문성 확대

빈곤아동을 위해서 정부와 민간에서 다양한 기관과 프로그램이 운영되고 있다. 다양한 아동의 욕구충족을 위해서는 개별 욕구를 충족시킬 수 있는 전문가의 전문성이 요구되어지고 있다. 빈곤아동들의 경우에는 경제적인 어려움으로 인해 다양한 문제를 경험하고 있으므로 빈곤아동의 특성에 맞추어 접근할 수 있는 전문성을 갖춘 전문가의 확보가 필요하다. 빈곤가정 아동의 특수한 가정환경을 고려한 아동의 욕구를 충족시키기 위해서 전문가들의 전문성을 기반으로 한 다각적인 개별프로그램으로 빈곤아동의 문제를 해결할 수 있어야 한다.

생각해보기

1. 빈곤아동에 대한 개념을 절대적 빈곤 개념측면에서 생각해 보세요.

2. 빈곤아동의 예방 대책에 대해서 생각해 보세요.

3. 소년소녀가정 아동들을 위한 사후대책에 대해서 생각해 보세요.

아동학대와 아동복지

08

Chapter

1. 아동과 아동학대
2. 학대아동을 위한 복지 실천방법
3. 학대아동 복지의 문제점 및 과제

오늘날 현대사회에서는 산업화, 도시화와 같은 변화와 더불어 가치관의 변화로 인한 다양한 핵가족화, 해체가정의 증가를 초래하였다. 가족구조의 변화와 함께 부모의 욕구와 동시에 자녀의 욕구를 만족시켜야 하는 어려움에 당면한다. 자녀의 욕구와 부모의 권리가 상충될 때 부모들은 자녀의 욕구를 만족시키지 못한다는 두려움과 자녀를 보살펴야 한다는 불안감을 갖게 되는데 과거의 아동학대는 학대당하는 아동에게 치명적인 신체적, 심리적 발달의 손상을 주는 매우 심각한 현상임에도 불구하고 남편의 아내에 대한 폭력과 같이 가족과 관련된 기록의 일로써 매우 사적인 영역 내에서 이루어진다는 특수성으로 인해 그 문제의 해결을 사회적인 차원으로 확대시키기보다는 가정 내 개인적인 문제로 방치된 채 은폐되어 거의 공개되지 않았다.

최근에는 매스컴이나 인터넷을 통해 심각한 아동학대의 사례가 종종 보도되고 있으며 아동학대를 예방하기 위한 제도적 기반으로 2000년 아동복지법을 개정하여 법적 근거의 토대를 형성하였다.

이 장에서는 아동학대의 정의 및 유형, 원인 및 영향, 아동학대의 현황, 아동을 보호하기 위한 아동보호 서비스과정을 살펴보고 학대아동 보호사업의 문제점과 아동학대 예방사업의 향후과제를 제시하고자 한다.

1. 아동과 아동학대

1) 아동학대의 정의

아동학대를 연구하는 학자들은 공통적으로 각 문화권에 따라 아동학대에 대한 정의와 태도, 기준 등이 다를 수밖에 없다는 점(Gelles, 1973; Kinard, 1979; Korbin, 1980)을 지적하고 있다. 이는 학대란 어느 정해진 행동이 아니고 시대의 흐름이나 문화적인 차이에 의해 달라질 수 있으며 규범 또는 표준에 의하여 정의되고 사회의 계층 또는 문화적 배경에 의하여 정의되는 것을 의미한다.

아동학대라는 용어는 1961년 미국에서 최초로 사용되었으며, 아동학대에 대한 사회적으로 합의된 개념이나 범주가 마련되어 있지는 않으나 일반적으로 아동학대의 정의는 아동학대를 연구하는 학자마다 각기 다양한 정의와 학대의 범위에 따라 협의의 정의와 광의의 정의로 설명되어진다. 또한 관점에 따른 정의로 의료적 개념의 정의와 법적인 개념으로서의 정의, 학문적인 정의로 구분되어지며 사전적인 정의와 연구를 위한 조작적인 정의로 나누어 설명되어진다.

여기에서는 아동을 광의로 해석할 것이냐 아니면 협의로 해석할 것이냐의 해석의 문제와, 학대의 범위에 따라서 협의의 정의와 광의의 정의로 나누는 문제점이 있다.

해석의 문제에 있어서는 아동학대를 학대자의 주체와 관련된 주양육자에 의한 가정 내의 부모와 가족의 학대에 국한시켜 생각할 것인가 아니면 시설에서의 아동 착취까지를 포함한 가정 외까지 확대시킬 것인가를 고려하는 입장이며 이것은 아동학대를 개인차원으로 볼 것인지 사회제도상의 문제로 볼 것인지와도 연관이 된다.

학대의 범위에 따라서도 협의의 정의와 광의의 정의로 나눌 수 있는데 협의의 정의는 아동학대의 범위를 신체적 학대에 한정하는 좁은 의미의 정의로써 '학대란 관찰 가능한 상처를 초래한 행위'를 의미하며, 이 정의는 상처를 기준으로 하기 때문에 우연한 사고와 의도적인 행위를 동일한 범주로 분류한다. Kempe와 Helfer(1974) 등이 주축을 이루는 임상의학 분야에서도 신체적 학대만을 아동학대로 보았다. 그러나 아동학대를 신체적 학대에 국한시켜 정의 내리는 이유는, 신체적 학대의 기준과 범위에 대한 규정보다 신체적 학대의 기준과 규정이 보다 용이하고 의학적 검증에 의존할 수 있고 법적 증거로 제시될 수 있으며 아동학대에 관한 사후처리적 개입을 추구할 수 있다는 점에서 유용하기 때문(주영희, 1984)인데 이는 아동학대에 대한 초기연구의 소극적 개념과도 일치하는 것이다. 학대의 범위에 따른 아동학대의 광의의 정의는 주로 사회심리학자나 사회사업가들로 '학대란 아동에 대한 부적절한 처우'라 정의하여 아동의 잠재되어 있는 발달이 지적 · 정서적 · 신체적 고통으로 인하여 지체되거나 억압당하게 되는 모든 처우로써 그것이 소극적이건 적극적이건간에 부적절한 처우라고 정의, 정서박탈, 양육태만, 영양부족까지도 학대에 포함시켰다.

아동학대에 대한 관점에 따른 정의로써 의료적 개념의 정의와 법적인 개념으로서의 정의 그리고 학문적인 정의로 나누어 살펴보면 다음과 같다.

의료적 개념으로서의 정의는 아동학대에 대하여 고전적 논문으로 알려진 Kempe(1962)의 저서에서 '피학대아 증후군(battered child syndrom)'에 대하여 밝힌 것으로부터 의료적인 관심이 비롯되었는데 어린아이들이 치료단계에서 X-ray에 나타날 정도로 여러 군데 뼈가 부러지고 상처를 입었으나 의학적으로 설명될 수 없을 때 학대라고 정의하며 곽영숙(1988)은 아동학대는 부모나 또는 돌보는 사람에 의해 가해지는 심각한 부상이라고 보았다. 아동학대를 의료적 개념으로 정의하는 관점은 비교적 확실한 객관적 기준과 명백한 증거를 제시하지만 손상과 관련된 다양한 요소들을 배제하며, 범위가 신체적인 학대에만 국한되므로 제한점이 많다.

법적인 개념으로서의 정의에서는 개념적인 정의와 가해자의 특정행동들을 구체적으로 규정하는 조작적인 면이 강조된다. 미국의 경우, 미국 대부분의 주법령(state law)은 아동학대를 부모나 양육하는 사람에 의하여 가해지는 신체적 손상을 포함하는 모든 손상이라고 정의하였다.

아동학대에 대한 공식적인 정의는 아동복지법 제2조 4항에 명시된 아동학대는 보호자를 포함한 성인에 의하여 아동의 건강 · 복지를 해치거나 정상적인 발달을 저해할 수 있는 신체적 · 정신적 · 성적 폭력 또는 가혹행위 및 아동의 보호자에 의하여 이루어지는 유기와 방임이라고 하였다. 그리고 동법 제29조(금지행위)에서는 신체에 손상을 주는 신체학대, 성적 수치심을 주는 성희롱, 성폭행 등의 성학대, 정신건강 및 발달에 해를 끼치는 정서적 학대와 함께 자신의 보호 · 감독을 받는 아동을 유기하거나 의식주를 포함한 기본적 보호, 양육 및 치료를 소홀히 하는 방임으로 정의하고 있다.

아동학대에 대한 학문적인 정의는 학자들의 관점에 따른 정의로써 학대의 정의와 범주가 매우 다양하다.

Alvy(1975)는 아동학대를 아동의 발달상의 욕구를 충족시키는 실패한 환경의 제공으로 정의하였으며 Burgess(1978)는 부모를 특수한 가족적, 환경적 상황에 따라 그들 자녀를 학대할 수 있는 잠재적 학대자라고 간주하였다.

Gil(1971)은 사회 · 문화 및 경제적 측면의 요소들을 포함시킴으로써 아동학대의 가장 포괄적인 정의를 내렸는데 아동학대란 아동의 적절한 발달을 저해하는 행위 또는 방임의 조건과 개인이나 사회제도의 행위나 태만을 학대로 정의하여 사회의 책임을 강조하였다.

Kadushin(1980)은 신체적 학대, 불량한 양육, 기본적인 의료서비스의 거부, 학교 등교거부, 노동착취, 과도한 노동, 유해하거나 불건전한 환경에의 노출, 성적 학대, 정서적 학대, 방임 등이 아동학대라고 정의하였다.

과거 우리나라의 아동학대의 관련 연구에서 주영희(1986)는 아동을 돌보는 부모 또는 양육자의 의도성 여부나 신체적 체벌의 여부에 관계없이 아동의 최적의 발달을 저해하는 행위라고 정의하였다. 신영화(1986)는 아동학대란 부모나 양육에 책임이 있는 성인이 아동의 적절한 발달을 저해하는 적극적인 행위라고 보고 그 범위를 신체적 학대, 성적 학대, 정서적 학대라고 규정하였고, 허남순(1993)은 신체적 학대, 정신적 학대, 성적 학대, 방임과 태만, 유기 등을 아동학대의 범주로 보았다.

다음으로 아동학대에 대한 사전적 정의를 살펴보며 다음과 같다.

사회사업사전(The Social Work Dictionary)에 의하면, 아동학대란 부모나 또는 아동의 양육을 책임지고 있는 사람에 의하여 행해지는 의도적인 때림과 통제되어 지지 못한 체벌 및 지속적인 조정, 정서적인 손상을 계속해서 가하는 행위라고 정의 내리고 있다. 우리나라 심리학사전에서는 아동학대를 아동의 발달을 저해하는 모든 인위적인 행동을 가리키는 것으로 아동의 발달을 저해하는 적극적인 행동은 물론 아동에 대한 소극적인 행위도 포함된다고 정의하고 있다(심리학사전, 공진출판사, 1970 : 190-191).

오늘날 아동학대는 학대행동의 의도성 유무, 학대로 인한 가시적인 발달적 손상 유무 및 손상부위, 학대의 빈도와 지속성 여부 등의 몇 가지 기준에 의해 정의하고 있다. 협의의 정의는 신체적 학대의 문제에만 국한하고 광의의 정의는 학대와 방임을 구분하지 않고 학대에 방임을 포함시켜 아동의 권리를 보호하고 예방적 개입을 지지할 수 있다는 면에서 보다 바람직한 정의라고 볼 수 있다(이순형 외, 2008).

세계보건기구(WHO)의 아동학대 정의를 보면 '아동의 양육에 책임을 지고 있거나, 신뢰관계에 있거나 권위를 가진 사람에 의한 모든 형태의 신체적 · 정서적 가혹한 처사, 성학대, 방임 또는 보호의 태만 및 상업적이거나 다른 형태의 착취결과 아동의 건강, 생존 발달 및 존엄성에 실제적인 해를 끼치거나 그러한 가능성을 초래하는 것'으로 이는 아동에게 가해진 실제적인 해 이외에 잠재적인 해까지 포함하는 포괄적인 정의로 보았다. 이처럼 오늘날 아동학대의 정의는 광의의 개념으로 받아들여

지고 있다(김성경 외, 2010).

2) 아동학대의 유형

(1) 신체적 학대(physical abuse)

신체적 학대는 아동에게 신체적 손상을 입히고, 우연한 사고가 아닌 고의적인 의도로 신체적인 손상을 입도록 허용하는 모든 행위를 말한다. 신체적 학대는 학대의 신체일부(손, 주먹, 발 등)를 사용하거나 도구를 이용하여 신체에 직접 손상을 가하거나 고통을 주는 것을 말한다.

아동학대와 신체적 체벌은 명확히 구분하기 힘들며 우리나라에서는 훈육이라는 이름으로 체벌이 허용되어 왔으나 국제사회에서는 이러한 체벌도 금지하자는 움직임이 일고 있으며, 신체적인 손상을 입히는 체벌은 신체적 학대에 포함된다.

신체적 학대행위
* 아동에게 물건을 던지는 행위 * 아동을 떠밀고 움켜잡는 행위 * 아동을 차고 물어뜯고 주먹으로 치는 행위 * 아동의 빰을 때리는 행위 * 벨트 등의 물건을 이용하여 아동을 때리거나 위협하는 행위 * 아동을 발로 차거나 물어뜯고 주먹으로 치는 행위 * 아동의 팔과 다리 등을 심하게 비틀어 쥐어짜는 행위 * 아동을 무기(칼, 도끼, 망치 등)로 위협하거나 아동에게 무기를 사용하는 행위 * 아동에게 뜨거운 물체, 담뱃불 등으로 화상을 입히는 행위

(2) 정서적 학대(emotional abuse)

정서적 학대는 언어적, 정신적, 심리적 학대라고 불리우며 다른 학대에 비해 정의를 내리기가 매우 어렵다.

아동의 정신건강 및 발달에 해를 끼치는 학대행위로 아동을 언어적 · 정서적으로 위협하고 의식적 또는 무의식적으로 거부하는 행동이나 표정 등 부정적 태도로 대하는 것을 말한다.

이러한 학대는 쉽게 눈에 띄지 않고 당장 후유증이 나타나지 않기 때문에 학대에 관한 보고가 가장 낮고 따라서 그 문제는 더욱 심각하다 할 수 있다.

정서적 학대행위
* 아동의 인격, 존재, 감정, 기분을 심하게 무시하거나 모욕하는 행위(아동의 머리를 완전히 깎거나 아동에게 걸려온 전화를 바꿔 주지 않는 행위) * 아동을 좁은 공간에 장기간 혼자 가두어 놓는 행위 * 아동에게 경멸적으로 언어폭력을 하는 행위(아동에게 욕설을 퍼붓는 행위나 아동을 집 밖으로 내쫓겠다고 하는 행위) * 아동을 다른 아동과 부정적으로 비교하는 행위 * 아동의 발달수준에 적절하지 않은 비현실적인 기대로 아동을 괴롭히는 행위 * 아동이 보는 앞에서 부부싸움을 하는 행위

(3) 성적 학대(sexual abuse)

성학대는 성인의 성적 충족을 위하여 아동을 성적으로 이용하거나 아동과 함께하는 모든 성적인 행위를 말하며, '아동에게 성적 수치심을 주는 성희롱, 성폭행 등의 학대행위와 아동에게 음행을 시키거나 음행을 매개하는 행위'라고 아동복지법에 명시되어 있다.

아동 성학대는 두려움이나 강압적인 힘을 사용하며, 놀이를 통해 아이를 혼란시키고, 착각에 빠지게 하여 학대를 가장하기도 한다.

성적 학대행위
* 놀이를 통해 아동을 착각하게 만든다. * 성인이라는 권위를 내세워 아동에게 성적 학대를 강요한다. * 성인이 아동의 성기를 마지거나 아동에게 성인 자신의 성기에 접촉을 요구하는 행위 * 성인이 아동 앞에서 옷을 벗으며 성인 자신의 성기를 만지는 행위 * 성인이 아동을 강제로 애무하거나 키스하는 행위 * 성인이 아동의 옷을 강제로 벗기는 행위

* 성인이 어린 아동의 나체를 보는 것을 즐기거나 포르노 비디오를 아동에게 보여주는 행위
* 성인이 아동과 강제적으로 성적 관계를 맺는 행위
* 아동을 대상으로 매춘하거나 아동의 성을 매매하는 행위
* 포르노물을 판매하는 행위

(4) 방임(neglect)

방임이란 고의로 또는 방심으로 인하여 반복적으로 아동양육 및 보호를 소홀히 함으로써 아동의 건강과 복지를 저해하거나 정상적 발달을 저해할 수 있는 모든 행위를 말한다.

아동복지법에서 방임은 '자신의 보호, 감독을 받는 아동을 유기하거나 의식주를 포함한 기본적 보호, 양육 및 치료를 소홀히 하는 행위'로 정의하고 있다.

방임은 물리적 방임, 교육적 방임, 의료적 방임, 정서적 방임으로 구분할 수 있다.

방임의 구체적 행위	
물리적 방임	* 아동에게 의식주를 제공하지 않는 행위 * 아동을 장시간 위험하고 불결한 주거 환경에 그대로 방치하는 행위
교육적 방임	* 아동이 학교를 특별한 이유없이 결석하여도 고의적으로 방치하는 행위 * 아동이 학교에 다닐 나이가 되었음에도 불구하고 학교에 보내지 않는 행위 * 저학년 아동의 숙제와 준비물을 챙겨주지 않는 행위
의료적 방임	* 아동에게 예방접종을 제때 해 주지 않는 행위 * 아동에게 필요한 의료적 처치를 소홀히 하는 행위
정서적 방임	* 아동이 필요로 하는 애정 표현과 적절한 정서적 지지를 제공하지 않는 행위(아동과 대화하지 않거나 아동을 안아주지 않는 것) * 아동과의 신체적 접촉을 피하는 행위 * 아동과 약속한 것에 대해 관심을 가지지 않는 행위 * 아동에게 정서적으로 결핍을 주는 행위

3) 아동학대의 원인

아동학대 발생 원인에 관한 가장 핵심적인 관련법인의 초점은 학대자인 부모나 피학대자인 아동 각각의 특성과 둘 사이의 관계에 있다고 본다. 이는 아동학대를 가정 내에서 발생하는 부모에 의한 자녀학대라고 보는 시각이기 때문이다.

이러한 관점에서 아동학대를 유발하는 원인으로 아동요인, 부모요인, 부모-자녀 관계 요인, 부모 불화도 요인이 있다.

(1) 아동관련 요인

아동학대가 부모의 정신적인 불건강에서 비롯된다고 보는 정신병리학적 접근을 제외하고 모든 접근에서 아동은 중요한 변인으로 다루어지고 있다. 이것은 부모-자녀 관계를 능동적 행위자-수동적 수용자로 본 과거의 관점에서 탈피하여 아동 자신의 특성도 아동학대와 관련된다고 보기 때문이다. 아동학대와 관련된 아동요인으로 Gil(1970)은 연령, 성, 부모의 출산 희망여부, 문제아동, 형제관계를 Gelles (1973)는 원하지 않았던 아동, 질병을 가진 아동, 지진아-불구아 및 생활훈련이 잘되지 않는 문제아동을 발달론적 접근에서는 성, 출생환경, 발달단계 등을 제시하고 있다.

1 아동의 성(性)

Justice와 Justice(1976)는 아동의 성별은 아동학대를 설명하는 중요변수가 아니라고 밝혔다. 이에 반하여 Gelles와 Straus(1979), 그리고 Kinard(1979)는 모든 연령층에서 여아보다 남아가 학대의 대상이 된다고 밝혔으며, 남아의 경우 강하게 키우겠다는 일념에 의한 지나친 훈육이 학대로 발전될 가능성이 많다고 보았다.

우리나라의 경험적 연구결과 역시 일관성을 보이지 않고 있는데 일반아동의 경우 정서적 학대는 아동의 성별에 따라 유의한 차이가 없다는 연구결과(고성혜, 1989; 신영화, 1986)에 비해 아동의 성은 심리적 학대와는 관련이 없다는 연구결과(Claussen & Crittenden, 1991)와 남아의 경우 여아에 비해 언어적 공격을 더 많이 받았다는 연구결과(Straus, 1979)가 있다. 그리고 신체적 학대에 해당하는 구타를 중심으로 한 연구에 의하면 남아와 여아의 비율이 74.1%, 25.9%로 남아가 훨씬 많지만 심한 손상의 경우는 여아가 더 많다고 하였다(안동현·홍강의, 1980).

2 아동의 연령

학대받는 아동은 모든 발생단계에서 발생하므로 그 연령층이 매우 다양하다. 우리나라에서는 경험적 조사 자체가 아동기에 집중되어 있어 학대와 아동의 연령을 일반화하기 어렵다(김광일·고복자, 1986).

정서적 학대를 받은 아동의 연령이 신체적 학대를 받은 아동의 연령보다 평균적으로 높다는 연구결과(Mario, 1983)는 신체적·정서적 학대에 따라 학대아의 연령이 다르며, 신체적으로 성숙한 자녀는 신체적 학대보다 정서적 학대를 받을 가능성이 높다고 하였다.

13세 아동이 10세 아동보다 신체적 학대는 적게, 방임은 많이 경험하며(연진영, 1992) 신체적 학대는 연령이 높을수록 상관이 낮아지고 있으며, 방임은 4학년(11살)이 가장 높게 나타났다는 연구결과(황영희, 1984)도 보고되었다.

그러나 아동의 연령은 학대와는 전혀 상관없이 관련이 없음을 보고한 결과도 있다(Claussen & Critten, 1991).

3 아동의 출생순위

아동의 출생순위와 관련있는 아동의 형제수에 대한 연구에서는 형제수가 적을수록 신체적·정서적 학대를 많이 경험한다는 결과(고성혜, 1992)를 나타낸 연구가 있는 반면 형제수가 많을수록 정서적 학대의 경험이 높게 나타난다는 연구결과(신영화, 1986)도 있다. 아동의 출생순위에 관한 연구에서 출생순위에 따른 학대의 차이는 방임과 정서적 학대인 경우 첫째와 셋째 이상의 자녀에게서 높게 나타났고 신체적 학대에 있어서는 첫째 자녀에게서 높게 나타났으며 유의한 차이는 없다고 하였다(서은주, 1993)

4 아동의 건강상태

아동에게 질병이나 결함이 있을 때 부모는 이를 부정적으로 지각하거나 과도한 양육책임으로 신체적·심리적 부담감을 느끼게 되므로 긴장감이 발생된다. 특히 장애아가 있는 경우, 부모에게 자녀양육을 위한 부가적인 에너지가 요구되므로 가족의 평형이 깨어지기 쉽고 스트레스와 긴장감으로 인해 아동에게 폭력적인 행동을 보일 수 있다고 하였다(윤종희, 1991).

심신장애아동이나 고질적인 질병을 가지고 있는 아동은 학대받거나 방임되기 쉽다고 하였다(Faller, 1981).

(2) 부모관련 요인

아동학대가 아동의 발달 특성 및 여러 조건에 의해 발생된다는 발달론적 접근을 제외하고 부모는 모든 접근에서 의미있는 변인으로 다루어지고 있다(이소희, 1989).

Gil(1970)은 부모요인으로 연령, 성, 교육정도, 취업유무, 양육 경험 등을, Kempe와 Helfer(1974) 등은 관련 변인으로 부모의 정서상태, 연령, 성, 사회 · 경제적 지위 등을 제시하고 있다.

1 부모의 연령

일반적으로 아동을 학대하는 부모의 연령은 낮으며, 20~30세에 집중되어 있다는 연구결과(Faller, 1981 ; Kinard, 1980 ; Leventhal, 1981)는 부모의 낮은 연령은 정신적인 미성숙과 양육경험의 부재에서 학대와 관련이 있다고 보여 준다.

부모의 연령과 아동학대 관계를 다룬 연구는 가출아동의 경우 아버지의 연령이 낮을수록 신체적 · 정서적 학대 경험이 높다(신영화, 1986 ; 김혜영, 1990)고 하였다.

2 부모의 교육수준

어머니의 경우 교육수준이 낮은 어머니가 교육수준이 높은 어머니보다 아동학대를 많이 한다는 결과가 일반적이다(주영희, 1984).

그러나 서은주(1993)의 연구결과에서는 아버지의 경우 교육수준이 낮은 집단일수록 학대가 높은 것으로 보고되나 어머니의 경우에서는 교육수준이 높은 어머니의 경우 학대가 더 많다는 상반되는 결과를 보이고 있다.

부모의 교육수준 변인은 아동발달에 관한 지식정보와 양육기술과 관련이 있고 스트레스 대처 능력과도 관련되는 변인이지만 아동학대와 관계연구에 있어서 일치된 결과를 보이지는 않고 있다.

3 부모의 직업

부모의 직업은 직업수준이 낮고(김광일 · 고복자, 1987 ; 신영화, 1986 ; 주영희. 1984) 아버지가 실직한 경우(Browne & Saqi, 1988)에 아동학대가 많이 일어난다고 하였다. 어머니의 취업유무와 아동학대와의 관계를 다룬 연구결과에 의하면 취업모는 과중한 부담으로 아동에게 신체적 학대를 가할 위험성이 있다고 하였다(Fontana, 1973). 어머니의 취업유무보다는 직종을 고려하는 것이 타당하다고 보는 견해도 있다(고성혜, 1992).

4 부모의 건강상태

부모의 건강과 신체적 학대는 밀접한 상관이 있어 학대부모는 일반적으로 건강이 좋지 않거나 질병을 앓고 있으며(황영희, 1987), 부모 또는 가족의 심한 질병 및 부상으로 인한 건강에 관련된 스트레스는 학대와 관련이 있다고 하였다.

또 아동을 학대하는 부모는 건강이 좋지 않고 과로한 경우가 많다는 연구결과도 있다(Smith, 1984).

(3) 부모-자녀 관계

아동학대의 중요한 변인 중 하나가 가족 내 상호작용으로 학대행동 직전에 선행되는 사건과 직후의 결과에 관심을 가짐으로써 잘못된 양육패턴을 이해하려는 연구가 시도(곽영숙 · 홍강의, 1989)되고 있으며 그 배경은 역동적이고 상호적 관계인 부모-자녀 관계로 설명될 수 있다.

상호적인 강화 그리고 반응을 통해서 이루어지는 양방적인 관계로 학대를 자극하는 아동의 특성과 부적절한 부모의 양육태도와 관련이 있다고 보는 입장이다.

아동학대 가정의 부모-자녀 관계에서는 아동에 대한 부모의 위협, 불평 등의 부정적 행동이 많으며 특히 부모의 지배적인 특성이 두드러진다(김혜영, 1990)고 하였다.

1 부모의 양육태도

부모의 양육태도란 하나의 문화양식으로써 부모가 자녀를 기르는 양태이며, 양육활동에 대한 경향성과 반응양식을 말한다. 부모의 양육태도는 부모-자녀 관계의 규명이라는 차원에서 연구되었으며 연구의 배경은 아동학대가 일면 부모와 자녀관계에서 비롯되며 학대를 자극하는 아동의 특성과 부모의 역할 수행상의 문제와 관련 있다고 보기 때문이며 주로 부정적인, 바람직하지 못한 양육태도를 중심으로 이루어지고 있다.

부모의 양육태도를 신연호(1993)는 허용적 태도, 적대적 태도, 통제적 태도, 안일한 태도, 비합리적 태도로 구분하였다.

허용적 태도는 자녀를 양육함에 있어서 부모의 자녀에 대한 관심, 보호, 지지, 수용 등이 수반된 애정어린 양육태도를 말한다.

적대적 태도는 부모의 애정어린 양육태도에 대응하는 것으로써 자녀라는 존재를 무시, 경멸, 부인하는 것을 의미한다. Burgess(1978)에 의하면 아동방임과 학대가 일어난 가정에서는 어머니의 애정적이고 지지적인 태도가 대조군에 비해서 40%가 적었으며, 위협과 불평등적인 행동은 60%나 많았다고 보고하였다.

통제적 태도는 자녀를 미숙한 존재로 혹은 부모의 소유물로 간주하는 데서 비롯되는 것으로 설명되어질 수 있다. 또한 부모가 자녀의 행동을 통제하기 위해 권위적이며, 지나치게 간섭하거나 금지, 강요하는 행동을 말하기도 한다.

안일한 태도는 아동의 성장을 위해 필요한, 또 아동으로부터 요구되는 일련의 자원이나 심리적 지원과 신체적 수고를 하지 않는 것을 말한다.

비합리적 태도는 아동에 대한 과잉보호나 무조건적인 허용 및 지나친 기대나 요구를 하거나 일관성이 없는 양육태도를 말한다. 이소희(1986)는 적대적 태도와 비합리적 태도는 정서적 학대와, 통제적 태도는 신체적 학대와 안일한 태도는 밀접한 관계를 갖는다고 하였다.

2 부모-자녀 놀이요인

부모-자녀 놀이변인은 부모와 자녀 사이의 상호작용을 나타내는 것으로 부모와 자녀간의 상호작용과 애정적이고 친밀한 관계를 보여주는 변인으로서, 학대 부모들은 자녀에게 애정의 표현뿐 아니라 언어적 자극도 부족하고(Herrenkohl, 1983) 아동들과의 관계에서 상호보완성이 결여되어 있다고 하였다. 관련된 선행 연구결과는 부모-자녀의 상호작용과 관계에 초점을 두는 것이 중요하다고 하였다(홍강의, 1987).

3 부모-자녀의 대화요인

부모-자녀의 대화변인은 놀이변인과는 달리 신체적인 접촉을 물어 보는 것이 아니라 자녀의 고민이나 걱정에 대해 부모와 상의하고 이야기를 얼마나 자주 대화의 기회를 갖느냐 하는 것을 묻는 것이다.

한국청소년연구소의 연구조사(1994)에 의하면 매를 맞지 않은 집단은 40.41%가 경하게 맞은 집단은 31.7%, 심하게 맞은 집단은 25.3%가 아버지와 대화가 많다고 응답하였다(P<.001). 한편 어머니와의 대화는 매를 맞지 않는 집단은 60.9%, 경하게 맞은 집단은 56.8%, 심하게 맞은 집단은 52.1%가 '많다'고 응답하였다.

전체적으로 아버지와 대화가 많다고 응답한 아동은 33.1%에 비해서 57.3%가 어머니와 대화가 많다고 답하여 아버지의 자녀와의 대화가 부족한 형편이라는 결과를 보인다.

아동을 학대하는 부모의 경우 강압적인 처벌의 사용과 함께, 자녀에게 많은 통제를 하면서 대화는 거의 허용하지 않는다는 선행 연구결과도 보고되었다(Mussen, 1979).

(4) 부모불화도 관련 요인

부모의 불화도는 가정의 분위기와 가정환경에서의 폭력 존재 정도를 보는 변인으로서 부모의 결혼생활 상태나 부부관계가 좋지 않은 경우, 부모의 생활 만족도가 낮은 경우에 아동을 학대한다고 하였다(서은주, 1992).

또한 부부간의 갈등과 불화로 인한 스트레스와 폭력의 사용이 부모-자녀 관계로 옮겨져 아동학대로 표면화되기도 한다(Steinmentz & Straus, 1974)고 하였다.

부부간의 불화도가 높은 경우, 가족의 하위체계인 부부체계가 건강하지 못함으로 인해 다른 하위체계에까지 부정적 영향을 미치게 되어 가족 내 문제는 전이되고 순환되며 자녀는 부부간의 불화의 희생양이 되어 학대에 노출되기 쉽다고 하였다.

또한 부부간의 불화도가 심한 경우, 어머니는 경제적 · 심리적 스트레스를 받아 자녀를 학대하게 된다고 하였다(고성혜, 1992).

황영희(1987)은 부부의 결혼 만족도와 아동학대와의 상관관계를 조사한 연구에서 학대받는 아동의 부모는 대부분 그들 결혼 생활이 만족한 상태가 아니었으며 아동의 신체적 학대는 결혼 만족도의 하위변인인 건강과 부정적 상관관계를 나타냈으므로 건강에 대한 만족도가 낮은 부모가 신체적인 학대를 많이 한다고 보고했다.

4) 아동학대의 영향

아동학대가 심각한 사회문제로 간주되는 것은 아동학대가 초래하는 부정적인 결과, 즉 후유증이다. 아동기의 경험은 인간의 발달에 큰 영향을 미치는데 아동학대가 아동에게 미치는 영향은 매우 다면적이며 또한 오래 지속된다.

학대로 인한 결과는 아동에게 학대가 일어났던 연령, 학대의 심각성, 학대받은 기간 및 학대의 유형에 따라 다양하다. 일반적으로 학대받은 연령이 낮을수록, 기간이 오래될수록, 그리고 학대 정도가 심할수록 그 후유증은 더욱 심각하다(김성경 외 2010).

아동학대의 결과는 시간이 지나면 아물게 되어 상처가 없어지는 멍이나 타박상과 같은 신체손상에 그치는 것이 아니라 심각한 뇌손상이나 정신지체, 언어장애를 초래하기도 하고 심한 경우 사망에 이를 수 있다.

학대를 받을 경우 아동은 아동의 신체적, 정서적, 인지적 발달을 포함하는 거의 모든 발달영역에서 심각한 손상을 입게 된다(정익중 · 박현선 · 구인회, 2006).

아동학대의 유형에 따라 학대의 영향을 살펴보면 다음과 같다.

(1) 신체적 학대의 영향

신체적 학대를 당한 아동은 단순한 타박상, 골절, 내부 장기의 손상, 발달지연, 정신지체, 자아기능의 손상, 또래관계의 어려움을 경험할 수 있으며 그 외에 학교부적응과 과잉행동, 우울증, 어휘가 부족하고 언어발달이 늦으며 주의집중 시간이 짧은 특징을 보인다.

가출아동의 경우 일반아동보다 신체적 학대를 받은 경험이 많다는 보고가 있다(신영화, 1986).

(2) 정서적 학대의 영향

정서적 학대를 당한 아동은 언어발달이 지체되고 또래관계에서 사회적 기술이 매우 부족하며 타인의 관심과 환심을 사려고 하는 지나친 애정의 욕구를 필요로 하는 수동적이고 순종적이거나 공격적이고 도전적일 수 있으며 자아존중감이 낮아지고 감정표현이 적어진다.

부모로부터 존중받지 못하고 학대를 받은 아동은 자신을 무능하다고 생각하며, 자신에 대한 나쁜 감정을 느끼며, 자신은 타인으로부터 사랑받을 가치가 없는 사람으로 생각하며, 자신을 함부로 다루며, 스스로를 통제하고자 하는 능력도 낮아진다. 심각한 정서적 학대는 반사회적 행동장애나 경계성 인격장애를 일으키기도 한다.

(3) 성적 학대의 영향

성적 학대는 다른 학대와는 상이한 신체적 후유증을 유발한다. 성적 학대는 요로감염, 생식기 관련 감염이나 손상, 성병감염, 그리고 원하지 않은 임신으로 나타날 수 있다. 성적 학대는 시간의 경과에 따라 행동의 변화를 보이는데 학대를 받은 직후에는 수면장애와 불안증세가 두드러지며 시간이 경과되면 연령에 맞지 않는 성행동과 이성의 관심을 몰기 위한 선정적 행동을 보이기도 한다.

어린시절 성적 학대의 경험은 낮은 자아존중감, 죄책감, 불안, 우울, 신체증상, 대인관계에서의 문제, 성문제, 약물남용 등의 다양한 정신병리 증상과 관련이 있다는 연구결과가 발표되고 있으며, 성학대 사실을 알게 된 가족들의 반응이 어떠하였는가에 따라 그 상흔의 정도가 달라진다.

가족이나 주변사람들이 부정적인 측면에서 죄의식이나 수치심을 학대당한 아동에게 연결시켜 의사소통을 하게 되면 아동이 학대로 인하여 받은 상흔은 더욱 강해진다(공계순 외, 2009).

(4) 방임의 영향

방임 중 특히 영아기의 방임은 적절한 양육의 부족이나 소홀로 아동은 성장 · 발달이 지연되는 등 성장지체로 지속적인 고통을 받게 된다. 적절한 자극의 부족으로 의사소통과 관련된 사회성이 부족하고 또래 아동에 비해 신체적 발달과 성장이 지체될 수 있다.

학령기 아동의 방임은 학교생활에 낮은 적응력을 보이고 수동적이며 위축되어 있거나 반대로 공격적 성향을 많이 나타내기도 하는 등 학교생활에 부적응을 보이기도 한다.

2. 학대아동을 위한 복지 실천방법

아동학대 유병률에 대한 파악은 아동학대 관련 실태조사를 통하여 이루어지고 있는 실정이다. 유병률(prevalence)은 살아오는 동안 아동학대를 한번 이상 경험한 사람의 수를 기준으로 하는 것을 말하며, 발생률(incidence)은 아동학대로 판정받은 사례수가 얼마나 많은 가를 의미한다.

아동학대는 유병률과 발생률이라는 두 가지 용어를 사용하여 아동학대의 현황을 파악하고 설명한다.

아동학대의 효율적인 예방과 치료대책을 세우기 위해서는 아동학대의 실태를 정확히 파악하는 일이 중요하다. 여기에서는 2008년 한 해 동안 전국 43개 아동보호전문기관으로 상담신고 접수된 총 9,570건의 사례를 토대로 보건복지부가 발간한 「2008 전국아동학대 현황보고서」를 바탕으로 전반적인 아동학대의 현황을 파악해 보고자 한다.

1) 아동학대 현황

(1) 상담신고 접수현황

전국 아동보호전문기관에서는 '보건복지콜센터 129'와 '아동학대 상담신고전화 1577-1391'을 통해 아동학대 신고전화를 접수받으며 위기개입을 위해 24시간 대응하고 있다.

2008년 한 해 동안 아동학대 상담신고로 접수된 건수는 총 9,750건으로 아동학대 의심사례건수는 7,219건(75.4%), 일반상담건수는 2,351건(24.6%)이었다.

표 8-1 연도별 상담신고 접수 건수

(단위 : 건, %)

구분 \ 연도	2001년	2002년	2003년	2004년	2005년	2006년	2007년	2008년
아동학대 의심사례건수	2,606 (63.1)	2,946 (71.7)	3,536 (71.0)	4,480 (69.7)	5,761 (72.0)	6,452 (72.5)	7,083 (74.7)	7,219 (75.4)
일반상담 건수	1,527 (36.9)	1,165 (28.3)	1,447 (29.0)	2,118 (30.3)	2,239 (28.0)	2,451 (27.5)	2,395 (25.3)	2,351 (24.6)
계	4,133 (100.0)	4,111 (100.0)	4,983 (100.0)	6,998 (100.0)	8,000 (100.0)	8,903 (100.0)	9,478 (100.0)	9,570 (100.0)
전년대비 증가율	-	-0.5	21.2	40.4	14.3	11.3	6.5	1.0

2008년부터 '중복신고'의 개념이 새롭게 마련되었는데 중복신고란 아동보호전문기관에서 개입하고 있는 사례에 대하여 기존 신고내용과 동일한 학대행위자 및 학대유형으로 신고접수된 경우를 의미한다.

(2) 아동학대 연도별 신고자 유형

연도별 신고자 유형을 살펴보면 표 8-2와 같이 의료인, 교사와 같은 신고의무자들의 신고율이 지속적으로 증가하였으며 신고 의무자의 신고율은 33.1%로 나타났다.

비신고 의무자의 신고율은 66.9%로 나타났으며 아동 본인에 의한 신고는 1.0%에 불과하여 아동 본인이 자신의 문제와 위기상황을 외부에 알리고 도움을 요청할 수 있는 창구를 더욱 효과적으로 마련할 필요성이 제기되고 있다.

표 8-2 연도별 신고자 유형

(단위 : 건, %)

신고자 유형 \ 연도		2001년	2002년	2003년	2004년	2005년	2006년	2007년	2008년
신고의무자	시설종사자	285(10.9)	238(8.1)	181(5.1)	226(4.7)	222(3.8)	217(3.3)	374(5.3)	426(5.9)
	사회복지 전담공무원	216(8.3)	392(13.3)	575(16.3)	738(15.1)	805(14.0)	1,038(16.1)	953(13.4)	941(13.0)
	교사	134(5.1)	149(5.0)	190(5.4)	280(5.7)	431(7.5)	611(9.5)	771(10.9)	887(12.3)
	의료인	51(2.0)	59(2.0)	83(2.3)	102(2.1)	126(2.2)	114(1.8)	157(2.2)	105(1.5)
	학원교사	-	-	1(0.0)	15(0.3)	23(04.)	32(0.5)	26(0.4)	24(0.3)
	소방구급대원	-	-	-	-	-	-	3(0.0)	6(0.1)
	소계	686(26.3)	838(28.4)	1,030(29.1)	1,361(27.9)	1,607(27.9)	2,012(31.2)	2,284(32.2)	2,389(33.1)
비신고의무자	부모	772(29.6)	591(20.1)	673(19.0)	990(20.3)	1,073(18.6)	1,165(18.1)	1,294(18.3)	1,311(18.2)
	이웃 · 친구	685(26.3)	757(25.7)	843(23.8)	921(18.9)	933(16.2)	886(13.7)	856(12.1)	845(11.7)
	친인척	241(9.3)	242(8.2)	367(10.4)	373(7.6)	481(8.3)	500(7.7)	471(6.7)	502(6.9)
	경찰	104(4.0)	164(5.6)	221(6.3)	338(6.9)	357(6.2)	340(5.3)	275(3.9)	322(4.5)
	종교인		36.(1.2)	49(1.4)	47(1.0)	74(1.3)	99(1.5)	77(1.1)	54(0.7)
	사회복지 관련종사자		90(3.0)	114(3.2)	506(10.4)	823(14.3)	980(15.2)	1,165(16.5)	1176(16.3)
	낯선사람	-	-	4(0.1)	114(2.3)	80(1.4)	148(2.3)	88(1.2)	70(1.0)
	아동본인	40(1.5)	56(1.9)	52(1.5)	65(1.3)	80(1.4)	71(1.1)	50(0.7)	73(1.0)
	익명	-	11(0.4)	13(0.4)	13(0.3)	41(0.7)	26(0.4)	11(0.1)	61(0.8)
	기타	78(3.0)	161(5.5)	170(4.8)	152(3.1)	212(3.7)	225(3.5)	512(7.2)	416(5.8)
	소계	1,920(73.7)	2,108(71.6)	2,506(70.9)	3,519(72.1)	4,154(72.1)	4,440(68.8)	4,799(67.8)	4,830(66.9)
	계	2,606 (100.0)	2,946 (100.0)	3,536 (100.0)	4,880 (100.0)	5,761 (100.0)	6,452 (100.0)	7,083 (100.0)	7,219 (100.0)

(3) 아동학대 사례 분석 결과

1 아동학대 피해 아동

① 피해아동 성별 및 연령

아동학대 사례로 판정된 5,578건 중 피해아동의 성별 분포는 표 8-3과 같이 남아가

2, 801건(50.2%), 여아가 2,777건(49.8%)으로 매우 근소한 차이를 보여주었다.

표 8-3 피해아동 성별

(단위 : 건, %)

성 별	남	여	계
건 수	2,801(50.2)	2,777(49.8)	5,578(100.0)

피해아동의 연령은 학령기에 해당하는 만 7~12세가 전체의 49.7%를 차지하며 학대 피해아동들 중 과반수가 초등학교에 다니는 아동들로 나타났다.

또한 학령전 만 1세 미만부터 만 4~6세가 전체 피해아동의 23.3%를 차지하는 것으로 나타나 학령기 아동에 비해 상대적으로 낮은 비중을 차지하고 있지만 피해아동 전체의 약 1/4 정도가 학령전 영유아에게 발생한다는 것은 주목할 만한 현상이라고 할 수 있다.

표 8-4 피해아동 연령

(단위 : 건, %)

연령(만)	1세 미만	1~3세	4~6세	7~9세	10~12세	13~15세	16~18세	계
건 수 (비율)	131 (2.3)	476 (8.5)	697 (12.5)	1,319 (23.7)	1,452 (26.0)	1,098 (19.7)	405 (7.3)	5,578 (100.0)

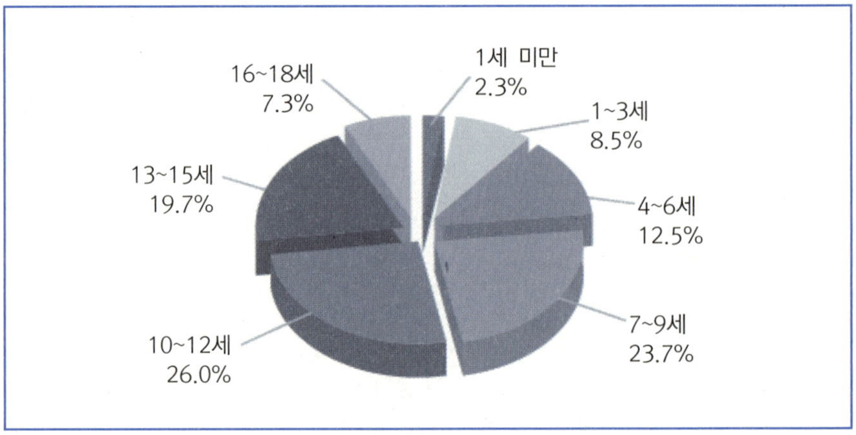

[그림 8-1] 피해아동 연령

② 피해아동 가족유형

피해아동의 가족유형은 부자가정이 1,687건(30.2%)으로 가장 많았으며, 일반가정 1,515건(27.2%), 모자가정 999건(17.9%) 순으로 높게 나타났다.

아동학대사례의 약 50%가 이혼, 가출, 별거 등으로 인한 한부모 가구로 파악되어 일반가구에 비해 한부모가구의 아동학대 발생률이 상대적으로 높음을 알 수 있다.

한편 표 8-5를 보면 가정위탁, 입양가정, 시설보호와 같은 가족유형에서도 적은 비중이긴 하지만 아동학대가 발생한 것으로 나타났다.

표 8-5 피해아동 가족유형

(단위 : 건, %)

가족유형	일반가정	부자가정	모자가정	미혼부모가정	재혼가정	친인척가정	동거(사실혼 포함)	가정위탁	입양가정	시설보호	소년소녀가정	파악안됨	기타	계
건수	1,515 (27.2)	1,687 (30.2)	999 (17.9)	97 (1.7)	395 (7.1)	358 (6.4)	198 (3.6)	26 (0.5)	25 (0.4)	104 (1.9)	35 (0.6)	37 (0.7)	102 (1.8)	5,578 (100.0)

③ 피해아동 특성

피해아동은 학습문제, 사회성 문제, 학교부적응, 가출과 같은 적응, 행동적 특성을 지닌 경우가 전체 피해아동의 41.9%로 가장 많았고 정서문제, 주의산만, 성격 및 기질문제와 같은 정서·정신건강의 특성이 25.4%로 높게 나타났다.

이 외에도 신체발달 지연, 언어문제 등 발달·신체건강상의 문제를 드러내는 아동이 전체의 9.8%, 신체장애, 정신지체 등 장애의 특성을 지니고 있는 경우가 1.7%로 나타났다.

표 8-6 피해아동 특성

(단위 : 건, %)

특성		건수
장애	시각장애	6(0.0)
	청각장애	10(0.1)
	지체장애	22(0.2)
	지적장애	160(1.3)

	자폐성장애	15(0.1)
	소 계	213(1.7)
정서 · 정신건강 특 성	주 의 산 만	629(5.0)
	과 잉 행 동	309(2.6)
	오 락 중 독	66(0.5)
	인터넷중독	121(1.0)
	정 서 문 제	1,499(12.0)
	성격 및 기질문제	354(2.8)
	탐식 및 결식	183(1.5)
	소 계	3,161(25.4)
적응 · 행동 특 성	반 항	352(2.8)
	거 짓 말	5174.1
	도 벽	437(3.5)
	가 출	578(4.6)
	약물 · 흡연 · 음주	286(2.2)
	성 문 제	171(1.4)
	학교 부적응	603(4.8)
	사회성 문제	677(5.4)
	잦 은 결 석	415(3.3)
	늦 은 귀 가	400(3.2)
	학 습 문 제	827(6.6)
	소 계	5,263(41.9)
발달 · 신체건강	신체발달지연	170(1.4)
	언 어 문 제	349(2.8)
	급만성 질병	52(0.4)
	영 양 결 핍	143(1.1)
	대 · 소변 문제	80(0.6)
	위 생 문 제	434(35)
	소 계	1,228(9.8)
기 타		766(6.1)
특 성 없 음		1,513(12.1)
파 악 안 됨		375(3.0)
계		12,519(100.0)

※ 중복포함

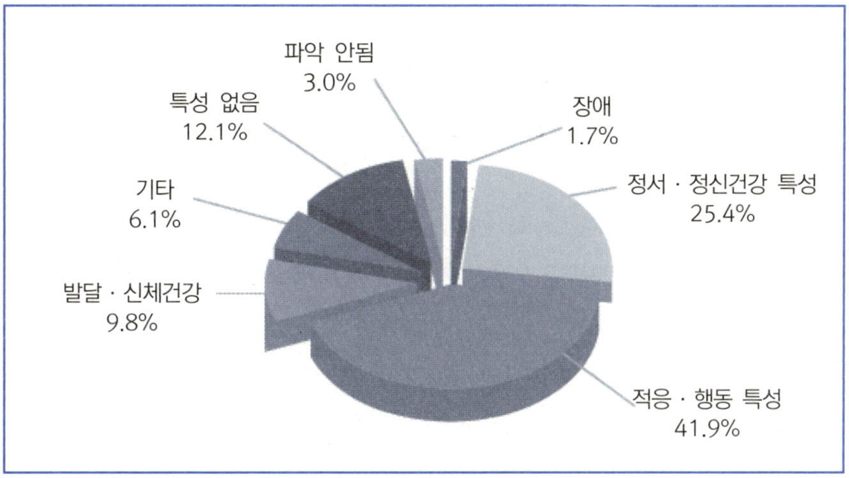

[그림 8-2] 피해아동 특성

2 아동학대 행위자의 특성

① 학대 행위자의 성별 및 연령

아동학대 행위자의 성별 분포는 남성이 3,453건(61.9%), 여성이 2,092건(37.5%)으로 남성이 여성보다 약 1.7배 정도 높은 것으로 나타났다.

학대 행위자의 연령은 만 40~49세가 2,174건(39%), 만 30~39세가 1,609건(28.9%)의 순으로 나타나 주로 초등학교 학부모 나이에 해당하는 30~40대에 분포되어 있다.

표 8-7 아동학대 행위자의 성별 및 연령

성별 및 연령		건 수
성 별	남	3,453(61.9)
	여	2,092(37.5)
	미 상	33(0.6)
연 령(만)	19세 이하	786(14.1)
	20~29세	370(6.6)
	30~39세	1,609(28.9)
	40~49세	2,174(39.0)
	50~59세	441(7.9)

	60~69세	123(2.2)
	70세 이상	75(1.3)
	파악 안됨	-
계		5,578(100.0)

② 학대 행위자와 피해아동의 관계

2008년 전체 아동학대사례 5,578건 가운데 학대행위자가 부모인 경우는 4,719건(84.5%), 친인척이 361건(6.5%), 타인이 394건(7.2%), 기타가 67건(1.2%)으로 나타났다. 특히 친부모에 의한 학대가 83.4%를 차지하고 있어 가정 내 학대문제가 심각함을 확인할 수 있다.

표 8-8 학대행위자와 피해아동과의 관계

(단위 : 건, %)

구 분	관 계	건 수
부 모	친 부	2,855(51.2)
	친 모	1,648(29.5)
	계 부	52(0.9)
	계 모	130(2.3)
	양 부	12(0.2)
	양 모	22(0.4)
	소 계	4,719(84.5)
친 인 척	친 조 부	60(1.1)
	친 조 모	98(1.8)
	외 조 부	8(0.1)
	외 조 모	28(0.5)
	친 인 척	145(2.6)
	형제 · 자매	22(0.4)
	소 계	361(6.5)
타 인	부모의 동거인	78(1.4)
	교 사	43(0.8)
	학 원 강 사	16(0.3)
	시설 종사자	88(1.6)
	이 웃	99(1.8)
	낯 선 사 람	70(1.3)

	소 계	394(7.2)
파악 안됨		37(0.6)
기 타		67(1.2)
계		5,578(100.0)

③ 학대행위자의 특성

학대행위자의 가장 두드러진 특성은 양육태도 및 방법부족으로 전체의 30.2%를 차지하였고, 다음으로는 사회 · 경제적 스트레스 및 고립 요인이 24.6%, 중독 및 질환문제가 12.7%의 순으로 나타났다.

아동학대 예방 및 재발방지를 위해서는 행위자를 대상으로 적절한 자녀양육 기술과 방법에 대한 정보를 제공하고 훈련시키며, 경제적 어려움을 겪고 있는 빈곤가정을 지원해 주고, 사회적으로 고립되지 않도록 관계망을 형성시켜 주는 것이 필요하다 할 수 있다.

표 8-9 학대행위자 특성

(단위 : 건, %)

특 성	건 수
양육태도 및 방법부족	5,111(30.2)
중독 및 질환문제	2,153(12.7)
성격 및 기질문제	1,574(9.3)
사회 · 경제적 스트레스 및 고립	4,170(24.6)
어릴적 학대경험 및 폭력성	1,007(6.0)
성 문 제	208(1.2)
원치 않는 아이	154(0.9)
가족 · 종교문제	1,574(9.3)
기 타	449(2.7)
파악 안됨	518(3.1)
계	16,918(100.0)

※ 중복포함

3 아동학대 사례유형

아동학대 사례유형별 분류에서 두 가지 이상의 학대를 동시에 경험한 중복학대를 별도로 구분하지 않고 각각의 아동학대 사례유형에 모두 표기해서 살펴보았을 때 다음과 같이 나타났다.

전체 아동학대 사례유형 누계는 7,795건이며 방임이 3,105건(39.8%)으로 가장 많으며 성학대 424건(5.5%), 유기 94건(1.2%) 순으로 나타났다.

방임은 다른 학대 유형에 비해 심각하게 인식되지 않으나, 발달단계의 아동에게 끼치는 영향력이 매우 크며, 특별히 2세 이하의 영유아가 방임을 당할 경우 성장실패증후군(FTT : failure to thrive syndrome) 및 발달지체, 성격장애 사망과 같은 치명적 결과를 초래할 수 있어 방임아동에 대한 근본적인 보호대책을 모색하여야 한다.

표 8-10 아동학대 사례유형 II(중복학대 미분류)

(단위 : 건, %)

유　　형	건　　수
신체학대	1,857(23.8)
정서학대	2,315(29.7)
성 학 대	424(5.5)
방　　임	3,105(39.8)
유　　기	94(1.2)
계	7,795(100.0)

① 아동학대 사례유형에 따른 피해아동 성별

피해아동의 성별분포는 성학대를 제외한 모든 학대 유형에서 남아와 여아가 비슷한 분포로 보여주었고, 성학대의 경우 남아가 9.0%, 여아가 91.0%로 여아가 남아보다 10배로 비중이 많음을 보여주고 있다.

표 8-11 아동학대 사례유형에 따른 피해아동 성별

성별＼유형	신체학대	정서학대	성학대	방 임	유 기	계
남	969 (52.2)	1,163 (50.2)	38 (9.0)	1,691 (54.5)	54 (57.4)	3,915 (50.2)
여	888 (47.8)	1,152 (49.8)	386 (91.0)	1,414 (45.5)	40 (42.6)	3,880 (49.8)
계	1,857 (100.0)	2,315 (100.0)	424 (100.0)	3,105 (100.0)	94 (100.0)	7,795 (100.0)

※ 중복포함

② 아동학대 사례유형별 피해아동 특성

신체적 학대, 정서적 학대, 성학대, 방임의 모든 학대 유형에서 거짓말, 도벽, 가출, 약물, 흡연, 음주 등과 같은 적응 · 행동적 특성을 가장 많이 보였다. 적응 · 행동적 특성 다음으로 정서문제도 많은 비중을 차지하며 피해아동들에게 정서적 안정감을 되찾아 줄 수 있는 심리적 · 정서적 프로그램 개발 및 치료의 필요성을 확인할 수 있음을 보여 준다.

표 8-12 아동학대 사례유형별 피해아동 특성

(단위 : 건, %)

특성＼유형		신체학대	정서학대	성학대	방임	유기	계
장애	시 각	1(0.0)	1(0.0)	-	4(0.1)	2(1.0)	8(0.0)
	청 각	5(0.1)	5(0.1)	2(0.2)	4(0.1)	-	16(0.1)
	지 체 장 애	2(0.0)	3(0.0)	-	19(0.3)	-	24(0.1)
	지 적 장 애	47(1.0)	42(1.0)	19(1.9)	104(1.3)	2(1.0)	214(1.2)
	자폐성 장애	3(0.1)	3(0.1)	-	11(0.2)	2(1.0)	19(0.1)
	소 계	58(1.2)	54(1.1)	21(2.1)	142(2.0)	6(3.0)	281(1.5)
정서 · 정신건강 특성	주 의 산 만	238(5.3)	265(4.7)	40(3.9)	371(5.1)	6(2.9)	920(5.0)
	과 잉 행 동	117(2.6)	139(2.5)	18(1.8)	172(2.4)	6(2.9)	452(2.4)
	오 락 중 독	26(0.6)	31(0.6)	2(0.2)	40(0.6)	1(0.5)	100(0.5)
	인터넷 중독	41(09.)	48(0.9)	7(0.7)	78(1.1)	1(0.5)	175(0.9)
	정 서 문 제	572(12.7)	792(14.4)	115(11.3)	793(10.9)	13(6.3)	2,285(12.5)
	성격 및 기질	131(2.9)	176(3.2)	26(2.6)	184(2.5)	5(2.5)	522(2.8)
	탐식 및 결식	39(0.9)	50(0.9)	8(0.8)	157(2.2)	5(2.5)	259(1.4)

	소계	1,164(25.9)	1,501()27.2)	216(21.3)	1,795(24.8)	37(18.1)	4,713(25.5)
적응·행동특성	거짓말	278(6.2)	255(4.6)	48(4.7)	235(3.2)	3(1.5)	819(4.4)
	반항	178(3.9)	196(3.6)	23(2.3)	159(2.2)	3(1.5)	559(3.0)
	도벽	217(4.8)	214(3.9)	24(2.3)	232(3.2)	4(1.7)	691(3.7)
	가출	292(6.5)	308(5.6)	49(4.8)	283(3.9)	5(2.5)	937(5.1)
	약물·흡연·음주	126(2.8)	123(2.3)	48(4.8)	129(1.7)	6(3.0)	432(2.3)
	성문제	35(0.8)	44(0.8)	105(10.3)	57(0.8)	1(0.5)	242(1.3)
	학교부적응	228(5.1)	279(5.1)	43(4.2)	371(5.1)	5(2.5)	926(5.0)
	사회성 문제	218(4.8)	299(5.4)	47(4.6)	430(5.9)	3(1.5)	997(5.4)
	잦은결석	131(2.9)	173(3.2)	28(2.8)	302(4.2)	5(2.5)	639(3.5)
	늦은귀가	196(4.3)	194(3.5)	30(3.0)	226(3.1)	5(2.5)	651(3.5)
	학습문제	275(6.1)	333(6.1)	72(7.1)	529(7.3)	10(4.9)	1,219(6.6)
	소계	2,174(48.2)	2,418(44.0)	517(50.9)	2,953(40.6)	50(24.6)	8,112(43.8)
발달·신체건강	신체발달지연	42(0.9)	52(0.9)	6(0.6)	123(1.7)	10(4.8)	233(1.3)
	언어 문제	101(2.2)	144(2.6)	16(1.6)	236(3.3)	13(6.3)	510(2.8)
	급만성질병	17(0.4)	20(0.4)	4(0.4)	34(0.5)	3(1.5)	78(0.4)
	영양결핍	38(0.8)	37(0.7)	6(0.6)	118(1.6)	5(2.5)	204(1.1)
	대소변 문제	20(0.4)	34(0.6)	4(0.4)	46(0.6)	5(2.5)	109(0.6)
	위생 문제	91(2.0)	134(2.4)	32(3.2)	376(5.2)	5(2.5)	638(3.5)
	소계	309(6.7)	421(7.6)	68(6.8)	933(12.9)	41(20.1)	1,772(9.7)
그 외	특성없음	455(10.1)	647(11.7)	114(11.2)	773(10.7)	41(20.1)	2,030(11.0)
	파악안됨	107(2.4)	135(2.5)	26(2.5)	212(2.9)	13(6.3)	493(2.7)
	기타	246(5.5)	325(5.9)	53(5.2)	441(6.1)	16(7.8)	1,081(5.8)
	소계	808(18.0)	1,107(20.1)	193(18.9)	1,426(19.7)	70(34.2)	3,604(19.5)
계		4,513(100.0)	5,501(100.0)	1,015(100.0)	7,249(100.0)	204(100.0)	18,482(100.0)

※ 중복포함

③ 아동학대 발생장소 및 발생빈도

아동학대 발생장소는 가정 내 발생 4,633건(83.1%), 집 근처 또는 길가에서 발생 174건(3.1%), 복지시설 95건(1.7%), 이웃집 65건(1.2%), 어린이집 61건(1.1%), 친척집 46건(0.8%)순으로 나타났다.

아동학대 발생빈도는 학대가 거의 매일 발생한 경우가 2,801건(50.2%), 2~3일에 한번 발생한 경우가 633건(11.3%)으로 나타났다.

학대 발생빈도에서 볼 때 우리나라의 아동학대 발생은 보호자의 우발적 실수가 빚어진 일회성 사건이 아닌 지속적이고 반복적으로 발생하고 있음을 알 수 있다.

④ 아동학대 사례 조치결과

2008년 한 해 동안 피해아동에게 초기 조치결과 분석시 원가정보호 3,3936건(70.5%), 격리보호 1,587건(28.4%), 타기관 의뢰 52건(0.9%), 초기 아동사망 3건(0.1%) 순으로 서비스가 제공된 것으로 나타났다.

학대행위자에게 취해진 최종 조치결과는 지속관찰 4,367건(78.3%)으로 가장 많이 취해졌고 고소 · 고발 237건(4.3%), 타기관 의뢰가 167건(3.0%)으로 취해졌다.

⑤ 아동학대 사례 서비스 제공 현황

피해아동에 대한 서비스는 2008년 한 해 동안 총 207,111회 제공되었는데 2008년 새롭게 신고접수된 사례에 103,006회, 2008년 이전 신고된 주적 사례에 104,105회 서비스 지원이 이루어졌다.

피해아동에게 제공된 서비스는 일시보호 서비스, 교육 서비스, 상담 서비스 항목에 집중되어 있는 반면 전문성이 필요한 심리치료 서비스나 아동의 가족 · 생활환경 요인을 변화시켜 줄 수 있는 가족기능 강화 서비스 등은 상대적으로 적어 다양한 시비스 시행을 위한 적극적 대책이 요구된다.

학대행위자에 대한 서비스는 총 43,057회 제공되었으며 2008년 신규 서비스는 24,372회, 이전 신고된 사례의 학대행위자에 대한 서비스는 18,685회 지원되었다. 서비스 유형별 분포를 살펴보면, 개별상담 서비스와 의료 서비스의 비율이 높았으나 심리치료 서비스와 가족기능 강화 서비스의 비중은 피해아동과 마찬가지로 낮은 것으로 나타났다.

2) 아동보호 서비스

아동보호 서비스 과정은 상담 및 신고접수단계, 현장조사 및 사례판정단계, 조치결정단계, 서비스제공단계, 사례평가 및 종결단계, 사후관리단계로 이루어진다.

보건복지부(2009)의 전국아동학대 현황보고서의 '아동학대 사례 업무진행도'를 살펴보면 [그림 8-3]과 같은데 아동학대 신고 후 진행되는 과정을 보여주고 있다.

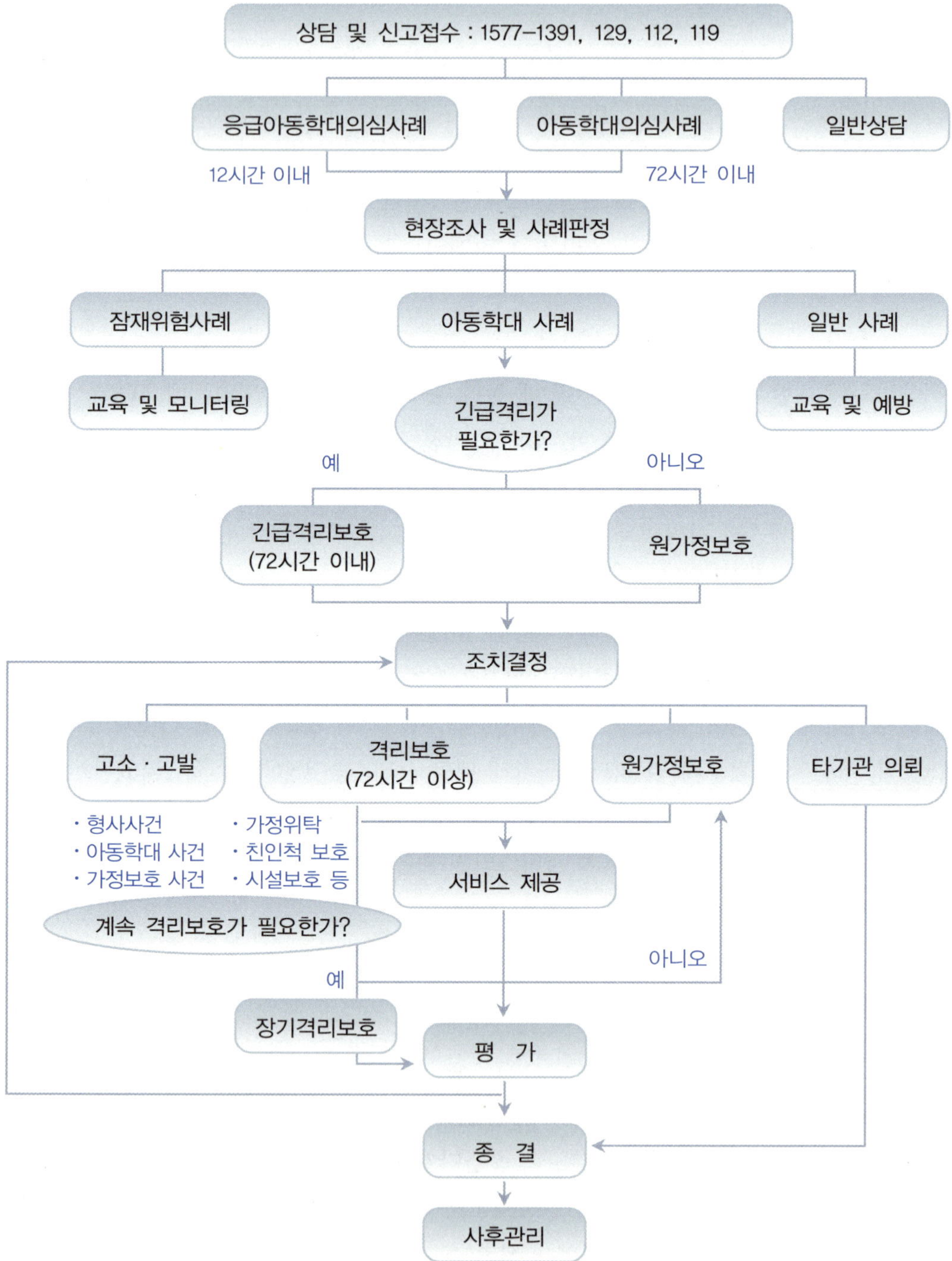

[그림 8-3] 아동학대 사례 업무진행도

(1) 상담 및 신고접수단계

아동학대와 관련하여 상담 및 신고접수 경로는 네 가지 항목으로 구분하여 설명된다.

아동보호전문기관이 운영하는 아동상담전용전화 '1577-1391', 보건복지콜센터의 긴급지원전화 '129', 아동보호전문기관의 홈페이지와 이메일을 통한 '인터넷' 신고, 신고자가 직접 기관으로 방문하여 신고하는 '내방'으로 분류된다. 아동학대 신고전화를 접수받으며 위기개입을 위해 24시간 대응하고 있다.

(2) 현장조사 및 사례판정

신고접수시 응급한 아동학대 상황으로 의심되어 아동의 안전확보를 위해 12시간 이내에 현장조사를 실시해야 된다고 판단되는 사례는 응급아동학대의심사례를 말하며 아동학대 의심사례는 신고접수 후 아동보호전문기관 상담원들이 72시간 내에 현장조사를 실시하는 경우를 의미한다.

아동학대가 의심되어 현장조사를 실시한 결과 잠재위험사례, 아동학대사례, 일반사례로 구분하여 사례판정을 한다.

(3) 조치결정

아동학대사례 판정 후 피해아동과 학대행위자에 대한 조치가 결정되는데 고소·고발, 격리보호, 원가정보호, 타기관 의뢰 조치가 취해진다.

(4) 서비스 제공

피해아동과 학대행위자, 부모 및 가정을 위한 가장 효과적이고 적절한 서비스를 제공하기 위하여 일시보호 서비스, 교육 서비스, 상담 서비스, 의료 서비스 등이 제공된다. 그 외에 심리치료 서비스, 가족기능 강화 서비스 등의 다양한 서비스를 제공한다.

(5) 사례평가 및 종결단계

아동학대에 대한 개입 목표달성과 가능성이 희박하다고 사례 평가되는 경우 사례는 종결된다.

(6) 사후관리

사후관리는 가족의 안정유지와 학대재범의 예방을 목적으로 하며 주기적으로 학대 재발생 여부를 확인하여 도움이 필요하면 언제든지 상담원을 통해 필요로 하는 도움과 자원을 제공받을 수 있다.

3. 학대아동 복지의 문제점 및 과제

1) 학대아동 보호사업의 문제점

(1) 관련법규의 불완전성

관련법규(아동복지법, 형법, 가정폭력방지법, 근로기준법 등)의 미흡으로 인하여 실질적인 아동학대 예방기능과 치료기능이 충족되지 못하고 있는 실정이다.

(2) 예방적 · 치료적 체계의 미흡성

1989년 아동학대예방협회가 설립되어 전국지부를 설치하여 학대신고센터를 운영 중에 있으나 홍보부족으로 많은 효과를 보지 못하고 있는 실정이다.

(3) 국가의 소극적 지원

아동학대예방기구는 주로 민간단체 중심이고 국가의 지원이나 참여는 거의 없다고 볼 수 있다.

(4) 아동학대에 관한 홍보부족

일반인의 인식결여로 적절한 아동양육과 방임 및 학대에 대한 문제의식이 일반인에게 형성되어야 하는데 이를 위한 사회적 차원의 홍보가 거의 이루어지지 않고 있다.

2) 학대아동 보호사업의 과제

(1) 아동학대 신고율 향상과 조기발견을 위한 방안 모색

1 신고의무자 신변보호를 위한 제도적 장치 마련

신고의무자가 비록 법적으로 신고 의무를 지니고 있다 하더라도, 아동학대를 발견하였을 때 실제 신고하기까지는 개인적, 환경적 요인들에 의해 영향을 받기 마련이다. 이러한 요인들 가운데 신고의무자가 학대신고를 꺼려하는 가장 큰 요인은 신고 이후 자신의 업무가 과중되거나 직장에서 좋지 않은 이미지를 지닐 수 있다는 점과 함께, 신고자의 신분노출로 인해 아동학대행위자로부터의 협박, 업무방해 등과 같은 신변보호 문제가 발생되는 것이 중요한 요인으로 보여진다. 신고의무자들은 아동학대 의심사례 신고 이후 공격적인 학대행위자로부터 실제적으로 신변위협을 당했거나, 행위자의 보복과 협박, 업무방해 등과 같은 상황이 발생할 수 있다는 두려움, 위협적인 행위자로부터 보호받을 수 있는 제도적 장치가 부실하다는 사회적 안전망에 대한 불신 등으로 인해 신고를 망설이는 경우가 많다.

그러므로 신고의무자의 아동학대 신고의식을 고취시킬 수 있는 활발한 홍보와 더불어 개인 신상정보가 노출되지 않고 보완이 잘 이루어질 수 있으며, 학대행위자로부터 신변을 보호받을 수 있는 제도적 안전장치가 현실적으로 마련되어야 할 것이다. 또한 신고자에게 위협을 가하거나 업무를 방해할 때 처벌받을 수 있다는 사실을 인지시키고 전달할 필요가 있다. 신고의무자의 적극적인 신고행위는 아동학대를 조기에 발견하여 아동을 학대위험 상황으로부터 신속히 구출하고 생명과 안전을 담보하는데 중요한 통로가 될 수 있으며, 결국 이는 아동보호체계를 더욱 공고히 만들어 가는 데 촉진제 역할을 하게 될 것이다.

2 아동보호전문기관 확대 설치

아동학대 신고율을 높여 학대를 신속히, 조기에 발견하고 위험에 노출된 사각지대의 아동들을 스크리닝하여 안전하게 보호하기 위해서는 아동보호전문기관을 증설하는 것이 필요하다.

더욱이 아동인구 수 대비 설치된 아동보호전문기관 수도 매우 적어 아동학대를 적극적으로 방지하고 지역의 접근성을 높이기 위해서는 기관 수 증설이 반드시 이루어져야 한다.

다행히 2009년 7월부터 시행되는 아동복지법 개정안에 지역아동보호전문기관을 시 · 도 및 시 · 군 · 구로 확대 설치하는 내용이 새롭게 명시되어 아동보호전문기관 증설의 법적 근거가 마련되었다. 이는 아동학대 신고율을 높여 피해아동을 조기에 발견할 뿐만 아니라, 아동학대 사례관리의 효과성과 질적인 향상을 꾀할 수 있다는 면에서도 매우 고무적인 일이라 할 수 있다. 그러므로 정부는 지방자치단체에서 각 시 · 군 · 구마다 실제적으로 아동보호전문기관을 확대 설치할 수 있도록 적극적인 유인정책과 현실적인 방안을 모색하여야 할 것이다.

3 아동학대 상담신고체계의 일원화

정부는 2007년부터 아동학대 긴급전화 '1391'을 폐지하고, 보건복지콜센터 '129'로 통합하였다. 보건복지콜센터는 국민들이 보건복지관련 정보와 상담서비스를 한 곳에서 제공받을 수 있도록 직접상담 및 안내 · 연계 창구로서의 역할을 수행하는데 목적을 두고 설립되었으나, 연도별 상담 신고접수 경로 현황을 살펴보면 129를 통한 신고접수는 2007년 전체 신고접수건의 7.5%, 2008년에는 전체의 5.6%를 차지하여 비중이 매우 낮았다. 결국 이는 129가 아동학대 상담에 있어서는 수요자의 접근성을 높일 수 있는 창구로서의 역할을 제대로 감당하지 못하고 있음을 드러내는 것이며, 또한 '129'와 아동상담전용 전화 '1577-1391'의 이원화된 신고체계로 인해 오히려 아동학대 사례의 신고가 누수될 가능성을 보여주는 것이라 하겠다.

현재의 이원화된 신고체계에서는 신고자가 129를 통해 아동학대를 신고할 경우, 129 콜센터에서 다시 아동보호전문기관으로 사례를 이관해 주어야 하므로 오히려 아동학대 업무를 신속히 수행하는데 어려움이 초래될 뿐만 아니라, 오히려 아동학대 업무를 신속히 수행하는데 어려움이 초래될 뿐만 아니라, 아동보호전문기관에서 신고자에게 재차 연락하여 정보를 취하는 경우가 있어 신고자에게 부담을 주게 된다. 그러므로 아동학대 사례에 대하여 국민들의 신고율을 높이기 위해서는 단일 회선을 통해 상담신고를 접수받는 것이 더욱 효과적이라 여겨진다.

4 아동 본인의 능동적인 신고 참여를 위한 교육 및 홍보 활성화

아동학대 신고율을 높이기 위한 방안으로 아동학대 전용 핫라인을 설치하는 것 외에도, 아동이 자신의 문제와 위기상황을 외부에 알리고 도움을 요청할 수 있는 아동보호전문기관에 아동의 접근성을 높이는 방법을 생각해 볼 수 있다.

이에 아동 본인의 상담 참여율을 높일 수 있도록 아동학대 예방에 대한 활발한 교육 및 홍보활동이 필요하다. 예를 들어 아동학대 교육용 홍보동영상을 초·중·고 아동연령 및 특성에 맞게 제작하여 교육과학기술부와의 협조 아래 전국에 배포하고 이를 통해 각 학교에서 아동학대에 관하여 시청각 교육을 정기적으로 시행한다면 학대에 대한 아동 인식이 증진되어 학교 상담교사 혹은 아동보호전문기관에 아동 스스로 활발히 신고 및 상담을 할 수 있는 토양이 마련될 수 있을 것이다. 더불어 아동이 편안하게 자신의 문제를 털어놓을 수 있는 방안으로, 비슷한 또래친구에게 아동학대를 상담할 수 있는 환경을 만들어 아동들의 접근성을 높이는 방안도 고려해 볼 수 있다.

(2) 효과적인 아동학대 사례 관리체계 마련

1 사례관리를 위한 상담원 인력 보강

효과적인 아동학대 사례관리를 위해 아동보호전문기관 내에 아동학대 업무체계를 세분화하여 각각의 업무를 전담할 수 있는 팀을 구성하고, 세분화된 전담 업무를 수행할 수 있는 상담원을 배치할 수 있도록 인력을 보강해야 할 것이다.

2 가족보존을 위한 재통합 · 회복 프로그램 개발 및 전문 인력 양성

아동학대 예방사업의 궁극적인 목적은 학대 피해아동을 안전하게 보호할 뿐만 아니라 행위자와 가족의 기능을 강화시키고, 학대 발생 위험이 높은 환경을 개선함으로써 피해아동을 가정에 재통합시켜 가족을 보존하는 데 있다. 이를 위해서는 피해아동과 학대행위자, 피해 부모 및 가족 모두의 회복과 재통합을 위한 사회적 지원, 프로그램 개발 등이 이루어져야 하며 서비스 실천 현장에서 프로그램을 운영할 수 있는 전문 인력이 양성되어야 한다. 아동의 입장에서 최선의 양육 환경은 가정 친화적인 환경이기 때문이다.

아동보호전문기관 상담원들이 피해아동과 행위자를 포함한 가족의 욕구를 사정하여 각 사례의 특성에 맞는 전문적 서비스를 제공하고 프로그램을 직접 운영할 수 있도록 상담원 대상의 전문 교육 강화 및 정례화, 전문 인력 양성에 필요한 재정지원이 정부로부터 적극 이루어져야 할 것이다.

3 학대 피해아동 보호를 위한 대안 양육체계 개발 · 확대

유엔 아동권리협약의 권고사항에도 가정과 분리된 아동의 시설양육에 대한 대안으로 그룹홈과 대안양육체계의 숫자를 지속적으로 확대하라는 내용이 언급되어 있다. 이에 정부는 2004년 아동복지법 개정을 통해 공동생활가정(그룹홈)을 아동복지시설의 종류에 추가하고, 2005년 가정위탁지원센터 설립의 법적 근거를 마련, 위탁가정을 대상으로 양육보조금, 아동상해보험료, 전세자금 등의 재정지원을 추진해 왔다.

지금까지 정부에서 보호를 필요로 하는 아동이 가정적인 환경에서 양육될 수 있도록 관련법을 정비하고 환경을 개선하고자 노력을 기울여 왔으나, 아동학대 피해아동은 일반 요보호아동과는 달리 대인관계 형성의 어려움, 문제행동, 공격적 성향 등 특수성을 지닌 만큼, 전문교육과 훈련을 통해 학대 피해아동의 특성을 이해하고 이에 적합한 양육과 보호를 제공할 수 있는 위탁가정을 발굴, 전문 그룹홈 등을 확대해 나가는 것이 반드시 필요하다. 특별히 성학대 피해아동의 경우에는 아동학대의 여러 유형 중 가장 심각하고 만성적인 정신적 후유증을 남기므로 한시적으로 보호되면서 치료받는 것이 아니라 장기적으로 보다 집중적이고 전문화된 치료서비스를 제공받아야 한다. 또한 성학대 피해아동이 일반 다른 아동들과 함께 장기적으로 보호될 경우 성학대 피해아동의 후유증으로 나타나는 유사 성행위, 성놀이 등으로 인하여 함께 거주하는 아동들에게 부정적인 영향을 미칠 수 있으므로 성학대 피해아동의 특성을 고려한 전용 치료보호쉼터가 반드시 설치되어야 할 것이다.

(3) 아동 최선의 이익을 위한 사법제도 개선

1 보호처분 및 친권개입 제도 마련

아동학대의 재발 방지를 위해서는 단순히 학대행위자를 형사적으로 처벌하는데 그치는 것이 아니라, 행위자의 성행을 교정 · 치료하여 재학대를 가하지 않도록 변화를 꾀하는 일과, 학대위험 수위가 심각한 경우에는 행위자의 친권을 일시적으로 제한하거나 상실시키는 조치가 수반되어야 한다.

한편 기존의 아동복지법에는 친권제한 및 상실에 관한 조항이 있었으나 이에 관한 처벌기준과 범위가 구체적으로 명시되어 있지 않고, 관련 절차와 지원체계도 미흡하여 부모가 친권을 남용하는 상황에서도 친권행사의 제한 또는 친권상실 선고가 거의 이루어지지 않았다. 아동보호전문기관에서 2000년부터 2008년 9월까지 아동학대 행위자가 자녀를 적절히 보호할 능력이 없고, 지속적인 학대발생 위험으로 인해 친권제한 및 상실이 필요하다고 판단되어 이를 청구 · 판결받은 사례는 총 9건이며, 이 중에서 아동복지법에 의해 지자체장이 청구한 경우는 단 1건에 불과하다. 이러한 현황은 행위자에 대한 친권개입의 사법적 지원과 실행 기반이 매우 취약하고 현실적인 제약이 따르고 있음을 반영하는 것이라 볼 수 있다.

이런 맥락에서 미국, 호주 등 해외 선진국의 경우와 같이 아동격리를 비롯한 강제적인 친권개입과 아동보호조치가 아동학대를 전담하는 법원판결을 통해 이루어지는 것도 효과적인 아동보호방안 중 하나로 생각해 볼 수 있다. 우리나라는 아동학대 사례를 전담하는 법원이 부재할 뿐만 아니라, 법원 내에 아동학대 문제를 전문적으로 다루는 전담팀도 구성되어 있지 않아, 아동학대에 관한 사법적 대응체계가 매우 취약하다. 그러므로 아동학대 사례를 전문적으로 다룰 수 있는 전담법원제도 도입과 같은 사법적 시스템 마련에 대하여 진지한 고민이 필요하다.

(4) 아동학대 사례 정보관리 통합시스템 구축

1 아동학대 정보 누수 방지를 위한 통합 관리 시스템 구축

아동학대 관련 통계는 매우 중요한 국가 데이터이므로 관련 기관에서 개입하고 있는 모든 아동학대 사례를 취합하여 정부가 누수되지 않도록 관리할 수 있는 통합적인 전산망이 아동보호전문기관 내에 구축되어야 할 것이다. 그리고 지역사회 내의 아동 · 청소년 복지관련기관들과 아동보호전문기관 간에 아동학대 사례관리 시 각 기관의 역할분담이 중첩되지 않고 효과적으로 이루어질 수 있도록 긴밀한 협력관계를 조성하여야 할 것이다.

2 학대행위자 정보 종합 관리 시스템 구축

해외 선진국의 경우에는 입양, 가정위탁 부모를 선정할 때에 부모가 될 사람의 학대경력을 파악할 수 있는 정보망이 구축되어 있어, 아동을 보다 안정적인 환경에서 대리양육시킬 수 있다. 그러므로 행위자 정보를 종합적으로 관리할 수 있는 전산시스템 구축은 아동에게 안전한 보호망을 마련해 주기 위해 반드시 추진되어야 할 매우 중요한 과제라 하겠다.

학대행위자에 관한 정확한 정보관리 시스템이 구축된다면, 행위자 특성에 맞는 재학대 예방프로그램 개발과 이에 관한 아동학대 예방정책 수립이 효과적으로 이루어져 결과적으로 재학대 발생률을 감소시킬 수 있으리라 기대된다.

(5) 단계별 아동학대 예방정책 수립 및 교육 · 홍보 활성화

아동학대 예방교육 및 홍보의 활성화는 학대를 예방하기 위해 매우 중요한 과제라 할 수 있다. 그러므로 아동학대 발생의 위험 정도에 따라 대상군별로 그에 적합한 단계별 예방정책을 수립하고 이를 실행할 수 있는 지역사회 내의 인프라 구축과 정부의 예산지원이 필요하다.

예방정책에 관한 단계별 방안을 제안하면 다음과 같다.

우선 아동학대 1차 예방정책으로는 만 30~40대 남성 학부모들을 중심으로 한 아동학대 예방프로그램 개발 및 실행과 지역사회 내에서 부모교육 활성화, 홍보사업을 통한 일반 국민들의 아동학대 인식개선 및 신고의식 고취 등을 생각해 볼 수 있다.

또한 아직 결혼하지 않은 미혼 남녀, 청소년과 예비부모를 대상으로 사전에 부모교육을 실시할 수 있는 시스템을 마련하는 것도 아동학대 예방을 위해 매우 중요한 과제라 할 수 있다.

아동학대 예방을 위한 홍보활동으로는 공익광고, 다양한 홍보 매체를 통해 일반 국민 대상으로 아동학대에 관한 경각심을 일깨우는 동시에, 아동학대 예방이 결국은 아동의 행복과 안전을 보장하는 매우 중요한 일임을 긍정적인 메시지로 전달하여 국민들의 관심과 아동학대 예방에 대한 공감대를 형성해 나가야 할 것이다. 또한 아동들을 대상으로 학대예방 video, 만화책 등을 제작 · 보급하여 아동의 눈높이에 맞는 홍보전략을 펼쳐 나가는 것도 필요하다.

다음으로 아동학대 2차 예방정책은 아동학대 고위험군 집단을 대상으로 집중적인 예방활동을 펼치는 단계라 할 수 있는데 아동학대 현황 분석 결과 고위험군 대상 범주 안에 매년 전체 아동학대 사례의 40% 이상을 차지하는 한부모가정과 빈곤가정, 부모가 알코올 · 약물중독 및 질환을 지닌 경우 등이 해당되었다.

이러한 고위험군 가정에서 발생될 수 있는 아동학대를 미연에 방지하기 위해서는 자녀양육부담 및 경제적 어려움으로 인해 초래되는 스트레스를 감소시킬 수 있는 다양한 서비스 자원을 지역사회 내에서 발굴, 연계하고 아동학대 예방을 위한 부모교육을 집중적으로 실시하여야 할 것이다.

생각해보기

1. 최근 우리 주변에서 발생하고 있는 아동학대의 유형은 무엇인지 살펴보자.

2. 학대를 당한 아동의 심리, 치료적 접근방법에 대해서도 알아보자.

3. 아동학대서비스 사례관리 체계에 대하여 살펴보자.

장애아동과 아동복지

09 Chapter

1. 장애와 장애아동
2. 장애아동을 위한 복지 실천방법
3. 장애아동 복지의 문제점 및 과제

장애가 있는 아동은 "아동"이라는 발달적 특성과 "장애"라고 하는 상황적 특수성으로 인해 이중적인 어려움을 가진 "사회적 최대 약자"라는 점에서 이들이 안정된 가정생활 속에서 건강하게 발달하고, 행복하게 질 높은 삶을 영위하며, 사회에 활발하게 참여할 수 있도록 법적 · 제도적 · 사회적 보장과 지원을 행하는 것이 장애아동복지의 궁극적인 목적이라 할 수 있다.

특히 오늘날 의학과 과학의 발달로 인하여 선천적으로 장애를 지닌 아동은 감소하고 있는 반면 각종 사고와 재해로 인하여 후천적으로 장애를 갖게 되는 아동이 점차 증가하고 있으며, 장애아동들 각각이 갖고 있는 장애의 유형과 정도에 따라 상이한 욕구를 가진다는 점은 장애아동 복지 분야가 장애의 예방은 물론 발생된 장애를 극복하는 다양한 법적 · 제도적 · 사회적 장치를 마련하도록 노력해야만 하는 이유가 된다.

따라서 이 장에서는 장애의 개념 및 다양한 장애유형을 살펴보고, 장애아동과 가족의 역량을 강화시키는 장애아동복지사업의 내용과 향후 과제를 제시해 보고자 한다.

1. 장애와 장애아동

장애인을 어떻게 개념 규정하는가에 따라 그 체계의 장애인복지에 대한 대응양태는 달라지게 된다. 즉, 장애인을 단지 신체적 또는 정신적 손상의 결과 안정된 고용을 확보하고 유지할 가능성이 실질적으로 감소된 사람으로 규정했던 시기에는 장애인복지의 관심이 장애인의 생존권 보장과 직업재활에 맞추어 있었던 반면, 장애를 단순히 기능의 상실로 규정하기보다는 사회적 차원에서의 장애(사회적 불리 : Handicaps)의 문제로 규정하게 된 오늘날에는 장애인복지에 대한 관심이 생존권 보장과 직업재활의 문제에서 사회적 참여 촉진과 생활권의 문제로 옮겨지고 있음이 그것이다.

따라서 여기서는 먼저 장애에 관한 개념적 틀로 작용하고 있는 세계보건기구(WHO)의 국제장애분류(ICIDH : International Classification of Impairments, Disabilities, and Handicaps)를 통해 장애의 개념을 살펴보고자 하며, 장애아동복지의 기본법으로 작용하는 우리나라 장애인복지법과 특수교육진흥법상의 장애와 장애아동의 정의를 통해 장애아동의 개념을 살펴보고자 한다.

1) 세계보건기구의 국제장애분류에 의한 장애의 개념

1980년 세계보건기구(WHO)에서는 국제장애분류(ICIDH)를 통해 장애의 개념을 기능장애(Impairments), 능력장애(Disabilities), 사회적 불리(Handicaps)의 세 측면으로 보고 있는데, 이를 보다 자세히 살펴보면 다음과 같다.

기능장애(Impairments)는 '심리적 · 생리적 · 해부학적 구조나 기능의 상실 또는 비정상'을 뜻하는 것으로 일시적 또는 영구적 손실이나 비정상이 특징이며, 사지, 기관, 피부 또는 정신적 기능 체계를 포함한 신체 다른 구조의 비정상, 결손 또는 손실의 발생이나 존재를 포함한다. 이는 병리적 상태가 겉으로 드러나 다른 사람이 인식할 수 있음을 의미하며, 기관 수준에서의 장애를 반영하는 것으로, 기능장애에는 지적 장애, 심리적 장애, 언어장애, 청각장애, 시각장애, 내과적 장애, 골격계 장애, 기형장애, 일반적 · 감각적 및 기타 장애가 포함된다.

능력장애(Disabilities)는 '기능장애로부터 야기된 것으로서 인간에게 정상적인 것으로 간주되는 범위 내에서 또는 그러한 방식으로서 활동을 수행하는 능력의 제약 또는 결여'를 뜻한다. 이는 기능장애의 직접적 결과로서 개인적 차원에서 일상적 활동 영역에 나타나는 이차적 장애를 의미하는 것으로 능력장애에는 태도장애, 의사소통장애, 일상생활 동작장애, 운동장애, 가사활동장애, 상황적 장애 등이 포함된다.

사회적 불리(Handicaps)는 사회적 차원에서의 장애의 개념으로 '기능장애나 능력장애로 인해 정상적인 역할의 수행을 제약하거나 방해하는 개인에 대한 불이익'을 의미한다. 이는 기능장애나 능력장애가 사회화된 것으로서 개인의 손상이나 기능 제약으로 인해 사회생활에 대한 참여에서 제한을 받거나 지장을 초래하는 것으로, 사회적 불리에는 신체적 자립불리, 이동성 불리, 직업상 불리, 사회통합 불리 등이 포함된다.

세계보건기구(WHO)는 각 국가들에게 위의 세 가지 차원을 모두 포함하는 광의의 개념으로 장애를 이해하도록 권장한 바 있는데, 이 세 가지 차원에서의 분류는 장애란 해부학적인 측면이나 기능적인 측면에서 신체 및 신체기능 일부의 손상에서 그치는 것이 아니라 의학적, 교육적, 직업적, 사회적 차원에서 어떠한 재활적 처치가 이루어지는가에 따라, 그리고 장애를 가진 사람에 대한 사회적 반응이 어떻게 되는가에 따라 2차적, 3차적 장애로 진전된다는 것을 의미한다.

따라서 세계보건기구(WHO)의 국제장애분류(ICIDH)는 '장애의 예방'을 위해서는 장애의 원인이 되는 질병이나 사고의 가능성을 줄이는 것도 중요하지만 신체 또는 정신적인 측면에서의 손상이 2차, 3차적인 차원으로 이어지는 연결고리를 차단하는 것이 매우 중요하다는 점을 시사하고 있다.

2) 우리나라 장애인복지 관계법상에서의 장애와 장애인의 개념

장애인복지 관계법은 장애인복지의 기본법이며 장애인복지 전반을 다루는 법인 '장애인복지법'과 장애인복지의 세부영역에 따라 장애인의 직업생활과 관련되는 '장애고용촉진 및 직업재활법', 장애인의 이동성과 접근성을 제고하기 위한 '장애인 · 노인 · 임산부 등의 편의증진보장에 관한 법률', 그리고 장애아동의 교육과 관련된 '특수교육진흥법'과 '장애인 등에 대한 특수교육법' 등이 있으며, 장애와 장애인에 대한 정의는 각각의 법마다 다소 다르다.

우리나라의 경우에는 앞서 설명되었던 바와 같이 세계보건기구(WHO)가 '국제장애분류(ICIDH)'를 발표하고, 전세계 국가들에게 위의 세 가지 차원을 모두 포함하는 광의의 개념으로 장애를 이해하도록 권장함과 동시에 국제연합이 1981년을 '장애인의 완전참가와 평등'을 주제로 하는 세계장애인의 해로 정하기에 이르면서 1981년 최초로 장애인복지를 위한 법적 기반이 마련됨으로써 법정장애의 범주가 정립된 바 있으며, 이후 2000년과 2003년에 걸쳐 법령이 개정되면서 법정장애와 장애인의 범주가 점차 확대되기에 이르렀다.

따라서 여기서는 우리나라 장애인복지의 기본법인 '장애인복지법'과 장애아동교육의 기본법인 '특수교육진흥법'에서 명시하고 있는 장애와 장애인에 대한 정의를 통해 장애와 장애아동의 개념을 살펴보고자 한다.

(1) 장애인복지법에서의 정의

이 법 제2조 제1항에서 규정된 장애인은 신체적 · 정신적 장애로 인하여 장기간에 걸쳐 일상생활 또는 사회생활에 상당한 제약을 받는 자를 말하며, 그 범주와 기준은 표 9-1에 제시된 바와 같다.

표 9-1 장애인복지법상의 장애 범주와 장애 기준

장애 범주		장애 기준
대분류	소분류	
신체적 장애	시각장애	· 나쁜 눈의 시력이 0.02 이하, 좋은 눈의 시력이 0.2 이하인 사람 · 두 눈의 시야가 각각 주시점에서 10도 이하로 남은 사람 · 두 눈의 시야의 2분의 1 이상을 잃은 사람
	청각장애	· 두 귀의 청력손실이 각각 60(dB) 이상인 사람 · 한 귀의 청력손실이 80(dB) 이상, 다른 귀의 청력 손실이 40(dB) 이상인 사람 · 두 귀에 들리는 보통 말소리의 명료도가 50퍼센트 이하인 사람 · 평형기능에 현저한 장애가 있는 사람
	언어장애	· 음성 기능 또는 언어 기능에 영속적인 현저한 장애가 있는 사람
	신장장애	· 신장의 기능 부전으로 인하여 혈액투석이나 복막투석을 지속적으로 받아야 하거나 신장 기능의 영속적인 장애로 인하여 일상생활을 하는데 있어 상당한 제약을 받는 사람
	심장장애	· 심장의 기능 부전으로 인한 호흡곤란 등의 장애로 인하여 일상생활을 하는데 있어 상당한 제약을 받는 사람
	호흡기 장애	· 폐나 기관지 등 호흡기관의 만성적 기능부전으로 인한 호흡 기능의 장애로 인하여 일상생활을 하는데 있어 상당한 제약을 받는 사람
	간장애	· 간의 만성적 기능부전과 그에 따른 합병증 등으로 인한 간 기능의 장애로 인하여 일상생활을 하는데 있어 상당한 제약을 받는 사람

신체적 장애	안면장애	• 안면 부위의 변형 또는 기형으로 인하여 사회생활을 하는데 있어 상당한 제약을 받는 사람
	뇌병변 장애	• 뇌성마비, 외상성 뇌손상, 뇌졸중 등 뇌의 기질적 병변에 기인한 신체적 장애로 보행 또는 일상생활의 동작 등에 상당한 제한을 받는 사람
	간질장애	• 간질에 의한 뇌신경세포의 장애로 인하여 일상생활 또는 사회생활을 하는데 있어 상당한 제약을 받아 다른 사람의 도움이 필요한 사람
	장루 · 요루 장애	• 배변 기능 또는 배뇨 기능의 장애로 인하여 장루 또는 요루를 시술하여 일상생활을 하는데 있어 상당한 제약을 받는 사람
	팔 · 다리 · 발 · 손장애	• 한 팔, 한 다리 또는 몸통의 기능에 영속적인 장애가 있는 사람 • 지체에 위 각목의 1에 해당하는 장애정도 이상의 장애가 있다고 인정되는 사람 • 한 손의 엄지손가락을 지골관절 이상의 부위에서 잃은 사람 또는 한 손의 둘째 손가락을 한 손의 두 손가락 이상을 각각 제 1지골관 이상의 부위에서 잃은 사람 • 한 다리를 리스프랑(Lisfranc) 관절 이상의 부위에서 잃은 사람 • 두 발의 모든 발가락을 잃은 사람 • 한 손의 엄지손가락의 기능에 영속적인 현저한 장애가 있거나 둘째 손가락을 포함하여 한 손의 두 손가락의 기능을 잃은 사람 • 왜소증으로 인하여 키가 심하게 작거나 척추에 현저한 변형 또는 기형이 있는 사람
정신적 장애	정신장애인	• 지속적인 정신분열병, 분열형 정동장애, 양극성 정동장애 및 반복성 우울장애에 의한 감정 조절, 행동, 사고 기능 및 능력의 장애로 인하여 일상생활 또는 사회생활을 하는데 있어 상당한 제약을 받아 다른 사람의 도움이 필요한 사람
	발달장애인	• 소아기 자폐증, 비전형적 자폐증에 의한 기능 및 능력장애로 인하여 일상생활 혹은 사회생활을 영위하기 위한 기능 수행에 제한을 받아 도움이 필요한 사람
	지적장애인	• 정신발육이 항구적으로 지체되어 지적 능력의 발달이 불충분하거나 불완전하고 자신의 일을 처리하는 것과 사회생활에의 적응이 현저히 곤란한 사람

* 장애인복지법(2010).

(2) 특수교육진흥법에서의 정의

이 법 제2조 제1항의 규정은 특수교육 대상자의 진단, 평가, 심사 및 선정에서 그 지침이 되는데, 그 범주와 기준은 표 9-2에 제시된 바와 같다.

표 9-2 특수교육진흥법상의 장애 범주와 장애 기준

장애 범주	장애 기준
정신지체를 지닌 특수교육 대상자	· 지능검사 결과 지능지수가 75 이하이며 적응행동에 결함을 지닌 자
시각장애를 지닌 특수교육 대상자	· 두 눈의 교정시력이 각각 0.04 미만인 자 · 시력의 손상이 심하여 시각에 의하여 학습과제를 수행할 수 없고, 촉각이나 청각을 학습의 주요 수단으로 사용하는 자 · 두 눈의 교정시력은 각각 0.04 이상이나 특정의 학습매체 또는 과제의 수정을 통하여서도 시각적 과제수행이 어려운 자 · 특정의 광학기구 · 학습매체 또는 설비를 통하여서만 시각적 과제 수행을 할 수 있는 자
지체장애를 지닌 특수교육 대상자	· 지체의 기능 · 형태상 장애를 지니고 있고, 체간의 지지 또는 손발의 운동 · 동작이 불가능하거나 곤란하여 일반적인 교육시설을 이용한 학습이 곤란한 자
언어장애를 지닌 특수교육 대상자	· 조음장애, 유창성 장애, 음성장애, 기호장애 등으로 인하여 의사소통이 곤란하고, 학습에 어려움이 있는 자
청각장애를 지닌 특수교육 대상자	· 두 귀의 청력 손실이 각각 90(DB) 이상인 자 · 청력손실이 심하여 보청기를 착용하여도 음성언어에 의한 의사소통이 불가능하거나 곤란한 자 · 일상적인 언어생활 과정에서 청각의 기능적 활용이 불가능하여 일반인과 함께 교육받기가 곤란한 자
학습장애를 지닌 특수교육 대상자	· 셈하기, 말하기, 읽기, 쓰기 등 특정한 분야에서 학습상 장애를 지닌 자
정서장애를 지닌 특수교육 대상자	· 지적 신체적 또는 지각적인 면에 이상이 없음에도 학습 성적이 극히 부진한 자 · 친구나 교사들과의 대인관계에 부정적인 문제를 지닌 자 · 정상적인 환경 하에서 부적절한 행동이나 감정을 나타내는 자 · 늘 불안해하고 우울한 기분으로 생활하는 자 · 학교나 개인문제에 관련된 정서적인 장애로 인하여 신체적인 통증이나 공포를 느끼는 자 · 감각적 자극에 대한 반응, 언어, 인지능력 또는 대인관계에 결함이 있는 자

* 특수교육진흥법(2010).

3) 아동기 장애의 특수성

아동기의 장애는 성인기에 재해나 사고로 인해 단순장애를 갖게 되는 경우와는 다르게 어린 시기부터 장애를 지니고 평생을 살아야 한다는 점에서 성인 장애와는 다른 독특한 복지 욕구를 존재하게 하는데, 그 내용을 구체적으로 살펴보면 아래와 같다.

첫째, 아동기의 장애는 모든 영역에서 왕성한 발달이 이루어지는 단계에서 발생하기 때문에 아동의 신체적, 정서적, 인지적 발달과 함께 극복되어야 하므로 아동기 장애의 치료 목표는 성인기 장애와는 달리 단순히 이전 기능의 수준으로 회복시키는데 있는 것이 아니라 지속적으로 발달을 증진시키는데 있다는 점에서 장애아동의 성장과 발달에 따른 다양하고 지속적인 복지적 조치가 요구된다.

둘째, 아동기의 장애는 일시적인 것일 수도 있으나, 이후 더 심각한 문제가 생길 수 있는 초기 징후일 수도 있다는 점에서 아동기에 장애가 극복되어야 이들이 자라서 독립적이고 자립된 생활을 하게 되어 사회적 부담을 덜 수 있고, 생산적인 사회의 한 구성원으로서 사회에 공헌하며 인간다운 삶을 살아갈 수 있게 된다는 점에서 예방적이며 초기 대응적인 복지적 조치가 요구된다.

셋째, 아동의 장애는 대부분 장기화되는 경우가 많다는 점에서 우선적으로 아동 자신이 일생 동안 지니고 있어야 할 개인적 불행인 동시에 장애아동을 가진 가족에게 정서적인 긴장감, 가족 내 하위체계간의 갈등(부부간 갈등, 형제간 갈등), 그리고 장애아동의 발달단계(영아기, 유아기, 아동기, 아동기 이후)에 따른 긴장의 반복, 미래에 대한 불안, 경제적 부담을 초래하게 하는 등, 장애아동을 돌보는 가족에게 장기적으로 큰 부담이 될 수 있다는 점에서 장애아동 가족에 대한 복지적 조치가 요구된다.

2. 장애아동을 위한 복지 실천방법

1) 장애아동 복지의 법적 기반

우리나라의 장애아동에 대한 지원은 '교육'과 '복지'라는 양대 체계를 통해 이루어지고 있으며, 교육체계의 경우에는 특수교육진흥법과 장애인 등에 대한 특수교육법을 통해 법적인 토대가 꾸준히 다져져 왔으며, 복지체계의 경우에도 사회복지사업법과 장애인복지법, 아동복지법, 국민기초생활보장법, 영유아보육법, 장애인차별금지 및 권리구제에 관한 법률 등의 관련법을 근거로 발전되어 왔다.

하지만 이러한 노력에도 불구하고 대부분의 복지 관련법들은 아동기라는 생애주기에서 요구되는 다양한 지원의 법적 근거를 마련하지 못하고 있을 뿐 아니라 그나마도 장애 성인이나 일반아동을 중심으로 법체계가 구축되어 있어 장애아동 복지지원에 대한 법적 토대는 매우 취약한 실정이다.

여기서는 미약하나마 장애아동복지의 근간이 되는 관련법을 살펴봄으로써 우리나라 장애아동복지의 현황을 살펴보고자 한다.

(1) 사회복지사업법

이 법은 사회복지사업에 관한 기본적 사항을 규정하여 사회복지를 필요로 하는 사람의 인간다운 생활을 할 권리를 보장하고, 사회복지의 전문성을 높이며, 사회복지사업의 공정 · 투명 · 적정을 기함으로써 사회복지의 증진에 이바지함을 목적으로 한 법으로, 장애인복지법의 상위법이므로 장애인복지법은 이 법에 규정한 바의 적용을 받는다. 특히 이 법은 제2조에 장애인복지법, 장애인 · 노인 · 임산부 등의 편의증진보장에 관한 법률 등에 복지시설의 운영 또는 지원을 목적으로 하는 사업에 관한 행 · 재정적 지원을 한다고 명시함으로써 장애아동복지에 대한 국가와 지방자치단체의 책임을 규정하고 있다.

(2) 장애인복지법

이 법은 아동을 포함한 모든 장애인을 대상으로 한 포괄적인 서비스 법으로, 장애인복지와 장애 및 장애인의 개념을 명문화하고 있을 뿐 아니라, 장애인의 생활수준 향상시책, 장애인 재활시책, 장애인의 사회참여시책 등을 담고 있다. 특히 이 법 제45조에서는 국가와 지방자치단체가 장애아동부양수당과 보호수당을 지급할 수 있음을 명시함으로써 장애아동복지에 대한 국가와 지방자치단체의 책임을 규정하고 있다.

(3) 아동복지법

이 법은 모든 아동이 건강하게 출생하여 행복하고 안전하게 자라나도록 그 복지를 보장함을 목적으로 제공된 법으로, 이 법에 의해 장애가 있는 아동은 여러 보호시책의 적용대상자가 된다. 이 법 제4조에서는 국가와 지방자치단체는 장애아동의 권익을 보호하기 위하여 필요한 시책을 강구하여야 한다는 점을 명시함으로써 장애아동복지에 대한 국가와 지방자치단체의 책임을 규정하고 있다.

(4) 국민기초생활보장법

이 법은 장애가 있는 아동을 둔 가정이 빈곤할 경우, 가정을 대상으로 한 장애아동부양수당 및 보호수당을 제공함으로써 간접적으로 장애를 지닌 아동을 돕는 것을 규정하고 있다.

(5) 영유아보육법

이 법은 보호자가 근로 또는 질병 기타 사정으로 인하여 보호하기 어려운 영아 및 유아를 심신의 보호와 건전한 교육을 통하여 건강한 사회성원으로 육성함과 아울러 보호자의 경제적 · 사회적 활동을 원활하게 하여 가정복지 증진에 기여함을 목적으로 한 법으로, 제26조 취약보육 우선제공 의무조항과 제35조 무상보육조항을 통해 장애 영유아의 보육을 돕는 것을 규정하고 있다.

(6) 장애인차별금지 및 권리구제에 관한 법률

이 법은 장애인을 정당한 사유 없이 고용, 교육, 재화와 용역의 제공 및 이용, 사법 · 행정절차 및 서비스와 참정권 등에서 제한, 배제, 분리, 거부하여 불리하게 대하는 것을 금지함을 목적으로 제정된 법으로, 장애아동과 관련하여서는 장애아동이 장애로 인해 입학 및 전학을 강요당하거나 수업 · 실험 · 수학여행 등에서 배제되는 것을 금지함으로써 장애아동의 권리를 보장하는 것을 규정하고 있다.

(7) 특수교육진흥법 및 장애인 등에 대한 특수교육법

이 법은 특수교육을 필요로 하는 자에게 국가 및 지방자치단체가 교육기회를 제공하고 교육방법 및 여건을 개선하여 자주적인 생활능력을 기르게 함으로써 그들의 생활안정과 사회참여에 기여함을 목적으로 한 법으로, 2010년 현재 만 5세부터 만 17세까지 총 13년을 의무교육 기간으로 명시함과 동시에 특수교육 관련 서비스를 명시함으로써 장애아동의 교육기회를 점진적으로 확대해 나갈 것을 규정하고 있다.

2) 장애아동 복지지원 전달체계

역사적으로 볼 때, 사회복지 발전의 초기단계에서는 민간부분이 중요한 역할을 담당하였지만, 현대사회에 들어와서는 중앙정부와 지방자치단체의 역할이 점차 증대되고 있으며, 이러한 조직은 각각 장 · 단점을 지니고 있으나 각각의 장 · 단점을 서로 보완한 혼합형이 더 바람직하다는 관점에 따라 실제적으로 많은 나라에서는 혼합형이 실시되고 있으며 우리나라도 그러하다(이소희, 2005).

2010년 현재, 우리나라 공적 장애아동 복지행정을 담당하고 있는 주무부서는 보건복지부로서 다음의 [그림 9-1]에서 보는 바와 같이 업무의 성격에 따라 하부조직을 나누어 업무를 분담하고 있다.

장애아동 복지서비스의 경우, 보건복지부의 하부조직인 사회복지정책실, 보건의료정책실, 저출산고령사회정책실, 장애인정책국을 주요부서로 하고 있으며, 보건복지부의 경우에는 다른 부처와는 달리 특별지방행정기관을 별도로 두고 있지 않아 지방자치단체 수준에서의 전달체계는 행정자치부의 일반 지방행정기관을 통해 정책을 집행하고 있어, 시 · 군 · 구에서는 사회복지과 내 사회계에서 관련 업무를 수행하고 있고, 읍 · 면 · 동 단위에서는 사회담당 또는 사회복지전담공무원이 담당하고 있다. 그 외에도 교육과학기술부, 노동부, 법무부, 문화관광부 등에서도 각 부처의 고유 기능에 따라 장애아동복지 관련 업무를 담당하고 있다.

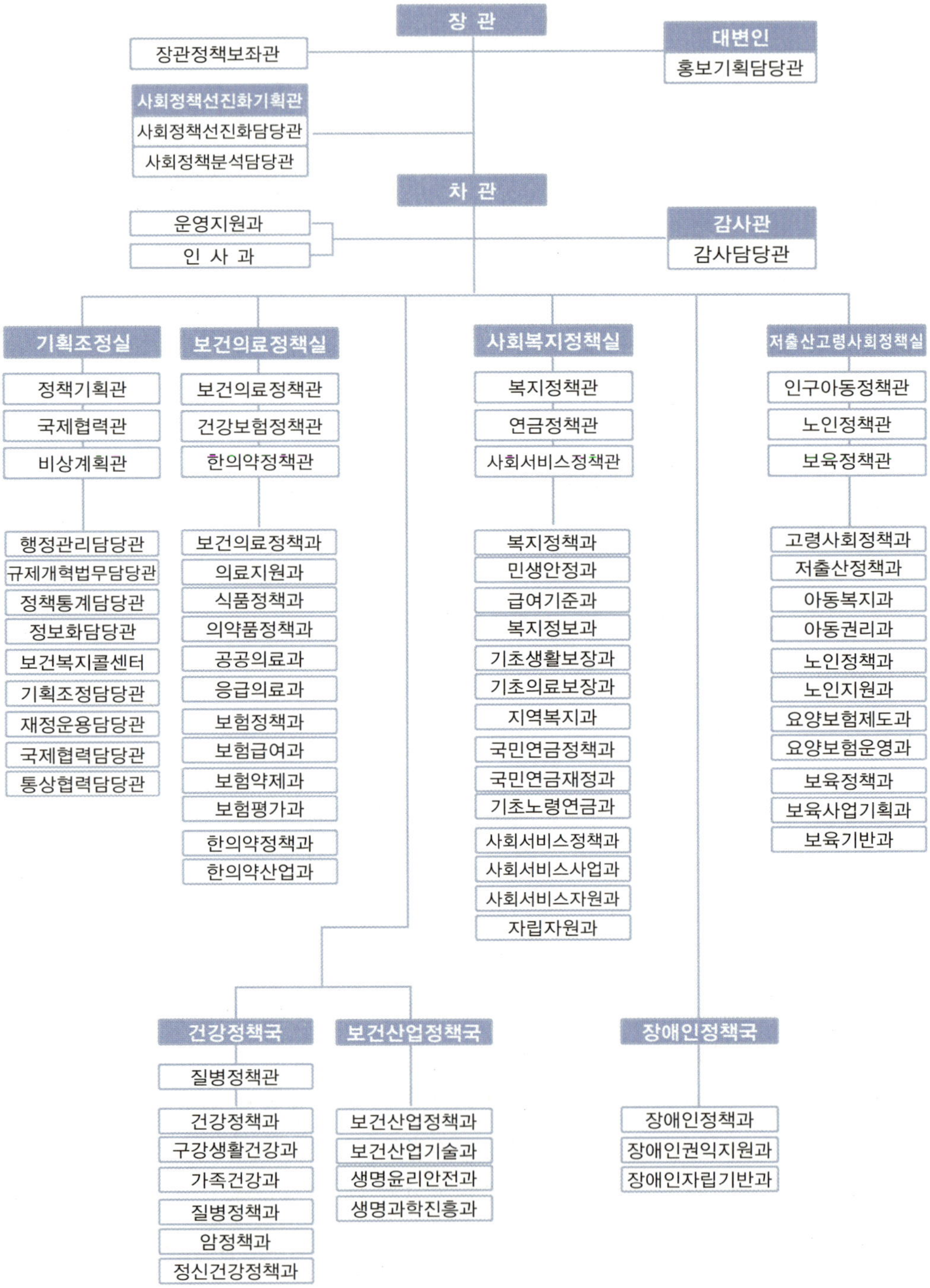

[그림 9-1] 보건복지부의 업무분담 조직표

3) 장애아동 복지서비스

(1) 소득보장 서비스

장애인에 대한 소득보장 서비스란 장애인의 경제적 생활수준을 고려하여 장애로 인한 추가적 비용을 국가와 사회가 보전해 주는 것으로, 우리나라의 장애인을 위한 소득보장정책으로 장애수당 및 장애아동 수당과 장애자녀 교육비 지원이 있다.

먼저 장애수당의 경우에는 2010년 현재, 국민기초생활보장법에 의한 수급자 및 차상위 계층(120% 이하)의 18세 이상 등록 장애인(보장시설 장애인은 연령에 상관없이 장애수당만 지급함) 중 장애등급이 1, 2급인 중증장애인과 비록 장애등급상으로는 3급이지만 다른 장애가 중복된 지적 장애 및 자폐성 장애인의 경우에는 기초생활수급권자인 중증장애인의 경우 1인당 월 13만원을, 차상위 계층 중증장애인의 경우에는 1인당 월 12만원을 지급받으며, 장애등급이 3~6급인 경증장애인으로서 기초생활수급권자 및 차상위 계층인 경우에는 1인당 월 3만원을 지급받고, 마지막으로 보장시설 입소 장애인이면서 기초생활수급권자 및 차상위 계층에 속해 있는 중증장애인의 경우에는 월 7만원, 기초생활수급권자 및 차상위 계층에 속해 있는 경증장애인의 경우에는 월 2만원을 지급받도록 하고 있다.

또한 장애아동수당의 경우에는 국민기초생활보장법에 의한 수급권자 및 차상위 계층의 18세 미만의 재가 장애아동이면서 장애등급이 1, 2급인 중증장애인과 비록 장애등급상으로는 3급이지만 다른 장애가 중복된 지적 장애 및 자폐성 장애인의 경우에는 월 20만원을, 차상위 계층의 중증장애인의 경우에는 1인당 월 15만원을 지급받으며, 장애등급이 3~6급인 경증장애인으로서 기초생활수급권자 및 차상위 계층인 경우에는 1인당 월 10만원을 지급받도록 하고 있다.

마지막으로 장애인 자녀 교육비 지원서비스는 소득인정액[1]이 일정금액 이하인 가구의 1~3급 장애인인 중학생·고등학생 및 1~3급 장애인의 중학생·고등학생

1) 소득인정액 기준 : 1인 가구 월 638,099원 이하, 2인 가구 월 1,086,492원 이하, 3인 가구 월 1,405,542원 이하, 4인 가구 월 1,724,592원 이하, 5인 가구 월 2,043,640원 이하, 6인 가구 월 2, 362,690원 이하, 7인 이상 가구는 1인 증가시마다 319,050원 씩 증가함.

자녀에게 고등학교 입학금 및 수업료 전액을 지원하고, 고등학생의 교과서대 10만 9천원(연 1회)과 중학생의 부교재비 3만 3천원(연 1회)을 지급하며, 중학생 · 고등학생의 학용품비 4만 5천원(학기당 연 2회)을 지급하고 있다(보건복지부, 2010).

(2) 의료재활 서비스

의료재활은 장애 상태를 최소한으로 줄이고 남은 능력을 최대한 증진시켜 사회에 복귀시키는 데 궁극적 목표를 두는 재활 과정으로, 약물 및 수술 등의 병적 요인에 대한 치료와 물리치료, 작업치료, 언어치료 등 기능 향상을 위한 치료로 구분할 수 있다.

우리나라에서는 과거 의료보험법과 의료보호법을 통해 장애인 및 장애아동의 의료재활을 지원해 왔으며, 2000년대에 들어서면서부터는 국민건강보험법과 의료급여법 등을 통해 장애인 및 장애아동의 의료재활을 지원해 오고 있다. 그 세부적인 내용을 구체적으로 살펴보면, 장애인 의료비의 지원과 보장구 건강보험 급여 및 장애인 재활보조기구 무료교부 서비스로 구분할 수 있는데, 먼저 장애인 의료비 지원 서비스로는 2010년 현재, 의료급여법에 의한 의료급여 2종 수급권자인 장애인에 대해 1차 의료급여기관 진료 시 본인 부담금 1천원 중 750원을 지원하고, 2, 3차 의료급여기관 및 국 · 공립결핵병원 진료 시 의료급여수가 적용 본인부담 진료비 15%를 전액 지원하고 있으며, 등록 장애인의 경우 당해 연도 의료비 전액(총소득의 3% 초과분)과 장애인재활교육시설로 인정받은 비영리법인에 지급하는 특수교육비 전액에 대해 특별 공제를 받도록 하고 있다. 한편 우리나라에서도 재활치료 서비스 바우처 사업 등을 통해 장애아동에 대한 의료복지지원을 진행하고는 있으나, 현재 장애아동 재활치료 서비스 바우처 사업의 경우 모든 장애아동에게 제공되는 것이 아니라 전국 가구 평균소득 50% 이하인 가구의 장애아동에게만 서비스가 제공되고 있다.

또한 보장구 건강보험 급여 및 장애인 재활보조기구 무료교부 서비스로는 의료보호 적용 보장구의 구입 시 상한액 범위 내에서 본인 부담금 15% 전액을 지원하고, 정형외과용 구두나 욕창 방지용 매트 등 장애인 재활보조기구를 무료로 교부하는 사업도 실시 중에 있다. 더불어 보장구와 관련해서는 건강보험급여를 실시하여 건강보험 대상자는 적용 대상 품목의 기준액 범위 내에서 구입비용의 80%를 공단에서 부담하고, 의료급여수급권자는 전부(1종) 또는 80%(2종)를 공단에서 부담하도록 하고 있으며, 장애인 보장구에 대해서는 부가가치세를 감면해 주고 있다(보건복지부, 2010).

(3) 교육재활 지원 서비스

교육의 기회균등은 자유와 평등을 표방하는 민주국가의 기본 명제로, 이것은 모든 아동에게 교육을 받을 수 있는 기회를 평등하게 부여함으로써 어떠한 한계가 있다 하더라도 그 능력과 한계의 범위 내에서 보상교육을 받을 수 있음을 의미하는데, 교육에서 평등한 대우가 각별히 요구되는 대상은 장애인이며, 그들에게 평등한 대우를 부여하기 위한 교육은 필수적인 재활 영역이라고 할 수 있다.

이러한 관점에 따라 우리나라는 1970년대에 들어서면서부터 특수교육진흥법(1977)을 제정하여 특수교육을 필요로 하는 자에게 국가 및 지방자치단체가 교육기회를 제공하고 교육방법 및 여건을 개선하여 자주적인 생활능력을 기르게 함으로써 그들의 생활안정과 사회참여에 도움을 주는 교육제도와 교육방법 및 기술을 의미하는 교육재활 서비스를 제공하였으며, 이후 1994년에는 특수교육대상자의 초등학교 및 중학교 과정의 교육을 의무교육으로 하고, 유치원 및 고등학교 과정의 교육을 무상교육화함으로써 장애아동의 교육기회를 점진적으로 확대해 왔다.

그 결과 2007년에 들어서는 기존의 법령이 유치원 및 고등학교 과정 특수교육대상자에 대한 국가의 책무성이 약하다는 지적에 따라, '장애인 등에 대한 특수교육법'을 제정하여 유치원 및 고등학교 과정 특수교육대상자에 대한 의무교육 실시에 대한 법적 근거를 마련하였으며, 2010년 3월부터는 '장애인 등에 대한 특수교육법' 제3조 및 동법 시행령 제2조에 따라, 특수교육대상자에 대하여는 만 5세 이상의 유치원, 초등학교, 중학교 및 고등학교 과정의 교육을 의무교육화하였고, 2012년부터는 만 3세 이상의 유치원 과정부터 만 17세 이하의 고등학교 과정까지 총 15년을 의무교육 기간으로 확대하기로 함으로써 표 9-3에서 제시된 바와 같이 OECD 국가 중 장애아동에 대한 의무교육 수혜기간이 가장 긴 국가가 될 예정이다.

표 9-3 주요 국가별 특수교육대상자 의무교육 및 무상교육 현황

국가명		한국	일본	미국	영국	독일	호주
의무교육 연한		3~17세	6~15세	6~17세	5~15세	6~16세	6~15세
무상교육 연한	장애학생	3~20세	3~19세 (도도부현별로 다름)	0~21세 (주에 따라 3~21세)	-	0~전과정	-
	일반학생	6~14세	6~15세	0~21세	-	5세~전과정	초·중·고

※ 의무교육 연한 : 우리나라 외의 모든 국가는 장애학생·일반학생의 의무교육 연한이 동일함.

또한 교육과학기술부와 전국 16개 시·도 교육청은 장애아동의 의무교육을 조기에 안정적으로 정착시키기 위해, 아래의 표 9-4와 [그림 9-2]에서 제시된 바와 같이 2009년을 기준으로 10,561개였던 특수학급을 2010년에는 1,042개 증설하여 총 11, 603개를 전국적으로 운영하고 있으며, 더불어 다음의 표 9-5에서 제시된 바와 같이 어린이집을 이용하는 장애유아의 수에 비해 교육요건이 미비한 시설이 많은 만큼, 거주지와 가까운 어린이집을 희망하는 장애유아를 위해 보건복지부와 협의하여 '의무교육 요건을 갖춘 어린이집[2)]' 675개소를 함께 운영하고 있다(교육과학기술부, 2010).

표 9-4 최근 5년간 전국 특수학급 설치 현황(2010)

구분	2006	2007			2008			2009			2010		
	학급수	증설	학급수	증가율	증설	학급수	증가율	증설	학급수	증가율	증설	학급수	증가율
특수학교 학급	3,166	112	3,278	4%	210	3,488	6%	149	3,637	4%	155	3,792	4%
일반학교 특수학급	5,204	549	5,753	11%	599	6,352	10%	572	6,924	9%	891	7,815	13%
합 계	8,370	661	9,031	8%	809	9,840	9%	721	10,561	7%	1,042	11,603	10%

2) 의무교육 가능 시설 : 영유아보육법 제30조 1항에 따른 평가인증을 받았으며, 장애아 3명마다 보육교사 1명을 배치한 시설(보육교사 3명 이상인 경우에는 보육교사 3명 중 1명은 초·중등교육법 제21조 제2항에 따른 특수학교 유치원교사 자격증을 소지한 교사이어야 한다).

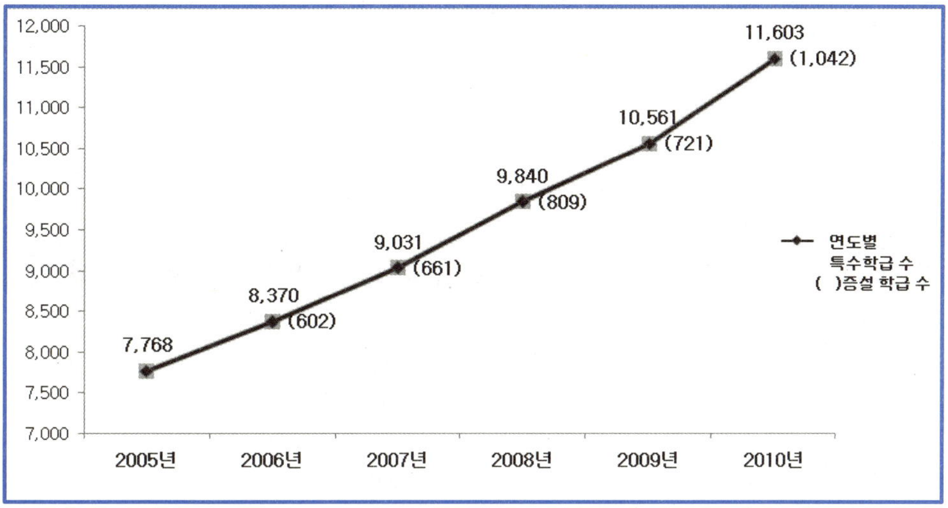

[그림 9-2] 연도별 특수학교 수

표 9-5 어린이집 이용 장애아 현황 및 의무교육 가능 어린이집 현황

구분	장애아전담어린이집			장애아통합어린이집			일반어린이집			계		
	의무교육가능시설	교육요건미비시설	소계	의무교육가능시설	교육요건미비시설	소계	의무교육가능시설	교육요건미비시설	소계	의무교육가능시설	교육요건미비시설	소계
만 3세	453	156	609	381	133	514	32	704	736	866	993	1,859
만 4세	548	192	740	559	211	770	56	682	738	1,163	1,085	2,248
만 5세	570	283	853	603	227	830	43	681	724	1,216	1,191	2,407
소계	1,571	631	2,202	1,543	571	2,114	131	2,067	2,198	3,245	3,269	6,514
의무교육가능시설	166곳 중 127개소			804곳 중 472개소			36,896곳 중 76개소			총 657개소*		

(4) 장애인복지시설 서비스

장애가 있는 아동을 대상으로 한 시설서비스란 이들에게 시설의 인적 · 물적 자원을 활용하여 장애를 경감시키거나, 원래의 상태로 회복시키는 제반활동을 말하며, 장애아동복지시설은 다음의 표 9-6에 제시된 바와 같이 장애인 생활시설, 장애인 보호시설, 장애인 재활시설, 장애인 유료복지시설로 대별된다.

일반적으로 장애아동 복지시설은 장애의 유형에 따라 설치되어 있으나, 종합장애인복지관처럼 복합적으로 설치되어 있는 곳도 있다(이소희, 2005).

표 9-6 장애인복지법에 규정된 시설

시설유형	내 용
장애인 생활시설	장애인이 필요한 기간 생활하면서 재활에 필요한 상담, 치료, 훈련 등의 서비스를 받아 사회복귀를 준비하거나 장애로 인하여 장기간 요양하는 시설
장애인 재활시설	장애인복지관, 의료재활시설, 체육시설, 수련시설, 공동생활가정 등 장애인에게 전문적인 상담, 치료, 훈련 등을 제공하거나 여가활동 및 사회참여 활동 등에 필요한 편의를 제공하는 시설
장애인 직업재활시설	일반고용이 어려운 장애인이 특별히 준비된 작업환경에서 직업훈련을 받거나 직업생활을 영위할 수 있도록 하는 시설
장애인 유료복지시설	장애인이 필요한 상담, 치료, 훈련 등의 편의를 제공받고 이에 소요되는 일체의 비용을 시설 운영자에게 납부하여 운영하는 시설

장애인복지시설 유형별 이용 희망도를 조사한 변용찬(2002)의 연구 결과, 장애인들은 장애인 생활시설, 장애인 재활시설, 장애인 유료복지시설 순으로 이용을 희망하였는데, 정작 장애인구 대비 장애인 재활시설 이용자의 비율은 큰 편차를 보이고 있는 실정이며, 특히 장애인 생활시설의 경우에는 무연고자나 국민기초생활수급권자로 제한하고 있어 생활시설 보호를 희망하는 대부분의 장애인들이 이를 이용할 기회가 근원적으로 제한되어 있는 형편이다.

한편 보건복지부에서는 2010년 현재, 실비 장애인생활시설 입소 이용료를 지원함으로써 생활시설 보호를 희망하는 장애인들의 욕구에 부흥하고자 노력하고 있는 동시에 장애인 직업재활시설 이용 서비스를 제공하고 있는데, 등록 장애인이 속한 가구의 가구원수로 나눈 월평균 소득액이 통계청장이 통계법시행령 제3조의 규정에 의하여 고시하는, '07년도의 도시근로자가구 월평균 소득을 평균가구원수로 나누어 얻은 1인당 월평균 소득액 이하인 가구의 등록 장애인이 실비 장애인 생활시설에 입소할 시에 입소 비용 중 매월 27만원을 지원하고, 장애인이 취업을 통하여 안정된 생활을 영위할 수 있도록 직업상담, 직업평가, 직업적응훈련, 취업알선, 지원고용, 취업 후 지도 등 장애인 직업재활과 관련된 종합적인 서비스를 제공하고 있다.

3. 장애아동 복지의 문제점 및 과제

1) 장애아동 복지지원의 법적 토대 강화

우리나라의 장애아동에 대한 지원은 앞에서도 언급했던 바와 같이 '교육'과 '복지'라는 양대 체계를 통해 이루어지고 있으며, 교육체계의 경우에는 특수교육진흥법과 장애인 등에 대한 특수교육법을 통해 법적인 토대가 꾸준히 다져져 왔고, 복지체계의 경우에도 사회복지사업법과 장애인복지법, 아동복지법, 국민기초생활보장법, 영유아보육법, 장애인차별금지 및 권리구제에 관한 법률 등의 관련법을 근거로 발전되어 왔다.

그러나 이러한 노력에도 불구하고 대부분의 복지 관련법들은 아동기라는 생애주기에서 요구되는 다양한 지원의 법적 근거를 마련하지 못하고 있을 뿐 아니라 그나마도 장애 성인이나 일반아동을 중심으로 법체계가 구축되어 있어 장애아동 복지지원에 대한 법적 토대가 매우 취약한 실정인 바, 장애아동을 주대상으로 한 새롭고, 통합적인 법의 제정을 통해 장애아동 복지지원의 법적 토대가 강화되어야 할 필요성이 제기된다.

2) 장애아동 및 보호자의 권리보장 강화

우리나라의 장애아동에 대한 지원은 사회복지사업법과 장애인복지법, 아동복지법, 국민기초생활보장법, 영유아보육법, 장애인차별금지 및 권리구제에 관한 법률 등의 관련법을 근거로 발전되어 왔으며, 이들 법률에 의해 장애아동 및 장애아동 보호자의 권리가 보장되어 왔다. 그러나 이러한 노력에도 불구하고 대부분의 복지 관련법들은 장애아동의 권리는 물론 장애아동을 양육하고 보호하는 1차적인 책임을 갖는 장애아동 보호자의 권리가 명문화되지 못하고 있는 실정이다.

따라서 새로운 법체계의 마련을 통해 장애아동의 권리와 장애아동 및 가족에 대한 차별금지를 명문화할 필요가 있으며, 더불어 장애아동 및 가족의 개인정보를 보호하고, 장애아동 복지서비스의 판정 및 개인별지원체계의 수립 시에 보호자의 참여 및 의견진술권을 보장하며, 보호자의 심사청구 범위 및 절차규정을 명문화함으로써 장애아동 및 보호자의 권리를 강화할 필요가 있다.

3) 장애아동 복지지원 전달체계의 수립

우리나라 장애아동 복지지원 전달체계의 근본적인 문제는 어린이집과 학교, 복지관, 보건소, 병의원 등 서비스 제공기관 사이의 연계와 협력의 고리가 없는 운영의 비효율성과 복지지원에 있어 시장의 참여가 어려운 폐쇄적 구조에 있다.

장애아동에게 필요한 다양한 복지지원이 제공되기 위해서는 장애아동의 복지와 관련된 시장이 전반적으로 활성화되고, 더불어 공공성을 확보하도록 해야 하는데, 우리나라의 장애인복지관의 경우에는 장애인복지법상의 법률적 근거 하에 운영되고는 있으나, 교육기관과 어린이집을 포함한 복지지원 체계 내의 연계성을 상실한 채 치료지원을 중심으로 분리된 서비스를 제공하고 있는 실정이며, 사설특수교육 및 치료시설의 경우에도 2008년부터 시행된 '학원의 설립운영 및 과외교습에 관한 법률'에 따라 '학교교과교습학원'으로 분류되어 있으나, 교육청에 등록한 곳은 현재 20여 개소로 현실적으로 법적 규제와 감독으로부터 벗어나 있어 교육과 복지지원에 있어서 공공성을 담보할 수 없는 상황이다.

따라서 이러한 문제점을 해결하기 위해서는 복지지원의 공공성 담보를 전제로, 사적 시장의 복지지원 제공자들이 보다 원활하게 참여할 수 있는 효율적인 전달체계의 수립이 시급히 요구되며, 지역사회의 복지지원 제공기관들과 제공자들을 통합하여 관리하고, 장애아동에 대한 서비스의 적격성을 심의하여 지원의 내용을 결정한 후 장애아동과 복지지원, 제공자들을 연결해 주는 지역사회 서비스 중개체계의 수립이 필수적으로 요구된다.

4) 장애아동 복지지원의 질적 · 양적 향상

아동기의 장애는 앞서서도 언급되었던 바와 같이 장애아동에게는 물론 재활에 필요한 재원을 오랜 시간 지원해야 하는 가정에도 커다란 부담이 된다.

따라서 장애아동 복지지원은 현재보다 질적 · 양적으로 향상해야 할 필요성이 제기되는데 이를 보다 구체적으로 살펴보면 다음과 같다.

첫째, 장애아동의 보호를 위한 전문적이고 강력한 형태의 지원이 요구된다.

앞서 언급했던 바와 같이 아동의 장애는 대부분 장기화되는 경우가 많다는 점에서 우선적으로 아동 자신이 일생동안 지니고 있어야 할 개인적 불행인 동시에 장애아동을 가진 가족에게 정서적인 긴장감과 가족 내 하위체계간의 갈등, 그리고 미래에 대한 불안감과 경제적 부담을 초래하게 하는 등, 장애아동을 돌보는 가족에게 장기적으로 큰 부담이 될 수 있으며, 이는 간혹 장애아동에 대한 학대와 방임 및 유기라는 결과를 초래하기도 한다. 따라서 장애아동에 대한 학대의 예방 및 방지를 위해서는 아동보호전문기관 내에 장애아동 담당부서나 담당인력을 배치해야 할 필요성이 있다.

둘째, 장애아동에 대한 치료지원을 강화해야 한다.

현재 우리나라에서는 장애아전담시설을 제외한 대부분의 장애아동 보육 · 교육시설에 치료사 배치를 통한 치료지원이 이루어지지 않고 있으며, 자신이나 타인에게 위해를 가할 가능성이 많은 장애아동에 대해 일정기간 집중적으로 발달재활서비스를 제공할 수 있는 서비스가 마련되어 있지 않음으로써, 장애아동의 치료지원을 사적 시장에서 제공받을 수밖에 없는 상황이 지속되면서 장애아동의 부모가 커다란 재정적인 부담을 안고 있다. 따라서 이러한 부담을 경감시키기 위해 우리나라에서도 재활치료 서비스 바우처 사업 등을 통해 장애아동에 대한 복지지원을 진행하고는 있으나, 현재 장애아동 재활치료 서비스 바우처 사업의 경우 모든 장애아동에게 제공되는 것이 아니라 전국가구 평균소득 50% 이하인 가구의 장애아동에게만 서비스가 제공되고 있어 보편적인 권리로서의 치료서비스에 대한 권리가 보장되고 있지 않으며, 바우처 기관이 한정되어 있어 부모의 서비스 선택권이 없다는 점에서 치료

지원을 강화함과 동시에 다양화해야 할 필요성이 제기된다.

셋째, 장애아동의 가족에 대한 다양한 형태의 가족지원이 요구된다.

현재 우리나라에서는 '장애인 등에 대한 특수교육법'에 가족지원 조항을 명시하고 있기는 하나, 실질적인 내용을 가족상담만으로 매우 협소하게 규정함으로써 장애아동 가족에게 필요한 다양한 가족지원의 법적 근거를 제공하지 못하고 있다. 따라서 장애아동 가족의 양육부담을 경감시키기 위해서는 가족 상담과 더불어 장애아동 돌봄 지원[3], 일시적인 보호와 양육지원[4], 방과후 및 방학기간의 보육지원, 그리고 가족치료와 가족교육 및 가족훈련을 포함하는 다양한 형태의 가족지원이 제공되어야 할 필요성이 있다.

마지막으로 장애아동의 이동 지원과 문화생활 영위와 삶의 질을 향상시키기 위한 여가 및 레크리에이션 활동에 대한 지원이 요구된다.

UN 아동권리에 관한 국제협약(1989)에서는 아동의 기본 권리로서 여가 · 문화활동에 대한 권리를 명시함으로써 모든 아동이 여가 및 문화생활을 누릴 수 있는 권리가 있음을 규정하고 있으나 장애아동의 경우, 이동이 자유롭지 못할 뿐 아니라 물리적 제약과 사회적 편견으로 인해 문화예술과 스포츠를 즐기고 지역사회활동에 참여할 수 있는 기회를 갖는데 어려움이 있었다. 따라서 장애아동에 대한 여가지원을 통해 장애아동이 여가 및 문화 활동을 누릴 수 있는 기회를 확대해야 한다.

3) 돌봄지원 : 가정 등에 인력을 파견하여 장애아동에게 돌봄을 제공하는 형태의 지원.
4) 일시적인 보호양육지원 : 보호자의 장기입원이나 장기외유 등의 경우 일정기간 장애아동의 양육을 위탁하는 형태의 지원.

생각해보기

1. 국제연합(1981)의 아동권리선언과 아동의 권리에 관한 국제협약(1995)에 나타난 장애아동의 권리와 일반아동의 권리를 비교 · 연구해 보자.

2. 장애가 있는 아동과 그 부모 및 가족을 위한 교육, 상담, 치료 프로그램을 장애유형별로 조사, 비교해 보자.

3. 장애가 있는 아동과 그 부모 및 가족을 지원하는 프로그램의 문제점을 분석해 보자.

아동보육 및 방과후 아동지도

10
Chapter

1. 아동보육
2. 방과후 아동지도
3. 우리나라 보육의 문제점 및 과제

최근 현대사회의 산업화 및 도시화로 인한 핵가족화 현상은 과거 전통적인 대가족 제도로부터 가족의 기능 및 구조, 가족구성원의 역할과 가족 수, 가치관의 변화를 초래하였다. 특히, 기혼 여성들의 경제활동 참여 증가 및 부모의 이혼 또는 미혼부·미혼모가 늘어나면서 아동양육에 대한 책임이 개인적인 문제가 아니라 사회적인 문제로 야기되고 있다.

영유아에 대한 조기교육의 필요성과 함께 부모들의 직업도 다양화되면서 출퇴근 시간 또한 예전처럼 주간에만 출근하는 것이 아니라 야간 근무, 24시간 근무, 3교대 근무 등 일정하지 않아 보육시간의 다양성을 요구하고 있다. 이에 정부에서는 1991년 '영유아보육법'을 제정하여 영유아 및 초등학교 시기인 만 12세까지 국가가 부모를 대신하여 돌보아 줄 수 있는 체제를 마련하였다.

본 장에서는 영유아를 위한 아동보육 및 초등학생들을 위한 방과후 아동지도, 그리고 우리나라 보육의 문제점 및 과제에 대하여 자세히 살펴보고자 한다.

1. 아동보육

1) 아동보육의 개념

보육이란 영유아를 건강하고 안전하게 보호·양육하고 영유아의 발달특성에 적합한 교육을 제공하는 사회복지 서비스를 말한다(영유아보육법 제2조).

1991년 우리나라 영유아보육법이 제정되기까지는 단순히 맡아 준다는 의미의 '탁아'라는 용어가 보편적으로 사용되었다. 아동을 '위탁한다'는 의미의 기존의 탁아 개념은 전통적으로 어머니의 역할로 여겨지는 아동의 양육을 개별적인 사유로 어머니가 아닌 다른 대상에게 위임시키는 것으로 어머니가 자녀를 양육할 수 없는 경우 보호자의 위탁을 받아 아동을 보호하는 보충적·개별적 서비스의 의미였다(이순형 외, 2000 : 21). 즉, 보육서비스의 초기개념은 여러 가지 이유로 낮 동안 그들의 친부모가 아닌 다른 사람들에 의해서 보호를 받아야 하는 아동들에게 주어지는 보호라고 정의되었다(Frederckson, 1957).

Kadushin & Martin(1988)은 보육서비스란 심신의 보호와 건전한 교육을 통하여 영유아를 건강한 사회구성원으로 육성함과 아울러 보호자의 경제적 · 사회적 활동을 원활하게 함으로써 가정복지 증진에 기여함을 목적으로 하루 일과 중 일정시간 동안 가정의 아동양육의 기능을 보완하기 위해 제공하는 서비스를 말한다고 정의하였다. 또한 Costin(1972)은 좋은 보육서비스에 대해 교육적 지도, 건강서비스, 아동과 가족이 필요로 하는 사회적 서비스를 제공하며 아동을 안전하게 보호하여 그들 부모들이 풍요로운 가정생활을 유지하도록 도와주는데 있다고 정의하였다.

보육 용어의 한자를 살펴보면 '保育'으로서, 보(保)는 '지키다, 편안하게 하다, 돕다'이며, 육(育)은 '기르다'의 의미이다. 일반적인 사전적 의미는 영유아를 보살펴 기르고, 정상적인 발달을 목적으로 베푸는 교육이다(김경희 외, 2006). 그러나 보육이란 아동에게 있어야 할 교육과 발달이라는 넓은 개념에서 놓고 보아야 하며, 동시에 보육의 초점으로 아동을 고려해야 한다(Clarke-Stewart, 1993).

우리나라에서 현재 사용되는 보육이라는 용어는 영어의 'care'와 'education' 양쪽 모두를 의미하는 것으로서, care는 보호. 양육으로 해석되고, education은 교육으로 해석되어 사용되고 있다. 즉 보육은 보호와 교육을 모두 포괄하는 의미이며(한미현 외, 2007), 현대사회의 보육은 단순히 아동을 보호하는 것이 아닌, 아동의 전 영역에 걸쳐 아동발달을 위한 아동의 환경에 대한 적극적인 개입 및 이에 대한 프로그램을 기획, 실행하는 서비스이다. 이러한 보육의 일차적 기능은 아동의 보호에 있다고 볼 수 있으나, 보육의 대상이 성장 · 발달과정에 있어서 결정적 시기에 있는 아동들이므로 전인적 발달을 위한 포괄적 프로그램을 제공하는 개념으로 변화되고 있다(김진이, 1999 : 42).

그러므로 이상의 정의를 종합해 보면, 보육이란 가장 좁게는 부모의 취업으로 인해 보호를 받지 못하는 아동들을 보호해 주는 것으로 넓게는 부모의 취업유무와 계층에 상관없이 단순한 보호차원에서 벗어나 교육과 보호를 통합한 아동발달을 도와주는 서비스의 차원으로 해석할 수 있다. 그리고 가장 넓게는 아동을 위한 보호 및 교육은 물론, 가족구성원 전체가 대상이 되는 종합적 서비스 체계로 해석할 수 있다(김경옥, 2002).

2) 아동보육의 필요성

현대 산업사회에 있어서의 여러 가지 사회변화는 가족구조에 많은 영향을 미쳐왔다. 기혼여성의 경제활동 참여 증가, 가족구조의 변화, 가치관의 변화, 저출산 현상의 심화 등 여러 가지 사회적 문제들이 등장함에 따라 아동보육이 더욱 절실해지고 있는 실정이다.

(1) 기혼 여성의 경제활동 참여 증가

사회가 산업화되면서 여성들의 경제활동의 증가로 출산과 육아의 문제가 사회문제로 등장하게 되었으며, 특히 기혼 여성들의 비율이 더욱 증가하고 있는 추세다.

통계청(2014) 보고에 의하면 표 10-1에서와 같이 여성인구가 2,000년 9,101,000명에서 계속 증가하여 2012년 현재 10,609,000명으로 여성의 경제활동참가율은 약 50 %를 차지하고 있으며, 2011년(49.7%)에 비해 0.2%p 상승하였고, 남성의 경제활동참가율은 73.3%로 여성과는 23.4%p의 차이를 보인다.

또한 표 10-2를 살펴보면 2012년 현재 여성의 연령별 경제활동참가율은 25~29세가 71.6%로 가장 높게 나타나 2000년(55.9%)에 비해 15.7%p 증가하였다. 그러나 결혼 · 육아 등으로 30~39세는 56%대 수준으로 크게 하락하였다가, 40대 초반부터 다시 노동시장에 진출하는 여성인구가 증가하는 경향을 보인다.

즉, 20대 후반에는 경제활동참가율이 높았으나, 30대에 출산과 육아시기에 감소, 40대에 다시 증가하는 유사한 M자 패턴을 보이며, 50~54세 여성의 경제활동참가율은 62.5%로 2000년에 비해 7.2%p 늘어난 것을 알 수 있다.

특히 [그림 10-2]에서와 같이 현재 교육정도별 경제활동참가율은 대졸 이상이 남녀 모두 가장 높게 나타났으며, 대졸 이상 여성의 경제활동참가율은 63.9%로 2000년에 비해 3.0%p 증가하였으나, 대졸 이상 남성의 경제활동참가율(89.5%)보다 25.6%p 낮게 나타났다.

한편, 2012년 15~54세의 기혼여성은 974만 7천명 중 취업을 하고 있지 않은 여성은 404만 9천명이었으며, 이 중 결혼, 임신 및 출산 등 경력단절 사유가 발생하여 직장을 그만둔 경력단절여성은 197만 8천명으로 기혼여성 중 20.3%를 차지하였고 전년대비 7만 8천명(4.1%) 증가한 것으로 나타났다. 즉, 경력단절여성(197만 8천)이 직장(일)을 그만둔 사유를 살펴보면, 결혼(46.9%), 육아(24.9%), 임신 · 출산(24.2%) 순으로 나타났다.

표 10-1 우리나라 경제활동 인구 및 성별 참가율

(단위: 천명)

	전 체		여 성		남 성		남녀차이 (참가율)
	경제활동 인구	참가율	경제활동 인구	참가율	경제활동 인구	참가율	
2000	22,134	61.2	9,101	48.8	13,034	74.4	25.6
2005	23,743	62.0	9,860	50.1	13,883	74.6	24.5
2006	23,978	61.9	10,001	50.3	13,978	74.1	23.8
2007	24,216	61.8	10,092	50.2	14,124	74.0	23.8
2008	24,347	61.5	10,139	50.0	14,208	73.5	23.5
2009	24,394	60.8	10,076	49.2	14,319	73.1	23.9
2010	24,748	61.0	10,256	49.4	14,492	73.0	23.6
2011	25,099	61.1	10,416	49.7	14,683	73.1	23.4
2012	25,501	61.3	10,609	49.9	14,891	73.3	23.4

* 자료 : 통계청, 「경제활동인구연보」 각년도

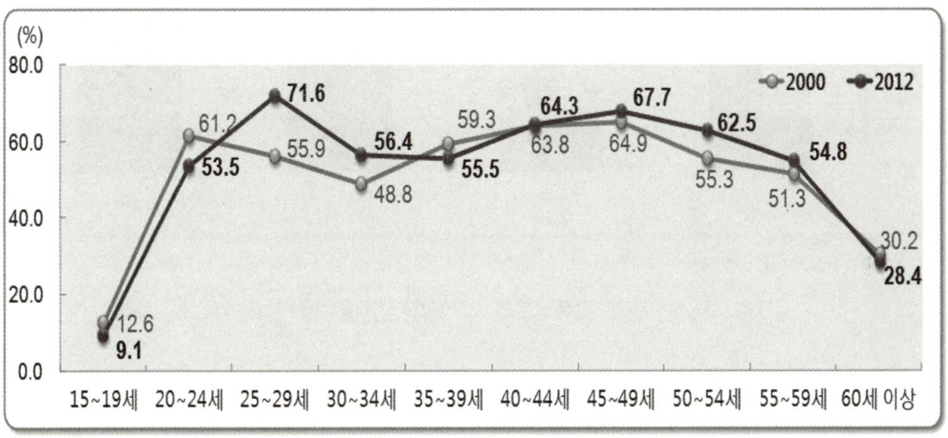

* 자료: 통계청, 「경제활동인구연보」 각년도

[그림 10-1] 여성의 연령별 경제활동참가율(단위: %)

표 10-2 여성의 연령별 경제활동참가율

(단위: %)

	전체	15~19	20~24	25~29	30~34	35~39	40~44	45~49	50~54	55~59	60세 이상
2000	48.8	12.6	61.2	55.9	48.8	59.3	63.8	64.9	55.3	51.3	30.2
2005	50.1	10.3	62.6	66.1	50.2	59.0	65.6	63.1	58.3	49.1	28.1
2006	50.3	8.9	59.1	67.5	53.1	59.6	65.6	64.4	58.5	49.7	28.3
2007	50.2	8.1	56.4	68.2	53.7	58.6	66.6	65.0	59.3	50.6	28.7
2008	50.0	7.5	54.6	69.3	53.3	58.5	65.9	65.8	60.3	52.5	27.9
2009	49.2	7.5	53.0	69.0	51.9	56.3	65.4	65.4	60.9	52.0	27.4
2010	49.4	8.5	53.5	69.8	54.6	55.9	65.9	65.6	61.3	53.3	26.9
2011	49.7	9.0	52.3	71.4	55.4	55.6	65.7	66.8	62.3	54.0	27.1
2012	49.9	9.1	53.5	71.6	56.4	55.5	64.3	67.7	62.5	54.8	28.4

* 자료 : 통계청, 「경제활동인구연보」 각년도

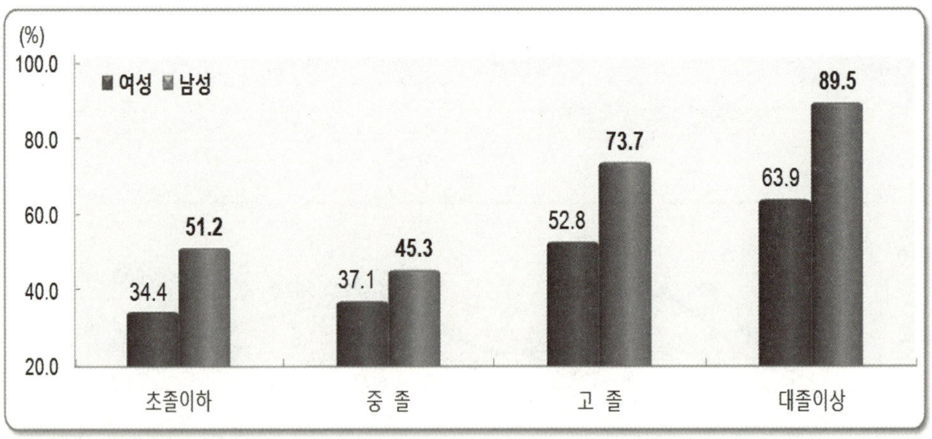

* 자료 : 통계청(2014), 「경제활동인구연보」

[그림 10-2] 현재 교육정도별 경제활동참가율(2012)(단위: %)

또한 [그림 10-3]에 의하면 여성의 취업에 대해 긍정적으로 인식하고 있는 것을 알 수 있다. 미취학 자녀가 있는 여성 10명 중 9명(90.9%)은 "직업을 가지는 것이 좋다"는 견해를 가지고 있었으며, 또 취업 시기에 대해서는 38.0%가 '가정 일에 관계없이' 계속 취업해야 한다고 응답했다.

한편 미취학 자녀가 있는 워킹맘은 93.8%가 "직업을 가지는 것이 좋다"고 응답했으며 취업 시기에 대해서는 워킹맘은 '가정 일에 관계없이'가 52.5%로 가장 많았고, 전업맘은 '출산 전과 자녀 성장 후'가 41.8%로 가장 많았다.

[그림 10-4]를 살펴보면 여성의 취업을 어렵게 하는 가장 큰 요인으로는 바로 미취학 자녀가 있는 여성의 72.8%가 '육아부담'에 응답했다. 워킹맘 4명 중 3명(74.5%)과 전업맘 71.7%가 이에 해당되었으며, 미취학 자녀가 없는 여성은 '육아부담(51.0%)', '사회적 편견 · 관행(17.6%)', '불평등한 근로여건(11.3%)' 순으로 응답했다.

또한 미취학 자녀가 있는 여성 2명 중 1명(49.0%)은 향후 필요하거나 늘려야 한다고 생각하는 공공시설은 [그림 10-5]에서와 같이 '국 · 공립어린이집'이라고 응답한 반면, 미취학 자녀가 없는 여성은 '보건의료시설(27.9%)', '사회복지시설(21.8%)', '국 · 공립어린이집(11.1%)' 순으로 응답했다.

마지막으로 미취학 자녀가 있는 여성이 향후 가장 필요하거나 늘려야 한다고 생각하는 복지서비스는 '어린이 양육지원 및 돌봄서비스(57.4%)'로 나타났다.

이상과 같이 살펴본 결과 현대사회에 있어서 기혼여성의 경제활동 참가는 아동보육을 어렵게 하는 요인으로 사회적 대책이 더욱 절실함을 알 수 있다.

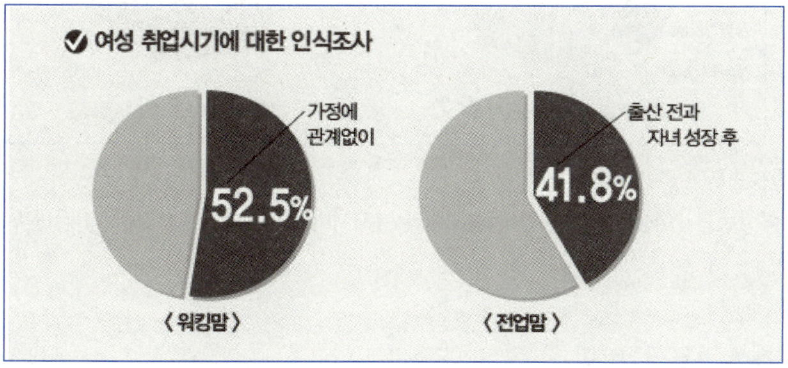

* 자료: 통계청 2014 여성의 삶 보고서

[그림 10-3] 여성 취업시기에 대한 인식(단위: %)

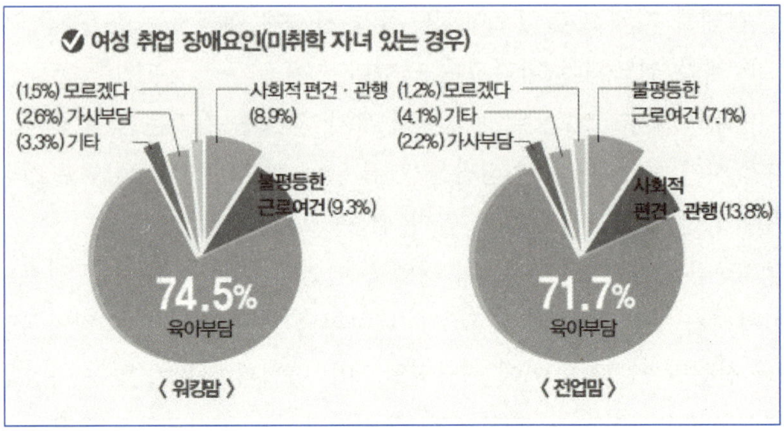

* 자료: 통계청 2014 여성의 삶 보고서

[그림 10-4] 여성취업 장애요인(단위: %)

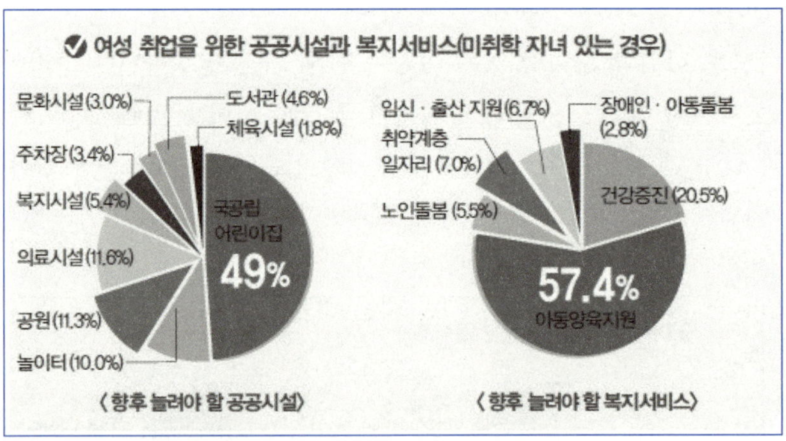

* 자료: 통계청 2014 여성의 삶 보고서

[그림 10-5] 여성취업을 위한 공공시설과 복지서비스(미취학 자녀 있는 경우)(단위: %)

(2) 가족구조의 변화

21세기에 들어서며 도시화, 산업화는 우리나라의 전통적인 대가족 체제를 무너트리고 핵가족화를 더욱 향상시켰다. 예전처럼 자녀양육을 조부모나 친인척이 함께 돌봐줄 수 있는 기대는 더 이상 할 수 없게 되었다.

통계청(2014) '맞벌이 가구 현황 보도자료'를 보면 표 10-3에서와 같이 2013년 10월 유배우 가구는 1,178만 가구이고, 이중 맞벌이 가구는 505만 5천 가구로 유배우 가구의 42.9%를 차지하였으며, 맞벌이 가구 중 8.8%(44만 7천 가구)는 부부가 같은 가구 내에 거주하지 않는 '비동거 맞벌이 가구'인 것으로 나타났다.

특히 외벌이 가구는 497만 1천 가구로 유배우 가구의 42.2%를, 기타 가구는 175만 3천 가구로 유배우 가구의 14.9%를 각각 차지하였다.

이것은 부모의 이혼이나, 별거, 부모사망, 미혼모, 미혼부 등 편부모 가정과 함께 조손가정 및 노인가구가 점점 늘어나는 추세와도 관련되며, 이러한 사회적인 현실은 가족의 역할과 기능을 더욱 약화시키고 있다.

또한 여성들의 취미생활 및 자원봉사 활동 또한 점점 증가함으로써 아동양육을 더욱 어렵게 하고 있어 보육이 더욱 절실해지고 있다.

표 10-3 유배우 가구 현황

(단위: 천가구, %)

유배우 가구	맞벌이 가구	비동거 맞벌이	외벌이 가구	기타 가구
11,780 (100.0)	5,055 (42.9)	447 (3.8)	4,971 (42.2)	1,753 (14.9)

* 자료: 통계청(2014) 맞벌이 가구 현황 보도자료

(3) 가치관의 변화

현대의 부모는 전통적인 부모역할에서 벗어나 자신의 편안함이나 사생활을 중요시하는 자기중심적인 경향이 높아지고 있다.

과거에는 자녀가 부모의 노후를 돌보아 주고 가정의 대를 이어가는 존재로서도 중요시되었다. 그런데 이제는 자녀가 그저 키울 때의 재미요, 보람이지 커서 부모를 부양하는 것은 기대하지 않는다는 부모가 많아졌고 또 자식도 부모부양에 대한 책임을 그리 심각하게 여기지 않는 경향이 있다(서영숙 외, 2010). 심지어는 친자식을

유기하거나 학대 · 방임하여 치명적인 상처를 주고도 무엇을 잘못했는지를 모르는 부모가 있는가 하면, 친부모를 유기하고 살해하는 사례까지 보고되어 세인들을 놀라게 하고 있다.

국민권익위원회는 최근 2014년 6월 9일부터 7월 9일까지 '국민신문고'와 '미디어 다음'에서 942명을 대상으로 '1인 가구 증가 원인'에 대한 설문조사를 진행한 결과, 전체 응답자들은 '가족 가치의 약화(28.8%)', '개인주의 심화(23.6%)', '비혼자 증가'(23.0%), '고용불안 및 경제여건 악화'(20.3%) 순서로 답했다. 그러나 설문조사 결과 세대별 구분차가 뚜렷해 이유는 연령별로 서로 다른 의견을 보였다.

즉, 1인 가구 증가 원인을 연령별로 구분하면 30대 이하 청년층은 '비혼자의 증가(30.1%)', '고용불안 · 경제여건 악화(26.5%)' 등 현실적인 문제를 지적하는 응답자가 많았으나, 중 · 고령층은 '가족가치 약화'(31.4%)나 '개인주의 심화'(26.7%) 등 가치관의 변화를 주된 원인으로 꼽았다(헤럴드POP. 2014. 8. 12.).

(4) 저출산 현상의 심화

현대사회는 갈수록 저출산 현상이 심화되어 가고 있어서 새로운 사회문제로 대두되고 있다. 젊은 부모들은 적은 수의 자녀를 낳고 맞벌이를 하면서 부부중심의 핵가족 형태를 원한다(이소희, 2005).

한국보건사회연구원(2014)은 보고서를 통해 '초저출산과 향후 인구동향'에서 합계출산율은 표 10-4와 같이 현재의 1.2명으로 유지되면 한국 인구는 2026년 5,165만명에서 정점을 찍은 뒤 2100년 2,222만명으로 감소할 것이라고 밝혔다. 합계출산율은 여성 1명이 가임기에 낳게 될 평균 자녀수를 뜻하는 말로, 한국은 2001년 이래 1.2명대 초저출산율을 보이고 있다.

초저출산 현상이 지속되면 생산가능인구(15~64세)는 2016년 3,722만명으로 정점에 도달한 뒤 2100년 984만명까지 감소할 것으로 전망됐다. 반대로 전체 인구 중 65세 이상 노인이 차지하는 비율은 2050년 39.4%, 2100년엔 48.2%까지 상승할 것으로 예상된다. 젊은층의 노인부양 부담이 시간이 흐를수록 커지는 셈이다.

연구원은 그러나 2045년까지 합계출산율을 2.1명으로 끌어올려 유지한다면 인구구조는 한결 나아진다고 전망했다.

저출산이 확대되는 원인에는 우선 맞벌이로 인한 육아문제가 있을 뿐만 아니라 아이를 양육하는데 드는 경제적 비용에 대한 부담이 있기 때문이다. 또한 개인주의적 생각이 팽배하여 자녀 양육으로 인해 본인의 시간과 경제적 비용을 빼앗기고 싶지 않은 부모 자신의 이기심 때문이기도 하다. 이러한 생각은 결혼 적령기에 있는 젊은이들로 하여금 결혼을 늦게 하거나 급기야는 결혼을 하더라도 자녀출산을 하지 않으려는 기피현상을 자아내기도 한다.

갈수록 한 자녀를 가진 부모들이 점점 늘어나고 있으며, 이들은 자녀에게 집중적인 투자를 원함과 동시에 돌봐줄 다른 가족이나 형제 없는 아이들을 위해 질 좋은 어린이집을 필요로 한다.

표 10-4 현재 합계 출산률 1.2명 유지 시 한국의 미래인구 전망

(단위: 명)

	2010년	2030년	2050년	2070년	2100년
총인구	4941만	5154만	4632만	3604만	2222만
65세 이상 인구 비율	11%	24.8%	39.4%	45.9%	48.2%
생산가능 인구(15~64세)	3598만	3301만	2421만	1668만	984만

* 자료: 한국보건사회연구원(2014). '초저출산과 향후 인구동향'

3) 아동보육의 목적과 기능

(1) 아동보육의 목적

우리나라 '영유아보육법' 제1조에 의하면, '영유아의 심신을 보호하고 건전하게 교육하여 건강한 사회 구성원으로 육성함과 아울러, 보호자의 경제적 · 사회적 활동이 원활하게 이루어지도록 함으로써 가정복지 증진에 이바지함을 목적으로 한다'고 규정하고 있다.

또한 동법 5조에 의하면 보육은 영유아의 이익을 최우선으로 고려하여 제공되어야 하며, 영유아가 안전하고 쾌적한 환경에서 건강하게 성장할 수 있도록 하여야

하며, 영유아는 자신이나 보호자의 성, 나이, 종교, 사회적 신분, 재산, 장애 및 출생지역 등에 따른 어떠한 차별도 받지 아니하고 보육되어야 함을 강조한다.

이 법에 의하면, 보육의 목적은 크게 두 가지로 구분되고 있음을 알 수 있다. 하나는 아동을 건전하고 건강하게 육성시키는 것이며, 다른 하나는 보호자의 경제적 · 사회적 활동지원을 통한 가정복지의 증진인 것이다. 물론 이러한 두 가지 목적은 서로 상보관계에 있지만, 그럼에도 불구하고 우선적인 목적은 법명에서도 명시한 바와 같이 영유아, 곧 넓은 의미에서 아동의 복지보장인 것이다.

무릇 설정된 목적은 그 목적을 달성하기 위한 구체적인 행동지침을 설정하여 실천에 이르게 하는 힘을 가지며, 특별히 사회적 책임을 전제로 한 법적 조치는 더욱 큰 힘을 갖는다. 이렇게 볼 때 법에서 명시한 법의 목적만이 중요한 것이 아니라, 그 목적을 달성하기 위해 굳건한 정책의지를 바탕으로 한 사회적 실천이 뒤따라야 한다(이소희, 2005).

(2) 아동보육의 기능

표갑수(1994)는 보육서비스의 기능을 보호, 교육, 가정의 지원 및 보상기능, 아동의 요구에 맞는 프로그램 개발의 기능, 지역사회의 효율적인 조직기능 등으로 구분하였다. 목적성 기능을 분석해 보면 아동에 대한 직접기능, 부모와 가정에 대한 기능, 지역사회에 대한 기능으로 구분할 수 있다. 바로 이렇게 구분된 기능은 보육서비스가 다면적 특성을 지닌 사회적 서비스임을 다시 확인해 준다고 할 것이다.

보육의 기능에서 의미 있게 고려해야 할 기능은 법으로 규정한 기능이며, 우리나라에서는 영유아보육법상의 기능을 들 수 있다. 물론 법적으로 제시한 기능이 가장 적절한 기능이라고 단정하는 데는 다소 무리가 있으나, 보육의 공공성을 고려한다면 법적 기능은 그 실현성이 높은 기능이라고 할 수 있다.

우리나라의 '영유아보육법'에 규정된 바의 보육내용이 함축하고 있는 보육의 기능은 보육아동과 그 부모를 비롯한 전체 지역사회의 복지를 위한 것이며, 이러한 각각의 기능적 의의는 아동복지, 여성복지, 가족복지를 통한 전체 사회복지의 증진을 도모하는 힘을 갖는다(이소희 외, 1997 : 22~23).

4) 아동보육의 유형

영유아를 위한 어린이집은 크게 보육장소, 운영주체, 보육시간, 보육대상 등 법령에 따라 다음과 같이 다양하게 계획 · 운영되고 있다.

(1) 보육장소에 따른 유형

보육이 이루어지는 장소에 따라 가정보육, 시설보육, 직장보육, 대학 또는 연구소 부설 보육, 교회부설 보육 등으로 다양한 분류가 가능하다.

1 가정보육

가정보육은 시설이 아닌 가정집에서 이루어지는 보육의 형태로 영유아가 부모가 아닌 다른 성인에게 보육을 받는 것을 말한다. 가정이라는 환경에서 이루어지므로 대개 적은 수의 영유아가 보육받으며, 보육받는 영유아의 나이도 시설에 비해 낮은 편이다.

가정보육은 크게 자기 집 보육과 타가정보육으로 나눌 수 있다. 즉, 자기 집 보육은 영유아가 자신의 집에서 가족이나 친지 또는 동네사람, 보육도우미 등에 의해 보육되는 것을 말한다. 이는 아동이 형제들과 함께 있을 수 있으며, 자기 집에서 보육이 이루어지기 때문에 아동의 건강과 정서를 고려할 때 가장 좋은 형태가 된다. 반면에 타가정보육은 개인이 가정 또는 그에 준하는 곳에 설치 · 운영하는 시설로써 예전에는 놀이방'이라고 알려져 왔고 2005년부터 '가정어린이집'으로 명칭이 개편되어 사용되어지고 있다.

Howes & Hamilton(1993)은 시설보육과 가정어린이집에 다니는 아동의 발달상의 차이를 밝힌 연구의 검토를 통해 보육 프로그램의 유형에 따른 차이는 결국 유형 그 자체에 의한 것이 아니라, 성인 대 유아의 비율이나 집단 크기 및 교사의 특성 등에 의한 질적인 것임을 밝혔다. 가정어린이집의 장점과 단점은 표 10-5와 같다.

표 10-5 가정어린이집의 장점과 단점

장 점	단 점
· 가정적인 분위기 때문에 환경변화가 있더라도 아동이 덜 두려워한다. · 아동이 혼합연령으로 구성되어 있어 다양한 연령층의 아동과 매우 긴밀한 접촉을 하여 형제간의 경험과 유사한 경험을 할 수 있고 운영시간도 융통성이 있다. · 아동의 가정과 비슷한 환경 속에서 편안함을 느낄 수 있다. · 아동의 가정과 가까운 곳을 선택할 수 있어 편리하다. · 어머니의 스케줄에 따라 시간을 융통성 있게 조절할 수 있다.	· 보육받기 위해 다른 집으로 이동을 해야 하는 번거로움이 있다. · 시설보육에 비해 체계적이지 못하고 일관성이 없다. · 시설이나 교재 · 교구가 시설보육에 비해 다양하지 못하다. · 시설보육에 비해 보육공간이 제한되어 있다. · 시설보육에 비해 보육교사의 전문적인 지식과 기술이 부족할 수 있다. · 영아가 대부분이고 소인원이라 야외학습의 기회가 적다.

2 시설보육

시설보육은 가정이 아닌 독립된 건물에서 보호와 교육이 이루어진다. 반드시 시청이나 구청으로부터 인가를 받아야 하고 적어도 2명 이상의 직원이 있어야 한다. 원장 및 보육교사 외에도 보육인원에 따라 영양사, 간호사, 조리사, 기사 등 다양한 인력을 포함하여 포괄적인 프로그램을 운영한다. 우리나라 어린이집은 종일제운영을 원칙으로 하고 있으며, 휴일을 제외하고 연중 계속 운영된다.

시설보육의 장 · 단점을 살펴보면 다음 표 10-6과 같다.

표 10-6 시설보육의 장점과 단점

장 점	단 점
· 정식으로 인정을 받았고, 관련 관청의 허가와 감독 · 지도를 받는다. · 운영시간이 일정하고 안정성이 있다. · 아이들에게 다양한 교육적 경험을 제공한다. · 풍부한 교구 및 자료를 갖춘 안정된 환경에서 다른 아이들과 상호작용할 기회를 많이 가지게 한다.	· 많은 수의 아동이 보육되므로 아동들이 교사 및 다른 아동으로부터 질병과 전염병에 노출되어 있다. · 교사 대 아동의 비율이 높아 교사와 상호작용할 수 있는 기회가 적다. · 개별아동의 욕구와 흥미를 파악하기가 어렵다.

장 점	단 점
· 체계적이고 일관된 보육서비스를 제공한다. · 보육교사가 법적 요건을 갖추고 있고 지속적인 보수교육을 받는다.	· 아동이 낯선 환경에 적응해야 하기 때문에 초기에는 정서적 안정감을 갖기 어렵다. · 또래와 집단생활을 해 나가야 하므로 지나치게 경쟁적으로 될 수 있다.

3 직장보육

사업주가 사업장의 근로자를 위하여 단독 또는 공동으로 사업장 내 또는 그에 준하는 인근지역과 사원주택 등 사업장 근로자 밀집 주거지에 지역주민의 자녀를 대상으로 설치 · 운영하는 시설이다.

○ 영유아보육법 시행령(제14조 제1행)은 '상시 근로자 300인 이상을 고용하는 사업장'에서 직장어린이집을 의무화해 놓고 있다.

4 대학이나 연구소 부설 보육

대학 및 연구소 부설 보육은 보통 대학교나 연구기관 내에 있으며, 보통 해당 학교나 연구기관으로부터 일부 재정적 지원을 받는다. 입소순위는 재학생이나 교직원 자녀에게 우선권이 있으며 결원이 있을 경우 그 지역의 아동을 받을 수 있다.

보통 학교마다 자기 대학 또는 연구소 나름의 교육과정을 개발하여 보육 및 교육을 제공하며 관련학과 학생들의 실습장으로 종종 제공되기도 한다.

5 기타 종교시설 보육

일반적으로 기독교, 천주교, 불교 등 종교적인 포교차원으로 교회나 절 안의 교육관에서 비영리적으로 아동보육과 교육이 이루어지는 것을 말한다. 입소는 동일한 종교를 가진 사람들의 자녀를 우선순위로 하며, 자신들의 종교철학을 함께 가르친다. 또한 보육교실은 때로 종교기관의 학습실로 이용되기도 한다.

(2) 운영주체별 보육유형

보육을 실시하는 기관이나 시설은 운영주체와 비용부담자를 기준으로 국 · 공립

어린이집, 법인어린이집, 민간어린이집, 부모협동어린이집, 직장어린이집, 가정어린이집 등으로 나눌 수 있다.

1 국 · 공립어린이집

국가와 지방자치단체가 설치 · 운영(위탁운영 포함)하는 시설 중에 직장어린이집을 제외한 시설로서 규모 및 인원은 상시 영유아 11인 이상을 보육할 수 있는 시설을 말한다(영유아보육법 시행규칙 제9조).

배치기준은 주로 저소득층 밀집지역 및 농어촌지역 등 취약지역과 어린이집이 부족한 지역에 우선적으로 설치하는 등 지역별로 균형 있게 배치함을 원칙으로 한다(영유아보육법 제12조).

2 법인어린이집

비영리기관의 지원을 받아 운영되는 보육형태로 대학이나 사립학교 · 복지기관 · 종교단체 등 운영주체가 다양하다. 대학이나 연구기관에서 운영하는 곳은 질 높은 프로그램이 제공되는 반면에 비용이 비싼 편이며, 사회복지기관이나 종교재단에서 운영하는 곳은 주로 저소득층을 대상으로 하는 곳이 많아 비용이 저렴한 편이다.

3 민간어린이집

사회복지법인이 아닌 비영리법인, 비영리단체 또는 개인이 설치 · 운영하는 시설로서 직장어린이집, 가정어린이집 또는 부모협동어린이집이 아닌 시설을 말한다.

규모는 상시 영유아 21인 이상을 보육할 수 있는 시설을 갖추어야 하며, 설치는 관할 시장 · 군수 또는 구청장에게 사전에 인가를 받는다.

4 부모협동어린이집

부모협동기관은 보육아동을 둔 보호자 15인 이상이 상호 출자하여 공동으로 어린이집을 설치 · 운영할 것을 약정함으로써 그 효력이 발생한다.

규모로는 상시 영유아 11인 이상이어야 하며, 부모들이 기관의 기본이념과 목표에 직접 참여한다.

보육교사 대 아동의 비율이 낮은 반면, 저렴한 보육료로 인해 우수한 프로그램을 제공하기 힘들고 보육프로그램의 내용에 있어서 일관성이 없다.

5 직장어린이집

직장어린이집은 사업주가 사업장의 근로자를 위하여 사업장 내에 설치하는 것으로 규모는 상시 영유아 5인 이상을 보육할 수 있는 시설을 말한다.

보육 정원의 1/3 이상이 직장어린이집을 설치한 사업장의 근로자의 자녀이어야 하는 것을 원칙으로 하며, 직장어린이집은 사업주가 소속 근로자의 자녀 양육지원을 목적으로 설치 · 운영하는 시설이므로 지역 보육수요로 제한할 수 없다.

6 가정어린이집

개인이 가정 또는 그에 준하는 곳에서 설치 · 운영하는 시설을 말하며, 규모는 상시 영유아 5인 이상 20인 이하를 보육하여야 하고 명칭은 "○○어린이집"으로 한다.

설치는 관할 시장 · 군수 또는 구청장에게 사전에 인가를 신청하여야 하며, 원장은 보육교사 겸직이 가능하고 영아가 상당수를 차지한다.

가정어린이집은 대부분 소규모적이어서 설치가 다른 어린이집에 비해 비교적 용이한 반면, 폐쇄 또한 용이하여 안정성이 저하되고 보육의 질적 편차가 큰 편이다.

(3) 보육시간에 따른 유형

과거에는 주로 보육시간이 주간에 많이 이루어졌으나 최근에는 산업구조의 변화에 따라 어머니의 출퇴근 시간이 다양화되었다. 이에 따라 보육시간도 종일제, 반일제, 시간제, 야간제, 방과후, 24시간제, 휴일보육 등 다양화되었다.

1 종일제 보육

종일제 보육은 우리나라에서 가장 보편적으로 이루어지는 유형으로 맞벌이 부모들을 위해 보통 오전 7시 30분부터 오후 7시 30분까지 12시간 동안 주간에 이루어진다. 또한 종일제 보육은 부모의 출퇴근 시간이나 개인적 요구에 따라 융통성 있게 이루어진다.

최근 일부 젊은 부모들 중에는 맞벌이를 하지 않아도 양육의 어려움을 덜기 위하여 종일제를 원하는 경우가 늘어나고 있다.

2 반일제 보육

반일제 보육은 하루 중 6시간 또는 그 이하로 운영되며, 오전. 오후가 있으나 주로 오전에 실시하는 경우가 대부분이다. 예전에는 유치원 프로그램이 주로 반일제로 이루어졌으나, 최근에는 맞벌이 부모가 늘어남에 따라 유치원도 점점 종일제 보육아동이 증가하는 실정이다.

3 시간제 보육

시간제 보육은 부모의 개인적 욕구에 따라 일시적이고 부정기적으로 아동을 돌봐주는 형태이다. 예를 들어 쇼핑센터나 식당, 백화점이나 문화센터, 병원 대기실 등 부모들의 편의를 위해 주로 무료로 이용된다.

급격한 사회변화에 따른 가정생활의 역동성으로 시간제 보육욕구가 늘어나고 있으며, 영유아보육법에도 가능하도록 조치되어 있다.

4 야간보육

야간보육은 주로 야간에 이루어지는 보육형태로 최근 시간연장형 보육과 유사하다. 야근을 필요로 하는 특수직종에 종사하는 부모나 밤늦게 퇴근하는 업종에 있는 부모들을 위한 것으로 보통 밤 10시까지 보육하는 경우가 많고 잠은 집에 가서 자게 한다.

시간연장형 어린이집에서는 야간 전담 보육교사가 있으며, 정부로부터 인건비 보조와 아동보육료 일부를 지원받기도 한다.

5 24시간 보육

24시간 보육은 말 그대로 24시간 동안 아동을 보육하는 형태로 주로 야근 또는 밤늦게까지 일하거나 새벽에 출근하는 경우, 출장이 잦은 직업에 있는 경우의 부모들이 이용한다.

24시간 보육은 숙박시설이 있으며 보육교사는 주로 3교대로 근무하게 된다. 아동들의 연령은 주로 혼합형이며, 낮에는 교육 및 보육 프로그램을 실시하지만 야간에는 보호를 원칙으로 한다.

6 방과후 보육

방과후 보육은 주로 초등학교 아동을 대상으로 하고 있으며, 등교 전이나 방과후에 돌봐 줄 수 있는 성인이 없는 경우 부모 대신 적절한 인가를 받은 기관에서 아동의 교육과 보육을 담당하는 서비스이다.

우리나라는 주로 민간 공부방, 초등학교, 어린이집, 사회복지관 등에서 보육이 이루어지고 있다.

(4) 보육대상별 유형

보육아동의 연령이나 특성에 따라 영아보육, 유아보육, 방과후 보육, 장애아 보육 등으로 나눌 수 있다.

1 영아보육

영아보육은 0세부터 36개월 미만의 영아를 대상으로 한다. 이 시기는 발달 특성상 식사, 배변훈련, 낮잠, 휴식 등 특별한 주의가 필요한 시기이다.

아동 대 보육교사의 비율은 0세는 1 : 3명, 만 1세는 1 : 5명, 만 2세는 1 : 7명 등 유아에 비해 담당인원이 적게 배정되며, 비영리적이다.

2 유아보육

유아보육은 36개월 이상 취학전 유아들을 대상으로 한다. 이 시기의 유아교육 프로그램은 단순한 보육을 떠나 발달적으로 적합한 다양한 영역별 프로그램을 통합 운영한다.

3 방과후 보육

방과후 보육은 초등학교 아동을 대상으로 만 12세까지 보육하며, 등교 전과 방과후 보육이 있다. 프로그램은 주로 학교 숙제지도, 보충학습, 특기적성 활동, 생활지도, 자율학습지도 등 다양하게 이루어진다.

4 장애아 보육

장애아 보육은 주로 장애아를 위한 보육의 형태로 장애아 통합보육과 장애아 전담보육이 있다. 장애아 통합보육은 정상아동과 장애아가 같은 공간에서 보육과 교육을 받음으로써 자연스럽게 상호작용하고 함께 더불어 사는 법을 배우게 한다.

반면에, 장애아 전담보육은 장애아만을 따로 보육하는 것을 말하며, 장애아를 위한 전문적인 시설 및 설비가 갖추어져 있고 장애아 전담 보육교사에 의해 프로그램이 운영된다.

장애아 전담보육에서는 장애아 통합보육에서와 같은 긍정적인 효과는 기대하기 어려우며, 장애아 부모 및 가족에 대한 지원서비스도 함께 이루어진다.

5) 우리나라 아동보육의 현황

(1) 어린이집 현황

우리나라 보육사업은 1991년 영유아보육법이 제정된 이후 비교적 활발히 추진되어 왔다. 그리하여 1995년부터 1997년까지 보육사업 확충 3개년 계획이 실시된 후 어린이집이 지속적으로 증가되어 왔다.

우리나라 어린이집 일반현황 표 10-7과 연도별 설치현황 표 10-8을 살펴보면, 1,993년도 5,490개소에서 해마다 증가되어 2013년 말 현재 전국의 어린이집이 43,770개소로 약 8배 증가하였다. 유형으로는 가정어린이집이 54%로 가장 많고, 다음으로 민간어린이집이 33.7%, 국 · 공립어린이집이 5.3%, 사회복지법인어린이집이 3.3%, 직장어린이집 및 부모협동어린이집이 가장 적다.

아동수도 민간어린이집이 전체의 52.6%로 절반 이상을 차지하고 있으며, 가정어린이집이 23.8%, 국 · 공립어린이집이나 법인은 각각 95%, 7.8%를 차지하고 있다.

이러한 사실은 우리나라 어린이집의 대부분이 민간에 의해 운영되어짐을 알 수 있다.

표 10-7 어린이집 일반현황

(단위: 개소, 명, %)

구분			계	국·공립 어린이집	사회복지법인 어린이집	법인·단체 등 어린이집	민간 어린이집	가정 어린이집	부모협동 어린이집	직장 어린이집
어린이집 수	개소		43,770	2,332	1,439	868	14,751	23,632	129	619
	(비중)		100.0	5.3	3.3	2.0	33.7	54.0	0.3	1.4
아동수	정원		1,782,459	170,050	139,669	62,820	937,632	423,533	3,972	44,783
	(비중)		100.0	9.5	7.8	3.5	52.6	23.8	0.2	2.5
	현원	계	1,486,980	154,465	108,834	51,684	770,179	364,113	3,226	34,479
		남	768,523	79,934	57,048	26,670	397,270	187,899	1,735	17,967
		여	718,457	74,531	51,786	25,014	372,909	176,214	1,491	16,512
	(비중)		100.0	10.4	7.3	3.5	51.8	24.5	0.2	2.3
	정현원비율		83.4	90.8	77.9	82.3	82.1	86.0	81.2	77.0
보육 교직원	인원	계	301,719	26,750	18,765	8,703	136,180	102,731	730	7,860
		남	13,182	806	1,768	672	8,304	1,534	18	80
		여	288,537	25,944	16,997	8,031	127,876	101,197	712	7,780
	(비중)		100.0	8.9	6.2	2.9	45.1	34.0	0.2	2.6
어린이집 1개당 아동수			34	66	76	60	52	15	25	56
보육교직원 1인당 아동수			4.9	5.8	5.8	5.9	5.7	3.5	4.4	4.4

* 자료: 보건복지부(2014). 보육통계

표 10-8 어린이집 연도별 설치현황(2013년 12월 31일 현재)

(단위: 개)

구분	계	국·공립 어린이집	사회복지법인 어린이집	법인·단체 등 어린이집	민간 어린이집	가정 어린이집	부모협동 어린이집	직장 어린이집
2013	43,770	2,332	1,439	868	14,751	23,632	129	619
2012	42,527	2,203	1,444	869	14,440	22,935	113	523
2011	39,842	2,116	1,462	870	14,134	20,722	89	449
2010	38,021	2,034	1,468	888	13,789	19,367	74	401
2009	35,550	1,917	1,470	935	13,433	17,359	66	370
2008	33,499	1,826	1,458	969	13,306	15,525	65	350

구분	계	국·공립 어린이집	사회복지법인 어린이집	법인·단체 등 어린이집	민간 어린이집	가정 어린이집	부모협동 어린이집	직장 어린이집
2007	30,856	1,748	1,460	1,002	13,081	13,184	61	320
2006	29,233	1,643	1,475	1,066	12,864	11,828	59	298
2005	28,367	1,473	1,495	979	12,769	11,346	42	263
2004	26,903	1,349	1,537	966	12,225	10,583	미분류	243
2003	24,142	1,329	1,632	787	11,225	8,933	미분류	236
2002	22,147	1,330	1,633	575	10,471	7,939	미분류	199
2001	20,097	1,306	1,991	313	9,490	6,801	미분류	196
2000	19,276	1,295	2,010	324	8,970	6,473	미분류	204
1999	18,768	1,300	1,965	266	8,327	6,703	미분류	207
1998	17,605	1,258	1,927	227	7,468	6,541	미분류	184
1997	15,375	1,158	1,634	150	6,388	5,887	미분류	158
1996	12,098	1,079	1,280	69	4,688	4,865	미분류	117
1995	9,085	1,029	928	22	3,175	3,844	미분류	87
1994	6,975	983	807	17	2,267	2,864	미분류	37
1993	5,490	837	624	19	1,776	2,205	미분류	29

* 자료: 보건복지부(2014). 보육통계

(2) 보육아동 현황

보건복지부 통계(2014)에 의하면 보육서비스를 받는 아동은 표 10-9와 같이 1993년 153,270명에서 2013년 12월 말 현재 1,486,980명으로 약 10배 가량 증가하였다. 이것은 어린이집이 양적 팽창에 있어서 어느 정도 성과를 이루었음을 알 수 있으나 질적 보육제공이 적절하게 이루어지지 않는 점도 많아 다양한 보육문제를 야기하고 있다.

또한, 전국 어린이집에 있는 보육아동의 연령별 현황은 표 10-10에서와 같이 만 2세가 2%로 가장 많고 그 다음으로 만 1세 21%, 만 3세(17.2%), 만 4세(12.4%), 만 5세(10.8%) 순이며, 0세도 10%를 차지하고 있으며, 특히 예전에 비해 2세 미만의 영유아가 많이 늘어난 것을 알 수 있다. 이러한 현상은 2013년 새로워진 정부의 양육수당 및 보육비 지원정책과 함께 영유아를 둔 신세대 엄마들의 자아실현 추구에 대한 결과이기도 하다.

따라서 이제는 영유아의 전인적인 발달을 위해 양질의 보육서비스를 위한 연령별로 적합한 보육프로그램의 개발과 우수한 보육교사의 배출 등 질적인 측면에 대한 끊임없는 노력을 기울여야 할 것이다.

표 10-9 어린이집 연도별 보육아동 현황

(단위: 명)

구분		계	국·공립 어린이집	사회복지법인 어린이집	법인·단체 등 어린이집	민간 어린이집	가정 어린이집	부모협동 어린이집	직장 어린이집
2013	계	1,486,980	154,465	108,834	51,684	770,179	364,113	3,226	34,479
	남	768,523	79,934	57,048	26,670	397,270	187,899	1,735	17,967
	여	718,457	74,531	51,786	25,014	372,909	176,214	1,491	16,512
2012	계	1,487,361	149,677	113,049	51,914	768,256	371,671	2,913	29,881
	남	769,573	77,321	59,562	26,867	397,021	191,722	1,572	15,508
	여	717,788	72,356	53,487	25,047	371,235	179,949	1,341	14,373
2011	계	1,348,729	143,035	112,688	50,676	706,647	308,410	2,286	24,987
	남	699,806	73,850	59,408	26,341	366,164	159,878	1,248	12,917
	여	648,923	69,185	53,280	24,335	340,483	148,532	1,038	12,070
2010		1,279,910	137,604	114,054	51,126	671,891	281,436	1,898	21,901
2009		1,175,049	129,656	112,338	52,718	623,045	236,843	1,655	18,794
2008		1,135,502	123,405	113,894	53,818	615,647	210,438	1,491	16,809
2007		1,099,933	119,141	118,211	55,906	612,484	177,623	1,444	15,124
2006		1,040,361	114,657	120,551	58,808	582,329	148,240	1,238	14,538
2005		989,390	111,911	125,820	56,374	552,360	129,007	933	12,985
2004		930,252	107,335	135,531	48,414	507,398	119,787	미분류	11,787
2003		858,345	103,474	140,994	37,911	461,640	103,935	미분류	10,391
2002		800,991	103,351	142,035	30,289	425,647	90,939	미분류	8,730
2001		734,192	102,118	161,419	16,483	369,044	77,247	미분류	7,881
2000		686,000	99,666	157,993	15,949	336,625	67,960	미분류	7,807
1999		640,915	99,866	151,652	13,195	301,630	67,294	미분류	7,278
1998		556,957	91,260	141,616	9,290	250,000	58,968	미분류	5,823
1997		520,959	89,002	123,567	6,727	227,951	68,467	미분류	5,245
1996		403,001	85,121	99,119	2,735	153,990	58,440	미분류	3,596
1995		293,747	78,831	77,187	591	92,634	42,116	미분류	2,388
1994		219,308	70,937	63,466	759	55,743	27,427	미분류	976
1993		153,270	55,133	44,026	854	35,520	17,012	미분류	725

* 아동수 : 현원(종일, 양간, 24시간, 방과후)기준
* 남/녀 구분 : 아동의 주민등록번호의 7번째 자릿수가 홀수이면 남, 짝수이면 여 – 이후 남/녀 구분 동일한 조건
* 자료: 보건복지부(2014). 보육통계

표 10-10 연령별 보육아동 현황

(단위: 명)

구분			설립주체별							
			계	국·공립 어린이집	사회복지법인 어린이집	법인·단체 등 어린이집	민간 어린이집	가정 어린이집	부모협동 어린이집	직장 어린이집
전국	계	계	1,486,980	154,465	108,834	51,684	770,179	364,113	3,226	34,479
		남	769,523	79,934	57,048	26,670	397,270	187,899	1,735	17,967
		여	718,457	74,531	51,786	25,014	372,909	176,214	1,491	16,512
	만 0세	계	148,273	3,595	2,958	1,131	35,713	103,347	190	1,339
		남	77,458	1,928	1,555	,589	18,813	53,768	103	702
		여	70,815	1,667	1,403	5,742	16,900	49,579	87	637
	만 1세	계	325,921	19,791	14,597	6,114	128,165	150,603	438	6,213
		남	167,767	10,180	7,577	3,167	65,927	77,438	242	3,236
		여	158,154	9,611	7,020	2,947	62,238	73,165	196	2,977
	만 2세	계	400,781	33,508	26,244	11,162	215,115	105,795	806	8,151
		남	206,949	17,231	13,650	5,807	111,165	54,387	427	4,282
		여	193,832	16,277	12,594	5,355	103,950	51,408	379	3,869
	만 3세	계	255,786	34,118	23,893	11,531	174,854	2,922	649	7,819
		남	132,167	17,711	12,532	5,985	89,948	1,553	334	4,104
		여	123,619	16,407	11,361	5,546	84,906	1,369	315	3,715
	만 4세	계	184,513	31,836	19,865	10,230	114,934	760	592	6,296
		남	95,320	16,476	10,400	5,238	59,241	402	321	3,242
		여	89,193	15,360	9,465	4,992	55,693	358	271	3,054
	만 5세	계	161,877	29,887	19,005	9,409	97,943	579	534	4,520
		남	83,576	15,500	9,949	4,802	50,404	298	297	2,326
		여	78,301	14,387	9,056	4,607	47,539	281	237	2,194
	만 6세 이상	계	9,829	1,730	2,272	2,107	3,455	107	17	141
		남	5,286	908	1,385	1,082	1,772	53	11	75
		여	4,543	822	887	1,025	1,683	54	6	66

* 자료: 보건복지부(2014). 보육통계

(3) 보육교직원 현황

전국의 보육교직원은 표 10-7에서 살펴보면, 전체가 301,719명이며, 그 중 민간시설이 136,180명으로 45%를 차지하며, 가정시설이 102,713명(34%), 국·공립시설 26,750명(8.8%), 사회복지법인시설 18,765명(6.2%), 법인·단체 등 시설 8,703명(2.8%), 직장어린이집 7,860명(2.6%), 부모협동어린이집 730명(0.2%)의 순으로 나타났다. 주로 민간 및 가정어린이집에 종사하는 교사들이 대부분을 차지하고 있음을 알 수 있다.

2. 방과후 아동지도

1) 방과후 아동지도의 개념

방과후 아동지도는 방과후 보육, 공부방, 방과후 교실, 방과후 아동센터, 방과후 아동보호 등 다양한 용어로 혼용되어 사용되고 있다. 주로 사용되는 용어인 방과후 아동지도와 방과후 아동보육의 정의를 살펴보면 약간의 차이가 있다. 방과후 아동지도는 연령이 높아질수록 보호적 차원보다 교육적 차원을 강조하는 측면이 있고, 방과후 아동보육은 아동의 교육적 측면을 강조하기 보다는 복지적 차원에서 보호해야 한다는 점에서 약간의 차이가 있을 수 있다(김재인 · 이향란, 2004). 두 가지가 유사한 것처럼 보이지만 실제적인 현상을 고려해 보면 방과후 아동보육은 방과후 아동지도보다 더 넓은 개념으로 이해될 수 있다(이소희, 2005). 그러나 최근에는 방과후 보육이라는 용어보다 교육적 측면을 강조하는 방과후 아동지도라는 용어가 더 많이 사용되어지고 있으며 그 개념을 자세히 살펴보면 다음과 같다.

방과후 아동지도의 개념은 학교의 정규 교육과정 이외의 각종 교육활동에 참여하는 것으로 보는 광의의 개념과 보육서비스를 일차적인 목적으로 하는 협의의 개념으로 나눌 수 있다. 즉, 광의의 방과후 아동지도는 정규수업 외에 이루어지되, 교육적 관점이 강조된 각종 프로그램으로 학교에서 방과후에 원하는 아동은 누구나 참여하는 특별활동이나 스카우트 활동과 학교 밖에서 주로 열리는 캠프나 지역사회학교, 취미클럽 활동, 학원 등 다양한 기관에서 학령기 아동이 방과후에 참여하는 활동이다. 또한 협의의 개념으로서 방과후 아동지도란 학교 수업이 없을 때 성인의 적절한 보호를 받을 수 없는 학령기 아동을 허가받은 정규기관에서 정기적으로 돌보아 주는 것이다(서영숙 외, 1997).

방과후 아동지도가 이루어지는 장소도 매우 다양하다. 학교 수업이 끝난 뒤 교실이나 학교 안의 공간에서 이루어지는 방과후 아동지도가 있고 학교 밖의 장소,

즉 학원이나 지역아동센터, 공부방, 어린이집 등 다양한 장소에서 이루어지는 것이 있다.

방과후 활동내용 또한 장소에 따라 다양하다. 간단한 기초공부나 숙제지도와 함께 급식 및 간식지도가 이루어지는 곳이 있는가 하면 다양한 특기활동 및 참여활동으로 이루어지기도 한다.

방과후 아동지도를 누가 책임지고 있는가 하는 것도 개념을 이해하는데 주요한 요소이다. 즉, 방과후 아동지도 활동을 친인척이나 일반 성인이 하는 것인지, 방과후 아동 전문가 교육을 받은 교사가 하는지에 따라 방과후 아동지도의 성격이 달라지기 때문이다.

그러므로 방과후 아동지도란 공식적인 학교교육이 이루어지지 않는 방과 전후나 방학 때와 같은 시간 동안 아동이 건강하고 행복하게 생활할 수 있도록 아동지도 전문가가 정규적으로 일정시간 동안 학교를 포함한 공적으로 인정받은 기관이나 장소에서 보호 · 교육하는 것을 말한다(서영숙 외, 2010).

2) 방과후 아동지도의 필요성 및 목적

(1) 방과후 아동지도의 필요성

현대사회가 빠르게 변화하면서 나타난 가족구조의 다양성과 핵가족화, 그리고 여성인구의 사회활동 참여증가와 기혼 여성의 취업률 증가 등의 현상은 가족기능의 약화를 초래하면서 아동의 보호적 양육에 커다란 위협이 되고 있다. 특히 노동시장 내 여성참여 비율은 1980년 40.4%에서 2002년 48.5%로 증가하였고, 이들 중 기혼 여성의 55%가 경제활동에 참여하고 있는 현실은 자녀양육의 문제를 증폭시켰다(정효정, 2005).

방과후 아동지도의 필요성에 대해 서영숙(2010)은 다음과 같이 크게 네 가지 영역으로 나누었다.

1 가정 양육 환경의 변화

- 기혼여성의 경제활동 참여증가

- 자녀양육 기능의 약화와 양육 취약가정의 증가
- 형제 자매 수의 감소와 가족구성원의 단순화
- 여성의 개인 활동 욕구의 증가
- 가족 가치관의 변화와 자녀 가치관의 변화
- 부모의 자녀성취에로의 몰입

2 교육 환경의 변화

- 건강하고 우수한 미래 인적 자원 양성에 대한 국가적 투자
- 부모의 자녀학업 보충 요구 증가
- 과도한 사교육비 부담
- 교육 격차의 양극화 심화

3 사회 환경의 변화

- 유해환경에의 노출 증가
- 아동권리 인식 증가
- 시민공동체 인식과 지역사회 참여증대
- 방과후 아동지도의 공공성에 대한 인식 증가

4 경제 환경의 변화

- 저출산, 노령화의 확산과 여성노동력 수요증대
- 자녀의 방과후 안녕을 걱정하는 근로자의 스트레스
- 사회적 일자리로서의 방과후 아동지도

그러므로 방과후 아동지도는 학교와 가정의 기능을 보완하며, 아동을 안전하게 보호하고 아동이 정서적 · 사회적 · 신체적으로 건전하게 발달할 수 있도록 하는데 중요한 의의가 있다고 하겠다(서영숙 외, 2010).

(2) 방과후 아동지도의 목적

방과후 보육의 일차적 목적은 방과후에 성인의 보호 없이 지내는 아동을 위험하

고 유해한 환경으로부터 보호하는데 있다. 또한 방과후 보육은 방과후의 아동을 보호하고 교육함으로써 학교의 교육적 목적과 가정의 자녀보호, 교육의 기능을 보완하고 지원 · 확장하며 학교와 가정, 아동을 효율적으로 연결시키는 것(남기라, 1996 : 최명희, 2004)으로 아동의 건전한 정서적 · 사회적 발달에 기여하는 것이라고 할 수 있다.

한국여성개발원(1996)에서는 방과후 아동지도의 목적을 다음 네 가지로 제시하고 있다.

- 아동을 안전하게 보호한다.
- 학교교육을 보완하여 아동의 흥미와 욕구를 충족시키는 활동이나 생활지도 등을 통하여 아동의 건전한 사회 · 정서적 발달을 도모한다.
- 학업성취 능력 향상의 기회를 제공한다.
- 아동의 부모 및 가족 전체의 안정되고 건전한 생활을 지원한다.

한편 김재인(1996)은 방과후 보육프로그램의 목적을 다음과 같이 제시하였다.

- 방과후의 아동을 안전하게 보호
- 방과후의 집단적 생활을 통해 사회적 · 정서적 발달 도모
- 학교교육의 보충 기능
- 특별활동을 통한 아동의 능력 개발
- 가족의 엄선된 생활지원

그러므로 방과후 아동지도는 다음과 같이 크게 보호적 측면과 교육적 측면을 목적으로 가진다고 할 수 있다.

1 보호적 측면

- 아동을 다양한 위험으로부터 안전하게 보호한다.
- 아동을 각종 질병으로부터 예방 · 보호한다.

• 아동에게 적절한 급 · 간식지도를 통해 건강관리를 도와 준다.
• 아동의 정서적 · 심리적 안정감을 도와 준다.
• 아동의 긍정적인 자아개념 형성을 도와 준다.
• 아동에게 질서 · 청결 · 협동 등 기본생활습관 및 올바른 태도형성을 도와 준다.

2 교육적 측면

• 학교교육의 보충기능을 한다.
• 다양한 특기활동 프로그램을 제공한다.
• 다양한 문화체험, 학습경험을 할 수 있도록 도와 준다.
• 학교생활에 대한 긍정적이고 적극적인 태도를 기르게 한다.
• 적절한 시간관리 능력을 도와 준다.
• 또래와의 적절한 상호작용 및 협동심을 길러 준다

3) 방과후 아동지도의 유형 및 현황

(1) 방과후 아동지도의 유형

방과후 아동지도는 그 대상과 목적에 따라 여러 가지 방법으로 프로그램화하여 진행되어야 한다. 학령기 아동들은 다각적인 측면에서 성장이 이루어져야 하므로 방과후 아동보육 활동의 다양성이 필요하다.

방과후 아동지도는 성인의 지도 유 · 무, 서비스 시간, 운영주체 및 재정 원천별, 아동지도 활동의 특성 등에 따라 다음과 같이 나누어 볼 수 있다.

1 성인의 지도 유무에 따른 유형

성인의 지도 유무에 따라 성인 지도 부재형과 성인지도형으로 나눌 수 있는데, 먼저 성인지도 부재형은 아동이 혼자 지내는 자기 보호(self-care)와, 아동이 필요할 때 전화를 통해 도움을 요청하는 전화협조선, 먼 거리에서 부모가 이웃을 통해 아동의 안전을 확인하는 안전확인 프로그램 등이 있으며, 성인지도 유형으로는 설치장소에 따라 아동의 집부터 초등학교 방과후, 영유아 어린이집, 지역사회복지관, 공공시설, 종교시설 방과후 등이 있다.

2 서비스 시간 및 기간에 따른 유형

서비스 시간 및 기간에 따른 유형은 방과 전 프로그램, 방과후 프로그램, 방학이나 휴일보육 프로그램 등이 있다.

3 운영주체 및 재정 원천별 유형

운영주체 및 재정 원천별 유형으로는 정부나 공공기관형, 민간형, 정부나 공공기관이 민간에게 위탁한 경우가 있다.

4 아동지도 활동의 특성에 따른 유형

아동지도 활동의 특성에 따라 특별활동 중심형, 학습활동 중심형, 보육활동 중심형, 상담활동 중심형 등으로 나누어 볼 수 있다.

(2) 우리나라 방과후 아동지도 배경

우리나라 방과후 아동지도는 1970년 저소득층을 대상으로 한 공부방을 형성시켰고, 1985년 '산돌공부방'으로 시작되어, 부스러기 선교회와 이대부속종합사회복지관, YMCA 숙대아동연구소, 한국여성개발원에서 방과후 아동보육 프로그램 개발이 활성화되기 시작하였다. 방과후 아동지도에 대한 정책적 관심이 나타난 것은 보육의 공공성에 대한 관심과 여성 사회참여 활성화를 위한 자녀양육 지원에 대한 사회적 요구가 증가함에 따라 1993년 한국여성개발원이 방과후 아동지도사 교육 프로그램 개발 연구를 선두로 가시화되었다. 이 연구결과를 바탕으로 한 시범 운영을 통해 방과후 아동지도사 66명을 수료시키고 방과후 아동지도란 명칭으로 방과후 활동의 정책적 제도화와 관련된 논의가 시작되었다.

그 후 대통령 자문기구인 세계화추진위원회가 1995년 '여성참여 확대 10대 과제' 중의 하나로 초등학령기 자녀를 둔 가정의 자녀양육 지원을 위해 방과후 아동지도 제도도입을 정책으로 채택하였다. 더불어 여성취업의 증가와 저출산율 문제에 대한 대책으로 방과후 자녀를 둔 여성에 대한 자녀양육 서비스 차원과 소득 양극화 극복 차원에서 방과후 활동의 중요성이 사회적으로 부각되기 시작하였다(서영숙, 2006).

정부에서는 1996년 1월 영유아보육법 개정을 통해 '특별한 경우에는 만 12세까지 보육을 할 수 있다'라는 근거 조항 삽입(제16조)으로 법적 근거를 갖추고, '방과후 아동지도'를 보육교사 양성과정 및 재교육과정의 한 교과로 삽입하고 방과후 아동지도시설 설치규정의 시행세칙을 마련하면서부터 우리나라의 방과후 아동지도 제도가 첫발을 내딛게 된 것이다. 이러한 영유아보육법 시행규칙 개정으로 정부차원의 방과후 아동지도가 시행되었으며, 보육교사 1인당 20인의 아동을 보육할 수 있도록 규정하였고 취학아동의 방과후 표준보육료는 3세 이상 유아보육료의 50%를 적용하게 되었다(보건복지부, 1999).

방과후 활동이 공식적으로는 주로 어린이집, 지역사회복지관, 초등학교, 청소년 공부방 등 방과후 교실에서 담당해 왔으며, 비공식적으로는 공부방을 통해 이루어져 왔다. 과거에는 주로 대상이 저소득층이었다면 최근에는 일반 아동까지 확대하여 다양한 형태의 방과후 아동지도가 이루어지고 있는 실정이다.

(3) 우리나라 방과후 보육정책

최근에는 보건복지부가 제2차 저출산 · 고령화사회기본계획으로 '새로마지플랜 2015'를 발표하였다. 세부내용을 살펴보면 다음과 같다.

〈취학아동 방과후 돌봄서비스 지원확대〉

1 현황

- 아동(6~15세) 620만명 중 방과후 나홀로 아동*은 240만명으로 추정되며 이 중 국가지원이 필요한 대상(중위소득 이하)**은 약 90만명으로 추산된다.

* 가정 내 보호자가 없는 아동

** 초등학생 45만명, 중학생 45만명 (한국청소년정책연구원, '08.12월)

- 현재 지역아동센터, 초등돌봄교실 등을 통해 약 25.5만명(90만명의 28.3%)지원

※ 이외 엄마품 대학생 멘토링(5만명), 아이돌보미(34만건), 방과후학교(약 271만명) 등을 통해 부분적인 돌봄서비스 제공

• 아직 부족한 저소득층 아동에 대한 지원을 늘려 나가는 한편, 비용부담 능력은 있으나 믿고 이용할 만한 서비스가 없어 애로를 겪고 있는 맞벌이 중산층 가정에 대한 대책도 필요하다.

※ 돌봄서비스를 제공하는 사설업체의 경우 관련법령의 적용을 받지 않아 '일반 사업자'로 등록 운영(월 이용료 30~50만원)된다.

2 추진 계획

① 방과후 돌봄서비스 공적 지원확대

• 저소득층 취약계층의 수요를 감안, 지역아동센터 확대 및 내실화
  - 방과후 학교와의 중복서비스 방지, 취약계층 발굴 등을 위해 교과부와 돌봄 연계 시범사업 공동추진
  - 법령 정비를 통해 지역아동센터 설치 및 시설기준 개선
  - 평가지표 개선 등 양질의 돌봄서비스 제공을 위한 운영체계 개선

• 청소년 방과후 아카데미 지속 확대
  - 다문화 청소년, 맞벌이가정 청소년 등 다양한 사회적 지원이 필요한 '나홀로 청소년'의 공적 서비스를 위한 개소수 지원확대
  - 방과후 아카데미를 나홀로 청소년의 다양한 수요에 맞게 모델 개발, 운영

• 학교여건 및 지역적 특성을 고려, 수요자 맞춤형 "초등돌봄교실" 확대
  - 학교가 '정규수업+방과후 활동+가정돌봄'의 3가지 기능을 야간까지 지원

※ '09년 4,146개 초등학교에서 4,622교실 운영

• 대학, 지역사회 기관 등과 연계, 학업능력과 학생 수요 등을 고려, 다양한 방과후 학교 강좌 개설
  - 수준별 수업, 자기주도적 학습, 특기계발 등 특색있고 다양한 프로그램 개발 운영
  - 학부모 참여 활성화를 통한 수요자 맞춤형 방과후학교 운영

※ 방과후 학교 개설시 수요자 수요조사 실시

• 학생교육의 창의적 체험활동 개발지원을 위해 예술강사 파견 확대 및 문화예술 콘텐츠 확대

※ 초등학교 수혜율 확대 : '12년까지 초등학생 173만명(50%) 수혜

※ 초 · 중 · 고 예술강사 : '11년 4,200명, 이후 점차 증원

② 민간 돌봄서비스 시장 창출을 위한 인프라 구축

- 사회적 기업 육성, 보습학원 전환, 소규모 가정 돌봄 등 민간 돌봄서비스 시장 창출을 위한 인프라 구축
  - '방과후 돌봄기관 지정제'를 통해 공급기관 품질관리 및 인센티브 부여
  - 보육 · 학습지도, 급식, 역량개발 등 토털서비스 제공
- 보육교사, 사회복지사 등 유휴인력을 활용, 돌보미 자격인증제 · 등록제를 통해 인력수급 조절
- 운영자 자격인증, 이용료 한도, 설치기준 등 서비스 표준화를 위한 법적 근거 마련

③ 나홀로 아동 방과후 돌봄서비스 추진

- 유망사회 서비스로서 '나홀로 아동 방과후 돌봄서비스' 모델을 마련, 지자체사업 개발 지원 ('11년)

※ '나홀로 아동 방과후 돌봄서비스' 구성(안)

- 서비스 내용 : 안전 하교 지원(학원 등하원 포함), 일상생활(씻기, 식습관 지도 포함) 지원, 방과후 학습지원 등
- 서비스 기간 : 1년(주 5일, 회당 6시간 기본형/추가 시간은 본인부담)
- 서비스 대상 : 전국가구 월평균소득 100% 이하 초등학생 아동
- 서비스 제공방식 : 1 : 1 보육부터 1 : 2, 1 : 3 등 그룹형 서비스까지 가능
- 제공인력 : 보육교사, 유치원 정교사, 독서지도사 등 아동관련 자격증 소지자
- 이용자와 서비스 제공인력이 직접 연결이 가능하도록 온라인 매칭 시스템 구축 (제공인력 학력, 경력, 범죄기록 등 공개 및 예약제 실시), 초등돌봄교실

(4) 우리나라 방과후 활동 현황

현재 방과후 활동은 교육부, 보건복지부, 여성가족부, 국가청소년위원회의 네 부처에서 담당하는 방과후학교 및 방과후학교지원센터, 지역아동센터, 방과후 보육교실, 청소년 아카데미 등 4개 사업이 실시되고 있다.

그 내용을 자세히 살펴보면 다음과 같다.

1 방과후학교

초등학교에서 실시하고 있는 방과후학교는 교육부의 주관 아래 학생 · 학부모를 중심으로 운영하는 정규 수업 이외의 학교 교육활동 기존의 특기 · 적성교육, 초등학교의 방과후 교실, 고등학교의 수준별 보충학습 등으로 사용된 각각의 명칭과 프로그램을 2006년부터 방과후학교로 통합하여 실시하고 있다.

① 방과후학교의 운영체계

방과후학교의 운영체계는 비전제시, 목적, 전략으로 다음의 [그림 10-6]과 같다.

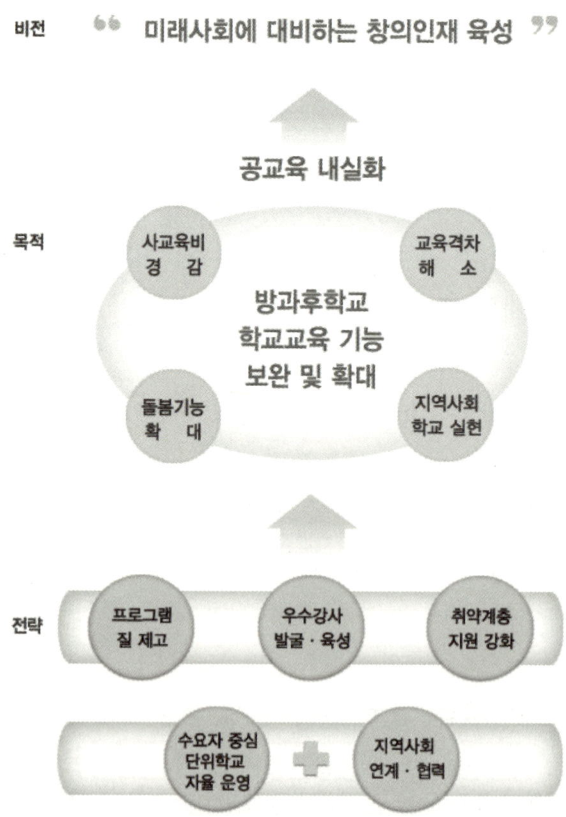

* 자료: 서울특별시 교육청 방과후학교

[그림 10-6] 방과후학교의 운영체계

② 방과후학교의 목적

- 다양한 프로그램 운영으로 학교의 교육 기능 보완 · 확대
- 학교를 통한 다양한 학습 및 보육을 통해 사교육비 부담 완화
- 계층간, 지역간 교육격차를 완화하여 실질적인 교육복지 구현
- 방과후학교를 구심점으로 지역사회와 함께하는 학교공동체 실현
- 돌봄기능 확대

③ 방과후학교 운영방침

㉮ 운영관리

- 학교운영위원회의 심의(자문)를 거쳐 학교장 중심 자율 운영
- 수요자의 선택에 의한 자율적 참여를 원칙으로 운영 (강제참여 유도 금지)
- 방과후학교 활동내용의 체계적 관리

㉯ 교육대상 및 장소

- 희망하는 해당 학교 학생뿐만 아니라 타교생까지 확대 가능
- 학교 및 지역사회의 다양한 시설 연계 활용

㉰ 운영기간 및 시간

- 운영기간은 학교여건에 따라 기(期)별 운영 계획을 수립하여 운영하되, 외부강사 및 민간 위탁운영 계약은 기(期)별 운영기간과 일치
  예시) 1기 : 2014. 3. 2~5. 31 또는 2014. 3. 2~6. 30 등
- 민간 위탁운영 계약은 동일 기관과의 계약이 1년을 경과하면 재공모 절차를 거쳐야 함
- 방과후학교 소위원회는 민간 위탁운영에 한하여 구성 운영
- 운영 시간은 정규수업 이외의 시간을 활용하여 운영하되, 학생의 건강이나 정규 교육과정의 정상적 운영을 저해하지 않도록 수익자 부담 교육 프로그램을 정규 수업 전 또는 늦은 시간까지 운영하는 사례 금지
  - 학생, 학부모의 수요에 따라 방과후 뿐 아니라 토요일, 휴업일, 방학 등을 활용하여 운영
- 학교별 실정에 맞게 학년 초 정규수업의 시작과 함께 방과후학교 운영

㉣ 프로그램

- 학생의 꿈과 끼를 키우는 교과 및 특기 적성 프로그램의 조화로운 방과후학교 운영
- 학생과 학부모의 수요조사 및 선호도가 높은 분야를 고려하여 프로그램 개설
- 학생 학부모의 요구와 수준에 맞는 질 높은 프로그램 제공의 조화로운 운영
  - 소질 적성 및 진로에 따른 개인역량 계발에 중점을 두고 개설
  - 지속적인 수강이 가능하도록 단계별 프로그램 개설
  - 수준별 맞춤형 프로그램 개설 뿐만 아니라 주문형 프로그램 운영
- 학생 수요에 따라 토요일 휴업일 및 방학 중에도 운영하여 지속성 유지
- 프로그램 종료 후 만족도 조사 실시 및 조사결과 환류 강화
- 모든 프로그램 운영에 돌봄 및 철저한 학생관리(출결 관리, 진로 진학상담 등)를 기본으로 운영

※ 교과 진도 나가기, 수업내용을 교과학습발달 상황평가에 반영하는 등 정규 교육과정의 정상적 운영을 저해하는 프로그램 운영 금지

㉤ 지도강사

- 프로그램을 담당할 자질과 능력이 있다고 단위 학교 또는 교육청(교육지원청)에서 인정한 현직교원, 외부강사, 자원봉사자 등 우수한 인적 자원을 최대한 확보하여 활용
  - 본청 및 지역교육청 홈페이지에 방과후학교 우수강사 인력풀 구축 운영
- 학교운영위원회의 심의(자문)를 거쳐 학교장과 강사 개인 간의 프로그램 운영 계약에 의해 강사로 활용 가능하며, 외국인을 강사로 활용할 경우 출입국 관리법 준수
  - 계약사항에 강사료, 담당 시간, 해약 관련 사항, 강사료 지급 기한 등 명시
  - 계약기간은 기(期)별 프로그램 운영기간과 일치해야 하고, 계약을 취소할 경우 사전에 서면으로 통보해야 하며, 재계약 시에는 프로그램 및 강사 평가 결과를 참고로 학교운영위원회 사전 심의를 받아야 함

* 총 계약기간이 2년을 초과할 경우에는 공개모집 절차를 다시 거쳐야 함
  - 강사를 프로그램 운영기간 중에 부득이 교체할 때는 사후 승인도 가능
- 강사료는 학교 자율로 결정하되, 강의시간 뿐 아니라 학생 수에 비례하는 것을

원칙으로 하고, 적정 수준의 강사료 지급
  - 가급적 교내교사와 타교교사, 외부강사 간 차별이 없도록 유의
- 현직 교원의 경우 정규수업, 교무업무 등에 지장이 없도록 과도한 프로그램을 담당하는 것을 지양
- 강사의 질 제고를 위한 노력 및 강사관리 철저
  - 외부강사 연수 실시, 학생 및 학부모 대상 강사 및 프로그램 평가 등 학교별 강사검증시스템을 구축하여 운영

㉥ 학습관리

- 학습관리는 개별학생의 학습이해도 파악, 학습 진도관리, 학습결과에 대한 피드백 제공 등을 포함함
- 학생종합관리시스템 구축 운영을 통한 만족도와 신뢰도 제고 노력
  - 참여 학생의 출결관리, 생활지도, 학습관리, 진로지도 등

㉦ 회계관리

- 투명한 회계관리
  - 학교운영위원회 심의(자문)를 거치고 예산 편성 집행 결과 공개
  - 수강료 책정, 강사료지급, 수강료 환불 등 회계 관련 기준 마련

※ 모든 회계는, 국립 유치원 및 초 중등학교 회계규칙, 서울특별시 공립학교 회계규칙, 사학기관 재무 회계규칙에 따름

- 수익자부담을 원칙으로 하되, 저소득층 자녀 등 소외계층에 대한 지원강화
  - 수강인원의 10%만큼 저소득층 자녀에게 무료수강 기회 제공 권장
  - 지자체와의 협력, 외부지원금 확보 등을 통해 저소득층 지원 확대 노력
- 수강료는 강사료와 수용비 등으로 구성되어 있으며, 수강료에 대한 소득공제 가능
  - 수강료는 수강하지 않는 경우 환불하는 것이 원칙이며, 수강변경 및 취소가 일어나지 않도록 필요조치를 강구하여 학생지도
- 수요자가 부담하는 전체 수강료의 10% 이내에서 방과후학교 운영에 필요한 수용비 지출 가능
  - 수용비는 필요 금액(추정도 가능)을 산정한 후에 수강 학생들에게 징수하는 것임

- 수용비 내용 : 전화 전기료, 냉난방비, 복사기 및 정수기 사용료, 인쇄비, 학생 관리를 위한 SMS 문자 사용료, 방과후학교 보조인력 인건비, 기타 소모품 구입

※ 수용비에서 업무담당자, 수납, 청소, 인쇄요원 수당 지급 불가(2012. 3. 1부터 시행)

④ 방과후학교 지원센터 운영

㉮ 사업 목적

- 방과후학교 온라인관리시스템 활용 지원으로 업무담당 교사 행정업무 경감
- 다양하고 질 높은 프로그램 및 우수강사, 우수 운영사례 발굴 · 보급
- 학생과 학부모, 학교가 원하는 다양한 정보 제공

㉯ 현황

- 방과후학교 홈페이지 운영
- 방과후학교 운영 지원을 위한 콜센터 운영
- 방과후학교 업무담당 부장 교사 및 외부강사 연수
- 방과후학교 길라잡이 제작 · 보급

㉰ 2014년 추진 계획

- 방과후학교 On-line 지원 활동
  - 방과후학교 홈페이지 운영 : http://afterschool.sen.go.kr
  - 방과후학교 온라인관리시스템 운영 지원
- 방과후학교 Off-line 지원 활동
  - 방과후학교 지원을 위한 콜센터 운영(☎ 3999-034~5, 3999-410 FAX 3999-747)
  - 우수 강사풀 구축 운영 : 연 1회
- 방과후학교 업무담당 부장 및 외부강사 전문성 신장을 위한 연수 지원
  - 각 교육지원청별 별도 계획에 의거 실시
- 방과후학교 길라잡이 제작 · 보급 : 교당 2부
- 방과후학교 지원센터 운영 결과 자체 평가

㉣ 추진 방향

- 방과후학교 지원센터 운영을 위한 계약제 직원 3명(팀장, 전산담당, 사무원)과 업무담당 장학관 및 장학사 등 5명으로 운영
- 효율적인 업무 추진을 위해 본청 방과후학교팀에 설치 · 운영
- 정기적인 협의회를 통해 추진 상황에 대한 자체평가 등 업무개선 노력 지속

⑤ 방과후학교 현황

한국교육개발원(2012) 교육통계자료 분석에 의하면 전국의 방과후 참여학교는 표 10-11과 같이 2008년에는 11,076개였으나 2012년 현재는 11,361개로 해마다 조금씩 증가한 것을 볼 수 있다.

참여학생수는 2012년 현재 총 4,840,000명으로 초등 5,887개(2,099,000명), 중등 3,178개(1,260,000명), 고등 2,296개(1,481,000명)이며 초등학교가 제일 많이 참여하고 있음을 알 수 있다.

방과후학교 프로그램 현황을 보면 표 10-12, 표 10-13과 같이 초 · 중 · 고 모두 주로 교과 관련 과목이 우선시되고 영어, 음악, 체육, 미술, 컴퓨터 등 다양한 특기적성 과목을 다루고 있다.

표 10-11 방과후학교 운영학교 및 참여학생 현황

(단위: 개, %, 천명)

구분	2012년도				과년도 현황			
	초	중	고	계	2011	2010	2009	2008
운영학교수(교)	5,887	3,178	2,296	11,361	11,307	11,226	11,149	11,076
비율(%)	100	100	99.8	99.9	99.9	99.9	99.9	99.9
참여학생수(천명)	2,099	1,260	1,481	4,840	4,559	4,573	4,276	4,096
비율(%)	71.1	67.6	77.3	71.9	65.2	63.3	57.8	54.3

* 자료: 한국교육개발원(2012). 교육통계분석자료집

표 10-12 방과후학교 프로그램 운영현황

(단위: 개, %)

구분		초	중	고	계	과년도 현황			
						2011	2010	2009	2008
교과	수(개)	97,246	966,00	173,179	367,025	355,158	338,891	161,348	117,534
	비율(%)	38.8	66.2	84.6	60.9	66.9	68.5	56.4	51
특기적성	수(개)	154,783	49,387	31,435	235,605	175,492	156,074	124,581	112,805
	비율(%)	61,4	33,9	15,4	39.1	33.1	31.5	43.6	49
계	수(개)	252,029	145,987	204,614	602,630	530,650	494,965	285,929	230,339

* 자료: 한국교육개발원(2012). 교육통계분석자료집

표 10-13 방과후학교 내용별 프로그램 운영현황

(단위: 개, %)

구분	프로그램수(%)				비율	과년도현황(비율%)			
	초	중	고	계		2011	2010	2009	2008
국어	12,222	15,669	37,267	65,158	11	14	14.5	11.7	11.8
수학	31,200	22,397	40,855	94,452	15.7	17.2	17.7	14.8	7.8
사회	2,779	14,236	26,302	43,317	7.2	9	10.6	7.5	13.1
과학	17,395	17,467	26,112	60,974	10.1	14.4	12.1	9.9	10.3
영어	29,837	23,848	41,361	95,046	15.7	17.1	17.5	16.2	15.9
제2외국어	3,813	2,183	1,282	7,278	1.2	1.4	1.4	2.3	3
음악	28,146	10,855	2,834	41,835	6.9	3	5.2	7	9.5
미술	23,979	4,100	1,779	29,858	5	4.6	4.3	5.7	7.5
체육	36,138	16,375	5,622	58,135	9.6	5.7	4.5	5.9	6
컴퓨터	26,299	1,810	3,808	31,917	5.2	5.7	6.3	8.7	6.3
독서논술	9,699	3,828	3,884	17,411	2.8	-	-	-	-
기타	30,522	13,219	13,508	57,249	9.5	7.9	5.9	10.3	9.8
계	252,029	145,987	204,614	602,630	100	100	100	100	100

* 자료: 한국교육개발원(2012). 교육통계분석자료집

⑥ 방과후학교의 장 · 단점

방과후학교의 장점은 학교 안에 있기 때문에 이동거리가 없어 안전하게 맡길 수 있고 다양한 시설 및 기자재가 있으며 프로그램이 풍부하다. 또한 학교 선생님과의 연계학습이 잘 이루어질 수 있다. 반면에 단점으로는 아동이 하루 종일 학교에

있어야 하기 때문에 지루할 수 있고 교사 대 아동의 비율이 높아 개인지도가 어렵다. 게다가 방과후 특기적성 및 학원수강 등으로 혼란스러우며 학교장의 방과후 아동지도에 대한 이해가 부족하여 원장이 바뀔 때마다 혼선을 빚을 수 있다.

2 방과후 어린이집

보건복지부가 지원하는 방과후 어린이집은 초등학생을 대상으로 방과후 보육서비스를 제공하는 시설인 영유아어린이집을 말한다(여성가족부, 2006).

보건복지부는 영유아보육법 제27조에 어린이집 이용대상 연령을 만 12세까지 연장하여 어린이집에서 방과후 지도가 이루어질 수 있도록 법적 근거를 마련하였으며, 이 근거법에 의거하여 24조에서는 어린이집운영위원회를 두고 이 위원회에서 보육시간을 심의하도록 하였다.

방과후 보육은 주로 초등학생 중에서 맞벌이 부부 등 아동을 맡길 곳이 없는 가정을 우선적으로 하여 시설 정원 범위 내에서 정원의 20%를 초과할 수 없도록 하고 있다.

① 방과후 보육 운영

- 방과후 아동지도 : 보육교사가 담당하되, 방과후 관련 교과목을 30시간 교육이수 및 보수교육을 받아야 하며 영유아 교실을 이용한다.
- 보육정원 : 시설정원의 20%까지 가능 (단, 농·어촌 등 방과후 보육수요가 많은 지역은 지자체 재량에 따라 20%~50%까지 가능하다)
- 교육시간 : 오후 12 : 30~오후 6시(월-금)
- 프로그램 : 숙제지도, 기초학습지도, 생활지도, 종이접기, 컴퓨터, 한자, 영어 등

② 방과후 보육비

■ 2014학년도 방과후 보육료 지원 계획

○ 방과후학교 자유수강권 사업 내에 '방과후 보육료 지원'을 세부별도사업으로 편성

○ 지원대상(만 12세 이하 취학아동)

- 차상위계층 이하(법정 저소득층 포함) 취학아동이 방과후에 어린이집을 일일 4시간 이상 이용하는 경우

※ 방과후 어린이집 이용시간의 계산은 아동이 '어린이집에 도착한 시간부터 마치는 시간까지'만을 산정하며 어린이집에서 제공하는 셔틀버스 이용시간은 포함하지 않음

❍ 1인당 지원금액 : 월 100,000원(일일 4시간 미만 이용시 미지원)

■ 교육청과 지자체가 보육료 분담비율에 따라 매칭하여 지원

■ 해당 회계연도의 전전년도의 최종예산에서

- 사회복지비 지수가 25 이상이면서 재정 자주도가 80 미만인 기초자치단체는 국가 또는 시 · 도 교육청 부담률 10% 인상
- 사회복지비 지수가 20 미만이면서 재정 자주도가 85 이상인 기초자치단체는 국가 또는 시 · 도 교육청 부담률 10% 인하

■ 시 · 도와 시 · 군 · 구 간의 부담 비율은 지방재정법시행령 제33조제1항의 규정에 의한 지방자치단체 경비부담의 기준 등에 관한 규칙에 따른 비율을 준용한다.

- 방학기간에는 만 4세아 정부지원 단가의 100% 지원하되, 이용 일자에 따라 일일계산하여 지원
  (예: 10일 이용시, 지원단가×10일/26일 지급)

❍ 예산 지원

- (교부방법)지자체에서 시교육청으로 예산 신청(지원인원 및 지원금액 등 포함) 후, 교육청에서 지자체에 예산 교부
- (교부시기)월별로 교부

※ 단, 예산 신청서는 분기별로 제출

- (정산)예산신청시(2월, 4월, 7월, 10월) 전분기 정산보고서 제출
- (집행잔액)4분기 정산 완료 후 집행잔액은 교육청으로 반납

❍ 지원절차

- '14년 방과후 보육료 지원예산 교부요청(지자체)→ 지자체로 어린이집 이용료 교부(교육청)→ 어린이집 이용료 예산(교육청교부금 +지자체 예산)으로 대상자 지원 → 정산 보고(지자체)

❍ 예산교부 신청서 제출 (지자체→교육청)

표 10-14 예산교부 신청시기

구분	1/4분기	2/4분기	3/4분기	4/4분기
예산신청	2.11	4.10	7.15	10.17

* 자료: 서울교육청(2014) www.sen.go.kr

③ 방과후 어린이집 현황

2013년 12월 말 기준 현재 일반어린이집 방과후 어린이집은 표 10-15와 같이 전국 475개소(4,123명)이며, 그 중 경기도가 72개소(534명)로 가장 많고, 다음으로 대구 62개(468명), 경북 58개소(635명), 경남 57개소(405명), 전북 49개소(547명), 서울 36개소(179명)로 나타났으며, 인천 및 충청권, 강원도는 약 15개소 정도로 부진했으며, 특히 제주도와 세종시는 시설이 거의 없는 것을 알 수 있다.

표 10-15 일반어린이집 방과후 현황 (2013. 12. 31 현재)

(단위: 개, 명)

구분	어린이집수								보육아동	
	총계	국·공립 어린이집	사회복지법인 어린이집	법인·단체 등 어린이집	민간 어린이집	가정 어린이집	부모협동 어린이집	직장 어린이집	방과후(현원)	
계	475	30	110	14	287	23	2	9	계	4,123
									남	2,360
									여	1,763
서울	36	6	3	4	20	2	0	1	계	179
									남	108
									여	71
부산	46	0	13	0	31	1	0	1	계	410
									남	241
									여	169
대구	62	1	17	2	41	1	0	0	계	468
									남	275
									여	193
인천	15	1	0	1	10	1	1	1	계	54
									남	24
									여	30

구분	어린이집수								보육아동	
	총계	국·공립 어린이집	사회복지법인 어린이집	법인·단체 등 어린이집	민간 어린이집	가정 어린이집	부모협동 어린이집	직장 어린이집	방과후(현원)	
광주	14	1	8	0	5	0	0	0	계	197
									남	129
									여	68
대전	5	2	2	0	1	0	0	0	계	36
									남	27
									여	9
울산	10	2	3	0	3	1	0	1	계	152
									남	102
									여	50
세종	0	0	0	0	0	0	0	0	계	0
									남	0
									여	0
경기	72	4	7	1	50	7	1	2	계	534
									남	269
									여	265
강원	12	0	3	1	7	1	0	0	계	166
									남	92
									여	74
충북	9	0	6	0	1	0	0	2	계	71
									남	51
									여	20
충남	15	4	4	0	6	1	0	0	계	125
									남	62
									여	63
전북	49	0	12	3	33	1	0	0	계	547
									남	304
									여	243
전남	11	0	5	0	6	0	0	0	계	96
									남	55
									여	41
경북	58	3	14	0	40	0	0	1	계	635
									남	361
									여	274
경남	57	6	9	2	33	7	0	0	계	405
									남	231
									여	174
제주	4	0	4	0	0	0	0	0	계	48
									남	29
									여	19

* 자료: 보건복지부(2014). 보육통계

④ 방과후 어린이집의 장 · 단점

방과후 어린이집의 장점으로는 학교보다 규모가 작고 아늑한 느낌을 주어 아동들이 가정 다음으로 편한함을 느끼고 아동중심적인 교육활동을 제공하기 때문에 아이들이 좋아한다. 또한 아동들이 학교에 들어가기 전 다니던 곳이라 낯설지 않고 교사와의 상호작용이 용이하며, 다양한 교재 · 교구 및 놀이기구가 많다. 반면에 단점은 기존의 어린이집을 이용함으로 별도의 공간이 없어 불편함이 있고 교사의 전문성이 부족하며 교육비기 유아보육료의 50% 수준이라 재정적인 어려움이 있다. 게다가 시설이 영유아에 맞게 되어 있기 때문에 교구 수준이나 책 · 걸상이 초등학생에게는 적합하지 못하며, 학부모나 초등학생들의 인식이 전문적이지 못하다고 느끼는 사람이 많아 주로 1, 2학년 등 저학년이 대상인 경우가 많다.

⑤ OO방과후 어린이집 운영사례

어린이집 운영현황은 방과후 교사 1명과 보조교사 1명이 아동 27명을 방과후에 생활지도, 숙제지도, 학습 및 특별활동을 지도한다.

일일 교육 프로그램 구성은 표 10-16과 같다.

표 10-16 일일교육 프로그램

<table>
<tr><th>시 간</th><th colspan="5">프로그램 내용</th></tr>
<tr><td>12 : 30~1 : 30</td><td colspan="5">등원 및 인사나누기, 가방정리, 옷 정리, 양치질</td></tr>
<tr><td>1 : 30~2 : 00</td><td colspan="5">자유선택활동</td></tr>
<tr><td rowspan="2">2 : 00~2 : 30</td><td>월</td><td>화</td><td>수</td><td>목</td><td>금</td></tr>
<tr><td>파닉스영어</td><td>조형활동</td><td>대근육활동</td><td>파닉스영어</td><td>논술</td></tr>
<tr><td>2 : 30~3 : 30</td><td colspan="5">숙제지도 및 개별학습지도</td></tr>
<tr><td>3 : 30~4 : 00</td><td colspan="5">오후 간식</td></tr>
<tr><td rowspan="3">4 : 00~5 : 00</td><td colspan="5">특기교육 및 요일별 대/소그룹 활동</td></tr>
<tr><td>월</td><td>화</td><td>수</td><td>목</td><td>금</td></tr>
<tr><td>음악활동</td><td>조형활동</td><td>이벤트</td><td>한문</td><td>전통놀이</td></tr>
<tr><td>5 : 00~6 : 00</td><td colspan="5">자유선택놀이</td></tr>
<tr><td>6 : 00~7 : 30</td><td colspan="5">귀가지도 및 당직교실 운영</td></tr>
</table>

* 출처 : K 어린이집.

3 지역아동센터 방과후 교실

보건복지부에서는 2004년 1월 아동복지법을 개정하여 지역아동센터를 설립하고 저소득층 아동을 위한 방과후 보육 서비스를 제공하고 있다. 지역아동센터는 1980년대 빈곤지역 아동에 대한 교육을 위해 실시된 '공부방'으로부터 출발된 것이다.

① 주요 목적

지역주민과 아동들이 처한 현실과 문제를 올바르게 인식하고 스스로 해결하여 빈민운동에 기여하는 것이다.

② 운영현황

지역아동정보센터 조사(2014)에 의하면 현재 전국에 있는 지역아동센터는 [그림 10-7]과 같이 2013년 12월 말 현재 4,061개소로 경기지역(728개소)이 가장 많으며, 서울(405), 전남(392), 전북(287) 등의 순으로 나타났다.

지역아동센터 이용아동수는 [그림 10-8]과 같이 2013년 12월 말 109,066명으로 2004년 23,347명이던 것이 꾸준히 증가해 왔으며, 2012년 108,357명에 비해서도 709명(0.7%) 증가하였다.

연령별로 살펴보면 미취학 아동의 경우, 2013년 12월 말 3,714명으로, 2012년에 비해 314명(7.8%) 감소하였으며, 초등학생도 2013년 12월 말 80,318명으로, 2012년에 비해 108명(0.1%) 감소하였다. 이 중 초등학교 저학년은 39,293명으로, 2012년에 비해 1,263명(3.3%) 증가한 반면, 초등학교 고학년은 41,025명으로, 2012년에 비해 1,371명(3.2%) 감소하였다.

중학생의 경우는 2013년 12월 말 20,817명으로 2012년 20,017명에 비해 800명(4.0%) 증가하였고 고등학생도, 2013년 12월 말 4,006명으로, 2012년 3,663명에 비해 343명(9.4%) 증가하였다.

학급별로 살펴보면, 초등학교 고학년 41,025명(37.6%), 초등학교 저학년 39,293명(36.0%) 순으로 전체 이용아동의 73.6%를 차지하는 것으로 조사되었다.

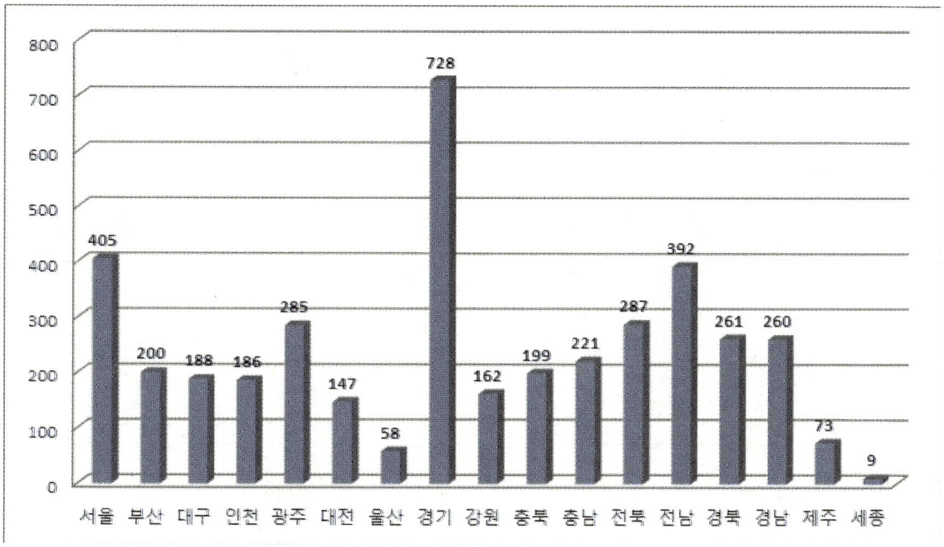

* 자료: 보건복지부(2014). 전국지역아동센터 실태조사 보고서

[그림 10-7] 전국 시 · 도별 지역아동센터 수(2013년 12월 현재)

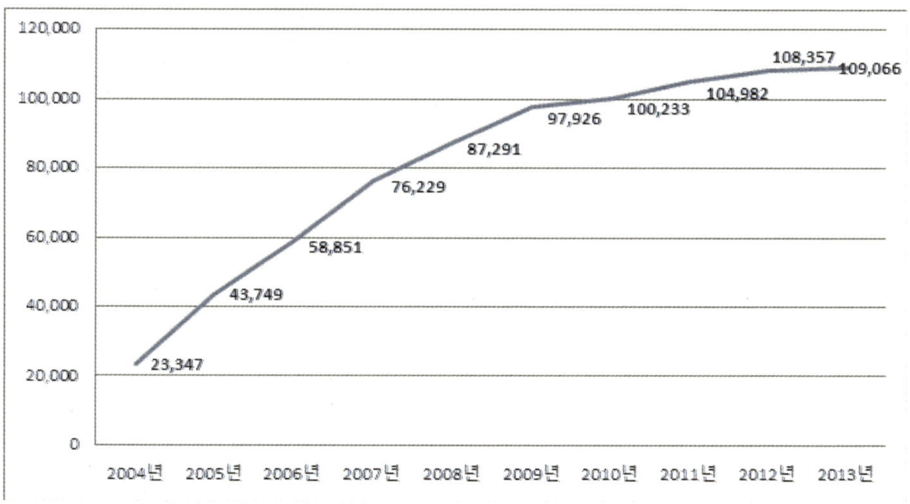

* 자료: 보건복지부(2014). 전국지역아동센터 실태조사 보고서

[그림 10-8] 연도별 지역아동센터 이용아동 현황(2013년 12월 현재)

③ 운영주체

운영주체는 [그림 10-9]와 같이 개인이 2,650개소(65.2%)로 가장 많으며, 다음으로 재단법인이 47개소(11.0%), 사회복지법인 336개소(8.3%) 순으로 조사되었다. 개

인운영 센터가 여전히 가장 많은 비율을 보이고 있으나, 재단법인이나 사단법인 운영 센터도 꾸준히 증가하고 있는 것으로 나타났다. 한편, 공립형 지역아동센터에 대한 관심이 높아짐에 따라 지자체 직영 또는 위탁 운영 센터가 25개소(0.6%)로 조사되었다.

지역형태는 도시형 2,851개소(70.2%)로 농산어촌형 1,210개소(29.8%)보다 많게 조사되었다.

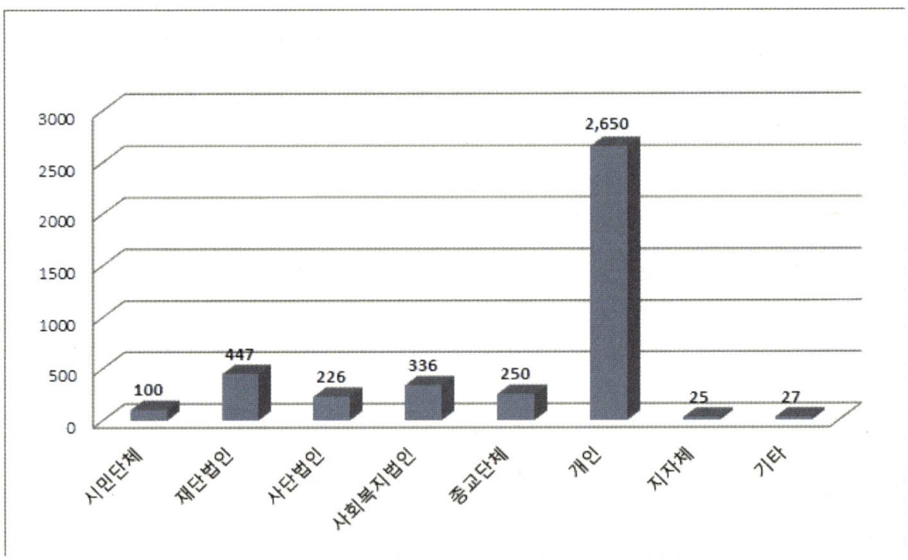

* 자료: 보건복지부(2014). 전국지역아동센터 실태조사 보고서

[그림 10-9] 운영주체별 지역아동센터 이용아동 현황(2013년 12월 현재)

④ 프로그램 현황

지역아동센터는 주 6일 운영하고 학생들은 1일 평균 7.7시간을 이용하며, 모든 기관이 급식을 기본으로 하고 있으며, 보호 및 교육프로그램(학습지도, 특별활동), 문화프로그램(공연관람, 캠프, 체육대회, 견학, 가족소풍), 복지프로그램(상담, 가정방문, 이미용, 의료연계, 전문가 연계 등), 자원봉사 등 다양한 프로그램을 운영하고 있다.

⑤ 종사자

지역아동센터의 종사자는 원장과 생활복지사가 있으며, 아동 30인 이상 시설에는 원장 1인, 영양사(50인 이상), 생활복지사 2인(아동 50인 추가시 1인 추가)을 두도록 한다 (서영숙 외, 2010).

2013년 12월 현재 전국의 지역아동센터 총 종사자수는 [그림 10-10]에서와 같이 총 9,203명으로, 이 중 원장은 1개소당 1인으로 4,061명(44.1%), 생활복지사는 5,142명(55.9%)으로 조사되었다.

원장 4,061명 중 남자는 1,136명(12.3%), 여자는 2,925명(31.8%)으로 나타났으며, 생활복지사 5,142명 중 남자는 542명(5.9%), 여자는 4,600명(50.0%) 으로 조사되었다.

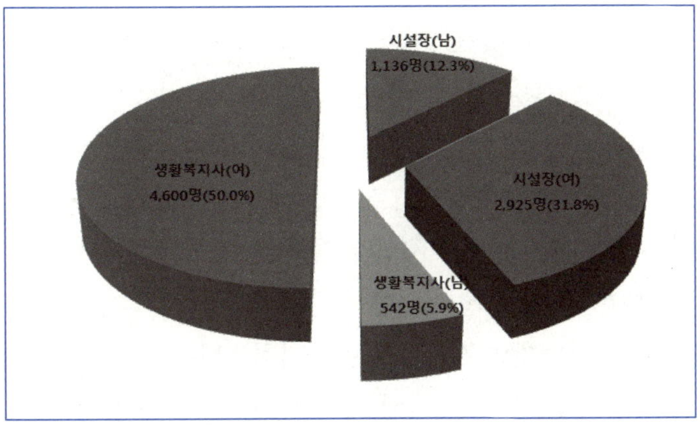

* 자료: 보건복지부(2014). 전국지역아동센터 실태조사 보고서

[그림 10-10] 전국 지역아동센터 종사자 수(2013년 12월 현재)

⑥ 지역아동센터 방과후 교실의 장 · 단점

지역아동센터 방과후의 장점은 아동에 대한 세심한 배려가 가능하고 아동이 사는 집근처에 있어서 안정감을 준다. 또한 가정과의 교류를 통해 포괄적인 서비스를 제공할 수 있으며 아동의 전인적 발달을 도울 수 있다. 반면에 단점으로는 지역센터 이용 아동은 유아, 초등, 중 · 고등까지 연령층이 다양하여 각 발달단계에 맞는 적절한 지도가 어렵고 종사자가 대부분 사회복지사가 많아 아동교육에 대한 전문적인 지식과 기술이 부족하다. 게다가 공간이 협소하거나 시설 · 설비 부족으로 환경적 여건이 열악한 곳이 많고 원장과 교사만 있는 곳은 행정적인 일을 처리하느라 실제 아동교육에 소홀할 수 있다.

⑦ ○○지역아동센터 운영사례

H지역아동센터의 운영현황은 천주교 재단이 운영주체이며, 아동 · 청소년 35명에 교직원은 원장 1명, 사회복지사 3명 외 자원봉사자로 구성되어 있다.

교육프로그램은 주로 아동 · 청소년 역량강화 프로그램(치료공동체, 모래놀이 치료, 인지 및 독서치료, 학습치료), 아동 · 청소년 보호프로그램(급식 · 위생지도), 아동 · 청소년 교육프로그램 등으로 이루어진다.

* 출처 : H지역아동센터(http : //jesuits.kr/hnr)

4 청소년 방과후 아카데미

국가의 정책 사업과제로 여성가족부에서는 공적 서비스를 담당하는 청소년 수련시설(청소년 수련관, 청소년 문화의 집) 기반으로 청소년들의 방과후 활동 및 생활관리를 종합적으로 지원하는 프로그램으로, 청소년들의 욕구를 충족하여 삶의 질을 향상시키고, 가정이나 학교에서 체험하지 못했던 다양한 청소년 활동 프로그램을 지원하고자 2005년 9월부터 46개소를 시범 운영하여, 2006년 전국적으로 확대, 2013년 12월 말 현재 200개소 청소년 시설에서 방과후 아카데미가 운영되고 있다

청소년 방과후 아카데미의 시행주체는 국가청소년위원회와 지방자치단체가 공동 운영하였으나 2008년 2월에 시작된 새 정부는 기존의 여성가족부의 영유아보육정책, 보건복지부의 아동정책, 국가청소년위원회의 청소년 정책을 보건복지부의 아동청소년 정책실로 통합하였다.

① 운영목적

- 민주시민으로서의 정의 · 권리 · 의무 · 책임을 배우는 전인적 성장 · 발달 도모
- 맞벌이 · 한부모 · 취약계층 가정의 청소년에 대한 교육활동, 복지활동 등을 통한 청소년의 푸른 성장 기반 마련
- 지역사회 네트워크를 통한 다양한 인적 자원 활용

② 운영기능

- "방과후 나홀로 청소년"을 위한 안전하고 안정적인 공간의 기능
- 건전한 놀이 · 문화지도 및 체험을 배우고 실천하는 기능

- 보호자, 청소년, 지역사회가 원활하게 소통할 수 있도록 돕는 기능
- 학교교육만으로 부족한 인성 및 창의적 계발 지원 기능

③ 운영특징

- 학습위주의 교육이 아닌 다양한 활동 위주의 체험 프로그램 운영
- 청소년들의 특기와 적성을 개발하기 위한 전문체험활동 운영
- 청소년지도자들과 함께 공유하고 배우는 열린 교육의 장
- 청소년을 위한 종합서비스 제공(급식, 생활지도, 건강검진 등 등교에서 귀가까지 책임 운영)
- 청소년, 부모, 학교, 지역사회를 연결하는 매개체 역할

④ 운영현황

보건복지부 자료(2013)에 의하면 전국의 청소년 방과후 아카데미 현황은 다음과 같다.

2013년 12월 말 현재 전국의 청소년 방과후 아카데미 운영기관은 표 10-17 에서와 같이 총 200개로서 그 중 청소년 수련관이 117개로 가장 많고 다음으로는 청소년 문화의 집이 53개소이며, 나머지는 청소년 단체, 청소년 수련원 및 복지관, 기타 등은 10개소 내외인 것으로 나타났다.

표 10-17 청소년 방과후 아카데미 운영기관 현황

지역	청소년 수련관	청소년 수련원	청소년 문화의집	청소년 단체	복지관	기타 (시설)	총계
총계	117	7	53	11	7	5	200

* 자료: 여성가족부(2013). 청소년 방과후 아카데미 운영결과 보고서

⑤ 유형별 운형현황

유형별 운영현황은 2013년 12월 말 현재 표 10-18과 같이 총 200개소 중에 지원형이 혼합형 1군데를 제외하고는 거의 대부분인 것을 알 수 있다.

특히 지원형을 세부적으로 살펴보면 기본 153개소, 농 · 산 · 어촌 41개소, 장애청소년 3개소, 다문화가정 2개소 등으로 나타났다.

표 10-18 청소년 방과후 아카데미 유형별 운형현황

(단위: 개)

구분	2005	2006	2007	2008	2009	2010	2011		2012	2013
지원형	31	93	141	178	174	158	기본	153	149	153
							농산어촌	40	44	41
							다문화가정	1 (시범운영)	2	2
							장애청소년	3 (시범1포함)	3	3
일반형	5	3	5	5	2	1	1		1	0
혼합형	10	4	5	2	2	2	2		1	1
합계	36	96	146	183	176	159	200		200	200

* 자료: 여성가족부(2013). 청소년 방과후 아카데미 운영결과 보고서

⑥ 교육프로그램

청소년 방과후 아카데미는 기본공통과정, 전문선택과정, 체험학습과정, 생활지원 등 활동프로그램 중심으로 각 책임운영기관(청소년수련시설)별로 지역적 특성과 참여 학생들의 욕구를 반영하여 다양한 청소년활동 프로그램을 다음 표 10-19와 같이 진행하고 있다.

표 10-19 청소년 방과후 아카데미 교육프로그램

구 분	기본공통과정	전문선택과정		체험학습	생활지원
		영 역	예 시(안)		
초등학교	숙제 · 자기주도 학습 보충심화학습	문화예술	서예, 피아노 등	주말 체험학습	급식 건강관리 상담 생활일정관리 부모간담회 가족캠프 부모교육
		스 포 츠	수영, 인라인 등		
		과학탐구	로봇, 컴퓨터 등		
		세계시민	언어, 문화이해 등		
		지역사회	리더십, 웅변 등		

구 분	기본공통과정	전문선택과정		체험학습	생활지원
		영 역	예 시(안)		
중학교	숙제 · 자기주도 학습 보충심화학습	문화예술	밴드, 댄스 등	주말 체험학습	급식 건강관리 상담 생활일정관리 부모간담회 가족캠프 부모교육
		스 포 츠	수영, 암벽등반 등		
		과학 · 탐구	컴퓨터, 환경 등		
		세계 · 시민	언어, 여행 등		
		지역 · 사회	리더십, 사회봉사 등		

* 출처 : 청소년 방과후 아카데미(http : //www.youthacademy.or.kr)

⑦ 청소년 방과후 아카데미의 장 · 단점

청소년 방과후 아카데미의 장점은 청소년들이 다양한 욕구에 따라 교육프로그램을 선택할 수 있는 폭이 넓고 방과후 청소년에 대한 공공서비스 확대를 통한 국가발전 견인 및 국민적 지지 확보, 저소득, 맞벌이, 한부모가정의 청소년들이 방과후 아카데미를 이용함으로써 비행예방 및 범죄감소, 풍부한 경험과 긍정적 사회활동 제공, 학업성취 향상 등의 긍정적 효과 기대가 있다. 또한 물리적 환경이 다른 지역아동센터나 어린이집에 비해 상대적으로 넓고 잘 갖추어져 있으며, 전문강사에 의한 특별활동이 체계적으로 잘 이루어진다.

반면에 단점은 과학기술부의 방과후 학교 사업 등 타 부처간의 유사성 문제로 차별성이 요구되고 방과후 청소년 아카데미는 교과중심형과는 달리 특기적성 및 체험활동 등의 차별성이 있지만 적지 않은 시설에서 교과학습에만 집중하여 프로그램을 편성 · 운영하고 있는 실정이다. 또한 사업의 운영지침이 너무 세분화되어 있어 예산운영상의 탄력성이 부족하므로 사업 운영기관에 대한 일정한 자율성과 책임성을 부여하는 방안이 검토되어야 한다(국회기획예산처, 2007).

3. 우리나라 보육의 문제점 및 과제

1) 우리나라 보육의 문제점

(1) 국 · 공립어린이집의 부족

우리나라는 1991년 '영유아보육법'을 제정한 이후 보육의 책임이 단순히 부모에서부터 벗어나 국가책임을 강조하는 국가공보육을 지향하고 있다. 그러나 지금까지의 보육정책현황을 보면 국 · 공립시설은 2008년 12월 현재 전체 어린이집의 5.5%만을 차지하고 있으며, 대부분이 민간어린이집에 의존해 왔다. 따라서 질적 수준이 담보된 보육서비스 제공 및 관리가 보장되지 못하는 실정이다.

(2) 어린이집 운영의 비현실성

어린이집 운영에서 제기되는 문제로는 전달체계상의 문제와 함께 보육비용 충당의 책임성, 어린이집의 재정의 열약한 점, 표준단가의 합리성 문제, 저소득층의 지원 기준, 세제지원 혜택문제 등으로 요약할 수 있다.

첫째, 국가의 영유아 보육업무를 전담하고 있는 보건복지부는 보육담당자들의 보육에 대한 전문성이 결여되어 전달체계에서 단편성, 비접근성, 비연속성 등의 문제가 제기되고 있으며, 행정적인 편의성은 있으나 지역사회나 이용자의 보육요구를 반영하기에는 적합지 않다. 어린이집의 운영관리 및 지도 · 감독을 효율적으로 하는데 한계가 있다.

둘째, 보육위원회의 기능이 미약하다. 보육정책위원회는 정부와 다른 위원회와 같이 행정편의를 위한 형식적인 기구에 지나지 않으며, 수혜자가 정책결정에 참여할 수 있는 유일한 통로이지만 그 기능이 제대로 수행되고 있지 않다.

셋째, 보육료 지원에 관해서는 보육사업안내에 의한 지원기준에 의해 적용하고 있는데 정부의 한정된 예산을 효율적으로 공평하게 사용하지 못하고 있으며, 어린이집에 관한 지원체계는 국 · 공립 및 비영리시설에 대한 지원에서부터 민간어린이집에 대한 지원을 포함하여야 하나 정부지원으로부터 충분한 재정지원 없이 비현실적인 규제로 인한 보육료 수납으로 민간 어린이집의 운영이 열악한 환경에 처해 있다.

(3) 보육공무원 수 부족 및 지원현장의 관리 · 감독 부실

행정체계의 효율성과 합리성은 공무원의 업무에 대한 이해와 수행능력, 전망을 통해 평가되는데 보육 공무원의 수가 부족하여 원활한 전문적인 업무수행이 어렵다. 또한, 재정 및 기관장, 교사, 학부모들의 불만과 요구뿐만 아니라 보육현장의 아이들이 어떤 환경에서 보호서비스를 제공받고 있는가에 대한 감독이 절실히 요구된다.

(4) 보육교사들의 자질 및 열악한 근무환경

보육교사의 자격과 대체율이 보육의 질적 수준에 중대한 영향을 미치는 것으로 알려져 있다. 현재 우리나라는 보육교사의 자격기준이 다양하고 양성과정 및 관리가 적절하게 이루어지지 않아 보육의 질적 수준이 저하되며, 보육교사의 낮은 임금, 장시간 근무, 열악한 근무환경 등은 보육교사의 직업에 대한 사기 저하의 근본적인 원인이 되고 있다.

(5) 평가인증제 실시에 따른 문제

평가인증제는 보육의 질을 제공하기 위한 수단이며 지역사회와 부모들에게 질적 보육의 표준을 제공한다. 그러나 몇몇 연구들은 평가인증제의 역기능을 다음과 같이 제시한다.

첫째, 재정비용의 문제, 둘째, 평가인증 운영과정에서의 현장관찰자의 자질과 조력지원의 문제, 셋째, 보육교사 업무과중의 문제, 넷째, 정부지원에 관한 어린이집의 형평성 문제, 다섯째, 평가인증제 홍보의 문제, 여섯째, 평가인증사후시스템의 문제, 일곱째, 평가인증지표에 의한 어린이집의 획일화 문제, 여덟째, 평가인증제 운영체계의 문제 등을 들 수 있다(장상란, 2008).

3) 우리나라 보육의 과제

(1) 보육의 공공성 확대

보육은 개인과 가정의 문제가 아닌 전 사회의 문제이다. 이는 저출산 · 고령화로 표현되는 현재 시점에서는 더욱 그렇다. 따라서 보육의 공공성 강화와 보육서비스의 질적 수준향상이라는 국가 보육정책을 실현하기 위해서는 국 · 공립시설을 확충하여야 하며, 민간시설에 대한 정부의 재정지원을 확대하여 공공성을 제공하여야 한다.

이러한 보육의 공공성을 확보하기 위해 정부는 기본적인 지도 · 감독체계를 갖추어야 하며, 특히 정부가 운영하는 시설은 정해진 지침에 따라 시설을 운영하도록 철저한 지도 · 감독을 실시하여야 한다.

(2) 효율적인 보육행정 및 지원체계 구축

보육서비스 전달체계상의 행정체계 및 지원체계가 제 기능을 다하지 못하고 있다는 비판이 있다. 광역 및 자치단체의 보육전담인력의 확충을 통해 보육전달체계의 효율성을 증대하고 각 지역특성에 부합하는 보육발전 중 · 장기계획을 수립할 수 있도록 해야 한다. 보육지원체계 중 하나인 육아종합지원센터의 기능을 활성화해야 한다. 전국 육아종합지원센터의 네트워크를 구축하고, 육아종합지원센터 전문인력과 예산을 증가해야 한다. 또한, 현실에 맞는 계획과 수요자의 욕구에 맞는 정책을 가지고 현실적인 운영이 되도록 해야 하며, 전문 공무원은 보육정책을 전달함에 있어 수요자의 욕구에 맞는 행정을 해야 한다.

(3) 보육료의 지원 및 재정의 현실화

유아교육법과 영유아교육법을 비교하여 볼 때 상대적으로 영유아보육법에 지나치게 규제하고 있는 사항에 대한 폐지나 수정이 필요하다. 엄격한 규제보다는 잘하고 있는 시설에 지원을 강화하는 것이 더 바람직하다. 또한 동일 연령대에 대한 교사 대 아동 비율이 어린이집은 1 : 15(만 3세), 1 : 20(만 4세, 만 5세)이며, 보육료는 가격의 규제를 받고 있는 반면, 사립유치원은 1 : 18(만 3세), 1 : 26(만 4세), 1 : 28(만 5세)이며, 교육비는 자율적이고 특별활동비 또한 자율적으로 받을 수 있도록 하고 있다.

이는 동일 연령대를 대상으로 하면서 어린이집의 재정구조가 열악하게 될 수밖에 없고, 재정의 부족은 결국 교사의 처우개선 문제로 우수한 교사확보에 걸림돌이 될 수밖에 없다. 동시에 상대적인 경쟁력 제고를 위한 재정투자의 여력을 상실할 뿐만 아니라 시설운영 자체에 매우 어려움을 주게 되는 것이다. 따라서 규제를 계속하는 것보다는 보육의 질을 확보하기 위해 보다 상대적으로 손실을 보완해 줄 융통성 있는 재정확보의 기회를 마련해 주어야 한다(김달호, 2008).

(4) 다양한 형태의 보육서비스 제공

사회가 다양하게 변화됨에 따라 보육서비스에 대한 보육수요자들의 욕구가 다양해지고 있으나 이를 제대로 반영하지 못하고 있다. 특히 영아보육과 장애아 보육, 방과후 보육은 여전히 사각지대에 놓여 있다.

기혼 여성의 초기 노동단절의 예방과 능력발전의 기회를 보장하기 위해 영아전담 어린이집이 확충되어야 하며, 취업여성들의 요구에 부합하도록 야간, 휴일, 시간제, 24시간 보육서비스가 더욱 확대되어야 한다. 또한 초등학생들의 안전한 보호와 여성의 안정된 취업여건 조성을 위해 방과후 보육이 더욱 확대되어야 하며, 장애아 보육 및 통합보육 역시 확대되어야 한다(김명희, 2008).

(5) 보육교사의 전문성 향상 및 근무여건 개선

보육교사의 자격과 자질은 보육의 질적 수준에 중대한 영향을 미치는 것으로 알려져 있다. 보육교사직의 전문성이 신장되기 위해서는 현재 보육교사자격제도를 개선하여 고졸인력의 비율을 낮추고 보육학, 아동학, 유아교육학 등 보육관련학을 전공한 전문대 졸업자나 대학졸업자의 비율을 증가시키는 것이 바람직하다(임은영, 2008). 또한 보육교사의 이직률을 낮추고 신분의 안전성을 높이기 위해서는 보육교사에 대한 지원을 강화하여야 한다. 특히 저임금에 대한 처우를 개선하고 어린이집에서 근무하는 열악한 환경과 과도한 근무시간, 신분보장 등에 대한 개선이 시급하다. 방과후 보육교사에 대한 자격 또한 정비하여 전문적인 공인 자격증제도와 함께 처우개선으로 인한 신분의 안정성이 필요하다.

(6) 보육서비스의 질적 수준 향상

보육의 물리적 환경과 프로그램의 질을 더욱 향상시켜야 한다. 물리적 환경은 보육목표와 연결되어 있을 뿐만 아니라 환경자체가 보육의 수단이 되므로 효율적인 계획과 구성이 요구된다. 매일의 일과활동의 구성은 아동의 기본적인 욕구와 신체적인 보호를 위한 활동과 전인적 발달에 초점을 둔 교육활동이 균형 있게 구성되어야 한다. 대상아동의 발달 정도를 고려하여 인지적 · 사회적 · 정서적 · 신체적 · 언어적 측면에서 발달을 도와주고 촉진할 수 있도록 조직화하여야 하고, 동시에 개인적인 발달의 차이를 고려한 개별적인 접근도 가능하도록 융통성이 있어야 한다.

따라서 다양한 보육형태에 따른 보육과정이 개발되어야 할 것이며, 현재 국가적으로 실시하고 있는 평가인증제의 문제점을 보완하여 현실적인 보육서비스의 수준이 향상될 수 있도록 평가인증에 필요한 재정적 지원과 함께 원장 및 교사들의 직무연수 및 보수교육에 대한 인력지원 또한 이루어져야 할 것이다.

생각해보기

1. 어린이집의 유형별 특징에 대해 알아보고 각 장 · 단점을 비교해 보라.

2. 우리나라 보육의 문제점과 대안책에 대한 나의 생각을 토의해 보라.

3. 바람직한 보육교사의 역할과 자질에 대한 나의 생각을 토의해 보라.

4. 내가 만일 방과후 아동지도사라면 저소득층 아동들을 위해 어떤 도움을 줄 수 있는지 구체적인 방법에 대해 토의해 보라.

가정위탁 및 입양과 시설보호사업

11
Chapter

1. 가정위탁
2. 입양
3. 시설보호사업

아동의 가정이 적절한 양육환경이 되지 못하거나 양육자가 아동을 보살필 능력이 없는 경우 아동복지 서비스는 부모의 역할을 대신해 주는 대리적 서비스를 제공해 주어야 한다. 대리적 서비스에는 가정위탁, 입양, 시설보호 서비스가 가장 대표적인 서비스라 볼 수 있다.

아동이 여러 가지 이유로 인해 가정에서 양육되지 못하는 경우 아동이 자신의 원가정을 떠나 대리가정에서 건강한 양육을 경험할 수 있도록 아동복지 서비스의 개입이 중요한 것이다. 따라서, 본 장에서는 대리적 서비스인 가정위탁, 입양, 시설보호사업의 서비스 현황을 살펴보고자 한다.

1. 가정위탁

1) 가정위탁

미국의 아동복지연맹(CWLA)에서 출판된 「가정위탁보호서비스 교본」에 의하면 가정위탁보호(Family Foster Care)란 아동복지 서비스의 하나로 자기 가정에서 일시적 또는 장기적으로 양육될 수 없을 때 아동에게 어떤 계획된 기간 동안 다른 가정에서 일정한 보호와 양육을 제공받는 대리보호라고 한다. 따라서 아동이 학대나 방임, 이혼, 별거, 가족해체 등의 여러 가지 이유로 인해서 친부모가 양육하지 못하는 경우 또는 양육하지 않는 것이 더 나을 경우 일시적으로 아동을 다른 가정에서 맡아서 양육하는 아동복지 서비스라고 할 수 있다. 가정위탁보호는 아동이 자신의 원가정을 떠나 대리가정에서 보호되는 측면에서는 입양과 그 성격이 같지만 일시적이라는 점에서는 입양과는 차이점이 있다.

가정위탁보호는 요보호 아동을 보호 · 양육하기를 희망하는 가정에 위탁 양육함으로써 가정적인 분위기에서 건전한 사회인으로 성장할 수 있도록 하는데 그 목적이 있다. 가정위탁보호의 목적은 첫째, 아동의 권리를 보호하고 아동에게 사랑과 욕구를 충족시킬 수 있는 적합한 환경에서 성장할 수 있도록 돕는다. 둘째, 아동이 보호받는 동안 아동과 친가정 사이의 연결고리를 유지해 주므로 안전한 접촉을 유지하고 위기에 처한 애착관계를 강화하기 위해서 위탁보호아동과 친부모의 방문을 지원하여 위탁보호아동이 조속한 시일에 친부모와 재결합할 수 있도록 하는 것이다.

가정위탁보호의 유형은 다양하게 구분될 수 있으나 우리나라의 경우 보건복지부의 아동청소년사업안내지침에 의하면 가정위탁보호를 대리양육 가정위탁, 친인척 가정위탁, 일반가정위탁으로 분류하고 있다.

- 대리양육 가정위탁 : 친조부모, 외조부모에 의해 아동이 양육되는 경우를 말한다.
- 친인척 가정위탁 : 친조부모, 외조부모를 제외한 친인척에 의해 아동이 양육되는 경우를 말한다(민법에 의한 8촌 이내의 혈족에 의한 양육).
- 일반가정위탁 : 위탁아동과 혈연관계가 없는 일반인에 의해 아동을 양육하는 경우를 말한다.

(1) 가정위탁보호 대상아동

가정위탁보호 대상아동은 아동복지법 제2조에 의거한 보호를 필요로 하는 아동은 다음과 같다.

- 만 18세 미만의 아동(만 18세 이상인 경우에도 고등학교 재학 중인 아동은 포함)으로 시 · 군 · 구에서 부모의 질병, 가출, 실직, 수감, 사망 그 밖의 사유로 인하여 보호가 필요하다고 인정한 아동
- 만 18세 미만의 아동으로 아동학대로 인하여 격리 보호가 필요한 아동(우선적으로 선정) 등

소년소녀가정 보호제도는 아동에게 위험을 초래할 수 있어 UN 등에서도 폐지를 권고하고 있다. 따라서 소년소녀가정에게 대리양육자, 친인척, 일반가정위탁을 알

선하여 가정위탁보호로 전환하고 있다. 소년소녀가정에서 위탁보호로 전환 시 기존에 지원받았던 결연후원이 중단되지 않도록 조치하여 가정위탁보호를 활성화하고 있다.

(2) 위탁가정 선정기준

보건복지부 아동청소년사업안내에서의 위탁가정 선정기준은 다음과 같다(보건복지부, 2010).

1 기본요건(친인척 및 일반인 공통)

- 위탁아동과 동거할 것(단, 층의 위아래 경우는 해당)
- 위탁아동을 돌봄에 현저한 장애 및 건강상의 질병이 없을 것
- 위탁받고자 하는 자 및 그 가족에게 범죄, 가정폭력, 아동학대, 알코올 약물중독 등의 전력이 없을 것
- 위탁가정으로 적합한지 여부를 가정조사 시 이웃 등을 통해 확인
- 가정위탁에 필요한 교육을 이수할 것. 다만, 대리양육가정 및 친인척 위탁가정의 경우에는 가정위탁 후 6개월 이내 교육이수(가정위탁 후 반드시 확인)

※ 위탁부모 교육 시에는 위탁양육에 대한 이해, 위탁양육의 절차, 위탁아동의 특성, 좋은 부모의 역할 등의 내용이 포함되어야 함.

※ 대리양육 친인척 위탁가정의 경우 교육이수 대상자가 노령, 질병 등 불가피한 경우에는 직접 가정을 방문하여 교육을 실시할 수 있음.

※ 지자체는 위탁부모 교육 시 적극 협조하며, 위탁책정 시 위탁부모 교육에 대한 내용을 안내함.

2 일반인에 의한 위탁보호

- 위탁부모가 혼인관계를 유지하고 있으며 위탁아동을 부양함에 충분한 재산이 있을 것

※ 경제적인 목적이 아닌 선의의 동기로 위탁아동양육을 결정한 것에 대한 확인이 필요함.

※ 시 · 군 · 구는 위탁부모가 중앙 및 지역가정위탁지원센터 등에서 실시하는 교육을 4시간 이상 이수하도록 조치함.

- 위탁아동에 대하여 종교의 자유를 인정하고 사회의 일원으로서 그에 상응한 양육과 교육을 할 수 있을 것
- 가정이 화목하고 정신적 · 신체적으로 위탁아동을 양육함에 현저한 장애가 없을 것
- 공립아동상담소 또는 이웃주민 2인 이상의 추천을 받을 것
- 위탁받는 자의 나이가 25세 이상(부모인 경우 부모 모두 해당)으로서 위탁아동과의 연령 차이가 60세 미만일 것
- 위탁가정의 아동은 자신의 자녀를 포함 4인을 넘지 않을 것(18세 이상 친자녀는 자녀수에서 제외)
- 결혼하여 아이를 키워본 경험이 있는 가정을 원칙으로 함

※ 다만, 시장 · 군수 · 군청장 및 가정위탁지원센터에서 가정환경이 위탁아동을 건전하게 양육하게 특별히 적합하다고 인정하는 경우에는 위탁이 가능함.

(3) 가정위탁보호 절차

요보호 대상 아동이 발견되면 가정위탁지원센터나 지방자치단체의 사회복지 전담공무원에 의하여 가정실태 파악 조사를 실시한 후 적합한 위탁가정을 찾고 위탁가정에 아동이 배치되어 양육을 받게 된다. 일정기간 동안의 가정위탁보호가 이루어진 후 위탁이 종결되면 아동은 다시 원가정으로 복귀된다. 가정위탁보호 절차를 살펴보면 [그림 11-1]과 같다.

2) 가정위탁아동을 위한 복지서비스

위탁아동과 위탁대상 가정에 지원되는 복지서비스를 살펴보면 다음과 같다.

(1) 양육보조금 및 국민기초생활보장법에 의한 생계비 등 지원

- 양육보조금 지원 : 아동 1인당 월 12만원 이상(지방이양)

• 국민기초생활수급자 책정 · 지원

위탁가정 소재지 시 · 군 · 구는 위탁보호 결정아동에게 부양능력 있는 부양의무자가 존재하는 경우에도 실질적인 가족관계의 단절로 볼 수 있는 경우('2010 국민기초생활보장사업안내' 보장시설 생활자에 대한 수급권자 범위 특례 참조) 급여를 실시하도록 하였다. 또한 생계 · 의료 · 교육 등의 해당급여를 별도가구로 보장하는 개인단위로 실시하도록 하고 있다.

구분	읍 · 면 · 동	시 · 군 · 구	가정위탁지원센터
가정위탁보호신청	요보호 아동의 발생 가정위탁보호의 신청 접수상담	가정위탁보호의 신청 접수	가정위탁아동 상담조사 위탁부모 발굴 및 교육 요보호 아동의 발생 가정위탁보호의 신청 · 접수
가정위탁보호결정	보호대상 아동조사 아동보호신청자 조사 (시 · 군 · 구청 제출)	가정위탁보호 결정(검토) 위탁가정 연계 의뢰 (가정위탁지원센터) 가정위탁보호 결정 및 통보 가정위탁아동 지원 –수급자 책정, 양육보조금 지원 –전세자금, 상해보험 등	가정위탁 대상 아동 조사 위탁가정 조사 (시 · 군 · 구청 제출) 적합한 위탁가정 연계 아동 배치
사후관리	사후관리 및 복지서비스 제공 등 업무지원 –위탁아동, 위탁가정, 친가정 상담 관리 –수급자 책정지원, 주소이전 –전학 등	사후관리 –위탁아동, 위탁가정, 친가정 관리 –수급자 책정지원, 주소이전 –전학 등 –가정위탁에 관한 자료제공	사후관리 –위탁아동, 위탁가정, 친가정 관리 –위탁부모교육 –위탁아동 및 위탁가정 상담지원
가정위탁보호종결	위탁종결	위탁종결 –귀가조치(친가정 복귀) 등 –가정위탁 종결(해지) 통보	위탁종결 –재배치 사정

출처 : 보건복지부, 2010년도 아동청소년복지사업안내.

[그림 11-1] 가정위탁보호 절차

특히 부모로부터 학대받은 아동의 경우 부양능력 있는 부양의무자가 있어도 부양을 거부하거나 기피하는 것으로 시장 · 군수 · 구청장이 인정하여 기초생활수급자로 보호한다.

※ 위탁아동이 만 18세 이상인 경우에도 중 · 고등학교에 재학 중인 경우에는 졸업 시(졸업하는 날이 속하는 달)까지 지원 가능

(2) 가정위탁아동 상해보험료 지원

- 보험담보 : 위탁아동 후유장해, 입원 · 통원 의료비 등 지원
- 보험료 : 1인당 연 6만5천원 이내

(3) 대리양육 · 친인척 위탁가정 전세자금 지원(국토해양부)

그 외에 가정위탁아동 심리치료지 지원과 대리양육, 친인척 가정위탁 등 가정위탁보호 아동의 경우 가까운 이웃에 거주하는 아동위원, 종교인, 지역여성지도자, 공무원, 가정위탁지원센터 상담원 등을 후원자로 지정하여 고충이나 어려움 등을 상시 의논하고 해결할 수 있도록 하고 있다.

가정위탁보호사업의 활성화를 도모하기 위하여 지역가정위탁지원센터를 운영하고 있다. 2014년 현재 전국 16개 시 · 도 17개 지역의 가정위탁지원센터가 운영되고 있다. 가정위탁지원센터의 업무를 총괄 지원하여 가정위탁보호사업의 전문성 및 활성화를 도모하기 위하여 중앙가정위탁지원센터를 운영 · 관리하여 가정위탁사업을 지원하고 있다.

3) 가정위탁아동 복지의 문제점 및 과제

(1) 가정위탁보호의 법적 근거 마련

가정위탁보호를 활성화하고 정착화시키는 데에는 가장 기본이 되는 가정위탁사업에 관한 법률 제정 및 이에 근거한 제도의 개선이 필요하다. 가정위탁보호를 관장할 수 있는 법적 근거를 마련하고 이에 대응하는 실천정책을 제안할 수 있어야

한다. 가정위탁사업 법률안에는 가정위탁의 목표, 위탁대상 아동의 요건, 위탁아동에 대한 양육원 및 친권 등에 대한 명시가 필요하다(이순형 외, 2008).

(2) 위탁가정에 대한 지원 확대

현재 지원되고 있는 가정위탁아동 대상 생계비, 상해보험료, 전세자금 지원 사업은 가정위탁사업의 활성화를 위해서는 지원내용이 매우 부족한 실정이다. 미국의 경우는 위탁아동의 연령, 위탁가정의 종류(단기, 특수)에 따라 상이하게 지급되어 미국의 공적부조 AFDC 지급 액수보다 다소 높게 책정되고 있다. 우리나라의 가정위탁제도가 국민의 호응과 신망을 얻기 위해서는 아동에 대한 서비스가 확대되어야 할 뿐 아니라 위탁가정에 대한 의료보호 실시, 세제 혜택 등 다양한 인센티브가 제공되어야 할 것이다(문선화 외, 2009).

2. 입 양

1) 입양

입양은 부모가 아동을 양육하기 곤란한 아동들에게 생물학적 관계가 아니라 법적 · 사회적으로 새로운 가정과 부모-자녀관계를 형성하는 것이다. 입양의 목적은 보호자가 없거나 보호자로부터 이탈된 아동 등에게 건강한 가정을 영구적으로 제공하여 신체적 · 정서적 · 사회적으로 건강하게 성장할 수 있도록 하는 것이다.

입양의 유형은 입양아동과 입양부모 사이의 가족관계 유무에 따라 친족입양과 비친족입양, 입양이 기관을 통해 이루어지는지 아니면 개인적으로 이루어지는지에 따라 기관입양과 독립입양으로 구분된다. 입양 사실의 공개 여부에 따라 비밀입양과 개방입양으로 구분할 수 있다.

친족입양은 아동이 혈연관계가 있는 가족관계를 이루고 있는 사람에게 입양되는 경우를 말하며, 비친족입양은 전혀 가족관계를 갖고 있지 않은 대리양육자에 입양되는 경우를 말한다.

기관입양은 국가가 인정하는 입양 알선기관을 통해서 입양이 성립되는 것을 의미하며, 독립입양은 입양기관을 거치지 않고 개인적으로 입양하는 경우를 말한다. 우리나라의 경우 대부분이 입양기관을 통한 기관입양을 통해 이루어지는 경우가 대부분이다.

개방입양은 입양사실을 입양아동은 물론이고 주위의 모든 사람들에게 공개하고 입양하는 것을 말한다. 반면에 비밀입양은 입양아동과 주위의 모든 사람들에게 입양 사실을 비밀로 하고 심지어는 입양아동을 마치 출산한 것처럼 입양사실을 비밀로 유지하는 형태를 말한다.

(1) 입양아동

아동이 입양되는 경우에는 다음의 경우 중 하나의 요건이 충족된 경우라면 입양대상 아동이 될 수 있다.

- 보호자로부터 이탈된 자로서 시 · 도지사 또는 시장 · 군수 · 구청장이 국민기초생활보장법에 의한 보장시설에 보호 의뢰된 경우
- 부모(부모가 사망 또는 기타 사유로 동의할 수 없는 경우에는 다른 직계존속) 또는 후견인이 입양을 동의하여 보장시설 또는 입양기관에 의뢰된 경우
- 법원에 의해 친권상실의 선고를 받은 자로서 시 · 도지사 또는 시장 · 군수 · 구청장이 보장시설에 의뢰한 경우

(2) 입양부모 자격

입양부모의 자격은 기혼가정 부모와 독신가정의 경우 자격조건에 충족되는 경우에는 입양이 가능하도록 하였다.

기혼가정의 경우 입양부모가 25세 이상, 아동과의 연령차가 60세 미만이면 신청이 가능하다. 입양부모가 심신이 건강하고, 아기가 성인이 될 때까지 부모로서 충분

한 경제적, 정서적 지원과 사랑으로 양육할 수 있어야 한다. 또한 입양가정은 아동을 사랑으로 보호, 양육하고 건전한 인격체로 육성할 능력과 교양을 갖춘 가정이어야 하며, 가족들이 입양에 대해서 동의를 해야 입양이 가능하다.

① 양자를 부양함에 충분한 재산이 있을 것
② 양자에 대하여 종교의 자유를 인정하고 사회의 일원으로서 그에 상응한 양육과 교육을 할 수 있을 것
③ 가정이 화목하고 정신적, 신체적으로 양자를 부양함에 현저한 장애가 없을 것이며, 특히 정신과적 진료를 장기간 받은 경력 또는 성폭력, 아동학대 전력이 없어야 한다.
④ 양친이 될 자가 대한민국 국민이 아닌 경우 본 국법에 의하여 양친이 될 수 있는 자격이 있을 것
⑤ 기타 양자로 될 자의 복지를 위하여 25세 이상으로 양자가 될 자와의 연령 차이가 60세 미만인 자(양친이 될 자가 대한민국 국민이 아닌 경우에는 25세 이상 45세 미만)

독신가정의 경우에는 연령이 35세 이상이며 아동과의 연령차가 50세 이하인 경우 신청할 수 있다. 독신자는 정신적, 신체적으로 건강하여야 하며, 사회적, 경제적으로 안정된 직업에 종사하고 아동양육에 필요한 경제력을 갖추어야 한다. 동성의 아동만 가능하며 가족들이 입양에 대해서 동의를 해야 입양이 성립된다.

(3) 입양절차

국내의 입양절차를 입양아동과 양친이 될 부모의 측면에서 살펴보면, 먼저 입양대상아동의 입양준비에 관한 법적 절차는 다음과 같다.

① 수용보호의뢰(입양기관 · 원장 → 시 · 군 · 구청장)
② 후견인 지정신청 및 승인(입양기관 · 원장 → 시 · 군 · 구청장)
③ 부양의무자 확인공고 등(입양기관 · 원장이 신청, 시 · 군 · 구청장)
④ 기아인 경우 가정법원에서 성 · 본 창설
⑤ 입양대상확인서 발급
⑥ 입양정보통합관리시스템 등록

양친이 될 부모의 법적 처리절차는 다음과 같다.

① 양친가정조사서신청서 제출
② 가정조사 및 양친 가정조사서 발급
③ 범죄경력의 확인 요청
④ 교육 및 양친교육 이수 증명서 발급

2012년 8월부터 입양특례법을 전면 개정하여 입양부모 처리절차 외에 국내입양 절차가 추가되었다.

- 가정법원 허가
- 친양자 입양신고 : 입양된 아동은 민법상 친양자와 동일한 지위를 가짐
- 입양아동 등의 인도 및 보고 : 법원이 허가한 경우 아동 인도
- 사후서비스 제공 : 입양 성립 후 1년 동안 양친과 양자의 상호작용을 위한 사후관리

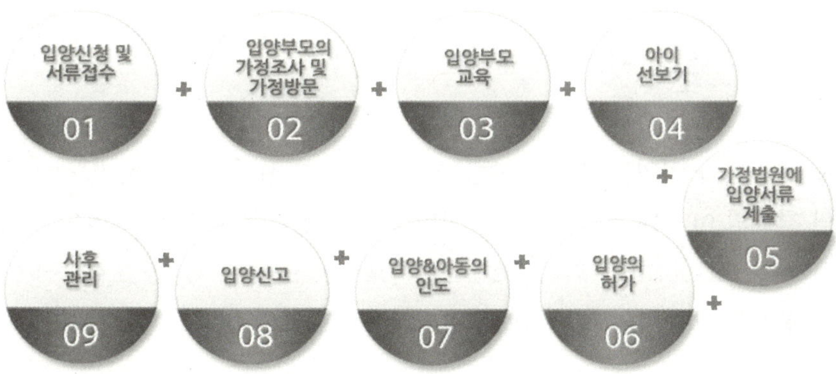

출처 : 대한사회복지회(http://www.sws.or.kr/sub_adoption01.php)

[그림 11-2] 입양절차

(4) 입양현황

국내 · 외 입양현황을 연도별로 살펴보면 표 11-1에서 나타났듯이, 입양이 점차 감소하고 있는 추세이며 2007년에는 처음으로 국내 입양이 국외입양보다 더 많은 수를 차지하였고, 이후 지속적으로 국외입양보다 국내입양이 증가하고 있다. 이는

국내입양에 대한 홍보와 인식변화, 정부의 입양 지향 아동보호정책의 변화 결과라 할 수 있다.

표 11-1 국내 · 외 입양현황

구분		계	2005년 이전	2007	2008	2009	2010	2011	2012
전체	계	242,449명	224,752	2,652	2,556	2,439	2,475	2,464	1,880
	국내	77,082 (31.8%)	67,607 (30.1)	1,338 (52.3%)	1,306 (51.1%)	1,314 (53.9%)	1,462 (59.1%)	1,548 (62.8%)	1,125 (59.8%)
	국외	165,367 (68.2%)	157,145 (69.9)	1,264 (47.7%)	1,250 (48.9%)	1,125 (46.1%)	1,013 (40.9%)	916 (37.2%)	755 (40.2%)

출처 : 보건복지부(http://www.mw.go.kr)

2) 입양아동을 위한 복지 실천방법

현재 우리나라 입양정책의 기본방향은 태어난 가정에서 양육하기 어려운 경우 아동의 최상의 이익을 위해 입양 · 가정위탁 등 가정보호 지원을 하고 있으며, 국내입양을 우선으로 하며 국외입양을 차선책으로 추진하고 있다. 또한 국내입양의 활성화를 위하여 입양가정에 대한 경제적 · 제도적 지원을 하고 있다.

(1) 장애아동 양육보조금 및 의료비 지원

장애아동이 입양된 경우 장애등급이 1급 또는 2급인 중증 아동은 양육아동 1인당 627,000원, 장애등급이 3~6급에 해당하거나 분만시 조산 · 체중미달 · 분만장애 · 유전 등으로 질환을 앓고 있인 경증 장애아동인 경우에는 매월 551,000원씩을 지원하고 있다.

연간 260만원 한도 내에서 본인이 부담한 진료 상담 · 재활 및 치료(심리치료 포함)에 소요되는 비용(급여 및 비급여부분 포함)을 지원하고 있다.

(2) 입양수수료 지원

입양기관의 입양수수료(입양전문기관 270만원, 입양지정기관 100만원) 중 입양전문기관의 경우 생계급여 및 가정위탁 양육보조금 지원액을 제외한 금액을 지원하고 있다. 입양전문기관의 경우에는 홀트아동복지회, 동방사회복지회, 대한사회복지회, 한국사회봉사회, 성가정입양원 5개 기관이며, 입양지정기관은 총 17개 기관으로 전문기관과 지정기관을 통한 입양시 수수료를 제공하고 있다.

(3) 입양아동 양육수당 지원

입양특례법의 요건과 절차를 갖춰 만 14세 전 요보호아동을 입양한 국내입양가정에는 아동 1인당 월 15만원의 양육수당을 지급하고 있다.

(4) 입양아동 의료급여 실시

의료급여법 제3조제1항에 의거하여 입양촉진 및 절차에 관한 특례법에 의하여 국내 입양된 18세 미만의 아동은 의료급여 1종에 해당되며, 의료급여를 제공하고 있다. 또한 월 20만원 한도에서 심리치료비를 지원하고 있다.

(5) 입양기관 운영지원

국내 입양을 활성화하기 위하여 국내입양기관에 대한 상담원 인건비 및 운영비를 지원하고 있다.

(6) 중앙입양원

입양 관련 국내 · 외 유관 단체등과 협력체계를 구축하여 입양 관련 총괄 조정 · 지원 · 평가를 실시하는 기관이다. 입양정보통합관리시스템 구축으로 국내입양 촉진 및 국내 · 외 입양인의 사후관리를 체계화하는 것을 목적으로 하고 있다. 또한 대국민 입양홍보 및 교육을 통하여 입양에 대한 사회문화적 편견 해소, 바람직한 입양문화를 확립하여 국내입양 활성화에 기여하고자 2009년 7월에 설립하였다.

중앙입양원의 주요 사업내용으로는

① 입양아동 · 가족정보 및 친가족 찾기에 관한 통합테이터베이스 운영
② 입양대상 아동의 데이터베이스 구축 및 연계 · 조정
③ 국내 · 외 입양 민원 조정 및 종합상담
④ 대국민 입양홍보 및 교육
⑤ 국내 · 외 입양정책 및 서비스 조사 · 연구
⑥ 입양관련 프로그램 조정 및 평가
⑦ 입양관련 국제 협력 업무

(7) 입양가족단체 지원

입양가족이 회원으로 구성된 사단법인 한국입양홍보회 등 입양가족단체에서 실시하는 입양가족 모임 · 교육 · 입양홍보 등에 재정적 · 행정적으로 지원을 실시한다.

(8) 지방자치단체의 지원

지방자치단체는 태어난 가정에서 양육이 곤란한 아동에게는 건전하게 양육될 수 있도록 다른 가정을 제공하기 위하여 입양활성화 및 입양 후 가정생활의 원만한 적응을 위한 지원을 실시한다. 입양 가족 지원, 원만한 적응을 위한 상담 및 사회복지서비스 제공, 입양에 대한 교육 및 홍보 등의 사업을 실시한다.

3) 입양아동 복지의 문제점 및 과제

(1) 입양대상 아동 발생 예방

입양대상 아동의 주요 발생 원인은 미혼모의 자녀, 결손가정의 자녀, 기아 등의

다양한 원인으로 나타나고 있다. 입양대상 아동의 발생 예방을 위해서는 미혼모의 발생 예방을 위한 성교육과 피임교육은 물론, 나아가 미혼모 단독가구를 지원하는 정책도 고려되어야 한다. 특히 결손가정을 예방하기 위해서는 가족해체를 방지하는 소득지원책과 심리적, 정서적 지원을 제공하여 입양대상 아동의 발생을 사전에 예방하는 것이 무엇보다 필요하다. 보호를 필요로 하는 아동이 발생하지 않도록 예방적인 서비스가 더욱 중요하며, 이를 위해서는 미혼부모나 결손가정의 자녀라는 편견으로 인해 건전한 성장에 방해를 받지 않도록 인식 개선도 시급하다.

(2) 입양 후 사후 서비스

입양 후 서비스는 입양가정이 성공적으로 기능하도록 돕고 입양아동이 정상적으로 성장할 수 있도록 지원하기 위한 것이다. 입양촉진 및 절차에 관한 특례법 제12조에서는 사후관리에 대한 입양기관의 의무를 규정하고 있다. 그 내용은 양친과 양자의 상호적응 상태에 관한 관찰과 필요한 서비스의 제공, 입양가정에서의 아동양육에 필요한 정보의 제공, 입양기관에서 입양가정이 수시로 상담할 수 있는 창구의 개설 및 상담요원의 배치와 이를 위해 입양관계 서류를 입양기관이 영구적으로 보관하는 것이다. 그러나 위의 의무 위반 시 행정적 제재 조치 등은 병행되지 않고 있으며, 실제로 입양기관도 인력의 부족 등으로 실질적인 사후 서비스가 미흡한 실정이다.

따라서, 공개입양이 증가함에 따라 입양 후 서비스 프로그램이 더욱더 중요해지고 있는 실정이다. 평생 가정의 관점에서 입양부모들에게 정보제공 서비스, 전문가 의뢰 서비스, 입양가정 모임 서비스 등을 제공해야 할 것이며, 입양아동의 정체성 찾기를 돕는 프로그램도 필요하다.

(3) 입양에 대한 인식 개선 확대

혈연관계를 중시하는 우리나라의 전통적인 사고방식은 국내입양의 활성화를 방해하는 큰 요인으로 작용하고 있다. 그리고 입양을 아동의 측면에서가 아니라 부부의 측면에서 바라보는 사고, 즉 부부에게 문제가 있을 경우에 입양을 한다는 사고방식 또한 입양의 활성화에 걸림돌이 되고 있다. 2007년 이후 국내입양이 증가하고 있긴 하지만 아직도 국외입양이 많은 실정이다. 특히 국내입양을 활성화하기 위해서는 혈연중심적인 사고를 지양하고, 입양에 있어 아동의 복지를 최우선으로 생각하도록 하는 등의 의식 개혁을 위한 노력이 필요하다. 그러기 위해서는 우선 입양아동을 친자식과 같이 여길 수 있도록 입양부모와 확대가족들에 대한 교육이 필요하다.

입양아동에 대한 부정적인 태도나 편견을 갖지 않도록 교육하는 것이 가장 우선적으로 이루어져야 하고, 이후 전국적인 차원의 입양 홍보가 이루어져야 한다. 입양의 필요성에 대해서 널리 전파하고, 입양의 긍정적인 이미지를 광범위하게 확산시켜 입양의 긍정적인 이미지를 형성할 수 있도록 해야 한다.

3. 시설보호사업

1) 시설보호

시설보호는 입양, 가정위탁과 함께 부모가 자신의 자녀를 양육 · 보호할 능력을 상실하였거나 양육할 의사가 없을 때 시설을 통해서 아동을 일시적 또는 장기적으로 보호하면서 부모역할을 대신하는 대리적 보호서비스이다(Kadushin & Martin, 1988). 모든 아동은 가정에서 부모에 의해서 양육되는 것이 가장 바람직하지만 원가정에서 양육이 불가능할 경우에는 시설에서 보호하도록 배치하는 것이 필요하다. 이전의 시설보호는 양육자가 없는 아동에게 단순히 의식주의 문제를 해결해 주는 것에 중점을 두었다면, 최근에는 단순한 수용보호보다는 집단보호를 통해 아동이 지니고 있는 문제를 치료하고 사회적응을 도와 건전한 사회구성원으로 성장할 수 있도록 돕는데 목적을 두고 있다. 시설보호를 통해 아동의 건건한 성장과 발달 그리고 사회적 치료를 목적으로 하고 있으며, 이를 통해 아동문제의 근본적인 해결책을 모색하는 것이 시설보호의 목적이라 할 수 있다(표갑수, 2000).

우리나라 아동청소년복지사업안내(보건복지부, 2010)에서는 보호가 필요한 아동 중 입양, 대리양육, 가정위탁 및 소년소녀가정 지원 등 가정보호를 할 수 없는 아동을 시설에 입소시켜 건전한 사회인으로 육성하는 것을 목적으로 한다고 하였다.

(1) 입소대상자

아동양육시설 및 일시보호시설의 경우에는 보호자가 없거나 보호자로부터 일탈된 아동, 학대받은 아동, 기초생활수급자로서 보호자의 질병, 가출 등으로 가정 내에서 보호하기 어려운 아동 등이 포함된다. 자립지원시설의 경우에는 시설퇴소 아동 중 취업 중인 아동이 우선시되고 시설퇴소 아동 중 18세 이상 25세 미만인 아동이 그 대상이 되며, 국민기초생활보장수급자로서 25세 미만인 자도 자립지원시설의 대상이 될 수 있다.

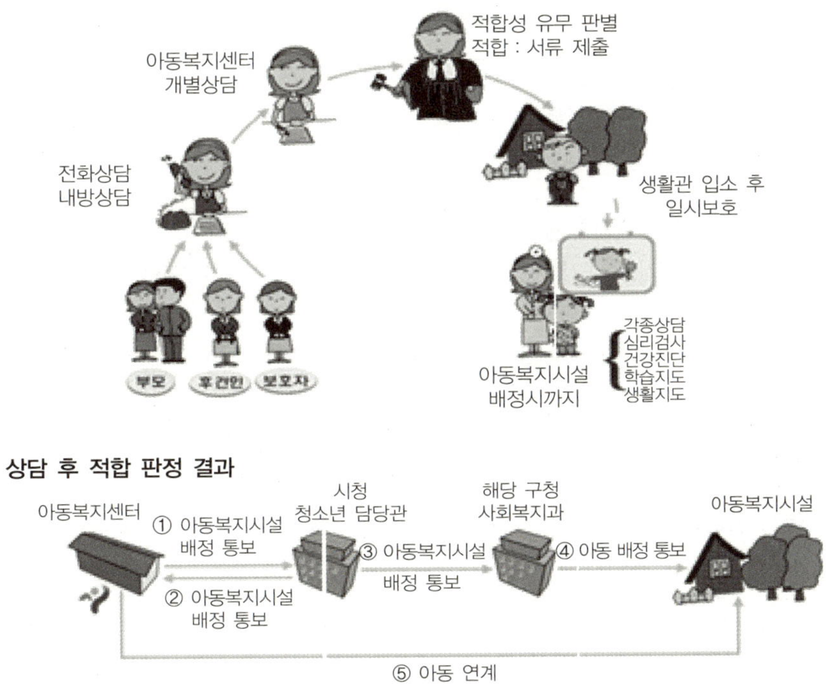

[그림 11-3] 시설입소처리

(2) 아동복지시설

아동복지법 제16조에서는 아동복지시설의 유형과 기능에 대해서 규정하고 있다. 아동복지시설의 유형은 총 11가지 유형으로 구분하고 있으며, 이 가운데 시설보호와 관련된 시설로는 아동양육시설, 아동일시보호시설, 아동보호치료시설, 아동직업훈련시설, 자립지원시설, 아동단기보호시설, 공동생활가정으로 구분하고 있다.

1 아동양육시설

보호를 필요로 하는 아동을 입소시켜 보호, 양육하는 것을 목적으로 하는 시설이다.

2 아동일시보호시설

보호를 필요로 하는 아동을 일시보호하고 아동에 대한 향후의 양육대책수립 및 보호조치를 행하는 것을 목적으로 하는 시설이다.

3 아동보호치료시설

불량행위를 하거나 불량행위를 할 우려가 있는 아동으로서 보호자가 없거나 친권자나 후견인이 입소를 신청한 아동 또는 가정법원, 지방법원소년부지원에서 보호위탁된 아동을 입소시켜 그들을 선도하여 건전한 사회인으로 육성하는 것을 목적으로 하는 시설이다.

4 아동직업훈련시설

아동복지시설에 입소되어 있는 만 15세 이상의 아동과 생활이 어려운 가정의 아동에 대하여 자활에 필요한 지식과 기능을 습득시키는 것을 목적으로 하는 시설이다.

5 자립지원시설

아동복지시설에서 퇴소한 자에게 취업준비 기간 또는 취업 후 일정기간 보호함으로써 자립을 지원하는 것을 목적으로 하는 시설이다.

6 공동생활가정

보호를 필요로 하는 아동에게 가정과 같은 주거 여건과 보호를 제공하는 것을 목적으로 하는 시설이다.

아동복지시설에서는 아동의 주거보호, 교육과 사회화의 제공, 정서 · 신체적 문제 치유, 아동의 욕구에 따른 개별화된 서비스를 제공한다. 즉, 시설보호서비스는 아동에게 보건과 영양 및 교육서비스를 병행한 일상생활 경험을 기본으로 제공하고 이후 상담서비스와 자립생활 기술을 가르치고, 아동의 권리를 옹호하며, 가족과의 재결합서비스 및 퇴소 후 서비스를 제공하는 것이다. 또한 시설보호는 이혼 등의 가족해체나 학대나 방임 등의 문제로 가정에서 성장 · 발달의 욕구가 제대로 충족되기 어려운 아동에게 집단보호와 더불어 사회적 적응을 도와줄 수 있는 치유기능까지 제공해야 하는 것이다.

2) 시설보호아동을 위한 복지 실천방법

(1) 공동생활가정 보호

공동생활가정은 2004년 아동복지법 개정 시에 아동복지시설의 종류에 추가된 시설이다. 공동생활가정은 5인을 기준으로 7인 이하의 형태로 보호가 필요한 아동에게 가정과 같은 주거 여건과 보호를 제공하는 것을 목적으로 하며, 2001년에는 15개소였으나 2014년 현재 전국적으로 489개소에 1,023명의 종사자와 2,438명의 아동이 생활하고 있다.

표 11-2 공동생활가정 유형

유 형	대상 아동	입주 기간
단기보호	경제적 위기 또는 부부의 갈등이나 별거, 수감 및 아동학대 등으로 인해 보호자 또는 친인척이 함께 거주할 수 없는 아동보호	1년 원칙, 1년 단위로 연장 가능
치료보호	시설보호에 적응하지 못하거나 약간의 정서적 문제 등으로 인하여 시설보호에 적합하지 않는 아동	
장기보호	기존의 소년소녀가정 또는 시설에서 보호 중인 아동 및 장기보호가 필요한 아동	18세 미만

단독주택이나 공동주택의 형태에서 생활하는 그룹홈은 입주기간이 유형에 따라 차이가 있으며, 단기보호 및 치료보호 그룹홈의 입주기간은 1년이 원칙이나 1년 단위로 연장가능하다. 장기보호시설의 경우 시설보호와 동일하게 18세 미만까지 보호가능하나 연장이 가능하다.

그룹홈 시설에 대한 지원내용을 살펴보면, 인건비 및 관리운영비를 지원하고 있다. 시설장 및 보육사에 대한 인건비는 1년에 1인당 19,073,000원이며, 관리운영비는 세대당 월 2,400,000원씩 지원이 이루어지고 있다.

공동생활가정 아동에 대한 지원은 그룹홈 생활아동을 기초생활수급자로 선정하여 주부식비, 피복비 등을 지원하고 있으며, 18세에 달하여 퇴소하는 아동에게 자립정착금을 지원하고 있다.

(2) 자립지원

시설보호, 공동생활가정(그룹홈) 아동의 경우 만 18세가 되어 아동복지시설을 떠나는 아동들이 성공적인 상호협조 관계를 통해 자신을 '독립된 상태'로 이르는 자립을 해야 한다. 다시 말하면 자신에게 편안하고 가족과 지역사회 그리고 사회 속에서 의미 있는 사람들과 자연스럽게 교류할 수 있는 자기 충족적이고 독립적인 생활을 할 수 있는 사람이 될 수 있도록 하는 것이 자립이다.

시설보호 아동들이 독립상태를 이끌기 위해서는 퇴소 이전의 아동들에게도 성인이 갖추어야 할 발달의 주요요소를 형성할 수 있도록 돕는 준비가 필요하다. 즉 유형의 기술능력과 무형의 기술능력이 요구되며, 타인과의 상호작용, 자녀양육능력, 성에 대한 책임, 지역사회에 대한 기여와 참여, 일상생활기술, 긍정적인 자아정체감 등이 상호협조적인 생활을 준비하기 위한 가장 효과적인 방법들로 간주되고 있다.

시설보호 아동을 위한 자립지원 사업내용을 살펴보면 다음과 같다.

① 취업, 주거, 교육, 진학 등 자립 전반에 관한 자립지원계획 수립 등 자립서비스 지원 및 정보제공
② 지역사회 자원 개발을 통한 전국적인 자립지원 서비스 망(network)을 구축하여 체계적인 적극적 서비스 제공을 통한 안정된 생활환경 지원
③ 인성검사, 적성검사, 성숙도검사, 만족도 조사, 사회적응 프로그램(직장 체험활동) 등 실시
④ 시설아동 자립지원 프로그램 교육
⑤ 자립에 필요한 조사 · 연구사업 및 자료 전산화 및 체계적 관리
⑥ 퇴소(예정) 아동에 대한 1인 1 기술갖기 운동 전개 및 1 : 1 지역사회 인사 등의 결연을 통한 상담 · 정서지지 및 후원추진

3) 시설보호아동 복지의 문제점 및 과제

(1) 시설의 소규모화

시설아동이 오랜 시설생활의 결과 '모성의 박탈'을 경험하며 이 상실의 경험이 성장 후에도 다른 사람들과의 정서적 관계를 성립하는 데 어려움을 가져오거나 정신병리적 요인을 유발할 수 있다. 특히 시설아동이 일반 가정아동에 비해 신체적 · 정서적 · 인지적 · 사회적 발달이 지연되고, 비행이나 공격성 등 외현화 문제행동을 가진 비율이 높고 대인관계의 어려움을 가지고 있다. 따라서, 시설아동의 발달문제를 개선하기 위해서는 시설의 소규모화, 가정위탁보호의 활성화, 공동생활가정(그룹홈)의 활성화, 보육사와 아동 관계의 친밀성 확보, 아동에 대한 적절한 예방적 · 치료적 서비스 제공이 절실하다.

(2) 아동특수보호시설의 강화

학대피해아동, 정신적인 문제를 가지고 있는 아동, 장애아동, 성과 관련된 문제를 가지고 있는 아동 등 치료적 개입이 생활전반에서 필요한 아동들이 보호받을 만한 시설이 없거나 매우 제한적이다. 대부분의 양육시설의 경우 아동이 가지고 있는 문제를 다룰 수 없고, 다른 아동에게 악영향을 끼친다는 이유로 거절하는 경우가 많다. 따라서, 특수아동의 다양한 욕구를 충족시키고 치료하여 건강한 사회구성원으로 성장하도록 도울 수 있도록 전문화되고 특수성을 갖춘 아동복지 전문시설이 필요하다.

(3) 인력의 전문성 강화와 처우개선

아동복지시설 근무자는 아동에게 부모, 치료자, 상담자와 친구 역할을 하는 중요한 위치에 있으므로 적절한 교육과 훈련을 거친 전문인력이어야 한다. 법에 규정되어 있는 자격을 갖추는 것은 물론 아동을 자기 자식처럼 따뜻하게 대해 줄 수 있는 인성도 매우 중요한 요소이다. 시설보호 아동의 경우 문제를 가진 아동이 점점 증가하는 추세이므로 치료적 보호서비스를 제공할 수 있는 전문 능력의 구비도 요구된다. 따라서, 아동복지시설 근무자의 경우에는 가장 기본적인 인성을 갖추어야 함은 물론 전문적인 지식을 겸비하는 것이 필요하며, 보수교육과 같은 정기적 교육 및 훈련을 강화하여 전문지식과 기술 습득을 지원할 수 있어야 한다. 뿐만 아니라 시설에서 유능한 전문인력을 확보하기 위해서는 현재의 열악한 처우수준을 대폭 개선하여야 한다.

생각해보기

1. 가정위탁사업의 활성화 방안에 대해서 생각해 보세요.

2. 입양아동이 경험할 수 있는 문제를 생각해 보고 이를 도울 수 있는 방법에 대해서 생각해 보세요.

3. 시설보호 아동이 경험할 수 있는 심리적 문제에 대해서 생각해 보세요.

4. 공동생활가정 활성화 방안에 대해서 생각해 보세요.

아동상담 및 학교사회사업

12
Chapter

1. 아동상담
2. 학교사회사업

21세기의 도시화 · 정보화로 인한 급격한 변화는 가족의 기능과 역할에 영향을 미쳐 많은 가족 간의 문제점을 양상하고 있으며, 또한 부모들의 자녀양육과 아동들의 학교교육에도 많은 영향을 미치고 있다.

특히 아동들은 대부분의 시간을 학교에서 보내게 되는데, 이러한 시대적 변화는 아동들의 가치관에도 영향을 미쳐 반사회적, 폭력적, 퇴행적 문제행동을 보이며, 또한 또래와의 잘못된 상호작용으로 인해 심각한 수준의 학교폭력을 자아내는 등 많은 문제점을 나타내고 있는 실정이다.

이러한 현실에서 아동상담 및 학교사회사업은 더욱 절실해지고 있으며, 아동뿐만 아니라 부모의 역할을 지지하고 교육하는 등의 간접상담도 필요하게 되었다.

따라서 본 장에서는 아동상담의 개념, 아동상담의 목표 및 특징, 이동상담의 대상, 아동상담의 유형, 아동상담의 기본원리, 상담자의 역할과 자질을 알아보고 학교사회사업의 개념 및 목적, 대상 및 기능, 학교사회사업의 실천 및 역할과 과제에 대해 자세히 알아보고자 한다.

1. 아동상담

1) 아동상담의 개념

상담은 카운슬러가 도움을 필요로 하는 사람에게 전문적 지식과 기능을 가지고 내담자 자신과 환경에 대한 이해를 증진시키며, 합리적이고 현실적이며 효율적인 행동양식을 증진시키거나 의사결정을 내릴 수 있도록 원조하는 활동이다(교육학용어사전, 1981).

상담이란 말은 원래 라틴어의 'consulere'에서 유래된 것으로 고려하다, 반성하다, 깊이 생각하다, 조언을 받거나 구하다 등의 의미를 가진 것으로 법률이나 경제 또는 종교 등의 분야에서 주로 사용된 개념이었다. 그러나 1939년 Williamson이 그의 저서 「How to Counsel Student」에서 상담이란 용어를 학교교육과 관련지어 사용함으로써 교육계에서 널리 쓰이게 된 것이다.

상담에 대한 개념은 크게 협의의 개념과 광의의 개념으로 나눌 수 있는데, 우선 협의의 개념으로 보면 상담이란 도움을 필요로 하는 문제를 정의적인 것에 한정하여 성격구조의 개조과정을 돕는 활동으로 마치 상담을 심리치료와 같은 전문성을 강조하는 것을 말하며, 광의의 개념으로 보면 상담이란 도움을 필요로 하는 것이 단순히 정의적인 측면만이 아니라 인지적 문제를 포함하여 모든 문제의 해결을 돕는 활동을 말한다.

또한 상담에 대한 정의는 다음과 같이 학자에 따라 서로 다양하게 표현되고 있다. 즉, 상담은 도움을 필요로 하는 사람과 도움을 줄 수 있는 사람 사이에 개별적인 관계를 통하여 새로운 학습이 이루어지는 과정이며(정원식 · 박성수, 1978), 도움을 필요로 하는 사람, 즉 내담자가 전문적 훈련을 받은 상담자와의 대면관계에서 생활과제의 해결과 사고. 행동 및 감정 측면의 인간적 성장을 위해 노력하는 과정을 말한다(이장호, 1993).

Rogers(1951)는 내담자의 내면적인 심리의 변화, 즉 자아개념을 변화시켜 주는 과정이 상담의 요체가 된다면서 상담이란 상담자와의 긴장이 없는 안전한 분위기에서 과거에 부정했던 경험을 다시 통합하여 새로운 자기로 변화하는 과정이라고 하였다.

Shertzer와 Stone(1980)은 상담이란 자기와 환경에 대한 의미 있는 이해를 촉진시키고 장래행동의 목표나 가치관을 확립해서 명료화하도록 하는 상호작용의 과정이라고 하였고, 김계현(2000)은 현대 상담에는 '면 대 면'의 직접적인 상호작용이 아닌 인터넷이나 전자메일을 활용한 상담과 컴퓨터 프로그램에 의한 새로운 테크놀로지가 활용되고 있음을 설명하고 있다.

김창대(2001)는 상담이란 상담자가 사람들이 삶의 과정에서 직면하는 개인적 문제를 촉진적 의사소통으로 다룸으로써 그 문제를 현실적으로 해결할 수 있도록 할 뿐만 아니라 반복적으로 일어날 수 있는 여러 가지 삶의 문제를 해결하기 위해 거의 공통적으로 필요한 존재의 용기, 성숙의 의지, 자아관 확립, 창조의 지혜, 수월성 추구와 같은 힘을 기르는 학문적 이론과 실천적 적용의 통합적 체제라고 하였다.

또한 아동상담에 대해 Costin(1979)은 가정의 틀을 유지하고 아동의 가정 내에서의 정상적인 성장과 발달을 위하여 가족생활의 질을 보존 · 강화 · 향상시키도록 돕는 것이라고 하였으며, 이소희 · 유미숙(1997)은 가정의 틀 안에서의 기능강화를 위해 아동 및 가족성원의 기능을 신장시키도록 직접적 · 간접적으로 돕는 전문적인 분야라고 하였다.

따라서 아동상담이란 아동의 성격, 행동, 지능, 신체 등 여러 가지 문제와 가정, 학교, 지역사회 등 환경상의 문제로부터 일어나는 아동의 문제에 관하여 아동 본인 또는 보호자, 학교 등으로부터 상담을 받아 그에 대한 전문적인 방법으로 원조활동을 하여 아동이 심신 모두 건전하게 성장하고 아동이 가진 능력을 최대한 발휘할 수 있도록 원조해 가는 여러 활동이라 할 수 있다(이대근, 2001 : 229).

2) 아동상담의 목표 및 특징

(1) 아동상담의 목표

상담의 목표는 인간의 성장과 발달을 촉진시키는 데 있으며, 소극적 목표와 적극적 목표가 있다. 전자는 문제해결, 적응, 치료, 예방, 갈등해소 등으로 볼 수 있으며, 후자는 긍정적 행동변화, 합리적 결정, 전인적 발달, 자아존중감, 개인적 강령 등으로 볼 수 있다(박성수 외, 2000).

또한 아동상담은 상담자와 한 사람 또는 다수의 내담자들 간의 상호작용으로 그 목표는 사고, 정서 또는 행동과 관계되는 문제를 가진 내담자를 돕는 것이다(Sharf, 2000). 즉, 아동이 환경에 보다 잘 대처해 나갈 수 있도록 능력을 길러주는 것이며(전남련 외, 2008), 부모상담을 통해 부모가 효율적으로 부모역할을 수행할 수 있도록 지원함으로써 아동의 변화 및 성장을 촉진시킬 수 있도록 돕는 일이라 할 수 있다(임종운, 2002).

박성수(1995)는 아동상담의 목표를 다음과 같이 진술하였다.

- 행동의 변화
- 정신건강의 증진

- 문제의 해결
- 개인적 효율성의 증진
- 현명한 의사결정
- 잠재능력의 개발
- 긍정적 자아개념의 형성

(2) 아동상담의 특징

Patterson(1973)에 의하면 상담은 충고나 조언을 하는 것이 아니며, 상담이 지니고 있는 특징에는 다음과 같이 7가지 특성이 있다고 하였다.

- 상담은 내담자의 자발적인 행동의 변화에 영향을 끼치는 것에 관련된 것이다.
- 상담의 목표는 내담자에게 자발적인 변화를 촉진하기 위한 조건을 제공함에 있다.
- 다른 인간관계와 마찬가지로 제한이 내담자에게 주어진다.
- 행동변화를 촉진할 수 있는 조건들은 면접을 통하여 제공된다.
- 비록 경청, 즉 잘 듣는 것이 상담의 전부는 아닐지라도 경청은 언제나 상담 속에 있다.
- 상담자는 내담자를 이해한다.
- 상담은 사적(私的)으로 이루어지며 논의된 내용은 비밀이 유지된다.

3) 아동상담의 대상

아동상담의 대상으로는 크게 일반아동과 특별히 도움을 필요로 하는 요보호 아동, 그리고 아동의 양육을 담당하는 부모 및 기타 양육자 등으로 나눌 수 있으며, 그 내용을 자세히 살펴보면 다음과 같다.

(1) 일반아동

일반아동은 아동이 그의 친부모와 가족과 함께 그의 친가정에서 외부로부터 특별한 도움을 받지 않고도 생활할 수 있는 아동을 말한다.

(2) 요보호 아동

요보호 아동은 아동이 그의 친부모 및 가족과 함께 그의 친가정에서 외부로부터 특별한 도움을 받아야만 생활할 수 있는 아동을 말한다. 즉, 아동 자신이나 그 아동을 양육하는 친부모나 가족구성원에게 개인적인 문제 및 장애가 있거나 가정환경에 문제가 있는 아동인 것이다. 예를 들면, 신체 및 발달상의 장애를 가진 아동이거나 부적절한 양육환경에서 자라는 아동을 말한다.

(3) 부모 및 기타 양육자

부모의 개별적 특성과 처해진 현실상황 및 부모의 역할수행 정도에 따라 어떠한 사회적 지원이 제공되어져야 하는가에 대한 방향과 방법이 결정되며, 기타 양육자도 또한 마찬가지이다.

아동복지 실천대상이 되는 부모 및 기타 양육자는 계부모 및 한부모, 방임 및 학대부모, 맞벌이 부모, 위탁 및 입양가정의 양육자, 시설양육 아동의 양육자 등이 해당된다(강란혜, 2005 : 191-192).

4) 아동상담의 종류

상담은 상담자와 내담자가 어떻게 만나느냐에 따라 크게 대면상담과 통신상담으로 구분할 수 있으며, 상담자와 내담자가 만나는 형태에 따라 개별상담, 집단상담, 가족상담 등으로 나눌 수 있다.

(1) 상담방식에 따른 분류

1 대면상담

대면상담은 전통적으로 실시해 오던 형태의 상담으로 상담자와 내담자가 직접 만나서 각종 심리적 문제를 다루어 나가는 개인상담 및 집단상담, 그리고 가족상담 등을 말한다. 또한 놀이치료, 음악치료, 독서치료, 치료놀이, 미술치료, 웃음치료, 댄스치료 등 각종 치료들도 이에 해당된다.

2 통신상담

통신상담은 과학기술이 점차로 발전함에 따라 의사소통과정에 서신, 전화 팩스, 이동전화, 그리고 컴퓨터를 활용하게 됨으로써 발전하게 되었다. 특히 최근에는 정보통신 분야의 발달로 컴퓨터가 대부분의 가정에 급속도로 보급되면서 상담방법의 하나인 중요한 매체로서 활용되어 사이버 상담도 눈에 띄게 많이 증가하였다.

(2) 상담형태에 따른 분류

상담의 종류는 다양하지만 그 형태에 따라 보편적으로 개별상담, 집단상담, 가족상담 등으로 다음과 같이 나누어 볼 수 있다.

1 개별상담

개별상담이란 한 명의 상담자와 한 명의 내담자가 직접 대면 또는 매체를 통하여 간접적으로 만나서 상담관계를 형성하는 것을 말한다. 즉, 상담자는 내담자가 자기 자신과 환경에 대한 이해를 증진하도록 함으로써, 내담자의 성장과 발전을 촉진할 수 있도록 도와주는 심리적인 조력과정을 말한다.

이 때 상담자는 내담자를 존중하고 수용해 주어야 하며, 상담자 자신의 생각과 감정에 솔직해야 한다. 또한 내담자 스스로 효율적인 의사결정을 할 수 있게 하며, 부정적인 심리상태를 긍정적인 방향으로 변화될 수 있도록 도와주어야 한다.

특히 아동에 대한 개별상담은 대부분 부모의 자발적인 지원요청보다는 그들의 친구나 사회기관, 학교, 법원, 병원 권유로 설립된다(전남련 · 이애련, 2008). 이것은 부모들이 자녀의 문제행동을 단순한 발달상의 과정으로 소홀히 생각하는 경향이 있기 때문이기도 하다.

이러한 개별상담은 내담자의 문제가 위급하고 원인과 해결이 복잡하며, 내담자 자신과 관련 신상을 보호할 필요가 있는 경우와 집단에서 공개적인 발언을 두려워하는 내담자에게 적당한 방법이다(안영진 · 장선철, 2006).

2 집단상담

집단상담은 한 명 혹은 그 이상의 상담자와 여러 명의 집단 구성원이 일정 기간 동안 정기적으로 만나면서 일상생활에서 부딪히는 문제에 대한 그들의 태도와 행동을 점검하고 변화시키기 위한 것을 목적으로 하는 상담이다. 즉, 현실에 대한 방향 점검, 감정정화, 상호신뢰, 이해, 수용, 지지, 허용 등과 같은 치료적 기능을 포함한 의식적 사고와 행동에 초점을 둔 역동적 인간 상호관계의 과정을 말한다.

집단상담의 대상은 비교적 정상범위의 적응수준에 속하는 사람들이며, 상담자는 훈련받은 전문가로서 개인상담에 대한 성공적인 경험, 성격역학에 대한 광범위한 이해, 집단역학에 대한 올바른 이해, 타인과의 의사소통 및 인간관계 형성 발전의 능력을 갖춘 사람이어야 하고 집단상담의 분위기는 신뢰롭고 수용적이어야 한다(이형득, 1979 : 14-19).

집단상담의 전체적 목표는 아동의 개인적 성장과 문제해결을 위한 기회를 제공하며, 다음의 두 가지로 나눌 수 있다. 첫째, 성장중심 집단상담은 아동들이 일상생활에서 부딪히는 문제들에 좀 더 효과적으로 대처할 수 있도록 그들의 개인적 자원을 극대화시키는 데 초점을 두고 있으며, 둘째, 문제중심 집단상담은 아동의 성장에 방해가 될 수 있는 개인적 갈등을 치료하는 것에 초점을 두고 있다.

성장중심 집단상담에서는 우정, 약물, 성(性), 죽음과 같은 발달적 과제와 관련지어 자아(가치, 태도, 느낌, 행동)를 검토할 수 있는 이점을 아동들이 얻게 된다. 즉, 이러한 성장중심 집단상담은 앞으로 일어날 수 있는 개인의 발달적 위기를 아동들이 잘 처리할 수 있도록 준비하는 것을 도와주는 것이다. 반면에 문제중심 집단상담은 학업에 대한 실패, 비만, 이혼, 여러 가지 비행 등과 같은 문제를 개인적으로 경험하고 있는 아동들에게 적합하다. 즉, 문제중심 집단상담은 아동 개개인의 계속적인 발달을 저해하는 개인적 위기를 막도록 도와 준다(이재연 외, 1990 : 234-235).

또한 집단상담은 여러 사람들을 보다 더 잘 이해할 필요가 있는 내담자나 다른 사람들이 자기를 어떻게 보고 있는지를 알아야 할 것으로 판단되는 내담자에게 적합하다. 또한 사회적 기술이 필요한 내담자나 다른 사람과의 유대감, 소속감 및 협동심의 향상이 필요한 내담자에게도 적합하다. 뿐만 아니라 자기의 관심사나 문제에 대해서 다른 사람의 반응이나 조언이 필요한 내담자, 그리고 동료 혹은 타인의 이해와 지지가 도움이 되리라고 판단되는 내담자에게도 역시 적합하다(이장호 · 김정희, 1998).

3 가족상담 및 치료

가족상담은 한 명 혹은 그 이상의 상담자가 가족 전체를 하나의 단위로 하여 가족 간의 관계에 초점을 맞추고, 조화로운 관계를 유지하기 위하여 현재의 관계를 수정해 나가는 과정이다(Foley, 1984).

또한 가족치료는 가족체계에 직접 개입하여 문제의 형태에 따라서 감정표현을 격려하거나, 부정적인 감정을 표출하는 대상자를 보호하고, 가족 각자에 관련된 새로운 방법을 제시하며, 가족구성원의 상호작용을 조정하는 기본 규범을 강화시키는 등 가족의 상호작용 형태를 긍정적인 방향으로 조정하는 것이다(전남련 · 이애련, 2008).

따라서 가족상담은 아동의 문제가 개인뿐만 아니라 가족과 관련이 있다고 가정하며, 내담자의 문제를 이해하는데 있어 내담자와 가족 간의 관계적 형태가 어떻게 만들어졌으며, 앞으로 이러한 관계가 어떻게 발전해 갈 수 있는가에 대해 과학적이고 합리적인 관점을 제공해 준다(임종운, 2002).

5) 아동상담의 기본원리

상담은 개인이 가진 문제를 해결하고 적응활동을 증진시킴으로써 건전한 자아형성을 통한 성장을 돕는 것이다. 그러기 위해서는 반드시 상담에 대한 전문적인 소양을 가진 자가 상담을 담당해야 한다.

내담자를 위한 상담을 전개할 때는 다음과 같이 몇 가지 기본원리에 바탕을 두고 시작해야 한다.

(1) 개별화의 원리

인간은 개인차가 있으므로 상담자는 개인의 욕구와 개성, 개인차를 고려하여 상담을 전개하여야 한다.

따라서 상담자는 다음과 같은 내용을 염두에 두어야 한다.

- 상담자는 내담자에 대한 편견이나 선입관을 갖지 않는다.

- 인간행동의 유형과 원리에 대해 전문적으로 이해하려고 노력한다.
- 내담자의 보조에 맞추어 진행할 수 있어야 한다.
- 내담자의 말을 잘 경청하고 세밀하게 관찰해야 한다.
- 인간의 감정변화를 민감하게 포착해야 한다.
- 내담자와 견해차가 있을 때 앞을 내다보는 능력을 갖고 적절한 선택을 하여야 한다.

(2) 의도적 감정표현의 원리

사람은 누구나 자기감정에 대해 솔직하게 표현할 수 있어야 한다. 그 감정이 긍정적 혹은 부정적이던 간에 자유롭게 자신의 감정을 의도적으로 표현할 수 있도록 편안하고 온화한 분위기를 조성해 주어야 한다.

따라서 상담자는 내담자의 감정표현을 비난하거나 낙심시키지 말고 끝까지 인내로써 경청하도록 해야 하며, 내담자가 자기감정을 마음껏 표현할 수 있도록 최선을 다해 감정표현에 민감해야 한다.

(3) 통제된 정서관여의 원리

상담과정에서 상담자는 내담자가 자신의 감정을 솔직하게 잘 표현할 수 있도록 권고하고 이에 반응하는데 있어서 잘 통제된 정서가 필요하다. 즉, 상담자는 내담자의 감정에 대해 민감하게 반응하여 이해하고 적절한 대응책을 마련할 태세를 갖추고 적극적인 관여를 해야 한다.

(4) 수용의 원리

수용은 내담자의 말이나 행동, 태도가 어떠하든 간에 현재 있는 그대로 받아들이는 것을 말한다. 즉, 내담자의 장 · 단점, 바람직한 성격과 그렇지 못한 성격, 긍정 및 부정적 감정, 건설적 · 파괴적 태도나 행동 등을 있는 그대로 이해하고, 그 인격의 가치에 대한 관념을 유지해 나가는 행동을 말한다.

따라서 내담자 중심으로 그들의 욕구와 권리를 존중하며 감정이나 태도를 적극적으로 이해할 수 있어야 한다.

(5) 비심판적 태도의 원리

상담자는 내담자에 대해 그들의 행동, 태도, 가치관 등을 옳다, 그르다 질책하지 말아야 한다. 그들은 열등감, 죄책감, 불만감, 고독감 등을 가지고 있는 경우가 많기 때문에 타인의 비판에 대해 예민하고 자신을 방어하고자 하는 경향이 있어 충분한 상담이 이루어지기 어렵다. 따라서 상담자는 내담자에 대한 선입견을 버리고 상담에 임해야 한다.

(6) 자기결정의 원리

상담은 내담자의 자립에 목적이 있으므로 최후의 결정은 내담자 스스로가 할 수 있도록 해야 한다. 그러기 위해서는 상담자는 내담자 개인의 가치와 존엄성을 인정하고 내담자 스스로가 자기 수용을 할 수 있도록 도와주어야 한다. 또한 내담자가 자신의 잠재능력을 잘 이끌어 내어 활용할 수 있도록 자극해 주어야 하며, 내담자에게 객관적이고 다양한 방법을 제시해 주어 최선의 자기결정을 할 수 있도록 도와준다.

(7) 비밀보장의 원리

상담에서 무엇보다 가장 중요한 것은 내담자가 상담자를 신뢰하는 것이다. 그러기 위해서는 내담자와 상담한 내용에 대해 다른 이에게 함부로 발설해서는 안 되며 비밀을 반드시 지켜 주어야 한다. 이것은 바로 상담자가 내담자에게 지켜야 할 윤리적인 의무인 것이다.

6) 상담자의 역할과 자질

상담자는 아동들의 장래 계획을 돕고 그들이 직면하는 모든 문제를 해결하도록 돕는 전문적인 훈련을 받은 사람이고 능력과 경험을 쌓은 사람이다.

따라서 상담자의 역할과 자질에 따라 상담활동의 승패가 좌우된다고 볼 수 있으며 그 내용을 자세히 살펴보면 다음과 같다.

(1) 상담자의 역할

상담자가 내담자에게 수행하는 대표적인 역할들은 다음과 같이 크게 여섯 가지로 요약할 수 있다.

1 시범자의 역할

상담자는 내담자를 대하는 태도 속에서 내담자가 문제에 대처하는 방법을 배울 수 있는 모델로서의 시범을 보이는 사람이다.

2 참여적 관찰자의 역할

상담자는 능동적인 참여자로서 내담자와의 상호작용에 적극적으로 참여하는 한편, 내담자로부터 조금 떨어져서 내담자에게 지금 어떤 일이 일어나고 있으며, 내담자와 상담자 사이에 무엇이 나타나고 있는가를 관찰하고 이해하면서 그것을 조절하는 사람이다.

3 격려자의 역할

상담자는 내담자가 자신의 장점과 자신의 문제에 대한 통찰 및 문제해결을 위한 시도를 보일 때 칭찬 및 격려와 지지를 해 줌으로써 내담자 스스로 자신의 문제를 해결할 수 있도록 돕는다.

4 수용자의 역할

상담자는 내담자를 한 인간으로 존중하고 인정하며, 내담자의 입장에 서서 그들의 감정에 대해 공감하고 평가하거나 비판하지 않으며, 내담자를 있는 그대로 받아들이는 자세가 필요하다.

5 직면자로서의 역할

상담자는 내담자의 말과 말 사이나, 말과 비언어적 행동 사이의 불일치나 모순 및 방어기제 등을 내담자에게 직면시키는 역할이 필요하다.

6 조력자로서의 역할

상담자는 여러 가지 역할 등을 통해 내담자가 자신의 잠재력과 여러 가지 장점들을 발견하고 일을 통해 스스로 문제해결을 함으로써 새롭게 태어나도록 돕는 역할을 할 수 있다(김준성, 2008).

(2) 상담자의 자질

상담자의 자질은 크게 인간적인 자질과 전문적인 자질로 구분된다. 인간적인 자질이란 내담자와의 진정한 인간관계 형성과 내담자에게 영향을 끼칠 수 있는 인성적 특성을 말하며, 전문적 자질이란 내담자의 이해와 상담과정을 효과적으로 진행시키는데 필요한 전문적 지식과 기법에 관련된 자질을 말한다.

1 인간적 자질

상담교사가 기본적으로 갖추어야 할 인간적 자질은 다음과 같다(이정희, 1994).

- 인간의 존엄성에 가치를 두는 태도이다.
  - 상담활동은 거짓이 통하지 않는 진실된 인간과 인간과의 만남이므로 상담교사는 어떤 조건이나 기대 없이 무조건 내담자를 도와주겠다는 마음을 가져야 한다.
- 사회의 변화에 대한 민감성을 가져야 한다.
  - 상담교사는 급변하는 사회 속에서 아동들이 무엇을 생각하며 어떠한 방향으로 이끌려 가는지를 파악할 수 있는 예리한 통찰력과 기술을 훈련해야 한다.
- 상담교사는 아동 개개인에게 관심과 사랑으로 대해야 한다.
- 상담교사는 사물을 객관적으로 보고 판단할 수 있어야 한다.
- 상담교사는 자신에 대한 이해를 철저히 해야 한다.

2 전문적인 자질

상담은 상담교사의 태도나 정서 및 통찰이 고도의 상담 기술보다 우선되어야 하나 전문인으로서의 카운슬러의 자질로 충분한 경험과 훈련과정을 거쳐서 갖추어야 한다.

미국심리학회(APA)의 카운슬링심리학분과연구회에서 공식적으로 규정한 필수적인 전문적인 영역을 소개하면 다음과 같다(정원식 · 박성수, 1984).

- 상담자는 전문적인 자질을 갖추기 위해 인성의 발달, 이상성격의 특징, 인성과 사회적 · 문화적 요인과의 관계에 대한 지식 등이 있어야 한다.
- 상담자는 사회 환경에 대한 지식, 직업세계에 대한 이해, 청소년에게 주어지고 있는 사회 환경의 현황에 관하여 이해하고 있어야 한다.
- 상담자는 개인의 여러 가지 심리적 특성을 객관적으로 측정하고 평가할 수 있는 능력이 필요하다.
- 상담자는 카운슬링 이론과 실제에 대한 지식이 풍부해야 하므로 상담의 원리, 상담의 과정과 절차, 사례연구, 면접방법 등을 잘 알고 있어야 한다.
- 상담자는 이론과 전문적 지식 외에 철저한 실습으로 카운슬링 과정에 익숙해야 한다.
- 상담자는 연구방법과 통계적 기술 및 카운슬러의 윤리강령을 늘 숙지하고 지키려는 태도를 갖고 있어야 한다.
- 상담자는 학교교육에 대한 기본적인 지식과 해당 산업분야에 대한 이해가 필요하다.

2. 학교사회사업

1) 학교사회사업의 개념

학교사회사업에 대한 정의는 시대의 흐름에 따라 변화되어 왔고 학자의 이론적 관점에 따라 다양하게 정의되어 왔다. 미국에서는 1900년대 초반 가정과 학교를 연계해 주는 방문교사의 역할에 초점을 두었고, 1920년대 후반부터는 학교에 잘 적응하지 못하는 학생의 심리치료와 사회기능의 향상에 주안점을 두는 정의가 널리 통용되었다. 1970년대부터는 생태체계학적 관점의 영향을 받아 학생-학교-가정-지역사회를 연계하는 사회복지 서비스의 제공에 초점을 맞추어 정의되었으며, 1980년대 중반 이후에는 학교를 교육기능 외에 포괄적인 서비스를 제공할 수 있는 사회체계로 인식하면서 학생을 중심으로 사회문제에 포괄적, 통합적, 예방적으로 접근하는 학교사회복지의 정의가 대두되었다(윤철수 외, 2006).

학교사회사업에 관한 이론적 토대를 발전시킨 Costin(1987)은 학교사회사업을 학교가 학생 개개인의 지적 · 사회적 · 정서적 욕구와 문제해결에 관심을 갖도록 도와주며, 이를 통하여 모든 학생들이 학교에서 공평한 교육기회와 성취감을 제공받을 수 있도록 학교현장에서 활동하는 전문적 사회사업분야라고 정의하였다.

Allen-Meares(1966)와 동료들은 '학교사회사업은 학생들이 건전한 사회기능을 이룰 수 있도록 준비시켜 주며, 학생 개인의 문제뿐만 아니라 사회 환경이나 교육환경의 변화에 즉각적으로 개입하여 학교가 자신의 역할과 기능을 극대화할 수 있도록 도와주는 연계활동'이라고 하였다.

Hare(1994)도 학교사회사업을 지역사회의 복지기관이나 의료기관과 같은 사회자원을 연계하여 학생과 그의 가족들의 문제해결을 위해 다양한 복지서비스를 제공해 주는 전문적 원조활동이라고 정의하였다.

김기환(1996)은 학교사회사업은 '학교를 실천 장소로 하여 학생-학교-가정-지역사회의 역기능적 상호작용에 의하여 발생하는 학생의 심리사회적 문제를 예방하고 해결함은 물론 모든 학생이 잠재력과 능력을 최대로 발휘할 수 있도록 최상의 교육환경과 공평한 교육기회를 제공하고, 궁극적으로는 교육의 본질적인 목적과 학생복지를 실현할 수 있도록 도와주는 교육기능의 한 부분이며 사회복지 실천의 전문분야'라고 정의하였다.

그러므로 이상의 정의를 종합해 보면 학교사회사업이란 학교라는 제도 내에서 신체적 · 정서적 · 사회적인 문제들로 어려움을 겪고 있는 아동들에게 사회사업의 제 원리와 기술을 적용하여 학생-학교-가정-지역사회의 연계 및 조정을 통해 학생의 심리사회적 문제를 해결하고 개개인의 잠재력과 능력을 최대한 발휘하여 건전한 사회구성원으로 성장할 수 있도록 돕는 사회복지 실천의 한 전문분야이다.

2) 학교사회사업의 목적

학교사회사업의 목적은 학교가 교육이라는 본질적인 목적을 달성할 수 있도록 도와주는 전문적인 사회복지 서비스로서 학생에 대한 교육효과를 최대화시키는데 있다.

따라서 학교사회사업의 구체적인 목적은 학생의 잠재력을 충분히 발휘할 수 있도록 환경적 측면, 심리적 측면, 복지적 측면이 모두 포함되어야 하며, 그 내용을 자세히 살펴보면 다음과 같다.

(1) 환경적 측면

교육효과를 최대화하기 위해서는 무엇보다도 안정된 환경이 필수적이다. 학교 내에 폭력이 난무하거나 위기사건이 발생하였을 때는 교육이 제대로 이루어질 수 없다. 따라서 학교사회사업은 학교 내의 위기문제를 우선적으로 다루어야 한다.

(2) 심리적 측면

학교사회사업은 학생의 심리사회적인 기능을 향상시키는 것을 목적으로 한다. 즉, 학생의 가정문제, 친구관계, 정신역동 내적 문제, 정서문제 등을 잘 해결할 수 있도록 전문적인 심리치료, 가족치료, 사회복지 서비스를 제공하는 것이다.

(3) 복지적 측면

학교사회사업은 학생복지를 도모하는데 있다. 즉, 학생복지는 전반적으로 학생의 삶의 질을 높이는 측면과, 보호가 필요한 학생을 집중적으로 돕는 것으로 구분된다. 보호가 필요한 대상학생이 적절하게 보호를 받을 수 있도록 도와 줌으로써 학생이 학교생활을 적절히 수행해 나가도록 하고 지역사회 자원과의 연계를 도모하기도 한다(한인영 외, 2004).

3) 학교사회사업의 대상 및 기능

학교사회사업의 대상은 일반적인 사회복지 서비스의 원칙으로 제시되는 보편주의와 선별주의로 구분지어 볼 수 있다. 기본적으로 모든 사람이 사회복지의 급여를 받을 수 있다는 보편주의에 의거할 때 학교사회사업의 대상은 전체 학생과 그 가족이 될 수 있다. 이러한 대상체계는 치료적 개입보다는 예방적 개입을 중심으로 제공되어야 한다.

반면에 현재 문제를 경험하고 있거나 위험에 노출되어 있어 학교부적응의 현상을 보이거나 잠재적 위험군인 요보호 집단에 대해서 집중적인 서비스가 제공되어야 한다는 것이 선별주의의 원칙이다. 이에 따를 경우 학교사회복지의 대상은 부적응 학생이나 요보호 학생과 그 가족이 될 것이다(강현주, 2007).

이러한 대상을 좀 더 구체적으로 구분하면 다음과 같다.

(1) 학교사회사업의 대상

1 일반학생

학교 학생 전체가 사회사업의 대상으로 문제예방을 위한 성교육, 마약방지교육, 성폭력 피해방지교육, 학교폭력 예방교육, 정신건강교육, 진로상담교육, 집중력 향상교육, 의사소통교육, 갈등중재교육, 자기주장훈련교육 등 각 학교의 필요에 따라 예방프로그램을 만들어 일반학생 전체를 대상으로 교육할 수 있다.

2 위기를 경험하고 있는 학생

위기를 경험하고 있는 학생으로는 부모나 보호자, 다른 사람으로부터 학대, 각종 폭력피해, 자살시도, 결식아동, 자연재해 피해학생 등 즉각적 개입을 요하는 학생이 여기에 해당된다.

3 가정문제와 결부된 학생

가정문제로는 가출, 부모양육 소홀, 방임, 부모이혼, 소년소녀가장 등 학생의 개인문제만이 아니고 학부모의 개입을 우선적으로 하는 경우를 말한다.

4 공격적이고 반사회적인 행동의 학생

공격적이고 반사회적인 행동은 학교생활 실패의 원인이 되며 이러한 행동은 부모의 억압으로 인한 열등감, 과잉보호로 인한 의존성과 불안정 상태, 부모의 사랑이나 지지를 받지 못한 불평등한 취급을 받는 학생들의 퇴행적인 관심을 끌기 위한 것이라고 할 수 있다. 이러한 반사회적인 행동은 사회부적응으로 좌절감에서 생기는 행동이므로 장기적인 대책이 요구되며, 특히 징계적 태도보다 발생요인과 성격요인을 파악해서 치료계획을 세워 접근해야 한다.

5 학교생활의 부적응 및 학업실패 학생

학교생활의 부적응 문제를 갖는 학생은 무단결석, 등교거부, 잦은 지각 등의 출석문제, 학업부진, 성적불량, 학교생활에의 흥미결여, 좋지 못한 학업태도, 교사와의 관계 문제 등을 보인다.

이러한 원인으로는 교사와 학생과의 만족스럽지 못한 관계, 소속감의 결여, 교사의 이해부족, 학생의 무능력, 부모의 무관심, 교사의 업무과잉 등 학생 자신, 교사, 가족책임의 복합적인 요인이라 볼 수 있다.

특히 학업부진은 학교생활의 실패에 가장 뚜렷한 증상이다. 학업부진아의 경우는 학교자체로나 교육제도 내에서 나아가 지역사회의 여러 사회자원이 요청되므로 특수한 진단방법과 치료방법을 동원한 교과활동이 있어야 할 것이다.

6 정서문제를 가진 학생

정서적 문제를 보이는 학생은 우울감, 불안감, 대인기피증, 학교폭력으로 인한 왕따학생, 신경증 등으로 인해 정신의학적인 치료를 요하는 경우이다.

7 신체적 결함문제 학생

선천적 · 후천적 신체결함으로 인해 맹아, 농아, 지체부자유아, 정신박약아, 성격장애아, 언어장애아 등을 들 수 있는데, 이런 문제는 특수교육에 의해서 보호되고 있으나 이들을 위하여 이용할 수 있는 모든 시설의 설치와 그 이용을 돕는 제도적 개선과 협력을 갖는 일이다.

이상의 제 문제는 학교사업의 대상이 되고 있는데 이들은 교육학적, 정신의학적, 사회복지의 기능 간 유기적인 협력에서만 그 해결이 가능하다. 이것은 교육체계에서 주로 이루어지는 것이나 그 원인적인 요소가 가정적, 사회환경적, 교육제도적 학생 자신의 요인이 복합적으로 작용하기 때문이다.

(2) 학교사회사업의 기능

학교사회사업의 기능은 사회적 · 정서적 문제를 가진 특수한 아동을 이해하여 전 교육과정을 계속하는 동안에 각자가 지니고 있는 최대한의 능력을 발휘시켜 알맞은 조정을 가할 수 있도록 기회를 발견하고 각 개인이 그들의 학교생활에 가장 많은 이익을 가져올 수 있도록 필요한 제반 서비스를 베풀어 주는 데 있다.

Johnson은 교육기관에서 학교사회사업의 특수한 기능은 '학생을 사회에 공헌할 수 있는 일원으로 발달시키고 교육의 기회를 최대로 이용하지 못하여 기대한 교육목표를 성취하지 못하는 아동을 돕기 위하여 교사, 행정가 및 다른 전문가들과 협조를 이루면서 전문적 능력을 발휘하는 것'이라 한다. 이는 학교사회사업을 수행함에 있어서 타 분야의 협력의 필요성과 팀워크의 중요성을 강조한 것이라 할 수 있다.

그러므로 학교사회사업의 기능은 다음과 같이 요약할 수 있다.

첫째, 사회적 · 정서적 부적응의 징후를 나타내는 학생문제를 조기에 발견하고 예방하는 기능

둘째, 학생이 학교에서 만족스러운 자기실현의 기회를 갖도록 그의 잠재력을 최대한 개발시키는 기능

셋째, 개별사회사업 및 집단사회사업을 통한 직접적인 치료활동을 비롯하여 지역사회의 이용 가능한 자원을 조직하고 동원하는 기능

넷째, 교사와 학생간의 관계 개선의 노력과 학교 내의 문제해결을 위한 특별조정팀(심리학자, 정신의학자, 교육책임자)을 조성하여 효과적인 원조관계를 조정하는 기능

다섯째, 학교-학부모-지역사회 인사와의 상호협력 체계를 조성하는 기능

여섯째, 정신건강의 입장에서 학생들에게 장애를 주는 환경적 요소를 개선하고 교육적 분위기를 조성하는 기능

일곱째, 청소년 문제에 대한 새로운 중재방법을 제공하고 활용하는 기능

이상과 같이 학교사회사업가는 아동의 만족스러운 학교경험을 위하여 학생, 부모, 교사, 지역사회로부터 모든 자원을 동원하여 아동의 정서적 · 신체적 · 지적 능력을 개발하고 문제를 해결하여 학교생활에 잘 적응하도록 돕는 기능을 하는 것이다(김익균 외, 2002).

4) 학교사회사업의 실천

학교사회사업의 실천에 대해 대표적인 모델과 실천과정을 살펴보면 다음과 같다.

(1) 학교사회사업의 실천 모델

학교사회사업의 대표적인 실천모델은 Alderson의 학교사회복지 실천 모델인 전통적 임상모델, 학교환경-변화모델, 지역사회 학교모델, 학교 상호작용모델 등 4가지 유형과 1975년 코스틴(Costin)에 의해 개발 · 활용되고 있는 학교-지역사회-학생 관계모델 및 최근의 학교연계 통합서비스모델 등이 있다.

1 전통적 임상모델(traditional-clinical model)

이 모델은 가장 잘 알려져 있고 널리 사용되고 있는데, 학교에서 개개인의 잠재성의 성취를 방해하는 사회 및 정서적으로 어려움을 가지고 있을 때 이의 해결을 위해 개개인의 학생에게 초점을 두는 모델이다. 목적은 주로 학교에서 보다 효과적으로 그들의 기능을 수행할 수 있도록 힘을 주고 학교경험을 최적으로 이용할 수 있도록 하는 데 있다. 또한 이 모델은 정신분석, 자아심리학 및 사회심리학 이론에 의존하고 있다.

이러한 전통적 임상모델은 기존의 사회복지기관이나 복지관에서 제공하고 있는 다양한 사회복지 서비스들을 학교현장에서 실시하게 되었다는 점에서 의의가 있으

나, 문제를 병리적으로 진단하고 문제의 초점을 개별학생에게만 둔다는 약점이 있다.

2 학교환경-변화모델(school-change model)

학교규범과 환경의 변화를 위하여 학교의 역기능적인 환경에 초점을 두는 모델이다. 예를 들면, 학교에서 일탈의 사회학적 개념으로서 환경 등을 변화시키는 것이다. 또한 학생의 특성과 학교환경이 학생의 부적응을 초래한다고 강조하고 있어 다른 학교규범과 정책적 요소에 대하여 주의를 환기시키고 있다.

3 지역사회 학교모델(community-school model)

이 모델은 좋지 않은 지역사회에 초점을 두는 것으로 도시의 중심부에 이 모델이 적용된다. 특히 지역사회나 학교가 격렬한 변화를 경험할 때 사용된다. 목적은 불이익의 학생을 위한 학교 프로그램을 발전시키기 위해 학교를 이해하고 지원하는 지역사회의 개발에 있다. 물론 이 때의 지역사회의 위치는 최소한 학교자체와 동등한 수준에 있게 된다.

이 모델은 학교변화모델이 학생문제의 주요인을 지나치게 학교자체에만 초점을 두고 있는 반면, 학생문제해결을 위한 자원으로서 지역사회에 대한 지나친 기대를 반영하고 있다는 제한점이 있다.

4 학교 상호작용모델

학교 상호작용모델은 대화를 통하여 사람과 집단행동의 상호 영향에 중점을 두고 있는 모델이다. 이 모델을 사용하는 사회사업가를 위한 주요한 활동은 자아실현을 위하여 상호 간의 욕구를 통하여 개개인의 욕구를 조정 · 해결하는 것이다.

이 모델은 학교환경-변화모델과 지역사회 학교모델의 문제점을 보완하여 통합적으로 접근하고자 한 것이다.

5 학교-학생-지역사회 관계모델

이 모델은 인간행동의 발달과 수정에 대한 사회적 변인들의 역할을 강조한 사회학습이론의 원칙들에 근거하고 있다. 즉, 이 이론은 어린 시절로부터 성숙기까지의 연속적인 사회학습에 강조점을 두며, 가정-학교-지역사회에서 아동, 청소년기에 얻는 학습경험이 인생후기의 행동양상을 결정하는데 중요한 역할을 한다는 점을 강조한다. 또한 체계이론과 그와 관련된 이론들(조직개발, 상황이론, 역할과 체계문제의 분류화)에 기초하고 있다.

문제에 대한 관점은 학생의 인성 및 특성이 학교와 지역사회의 관습과 결함에 의해 부정적으로 강화되고, 갈등을 일으키는 관계망 속에 문제 상황이 존재한다고 본다. 문제 상황은 유사한 상황에 처한 학생집단을 포함하는데, 학생집단 성원의 사회적 행동이 학교와 지역사회의 상황과 역기능적인 상호작용을 하는 것이다.

이 모델의 목적은 표적학생집단이 갖는 스트레스를 완화시킬 수 있도록 학교-지역사회-학생 관계체계에 변화를 가져와 학생집단이 학습기회를 더 효과적으로 활용할 수 있도록 원조하는 것이다(정일봉, 2006).

6 학교연계 통합서비스모델(school-linked integrated services)

이 모델은 1980년대 미국에서 시작된 교육개혁운동의 일환으로 도입되었으며, 학생들에 대한 통합적이며 효과적인 서비스 전달체계로 관심을 끌고 있다. 이 모델은 또한 학교중심모델(school- based services)이라고도 불리는데, 학생들이 갖고 있는 다양하고 복잡한 교육적 · 사회적 · 심리적 문제들을 효과적으로 해결하고 이들의 욕구를 충족시키기 위해서는 개별적이고 단편적인 서비스 대신에 보건, 정신보건, 사회적 서비스 모두를 포함하는 통합적인 서비스의 제공이 필요하며, 이를 제공하는 장으로서 학교가 중요하다는 점을 강조한다.

(2) 학교사회사업의 실천과정

학교사회사업의 실천과정을 구체적으로 살펴보면 다음과 같다.

1 의뢰단계

의뢰단계는 학생 자신이 문제나 욕구를 가지고 직접 의뢰하거나, 교사 및 학부모가 문제를 인식하고 의뢰하는 경우, 혹은 학교사회복지사가 대상자를 직접 찾아내기도 한다.

[2] 사정단계

사정단계에서는 생태학적 관점에서 학생 욕구 및 환경과의 상호작용과 연관된 욕구를 확인한 후, 자료를 수집 · 분석하고, 다른 전문가들과의 팀 회합을 통한 지원망을 구축한다.

[3] 개입단계

개입은 이전 단계에서 수립된 개입전략을 토대로 대상자에게 실질적으로 개입하는 단계이다. 여기서는 개별 및 집단 사회사업, 가정방문, 학생 · 학부모 · 교사교육, 교사 · 가족과의 지속적인 협의가 이루어져야 하며, 문제의 특성에 따라 대상자를 타 기관에 의뢰하기도 한다. 또한 팀 구성원들과 계속적인 사례회의와 연구모임이 이루어지는 단계이다.

[4] 종결 및 평가 단계

이 단계에서는 문제가 해결되었거나 담당교사와 본인의 협의가 있었을 때 종결하게 된다. 따라서 사례평가, 프로그램 평가, 운영평가 등이 이루어지며, 평가활용방안도 논의된다.

[5] 사후지도 단계

이 단계는 마지막으로 사후 지도계획과 관리를 실행하는 단계이다.

그러므로 위의 모든 과정이 끝난 후에 새로운 문제가 발생하면 다시 처음으로 돌아가 시작되며 학교사회복지의 실천과정은 계속적인 순환과정을 거치게 되는 것이다.

5) 학교사회사업가의 역할

학교사회사업가의 역할은 크게 전문적인 임상사회사업가의 역할, 교육적 카운슬링의 제공, 가정-학교-지역사회 연계자, 지역사회 자원활용, 정책입안의 다섯가지로 구분할 수 있으며 이들 중 전문적인 임상사회사업가의 역할이 가장 중요하다고 할 수 있다.

(1) 임상사회사업가의 역할

학교사회사업가는 학생의 심리 · 정서적 문제를 예방하고 해결하는 심리치료 전문가로서, 학생의 문제를 명확히 규정하기 위해 학생, 가족, 학교제도, 지역사회의 정보를 수집하여 학생문제의 원인을 체계적으로 사정하고 이에 따른 심리치료를 제공한다.

(2) 교육적 상담가

학교사회사업가는 교직원이나 학부모들에게 학생문제의 원인과 예방방법을 교육시켜 학생문제의 예방과 해결에 도움을 준다. 예를 들어, 교사에게는 학생비행의 원인과 특징, 심리적 상태, 동료학생과의 사회화 과정 등에 관해 설명해 주며, 학부모에게는 청소년의 발달 심리적 특징과 효과적 자녀양육법을 교육시킴으로써 교사와 부모가 학생문제를 예방하거나 문제의 원인을 이해할 수 있도록 도와준다. 또한 학교사회사업가의 전문적 지식과 기술을 활용하여 교사에게는 학급경영에 관한 행동수정 치료방법을 가르쳐 주고 학생에게는 성교육, 사회성 기술, 동료상담기법 등을 교육시킬 수 있다.

(3) 학생-학교-가정-지역사회의 연계자

학교사회사업가는 학생-학교-가정-지역사회의 관계를 증진시키는 연계자로서 학교가 지역사회에 기대되는 내용과 학교의 교육목적을 주민들에게 홍보하거나, 반대로 지역사회의 욕구를 학교당국에 전달하기도 한다. 예를 들면, 학생문제를 유발시키는 지역사회의 청소년 유해환경을 개선하도록 지역주민에게 요청하거나 학교시설이나 환경을 지역주민을 위한 열린 환경으로 개방하도록 학교행정가와 협력할 수 있다. 또한 학생 자원봉사자들을 관리하고 교육시키는 역할을 통하여 학생 자원봉사활동이 지역사회의 발전과 협력에 실질적 도움을 주도록 하는 연계자의 역할을 수행한다.

(4) 지역사회의 자원 동원가

학생의 심리 · 정서적 문제는 학생 개인의 인성적 특성에 의해 발생하기도 하지만, 경제적 혹은 사회 환경적 영향이 중요한 역할을 하기도 한다. 따라서 빈곤가정이나 결손가정의 학생들을 위해서는 심리치료 외에 경제적 원조를 제공하는 사회복지 서비스도 병행하여야 한다. 예를 들어 빈곤가정이나 결손가정의 학생들을 위해서 장학금이나 무료 학교급식을 알선해 주고, 결손가정 학생을 위해서는 대리부모의 역할을 할 수 있는 자원봉사자를 연결해 주기도 한다.

(5) 정책결정 참여자

학교사회사업가는 학교 내외의 타 전문직과 협력하여 학교행정이나 교육정책이 학생을 위한 최선의 방향으로 이루어질 수 있도록 도움을 준다. 예를 들면, 학생의 능력과 적성에 적합한 교과과정을 제공하기 위해 진로상담교사와 협력하거나, 질병이나 장애가 있는 학생을 위해서 보건교사나 특수교사와 협조하여 학생의 수준과 특징에 적합한 교육환경을 제공할 수 있도록 역할을 다한다. 또한 학교 내의 타 전문직과 상호 협력하는 타 전문가 간 접근을 통하여 학생에게는 최적의 교육환경을 제공하고, 학교는 교육의 본질적인 목적을 달성할 수 있도록 도울 수 있다(한인영 외, 2004).

(6) 프로그램 개발 및 제공자

프로그램 개발 및 제공자 역할은 개인 또는 지역사회집단과 협력관계를 구축하고 이를 통한 새로운 학교 프로그램 개발을 돕는 역할, 교육적 목적과 사명에 부합하는 사회복지 프로그램을 개발 · 운영 · 평가하는 역할, 방과후 다양한 프로그램을 운영하고 이 프로그램에 자원봉사자를 연계 · 교육 · 관리하는 역할, 프로그램과 관련하여 공통적 양식을 작성하여 과정과 평가에 대한 자료를 보전하는 역할, 학생들의 문화적 욕구충족을 위해 외부자원 개발 및 의뢰, 활용을 이루어 다양한 문화프로그램을 실시하는 역할 등이 이 영역에 해당된다.

(7) 사례건수 관리자

학생의 기록을 검토하며 적절한 정보에 대해 메모하고 모든 서비스의 계획, 운영, 평가와 관련하여 정확한 자료를 보전하는 역할, 학생, 부모, 교사, 지역사회 전문가와 사례관리에 관련된 약속을 하고 정기적인 사례회의를 실시하는 역할, 사회복지 서비스에 대해 기록, 활동을 위한 날짜를 정하고, 서비스에 대한 보고서를 작성하는 역할로 구성되었다.

(8) 학교사회복지의 전문성 향상을 위한 역할

사회복지 전공 실습생들의 교육 및 슈퍼비전 제공자 역할, 학교사회사업실천가 협회와 한국학교사회복지학회 및 각종 사회복지 및 청소년 관련 연수 참여, 미래의 학교사회사업 실천전문가를 목표로 하는 사회복지 전공 대학생들을 대상으로 학교사회복지 관련 교육을 실시하는 역할이 있다(김달님, 2001).

이 외에도 전재일 외(1977)는 학교사회사업가의 전문적 역할에 대해 조성자, 자문가, 공조자, 교육자, 중재자, 옹호자, 관리자, 중개자 등으로 구분하였으며, 코스틴(Costin)은 다음의 아홉 가지로 구분하였다.

- 학생과 그의 부모에 대한 개별 사회사업서비스를 제공하는 역할
- 사례관리와 관련된 역할
- 학교사회사업에 대해 설명하는 역할
- 정서적 문제들을 가진 학생들에 대한 임상적 치료
- 가족과 지역사회기관을 연결해 주는 역할
- 교사에게 학생을 이해하도록 설명하는 역할
- 학생과 부모에 대한 교육상담
- 지도력과 정책결정
- 교사에 대한 개별적인 서비스를 제공하는 역할

6) 학교사회사업의 문제점 및 과제

우리나라의 학교사회사업의 문제점과 과제를 살펴보면 다음과 같이 요약할 수 있다.

(1) 학교사회사업의 재개념화와 홍보정책의 활성화

우리나라 학교사회사업의 개념은 그 동안 사회복지, 교육복지, 사회사업 등 다양한 용어가 쓰이고 있으며, 그 의미 또한 불명확하여 제대로 잘 알고 쓰는 사람이 별로 없는 것이 현실이다. 따라서 우선 학교사회사업에 대한 재개념화를 함으로써 학교사회사업의 기초를 보다 단단하게 다지고, 더욱 명확한 사업목적을 가지고 일반인들에게 인식을 시킴으로써 다양하고 활발한 홍보정책을 펼쳐 이들의 관심과 지지를 바탕으로 한다면 보다 효율적으로 발전해 나갈 것이다.

(2) 행정기관의 명확성과 통합

우리나라 학교사회사업은 그 행정체계가 교육과학기술부, 보건복지부, 민간단체, 사회복지 공동모금회 등 다양하게 이루어져 있는 실정이다. 이러한 행정체계의 분리는 계획과 조직이 분리되고 그에 따른 예산도 중복됨으로써 낭비되기 쉽다. 또한 분리된 계획과 조직을 바탕으로 시행된 사업은 관리, 조정, 통제하기 위해 여러 부서의 손이 가야 하고 평가를 통해 개선하는 데도 한 곳이 아닌 여러 곳에서 힘을 기울여야 된다.

따라서 행정기관의 명확성과 통합이 이루어진다면 학생들에게 보다 체계적인 서비스가 이루어질 것으로 여겨진다.

(3) 제도적 장치의 확충

우리나라 학교사회복지는 10년이라는 세월을 거쳐 점증적인 발전을 거듭해 왔지만 아직 제도적인 장치가 확립되어 있지 못한 실정이다. 즉, 제도화란 학교사회복지의 개념과 목적, 그리고 대상자 및 서비스 내용 등이 포함되어야 하며, 업무를 수행할 전문적인 인력과 방법에 대한 규정이 포함되어야 하는 것이다.

따라서 학교사회복지에 대한 재개념화를 통해 학교사회사업의 범위를 확실히 하고 행정기관의 명료화로 제도적 장치를 명확히 할 수 있는 법적 근거를 마련해야 할 것이다(이화진, 2008).

(4) 전문인력의 양성

우리나라 학교사회사업에 종사하고 있는 교사들은 학교사회복지사 및 사회복지사, 학교 방과후 교사 또는 자원봉사자 및 시간강사인 경우가 대부분이며, 담당하고 있는 학생 수에 비해 훨씬 전문 인력이 부족한 실정이다.

따라서 이를 위해서는 학교사회복지사의 양성체계 확립과 직무기술의 개발, 프로그램 개발이 이루어져야 한다. 우선 양성체계 확립을 위해서는 학교사회복지사로서 필요한 가치, 지식, 기술의 습득을 위해 필요한 최적의 교과과정이 마련되어야 할 것이다. 아울러 사회복지사 교육과정에서 필수적인 실습교육의 내실화를 위해 충분한 실습교육 장소의 확보와 함께 전문적인 지도 · 감독이 제공될 수 있는 방안이 모색되어야 한다. 또한 표준화된 구체적인 직무 기술의 개발 작업은 학교 연계 서비스를 통해 학교 사회복지사가 배치되었을 경우, 무엇보다도 선행되어야 할 부분이다.

(5) 개별상담과 인성프로그램 등 대응 프로그램 개발

학교사회사업의 프로그램을 실시함에 있어서 기존의 프로그램을 그대로 도입할 것이 아니라 대상학교의 특성이나 학생들의 복지욕구와 청소년들의 환경체계 등의 이해를 통해 학교사회사업 요인들에 대한 철저한 사전 조사가 먼저 선행되어야 한다. 또한 학생들이 공부 외에 학교생활이나 교우관계, 사회생활에 관심을 갖도록 하는 사회성 훈련이나 인성 향상을 위한 프로그램을 제공하는 데 역할의 초점을 맞출 필요가 있다.

(6) 우리나라 실정에 맞는 학교사회복지 실천 모델과 이론 개발

학교사회복지제도는 미국에서 발전된 제도로써 이미 그 효과성은 선진국의 경험에서 확인되었다. 그러나 이러한 선진국의 모델을 그대로 도입하여 사용하는 것보다는 우리 사회 환경의 여러 여건을 고려하여 한국적 모델이 개발되어야 한다. 또한 적절한 이론의 개발을 통해 다른 실천 영역 및 사회복지의 전문성과 차별성을 확보하기 위해 필수적인 것이며, 이론의 개발을 통해 학교사회복지의 기술과 방법을 발전시키게 될 것이다(최미현, 2006).

생각해보기

1. 아동상담의 기본원리에 대해 기술하시오.

2. 상담자의 역할과 자질에는 어떤 것들이 있는지 논의해 보시오.

3. Alderson의 학교사회복지 모델 4가지 유형에 대해 비교해 보시오.

4. 학교사회사업가의 역할에 대해 논하시오.

5. 우리나라 학교사회사업의 문제점과 대안책에 대해 알아보고 자신의 생각을 말해 보시오.

다문화가족과 아동복지

13
Chapter

1. 아동과 다문화가족
2. 출신국가별 문화적 특성
3. 다문화가족 복지의 문제점 및 과제

최근 우리나라는 세계화 및 지구촌화로 인해 국가간 인적 교류가 확대되면서 국제결혼이 급증함에 따라 다문화가족이 증가추세에 있다. 지구가 하나의 공동체로 묶여지면서 자본과 상품뿐만 아니라 사람도 국경을 넘어 활발하게 이동하고 있는 것은 어찌할 수 없는 현실이다.

특히 농촌총각들의 국제결혼은 어느 새 우리사회에 자연스러운 현상이 되어 버렸으며, 우리나라도 세계화의 추세에 발맞추어 다양한 인종과 문화를 이해하고 받아들여야 할 시점이다. 우리나라에 들어와 살고 있는 다문화가족의 외국인들에게 우리 문화만 강조할게 아니라 우리도 그들의 문화를 이해하고 잘 어우러져 살 수 있는 기초적인 방안들이 수립될 수 있도록 도와야 할 것이다.

따라서 이 장에서는 다문화가족에 대한 이해와 한국의 다문화가족 실태, 출신국가별 문화적 특성, 다문화가족의 문제점과 정책과제에 대해 알아보고자 한다.

1. 아동과 다문화가족

오늘날의 세계화 및 지식정보화는 서구중심의 단일 지배문화를 넘어, 세계의 다양한 문화가 역사의 전면에 등장하는 계기를 만들어 주었으며, 근대주의를 넘어선 포스트모더니즘은 그 자체가 주관성과 문화의 다양성을 생명으로 하고 있기 때문에 다문화가 보편문화가 되고 있다. 따라서 다문화는 미래사회의 문화가 아니라 이미 오늘 우리가 살고 있는 문화이며, 이러한 문화의 변화에 따라 '다문화가족'은 특정한 의식이나 가치의 선택이 아니라 필수적인 가족형태가 되고 있다(김성재, 2007).

본 절에서는 다문화에 대한 정의 및 다문화가족에 대한 개념과 다문화가족 형성배경에 대해 알아보고자 한다.

1) 다문화의 정의

'다문화'라는 것은 하나의 사회 안에 각기 다른 집단들이 형성해 낸 문화가 같이 있는 상태를 말한다. 문화라는 것은 단순히 하나의 개념이라기보다는 인간이 생활하는데 영향을 주는 언어, 신념, 가치관, 종교 등의 생활양식이라고 할 수 있다.

결국 다문화란 세계가 개방화되고 있는 현 시점에서 보면 하나의 사회 안에 있는 서로 다른 생활양식이자 당연한 흐름이라고 볼 수 있다. 즉, '세계화의 다양성'은 인류학에서 알려진 개념으로서, 여러 가지 문화가 존재한다는 의미를 넘어 다양한 사회적 맥락에 따라 여러 가지 다른 뜻으로 사용되고 있다(Carducci, 2006).

'다문화주의(multiculturalism)'는 포스터모더니즘에 대한 관심과 같이 부상된 개념으로 민주주의 확산과 다양한 인종의 정체성이 복잡하게 얽혀 있는 국가에서 국민 통합의 이념으로써 사용된다.

오늘날 이 다문화주의는 국가, 인종, 민족 등의 거시적인 차원에만 국한되지 않고 사회 내의 소외계층이나 소수인종, 세대 간의 갈등과 성역할의 차이 등과 같은 미시적인 문제를 포함하는 매우 광범위한 주제이기 때문에 하나의 의미로 정의를 내리기는 불가능하다(이용승, 2004).

'다문화주의'는 주류사회의 전통이나 관습 또는 문화에 기반을 둔 다수집단의 정체성과 이에 포함되지 않은 다른 소수집단의 정체성간의 평화스런 공존을 추구하는 것이라 할 수 있다. 따라서 진정한' 다문화주의'에서는 포용이 중요성을 띠게 되는데, 이는 지금까지 지속된 특정문화의 지배를 종결짓고, 소외당하거나 주변에 있던 다른 소수집단의 정체성을 존중하고 그들의 고유문화가 독자적으로 차지할 수 있는 시·공간을 인정하고 수용하는 것이다(강휘원, 2006).

2) 다문화가족의 개념

'다문화가족'이란 용어는 건강가족시민연대가 2003년 '국제결혼', '혼혈아' 등의 차별적 용어를 추방하고 그 대신 '다문화가족'이나 '다문화가족 2세'로 부르자고 제안하면서 큰 호응을 얻어(한겨레신문, 2003년 12월), 2004년 4월 '우리와 다른 민족, 문화적 배경을 가진 사람들로 구성된 가족'이라는 개념으로 일반화되기 시작하였다.

2008년 3월 제정된 다문화가족지원법에 의하면 다문화가족이란 결혼이민자와 한국에서 출생한 한국민으로 이루어진 가정을 의미하고 있으나, 최근 관심의 대상이 되고 있는 다문화가족의 범주는 국제결혼에 따른 이주여성 및 외국인 노동자의 유입, 탈북자 출신의 새터민의 증가 등 한국사회 내에 대한민국이 아닌 다른 문화권으로 이루어진 가족을 의미한다고 할 수 있으며, 이 개념을 범주화하여 살펴보면 크게 다음과 같이 세 집단으로 나누어 볼 수 있다(서혁, 2007).

(1) 국제결혼 가족

- 한국남성과 외국여성과의 결혼으로 이루어진 가족
- 한국여성과 외국남성의 결혼으로 이루어진 가족

(2) 외국인 근로자 가족

- 외국인 근로자인 남성과 외국인 여성이 한국에서 결혼하여 이루어진 가족
- 외국인 근로자인 남성과 여성이 그들의 자국에서 결혼한 후 이주한 가족
- 외국인 근로자로서 결혼하지 않고 단독 또는 동료와 함께 생활하는 가족

(3) 새터민 가족

- 탈북자 출신의 남성과 여성의 결혼으로 이루어진 가족이 한국에 입국한 경우
- 탈북자 출신의 남성 또는 여성이 한국에 입국 후 한국의 여성 또는 남성과 결혼하여 이루어진 가족
- 탈북자 출신으로서 결혼하지 않고 단독 또는 동료와 함께 생활하는 가족

3) 다문화가족의 형성

(1) 국제결혼

1990년대 이전까지는 한국사회에서 국제결혼이란 매우 드문 현상이었으며, 국제결혼이란 주로 여성의 문제로 여겨졌었다. 그러나 이후 한국에서는 남성들이 아시아 여러 나라 또는 구소련 출신의 여성과 결혼하여 한국에 사는 현상이 증가하였으며, 여성보다는 남성이 국제결혼을 많이 하고 있다(보건복지부, 2005).

여성이 국제결혼을 통해 다른 나라로 이주하는 현상은 그의 개인적 선택의 문제로 보이지만 그 배후에는 전 지구적 자본주의 체계, 송출국과 유입국 사회와 정부, 국제결혼 중개업체 등 다양한 사회적 요인이 작용하고 있다. 즉 ① 자본주의 사회체계에서 나라간의 불균등 발전과 여성의 상품화, ② 가난과 실업이 만연한 송출국 사회와 자국인의 여성 송출을 장려 또는 방관하는 정부정책 및 가부장제적 문화, ③ 신부 부족을 해결하기 위해 외국에서 여성을 충원하려는 유입국 사회와 그것을 조장하는 정부정책, ④ 국제결혼을 성사시킴으로써 영리를 추구하는 국제결혼 중개업체 등을 국제결혼 이주가 증가한 원인으로 파악하고 있다.

특히 단일민족이라는 정체성을 고집스럽게 유지해 왔음에도 불구하고 국제결혼이 증가하고 있는 한국의 사회적 배경을 살펴보면 다음과 같다.

첫째, 편중된 성비례로 결혼하지 못하는 남성의 수요가 급증하고 있다.

둘째, 결혼하지 않고 혼자 사는 여성이 증가하고 있다.

셋째, 한국 여성의 결혼 조건을 충족시키지 못하는 남성이 저개발국가의 여성을 선택하는 경우가 증가하고 있다. 여기에는 농촌에서 살기를 꺼려하는 한국 여성의 가치관이 작용한다.

넷째, 정보화, 세계화에 따라 국제결혼에 대한 인식과 가치관이 바뀌고 있다.

다섯째, 저임금 외국인 노동자의 고용정책으로 외국인의 한국으로의 이주가 많아졌고, 주변국 여성이 결혼을 통한 한국 이주를 빈곤에서의 탈출로 생각한다.

여섯째, 국제결혼 중매업체들의 적극적인 상술과 노총각 구제차원의 국제결혼을 독려하는 사회적 분위기가 맞물려 국제결혼의 증가배경이 되고 있다(김혜경 외, 2006).

(2) 외국인 노동자

현재 세계는 하나의 경제공동체로 통합되면서 자본과 상품뿐만 아니라 사람까지 국경을 넘어 오가는 국제화 시대이다. 특히 지구촌화로 인한 국가 간의 자본과 노동의 이주가 자유로와지면서 노동력의 세계적 이동은 더욱 가속화되어 가고 있다. 특히 경제발전의 불균형으로 인해 발생되는 노동력의 이동은 경제력이 낙후된 지역에서 일자리가 풍부한 지역으로 유입되는 현상이 보편적이며, 이는 자연스럽게 국가 간 자본주의 체제와 맞물려 경제적으로 낙후된 제 3 세계의 노동자들이 경제적 위상이 높은 한국으로의 이주현상이 두드러졌다.

한국의 현행 외국 인력제도는 전문 인력취업제도, 고용허가제도, 산업연수제도의 세 가지로 요약할 수 있다. 즉, 전문직에 종사하는 외국인 노동자는 출입국법에 의거하여 교수, 회화지도, 연구, 전문 직업, 예술흥행, 특정 활동 중 하나의 체류자격을 부여받아 국내에 취업하고 있는 사람들을 말한다.

우리나라의 외국인 노동자는 1980년 후반 건설 경기의 호황에 힘입어 제조업 등 많은 생산직이 필요했을 때 국내 노동자로는 충당할 수 없게 되면서 국내로 취업사증이 없는 외국인 노동자가 유입되기 시작하였다. 특히, 우리나라는 1986년 아시안게임과 1988년 서울 올림픽 이후로 세계에 알려지면서 외국 인력을 수입하는 나라로 급부상하게 되었다(설동훈, 1999).

2006년도 말 국내 체류 산업인력은 2005년 34만 6천명에 비하여 4만 8천명이 증가한 39만 4천명으로 경제활동인구 2,413만 7천명의 1.63%에 해당된다. 2005년 말 주민등록상 합법적인 체류 외국인 수는 46만 9천명이며, 이는 우리나라 전체 인구의 0.96%에 해당된다. 그러나 불법체류자, 외국인 자녀까지 그 수가 지속적으로 증가하여 2007년 말 현재 국내 외국인 체류자는 100만 명을 넘어서고 있다.

우리나라의 경우, 외국인의 증가 추이는 세계에서 유래가 없을 정도로 급속히 진행되고 있으며, 저출산, 고령화 사회현상과 WTO 협상 진전, FTA 체결 등으로 인하여 더욱 가속화될 것으로 예상된다(강명득, 2006).

(3) 새터민

새터민이란 '북한 이탈주민'을 말하며 흔히 '탈북자'라는 말과 혼용되어 사용되고 있다. 관련법인 북한 이탈주민의 보호 및 정착 지원에 관한 법령에 의하면 이들은 북한에 주소나 직계가족, 배우자, 직장 등을 두고 있는 자로서 북한을 벗어난 후 외국의 국적을 취득하지 아니한 자를 말한다(동법령, 제2조 1항).

통일부는 2005년 1월 10일부터 탈북자라는 용어 대신 '새터민'이라는 용어를 사용하기로 했으며 이는 '새로운 터전에서 삶의 희망을 갖고 사는 사람'으로 정의된다.

1990년대 이후 계속된 북한의 경제난 등으로 생존에 위협을 받게 된 북한 주민들은 북한체제로부터 벗어나 중국과 아시아 및 제 3국행을 택하였으며 그 중 일부는 새터민으로 한국에 정착하게 되었다.

새터민의 국내입국 규모는 1990년대 초반 매년 10명 내외에 불과하던 것이 1994년 이후 급격하게 증가하여 1999년 이후 꾸준히 증가해 오다가 2002년부터는 매년 1천명, 2006년에는 2천명을 초과하였다.

통일부 자료에 의하면 2005년 12월 31일 현재 국내 거주 새터민은 총 7,687명으로 집계되고 있으며, 2007년도에는 새터민의 입국자수가 1만명을 넘어섰다. 특히 입국인원 중 여성의 비율은 1995년 이전에는 7.6%에 불과했으나, 2005년에는 69.4%로 급증하여 남성 입국인원 비율을 크게 상회하고 있다. 이와 같이 여성 새터민의 비율이 높은 것은 남성에 비해 여성이 상대적으로 중국에서 체류, 은신하기가 용이하기 때문이다. 또한 과거 단독 입국자가 많았던 것과는 달리 최근에는 가족 단위 입국자의 수가 증가하고 있으며, 이는 노인층과 여성, 청소년, 유아 새터민의 증가를 가져와 새터민의 적응에 새로운 전환기를 맞고 있다(이종성, 2006).

4) 한국의 다문화가족 실태

(1) 다문화가족의 증가

요즘 우리 한국사회에서 다문화가족이란 용어가 어색하지 않을 만큼 어느 새 익숙해져 있고 주변에서도 쉽게 찾아볼 수 있게 되었다. 행정안전부 통계에 따르면 2009년 5월 현재 외국인 주민은 총 1,106,884명으로 우리나라 전체 인구의 4백9십만 명의 2.2%에 해당하며, 2008년 891,341명 대비 24,2% 증가하였다. 이 중 국제결혼으로 인한 결혼이민자가 상당수를 차지한다.

특히 2009년 국제결혼은 총 33천 건으로 전체 혼인건수 309천 건의 10.8%를 차지하며, 2004년 이후 줄곧 10% 이상의 비율을 유지하고 있는 것으로 나타난다. 외국인 주민실태조사에 따르면 2009년 다문화가족의 자녀는 103,484명으로 2008년도 58천명에 비해 45,470명이 대폭 증가한 것으로 나타난다. 한국보건사회연구원에 따르면 현재 다문화가족의 증가 추세가 지속될 경우 2050년 결혼이민자와 자녀를 포함한 다문화가족의 인구는 226만명으로 총인구의 5%를 상회할 것으로 전망하고 있다(김태석, 다문화가족의 증가와 정책과제, 2010). 또한 결혼이만자 중 큰 비중을 차지하고 있는 여성 결혼이민자의 출신국이 2000년대 초반에는 중국여성이 약 70%를 차지하였으나 최근에는 감소하고 있는 추세임에 반해 베트남, 필리핀, 일본 등은 증가하는 경향이다. 다문화가족과 관련된 법은 「결혼 중개업의 관리에 관한 법률」, 「다문화가족지원법」, 「재한외국인처우기본법」, 「국적법」, 「출입국관리법」 등이 제정되어 시행되고 있다. 그런데 최근 이들의 실효성 확보, 다문화가족 범위와 기본적인 이념 등에 문제점이 드러나고 있으며, 결혼이민자의 생활보장과 인권옹호에 대한 법적 근거가 부재하다는 지적도 있다. 특히, 다문화가족을 위한 정책은 결혼이민자의 체류불안 대책, 생활안정대책, 사회통합대책, 사회참여촉진정책이 수행되고 있으나 부처별로 정책이 중복되어 효율성이 떨어지고 결혼이민자의 개인 특성이 고려되지 않으며, 다문화가족 자녀 및 배우자 등 가족 전체를 대상으로 한 정책이 부족하고 보건 · 복지 · 가족영역 간 연계가 미흡하여 정책의 효과성이 떨어지고 있다는 비판을 받고 있다. 이와 같이 다문화가족을 위한 사회안전망이 구축되지 않은 상황에서 다문화가족의 증가는 사회적 취약계층을 생산하고 가족해체를 가속화시켜 우리 사회의 통합을 저해하는 시급한 사회문제로 대두되고 있다((김승권, 한국다문화가족의 사회경제적 특성과 정책적 함의, 2010).

(2) 다문화가족의 사회적 특성

다문화가족 여성들의 사회적 특성으로 출신국가, 입국시기 및 목적, 거주지역 등을 살펴보면 다음과 같다(김승권, 한국다문화가족의 사회경제적 특성과 정책적 함의, 2010).

1 출신국가

다문화가족의 결혼이민자의 출신국은 표 13-1 에서와 같이 중국 조선족이 30.4%로 가장 많고, 다음은 중국 한족 등 소수민족 출신 27.3%, 베트남 19.5%, 이들 외의 국가로는 10% 미만의 소수였는데, 필리핀, 일본, 캄보디아, 몽골, 태국 등이 있었다. 결혼이민자의 약 90%를 차지하는 여성들의 출신국은 결혼이민자 전체의 출신국가와 유사한 양상을 보였는데, 조선족, 중국, 한족 등 소수민족, 베트남 출신이 전체 여성 결혼이민자의 78.7%나 되었다.

표 13-1 결혼이민자의 출신국 출신국

(단위 : %, 명)

구 분	전체 결혼이민자	여성 결혼이민자	남성 결혼이민자
중국(조선족)	30.4	30.0	34.2
중국(한족 등)	27.3	27.4	25.8
베트남	19.5	21.3	*
필리핀	6.6	7.2	*
몽골	1.4	1.5	*
태국	1.3	1.4	*
캄보디아	2.0	2.2	*
일본	4.1	4.2	3.9
북미 · 호주 · 서유럽	1.8	0.5	16.2
기타	5.5	4.4	19.9
전체	100.0(131,702)	100.0(120,146)	100.0(11,556)

주 : *은 기타에 포함됨.
자료 : '2009년 전국 다문화가족 실태조사' 자료 분석.

2 입국시기 및 목적

결혼이민자는 대부분 2000년대에 들어와 입국한 것으로 나타났다. 즉 1990년대 이전에 입국한 결혼이민자는 약 1%에 불과하였고, 1990년대 입국한 경우는 18%이며, 약 81%가 2000년대에 입국하였다. 특히 전체 결혼이민자의 약 54%가 2005년 이후에 입국한 것으로 나타나 최근 수년 동안 국제결혼이 많이 이루어졌음을 엿볼 수 있다. 결혼이민자의 입국 목적은 결혼, 취업, 친척방문, 사업 및 업무, 유학 등의 순으로 나타났다. 즉, 결혼을 목적으로 한 입국이 79.2%로 가장 많았으며, 다음은 취업을 목적으로 한 입국 7.3%, 친척방문차 입국 4.0%, 그리고 사업과 업무차 입국 3.5% 등이었다.

3 거주지역

결혼이민자는 동지역에 72.1%, 읍 · 면지역에 27.9%가 거주하고 있었다. 동지역 거주비율은 남성 결혼이민자(90.3%)가 여성 결혼이민자(70.3%)보다 상대적으로 높아 여성 결혼이민자가 남성 결혼이민자보다 상대적으로 농촌지역 배우자와 많이 결혼하고 있음을 알 수 있다. 이는 한국 농촌 총각의 국제결혼이 많이 이루어졌기 때문으로 풀이된다.

(3) 다문화가족의 가구소득 및 취업실태

1 가구소득

2006년 여성가족부 조사결과에 의하면 다문화가족의 월평균 가구소득은 100~200만원 미만이 49.6%로 가장 많았으며, 다음으로 200~300만원 미만으로 23.7%, 저소득층인 100만원 미만이 15.6%, 300만원 이상은 11.0%에 불과하였다. 또한 한국복지패널(2009)에 의하면 전체 일반 한국가구의 월평균 가구소득은 332만 2천원으로 나타난 것과 비교하면 다문화가족의 가구소득은 전반적으로 낮은 것을 알 수 있다.

출신국별 월평균 가구소득을 살펴보면 필리핀, 중국 조선족, 캄보디아 등 동남아 지역출신의 결혼이민자가 저소득층이 많았고, 북미, 호주, 서유럽 등 선진국 출신의 결혼이민자는 고소득층이 많았다(김승권, 한국다문화가족의 사회경제적 특성과 정책적 함의, 2010).

2 취업실태

결혼이민자의 취업실태를 살펴보면 결혼이민자 중 약 40%가 취업을 하고 있는데 성별로 구분하면 여성은 37%, 남성은 74%에 달한다. 여성의 취업률은 낮은 반면 남성의 취업률은 그 두 배 이상 높아 남녀의 취업패턴이 매우 상이함을 나타내고 있다. 직종을 보면 이민자 직종은 최상층과 최하층으로 양극화되어 나타난다. 성별로 전문 종사자 비율을 살펴보면 남성이 여성보다 그 비율이 훨씬 높다. 전문직종은 남성 결혼이민자의 대다수가 선진국출신이라는 점을 고려하면 그들의 노동시장은 출신국과도 관련이 있음을 알 수 있다.

취업 중인 결혼이민자는 주당 평균 43.21시간 일하고, 월평균 108.92만원의 수입이 있다. 이들 대다수가 저숙련직에 종사하므로 장시간 근로, 저임금을 받는 사람의 비율이 높다.

취업 중인 결혼이민자가 일하면서 느끼는 어려움은 '언어소통의 어려움'(21.6%), '외국출신에 대한 편견과 차별'(12.0%), '고된 일'(10.9%), '낮은 임금'(10.2%), '자녀양육'(8.3%), '집안일과 병행하기 어려움'(4.5%) 순이다. 성별로는 여성이 남성보다 언어소통의 어려움과 자녀양육 및 집안일과 병행하기 어려움을 더 많이 지적한다.

또한 미취업 결혼이민자가 현재 일하지 않는 이유는 '자녀양육 때문에'(49.1%), '한국말이 서툴러서'(13.0%), '적성에 맞는 일자리를 찾지 못해서'(9.6%), '집안일을 돌볼 사람이 없어서'(6.4%) 순으로 나타났다. 성별로 보면 여성은 '자녀양육 때문에'를 가장 많이 지적하였고(50.7%), 남성은 '적성에 맞는 일자리를 찾지 못해서'를 가장 많이 지적하였다(20.1%), 남성은 거의 대부분 취업하고 있음을 고려하면 여성들이 취업하지 못하는 그 핵심적인 원인이 자녀양육에 있음을 알 수 있다

마지막으로 미취업 결혼이민자들이 취업을 위해 필요로 하는 도움은 '일자리 알선'(30.1%), '자녀보육과 양육지원'(22.5%), '한국어교육'(18.3%), '직업교육'(13.9%) '배우자나 가족의 이해와 지원'(6.3%) 순이다. 여성은 '일자리 알선'(29.6%), '자녀보육과 양육지원'(22.9%), '한국어교육'(18.4%)을 절실히 원하고 있고, 남성은 '일자리 알선'(46.4%), '한국어교육'(13.3%)을 원하고 있다. 출신국가별로 보면 조선족은 '한국어교육'에 대한 수요는 거의 없고 '일자리 알선'에 대한 수요가 많았다. 또한 연령이 많을수록 자녀양육에 대한 부담이 줄어들기 때문에 자녀보육과 양육지원보다는 '일자리 알선'에 대한 수요가 많아진다. 이는 성/출신국/연령 등에 따른 결혼이민자의 세부 집단에 따라 취업에 대한 장애물이 다르게 존재함을 뜻하고 당연히 그들에 대한 지원정책도 그러한 요소를 고려하여 다원화정책이 되어야 함을 시사한다(심인선, 결혼이민자 취업 및 직업훈련 실태와 정책과제, 2010).

2. 출신국가별 문화적 특성

다문화사회란 다양한 문화의 공존이다. 문화란 그들만의 사회, 자연환경 속에서 오랫동안 형성되어온 생활의 습관이요, 중요시 여기는 가치의 반영이기 때문에 다문화가족에 대한 이해를 높이기 위해서는 그들 본국의 문화에 대한 이해가 있어야 하고, 다문화가족의 아동복지 실천을 위해서는 무엇보다도 출신국가별 가족문화를 이해하는 것이 선행되어야 한다. 이 절에서는 다문화가족의 특성을 파악하기 위하여 이들 출신국 중 가장 많은 비율을 차지하고 있는 중국, 베트남, 필리핀, 태국, 몽골국가를 중심으로 각 국가별 특성과 가족문화에 대해 살펴보고자 한다.

1) 중국

(1) 사회 문화적 배경 및 형태

한국과 조선족의 인적 교류는 1980년대 초반부터 시작되었다. 중국 정부가 대외개방화 정책의 일환으로 조선족이 홍콩을 경유하여 한국을 방문하는 것을 허용하였다. 그러나 조선족의 이주가 본격화된 것은 1990년대 들어서였다. 한국 정부는 1992년 8월에 정식으로 중국과 수교함으로써 조선족의 입국과 사실상의 취업 문호를 개방하였다. 이러한 한국 정부의 조치는 한 · 중 간 엄청난 임금 격차, 조선족 사회의 유휴 노동력의 존재 등과 맞물려 이른바 '한국 바람'을 촉발하는 계기가 되었다. 또한 결혼을 목적으로 입국한 조선족 여성도 1990년대 이후 그 수가 급증하였다.

한국을 찾는 조선족의 수는 1990년대 들어서도 계속 증가하여, 조선족 가운데 한국에 다녀왔거나 체류 중인 비율은 10~15% 이상으로 파악된다. 예컨대, 1990년대 말경에 경상도 출신이 다수인 흑룡강성 조선족은 남한에 친척들이 많아, '해림시의 성인 중 89%는 적어도 한 번씩은 한국에 갔다 온 경험이 있을 정도였다(김광억, 1998).

중국에 거주하는 조선족의 인구는 200만명이 넘는 수준으로 중국 총인구의 약 0.2%, 중국의 소수민족 총인구의 2%를 조금 넘게 차지한다. 조선족은 중국 56개 민족 중 다수 순위에서는 14위에 이른다. 중국의 동북부 요령성, 길림성, 흑룡강성 3개성에 거주하고 있는 조선족 인구는 중국 조선족 총인구의 97%를 차지하며, 이 세 지역에 집중되어 있다(김강일 외, 2001). 중국의 조선족은 경제가 비교적 발전한 소수민족이며, 직업 구성도 다른 민족보다 합리화되어 있고, 생활수준도 대부분분 본 지역의 평균 수준을 초과한다. 특히 조선족이 가장 많이 밀집하여 사는 연변 조선족 자치주는 중국의 30개 자치주 가운데서 경제발전이 빠른 자치주에 속한다. 조선족 취업 인구는 55%에 이르는데, 이는 한족과 비슷하다. 또 조선족의 생활수준에 대한 종합 수치를 중국 각 민족 인구의 생활수준과 비교해 보면 71.2%로서 가장 높은 것(만주족 76.1%, 한족 63.4%, 장족 40.7%, 하니족 39.3%) 등으로 나타난다(김성희, 2002).

(2) 종교

하나의 대표적인 종교는 없고, 토속신앙과 조상숭배 사상에서 유교, 도교, 불교로 변해 왔고, 현재는 기독교와 천주교의 신도가 가장 많다.

(3) 결혼문화

“50년대는 영웅에게 시집가고, 60년대는 빈농에게, 70년대는 군인에게, 80년대는 학력과 결혼하고, 90년대는 히말라야 산으로 시집간다.”

이 말은 신중국 건립 이후의 50년대와 대약진과 문화혁명이 있었던 60~70년대 개혁개방이 시작된 80년대의 배우자감은 당시의 시대적 상황과 비교적 정확하게 일치하고 있으며, 90년대 비유가 말해 주는 것은 현재의 배우자감은 특정한 정형이 있다고 하기보다는 보다 높은 수입, 학력, 신분 등을 요구하고 있다는 것을 암시한다.

중국의 결혼제도에서 먼저 혼인의 실질적 성립요건(혼인요건)으로는 남녀 쌍방이 자원적인 혼인의사와 합의가 있어야 하고, 혼인적령에 있을 것을 요하며, 일부일처제 원칙에 부합되어야 한다. 다음으로 혼인의 형식적 성립요건으로는 신청과 심사, 등록의 과정을 거치는데, 신청은 당사자 쌍방이 정식으로 혼인등록기관에 혼인청구를 제기하며 일방 호적지의 혼인등록기관에 혼인신청을 하고, 혼인등록기관은 법의 규정에 따라 혼인신청을 심사하며 혼인법 규정에 부합되지 않는 경우가 발견되면 등록을 허가하지 않는다. 당사자의 혼인신청이 법의 규정에 부합되면 정식으로 등록하고 "결혼증"을 발급한다.

(4) 가족문화

현재 중국정부당국은 한 자녀만 갖겠다고 맹세하는 신혼부부에게는 돈과 토지를 주고 있으며 불임수술을 할 경우 추가로 현금을 지급한다. 두 명 이상 자녀를 낳을 경우 지역에 따라 차이는 있지만 평균적으로 10년 동안 임금의 10%를 깎는다.

개방정책의 실시로 여성이 경제적 원동력으로서 그 차지하는 비중이 점점 높아 우먼파워가 높아가고 있는 실정이다. 현재 중국은 정치, 경제, 사회적으로 매우 선진화된 모습을 보이고 있다. 중국의 각급 기관 여성간부 비율은 전체 간부 가운데 40%선에 육박한다.

경제적인 면에서도 전체 GDP 성장에 대한 여성 기여도가 40%에 달할 정도로 한국에 비해 크게 앞서 있다. 이 중 중국 조선족은 비교적 우리 민족의 풍습을 그대로 계승해 오고 있는데, 그 실례로 우리 민족의 전통대로 음력설, 정월 대보름, 추석 등 명절을 지내며 환갑 · 진갑 잔치, 혼례, 제사 등도 지켜오고 있다(임채완 외, 2001). 전통적으로 가부장 의식을 가지고 있던 조선족은 여성 해방과 남녀평등이라는 중국 전역에 걸친 변화의 물결 속에서도 꿋꿋이 전통적 가족관계를 유지해 왔으며, 조선족 여성들은 사회에서의 일과 가정 내 가사노동을 모두 수행해야 한다는 이중부담을 천직으로 받아들인 채 가정생활을 유지해 왔다(강순화, 2005).

중국의 개혁개방은 조선족 가정생활에 커다란 변화를 일으키게 되었다. 일례로 개혁개방 이후 조선족 여성의 가치관은 빠른 속도로 변화하고 있는데, 이로 인해 조선족 가정의 안정성은 상당히 위협받고 있다. 조선족 사회의 이혼율은 해마다 증가하고 있고, 애인형상이나 국제결혼도 증가하였다. 최근에는 한국에 노무 송출을 갔다 귀국한 사람들이 증가하면서 현지에 남아 있던 사람과의 가치관 차이로 인해 이혼율이 더욱 급증하고 있다. 또한 부모의 출국이나 도시 진출, 이혼 등의 이유로 부모와 자녀가 떨어져 생활하는 가정이 늘고 있는데, 부모와 떨어져 있는 기간이 장기화될수록 아이들의 교육은 방치되고 있고, 아이들의 심리적 측면의 부족감은 사회적 비행으로 연결되고 있어 조선족 문제는 사회적으로 중국 내 청소년 문제로 확대되고 있다(강순화, 2005).

2) 베트남

(1) 사회 문화적 배경 및 형태

베트남의 인구는 약 7천만명으로 남북한 인구와 비슷하다. 베트남의 인종 구성은 동남아의 다른 국가와 마찬가지로 복잡하며, 85% 이상을 차지하는 다수민족인 베트남족은 비엣족을 중심으로 타이, 인도네시아, 중국의 종족이 혼합되어 이루어졌으며, 베트남족 이외에 소수민족으로는 중국인 화교와 크메르족, 그리고 참족이 평지에 살고 있고, 내륙 산 속에는 많은 소수민족이 분포하고 있다. 베트남의 교통수단은 크게 자가용, 버스, 오토바이, 자전거, 쎄옴(오토바이 택시), 씨클로(관광용 자전거) 등이 있다. 일반 서민들은 자가용이나 버스보다 오토바이를 많이 애용한다. 씨클로는 패키지 투어로 온 관광객들이 주로 많이 타는데 시내를 돌아다니다 보면 씨클로가 무리지어 가는 모습을 심심치 않게 볼 수 있다. 씨클로를 타기 전에는 꼭 가격협상을 하고 타야 한다. 실제로 타보게 되면 아저씨가 너무 고생하는 느낌이 들어 돈을 더 주게 되는 경우도 있다.

베트남의 교육제도는 개혁정책 이전에 무상으로 실시되어 왔으나 1990년도 초반 이후 유료 교육제도가 도입되고, 사립학교도 설립되어 운영되고 있다. 베트남은 9월 학기를 시행하고 있어 개학 시기는 9월이며 6~8월 여름방학이 운영되고 있고, 1년은 2학기제이다. 베트남의 문화적 특색 중 우리가 알아주어야 할 점은 베트남인들은 9를 으뜸이자 신성한 수로 여기며, 13은 액운의 상징으로 여기고, 숫자 5는 베트남어로 위험의 뜻과 비슷하여 숫자의 합이 5가 되거나 15, 25 등 5로 끝나면 이를 기피한다. 또한 베트남인들은 짝수를 선호해 물건을 살 때도, 사진을 찍을 때도 사람 수를 짝수로 맞추기도 한다. 특히 3명이 함께 사진을 찍는 일은 기피하는 경향이 있다.

(2) 종교

일반적으로 베트남인의 종교는 조상숭배의 성격이 강한 불교라고 말한다. 그러나 엄밀한 의미에서 이들의 종교는 한 마디로 말할 수 없는 묘한 성격을 가지고 있다. 즉, 베트남 종교는 일찍이 인도와 중국에서 유입된 유교, 불교, 도교 외에 이슬람교, 기독교 등이 있다. 이러한 신앙의 융합 속에서도 어떤 갈등이나 모순을 발견하기 힘들다. 샤머니즘의 사당이 불교나 도교의 사찰과 마찰 없이 오히려 조화를 이루며 어우러져 있다. 이 외에 이슬람교, 기독교 등이 있고, 기존의 외래 종교를 혼합하거나 단순화하여 만든 민족 종교로 까이 다이교와 호아 하오교가 있다.

(3) 결혼문화

베트남에서는 보통 16세부터 27세까지가 결혼 적령기이며, 결혼의 목적은 가문과 조상숭배를 영속시키기 위한 것으로 간주된다. 그러므로 결혼은 아주 신중하게 결정되며, 다산을 권장한다.

결혼은 청혼, 약혼, 결혼식의 3단계를 거쳐 이루어지는데, 중매인을 두는 것이 일반적이다. 청혼에 앞서 양가는 사주팔자에 따른 궁합을 보고, 결혼식은 먼저 신부집 조상 위패 앞에서, 그리고 신부 부모 앞에서 각각 치러지고, 그 다음에 신랑집 조상 위패와 신랑 부모 앞에서 각각 치러진다. 베트남의 결혼은 우리나라와는 다르게 신고제가 아닌 허가제이며, 결혼을 하고 나서 정부의 승인을 받아야 결혼증명서가 발부되어 정식부부로 인정이 된다. 정부의 허가를 받기 위해서 면접 신청을 하고, 두어 달 후에 면접을 보러 오라는 통보가 오면 신부가 될 사람과 같이 간다. 면접을 보러 가기 전 각종 질병에 대한 검사(성병, 정신병 등)를 실시한다.

우리나라에 시집오는 베트남 처녀의 경우 베트남 정부의 결혼 승인을 받고 한국대사관에 비자를 발급받아서 신부가 입국하게 된다. 최근에는 고학력자 증가로 평균 연령도 조금씩 증가하고는 있으나 아직 남성은 28세, 여성은 24세가 평균 결혼 연령이다.

베트남 결혼문화의 특색으로 여성은 결혼을 해도 여성의 성이 그대로 유지되며 신랑과 신부의 나이 차에 대한 생각은 크게 없으며, 유교의 영향으로 장손을 중요시하고 재산도 아들에게 상속하는데 최근에는 이 풍습도 달라지고 있다. 보통 중매결혼을 많이 했으나 최근에는 연애결혼이 증가하고 있다.

베트남에서는 신랑 쪽에서 거의 모든 혼수를 부담한다. 신부는 친정부모가 기념으로 해주는 반지 한 개만 가지고 신랑집으로 간다. 딸을 위해서는 일체의 재산상 지불이 없는 것이 베트남의 관행이다.

(4) 가족문화

베트남인들은 일찍부터 유입된 유교사상에 의하여 효, 예, 도덕, 의, 지, 신을 처세의 덕목으로 삼았다. 여기에 베트남은 가족 안에 개인이 무시되는 철저한 가족중심주의 사회로서 가정이 가장에 의해 움직이는 효행중심주의였다. 따라서 가족구성원은 효(孝)를 기본 이념으로 삼고, 가문의 명예를 중시하며 자신이나 부부의 의사와 이익보다 가족의 의사와 이익을 더 중시한다. 특히 베트남 사람들은 사회적 위계를 중시한다. 사회적 질서의 유지에 기여하는 사람, 현명하고 정직한 사람, 그리고 연장자를 존경한다. 그들은 자기 자신에 대하여 말할 때는 낮추어 말하고 남에 대하여 말할 때는 높여 말한다(김영우 · 한홍렬 · 김연각, 1999 : 251).

현대의 베트남 사람은 실용주의적 성향이 강하여 현실주의적이다. 특히 가족 내에서 성(性)에 대한 평등이 매우 높은 편이어서 부부가 평등하고, 여성이 직장을 다니는 것을 당연히 여기고, 남성이 집안일을 하는 것도 당연한 것으로 여긴다. 기본적으로 남성과 여성이 모두 일하고 집안일을 함께하는 구조이다. 또한 학력을 중요시하여 교육의 중요성을 강조하며, 교육 훈련에 많은 관심을 가지고 있다. 베트남 사람들은 자식을 낳는 것은 가족의 혈통을 잇고, 조상에 대한 제사를 봉양하는 것으로 생각하므로 가장 큰 불효는 무자식이라는 말이 있다. 베트남 가족도 우리와 같이 아들을 더 중요시하기 때문에 임신을 하면 누구나 아들 낳기를 빌었고, 아들을 낳을 것인가 딸을 낳을 것인가 예측하는 일이 허다했다. 중국풍속인 "男左女右"에 따라 아기가 좌측에 자리잡으면 아들을 낳고, 우측에 자리잡으면 딸을 낳는다고 믿었다.

또한 베트남은 예나 지금이나 예의를 중시했기 때문에 임신 초기부터 태교에 많은 관심을 기울였다. 아이가 태어난 후 1년이 되면 돌이 되는데, 베트남 사람들 역시 우리와 같이 돌을 아주 중히 여기고 돌잡이도 진행한다. 베트남은 어린이의 보호 및 양육에 관해서 1960년에 「가정과 결혼법」을 선포하였고, 그 후 1986년 그 법을 수정 · 보완하여 어린이의 양육 및 학습에 관한 권리를 제시하였다. 또한 1991년에는 「어린이 양육 및 보호법」을 제정하였다. 이 법에 의하면 어린이의 양육 및 교육, 그리고 보호는 가정에서 아버지와 어머니 또는 보호자가 책임을 져야 한다고 제시하였다(최명민 외, 2009). 베트남 정부는 여성 근로자의 고용을 장려하여, 일정 비율(종업원 100명 이하 업체의 50%, 종업원 100명 이상 업체의 30%) 이상의 여성 근로자를 고용한 기업에 대해 소득세 감면 등의 세제혜택을 부여하고 있으며, 이를 통해 베트남이 여성의 권리와 평등을 위해서 계속 노력하고 있음을 알 수 있다.

3) 필리핀

(1) 사회 문화적 배경 및 형태

필리핀은 100여 민족으로 구성되어 말레이계가 주종을 이루며, 중국, 인도네이산, 네그리토, 메스티조 등 여러 종족 간 혼혈이 많이 있다. 또한 스페인, 미국, 일본으로부터 식민지 지배를 받아 이들 민족과도 많은 혼혈이 있는데 특히 스페인으로부터는 330년간 통치를 받아서 이들의 영향이 아직까지 생활전반에 상당히 많이 남아 있는 상태이다. 산업화로 인한 폭넓은 취업기회는 젊은 청소년들로 하여금 그들의 부모로부터 경제적인 독립을 하게 만들었다.

(2) 종교

종교는 가톨릭(83%), 개신교(9%), 이슬람교(5%), 불교(3%) 순이며 필리핀 성공회도 존재한다. 필리핀은 동남아시아에서 유일한 로마 가톨릭이 우세한 기독교 국가이며 헌법으로는 종교의 자유를 인정하고 있다.

(3) 결혼문화

필리핀의 젊은 남녀들은 서로 결혼하겠다고 결심을 하면 곧 약혼을 한다. 약혼한 남녀는 약혼기간 동안 결혼식 준비에 필요한 사항과 미래의 가정계획을 상의한다. 이들은 대부(代父)와 대모(代母) 그리고 양가의 가족친지를 방문하여 공식적으로 인사를 함으로써 이들 커플의 결혼은 공식화된다.

필리핀 사람들의 결혼식은 신부나 목사 또는 종교적 지도자에 의해 성당에서 엄숙히 거행되며, 이러한 종교적 의식을 거치지 않은 결혼식은 사회적으로 환영받지 못한다. 설령 남녀가 눈이 맞아 도피를 하였거나 은밀하게 결혼을 하였을 경우라도 차후에 부모들이 받아 주면 다시 성당 결혼식을 엄숙하게 거행한다.

필리핀의 가족법에서 규정하고 있는 결혼의 필수요건은 다음과 같다.

- 18세 이상의 남녀로서 법적인 제약이 없는 자
- 결혼집행관 입회 하에서 쌍방의 자유로운 결혼 승낙
- 결혼집행관의 공인
- 유효한 결혼증명
- 적어도 두 명 이상의 법적 증인 앞에서 혼인서약을 한 결혼예식

(4) 가족문화

필리핀의 가족은 사회의 핵심적인 연합체이며 그 구성원이다. 필리핀의 어떤 지역에서는 결혼은 양친에 의하여 주선되며 그 자녀가 매우 어렸을 때 부모끼리 서로 서약을 한다. 결혼은 두 가정의 합의로 성사가 된다. 신부에게 지참금을 주며 신부의 부모와 서로 혈족 관계가 된다. 어떤 크리스찬 지역에서는 두 가정이 서로 제휴하여 결혼하므로 답례를 한다. 큰 도시의 부모들은 그들 자녀의 결혼과 배우자 선택에 의해 인척 관계에 큰 영향을 미치게 된다.

결혼은 필리핀 사회에서는 신성불가침의 영구적인 계약이다. 시민법 제14조에 의하여 이혼은 인정되지 않는다. 간통으로 인한 다른 배우자와 관계를 가짐에도 불구하고 결별은 허용되나 이혼은 허용되지 않는다.

가족구성원에 대한 가족 중 한 사람의 불법적 · 부도덕적 행위는 모든 가족구성원에게 불신을 가져온 행위로서 위법한 행위이다. 한 가족구성원으로서 가족을 사랑하고 가족을 보호할 책임이 있다. 전체 가족에 대하여 잘못한 행위는 가족의 체면을 손상시키는 행위이다. 가족구성원의 지위가 변화되거나 먼 거리에 거주하여도 결혼에 의한 가족의 연합체는 깨질 수 없다. 만일 필리핀인이 결혼하여 돈을 벌면 그는 계속적으로 그들 형제에게 후원하여 줄 의무가 있다. 만일 직장을 구하였으면 그는 계속 가족을 돌보아야 한다. 더불어 멀리 떨어져 살아도 계속 가족의 모임에 참석하여야 한다.

관습법인 시민법에 의하면 가족은 서로 돕고 후원하여 주어야 한다고 명시되어 있다. 만일 서로 돕지 않는다면 가족들로부터 불명예스럽게 취급당하며 가족들로부터 곤경한 처지에 놓이게 된다. 아버지는 가정의 호주로서 가정을 책임져 나가야 한다. 자녀를 돌보며 정상적으로 키워야 할 의무가 주어진다.

필리핀 가족구성원에는 과부, 결혼하지 않은 친척, 결별한 혈족들도 가족의 구성원에 포함된다. 결혼하여 새로운 자녀가 출산되면 남편과 아내는 존경받는 가족구성원으로서 대접을 받는다. 만일 남편이 아내를 침해하면 그들의 친척이 중재하여 평화스러운 가정이 되게 한다. 필리핀의 가족은 외부적으로 부권적이며 내부적으로는 모권적인 면이 강하다. 어머니는 가정을 지배하고 가정의 모든 가사의 일을 책임진다. 필리핀의 어머니들은 어린 자녀를 잘 돌보고 교육시킨다. 필리핀의 가족들은 성(性)문제에 대하여 보수적인 성교육을 자녀들에게 가르치고 젊은 여성은 가정에 거하며 배우고 부모에게서 가정교육을 받는다. 그들은 결혼 전 성관계를 반대한다. 가족의 맏형과 큰 자매는 그 형제들을 지도하며 그들이 잘못하면 정당하게 벌을 줄 수 있다. 그 부모가 죽으면 맏형은 그 가족을 책임져 나가야 한다. 필리핀 가족의 중심은 자녀 중심이다. 가정은 근원적으로 어린 자녀가 태어나면 연합된 가족의 구성원이 된다. 자녀는 부모로부터 재산을 상속받을 수 있다.

세대 간의 교제에 있어서는 조부모 손자가 애정적으로 사랑한다. 조부모들은 그들을 잘 교육시킨다. 가족과의 교제에서는 먼 친척에 이르기까지 서로 도와주고 협력한다. 거주지를 중심으로 친척들은 서로 연합하여 교제를 이루어 나간다. 필리핀의 사회 조직은 확고한 가족 중심적 사회이다. 가족은 개인의 모든 것을 지배할 수 있다.

4) 태국

(1) 사회 문화적 배경 및 형태

현재의 태국은 입헌군주제로 1932년 이래 현재의 국왕인 라마 9세에 이르기까지 태국의 국왕들은 국회를 통하여 입법권, 수상이 이끄는 내각을 통하여 행정권, 사법부를 통한 사법권을 행사해 오고 있다. 정치 · 사회적 측면을 살펴보면 왕권에 의해 통일된 사회로써 왕은 붓다의 혈연으로서 절대적인 존경을 받아야만 한다는 것이 정치적인 통념이다. 12세기 이후 절대군주제를 유지하며 이어지던 정치가 1932년 구테타로 인하여 입헌군주제로 바뀌었으나 정치 관념은 실제적으로 모든 권위를 왕에게 주고 있다.

태국의 인구는 약 59,800천명으로 집계되어 있다. 이들 중 순수 태국계가 81.5%, 중국계가 13.1%, 말레이계가 2.9%이고 기타 2.5%가 30여 종의 산족으로 구성되어 있다. 타이족도 4개의 지방에 따라서 네 가지 종족으로 구분된다. 즉 중앙 평온의 타이족, 북부의 타이얀, 코랏타이, 북부의 타이인 또는 라오인이다. 그리고 인도인, 베트남인, 크메르족, 몽족 등 각각 20~30만명씩 살고 있다. 이 외에도 언어와 부족을 달리하는 사람들이 혼합하여 복잡한 인종적 구성을 보여 준다. 태국 사회의 형태는 느슨하고 완만하게 구조화된 사회이며, 개인은 자신이 원하는대로 행동을 선택할 수 있고, 동일한 방식으로 행동하도록 강요하지 않는다.

태국은 새로운 가치관을 받아들이기를 꺼려하기 때문에 변화를 좋아하지 않아 국민의 80% 이상이 농업에 종사하는 농업사회이다. 그들은 주로 밭을 일구고, 논을 경작하고, 가축을 기르며, 전통풍습을 고수한다. 교육수준으로 대부분 사람들은 가난해서 자신의 신분상승을 위해 공부하는 기회를 갖지 못한다. 특히 가난한 농민들은 일을 도와주는 사람이 없기 때문에 자식이 공부하는 것보다 일을 돕기를 바란다. 태국 사람들은 다른 지역으로 이주하길 좋아하지 않으며, 태어난 고향을 사랑한다. 또한 재산, 지위, 명예, 권력, 그리고 정의에 집착하며, 돈을 좋아하고, 관료를 칭송하고, 어른을 존경한다.

(2) 종교

태국의 종교는 세계 어느 나라에서도 볼 수 없는 종교적 자유와 정부의 지원을 각 종교들이 누리면서 함께 사는 혼합 종교의 현상까지 보이고 있다.

1 불교

현재 31,939개 처의 사찰이 있고 전 국민의 87.79%가 불교 신자이다.

한국의 불교는 석가 입적 후 수백년이 지난 후 중국, 티벳 등에 널리 퍼진 대승불교의 일종이다. 그러나 태국의 불교는 스리랑카(실론), 버마, 캄보디아, 라오스, 베트남 등에 퍼져있는 소승 불교의 일종이다. 이곳에서는 소승불교를 '테라바다 불교'라고 부르고 있다.

태국에 테라바다 불교가 전해진 것은 13세기 수코타이 왕조 무렵이고, 그 후를 계승한 역대의 왕조들도 사실상 소승불교를 국교로서 보호해 왔다. 그 결과 현재도 타이인의 약 94%가 불교 신자로 남게 된 것이다.

소승불교는 '계율 불교'라는 별명이 붙을 정도로 계율이 엄격한 편이다. 우선 스님들은 파티모카라 불리는 227조의 계율을 지키지 않으면 안 된다. 이 중에서도 '성적 교섭을 가져서는 안 된다.', '다른 사람의 물건을 훔쳐서는 안 된다.', '살생을 해서는 안 된다.', '깨달음의 경지에 도달했다는 거짓말을 하면 안 된다.' 등의 4계는 어긴 즉시 절에서 추방당하는 큰 벌을 받게 된다.

테라바다 불교의 또 하나의 특징은 극히 개인주의적인 불교라는 점이다. 불교에서는 우리를 둘러 싼 세계에 대해 생사를 무한정 거듭하는 '윤회의 세계'로 보고 있다. 이 윤회의 세계에서 개인이 해탈하고 열반의 경지에 도달하는 것이 그 가르침의 목적이다. 따라서 소승불교가 개인주의적이라는 평을 듣는 것도 이런 이유 때문인데 소승이라는 다소 멸시적인 명칭도 '단지 한 사람 밖에 탈 수 없는 조그만 수레'라는 의미로 붙여진 것이다.

2 이슬람교

1989년 통계에 의하면 신도 수가 2,443,408명으로 2,688개의 이슬람 교회당을 가지고 있다. 주로 남쪽지역 말레이시아 국경 4개도(나라티왓, 파타니, 얄라, 사툰)에 70%가 집중해 있다.

3 브라만-힌두교

25개 단체에 5,000여 명의 신자를 보유하고 있다. 태국에 로마 가톨릭 선교사가 들어온 것은 1828년이므로 천주교가 개신교보다 273년이 앞서고 있다. 천주교 신자는 222,181명이며 개신교 신자는 320,905명으로 나타나 있다.

(3) 결혼문화

1 결혼의 성립요건

- 남녀가 만 17세가 되었을 때 할 수 있다.
- 만약 남자나 여자가 정신 이상자이거나 무능력자라고 법원에서 명한 사람은 결혼할 수 없다.
- 직계 혈족의 손위, 아래의 같은 부모의 형제지간 또는 아버지나 어머니 둘 중 한 명의 형제지간의 남녀는 서로 결혼을 할 수 없다.
- 입양을 받아들인 사람과 입양자는 서로 결혼할 수 없다.
- 남자나 여자가 이미 배우자가 있으면 결혼할 수 없다.
- 남편이 죽었거나 또는 다른 이유로 결혼생활이 파경이 된 여자는 재혼을 할 수 있다. 단 결혼생활이 종료한 날로부터 310일 이상 경과했을 때이다.

2 결혼의식

종교의식, 파와이와 칸막땡 의식, 롯남쌍 의식, 뿌티넌 의식의 4단계로 아침부터 저녁까지 진행된다. 각 단계마다 참석자가 구분되며, 가까운 친척 친지들만 참석하고, 저녁의 피로연에 많은 사람들을 초대한다. 결혼에 관해서 부모들은 자녀들이 자기 가정보다 더 나은 젊은이들과 사귀도록 장려하지만 결혼상대는 주로 당사자 스스로 선택한다. 그러나 부모가 반대할 경우에는 성혼하기가 어렵다. 태국의 결혼은 결혼할 의사를 밝히면 서로 잘 아는 가족끼리 이루어지는 경향이 많으며, 결혼을 할 때에는 경제적 형편이 중요하다. 경제적 사정이 허락한다면 종교적으로 결혼식을 할 수 있고, 식의 성대함은 그 가족의 사회적 지위나 경제력에 따른다. 그러나 시골이나 도시의 하위층에 속한 사람, 나이든 사람, 상처한 사람들의 경우에는 결혼식을 올리지 않고 두 사람이 그대로 살기도 한다. 태국은 일부일처제를 추구하며, 일부다처제는 몇몇 부유한 농부나 도시의 상류층에서 찾아볼 수 있다. 결혼신고는 그 지역의 동사무소에 해야 하며, 공식적 결혼 신고 절차는 매우 복잡하다. 결혼한 부부는 거주형태에 있어서 독립적인 가정을 형성하거나 또는 어느 기간 동안 부모와 함께 산다. 부모와 함께 사는 것은 신혼부부의 경제적 부담을 덜어 주며 그들이 스스로 가정을 영위할 수 있는 기회가 된다. 결혼으로 인해 줄어들게 될 가사노동의 인원을 보충하기 위해, 젊은 부부는 마지못해 부모님과 함께 살아야 하기도 한다. 동생이 있을 경우는 그가 성장하여 집안일을 도울 수 있을 때까지만 부모와 함께 살면 되지만, 동생이 없을 경우는 평생 함께 살아야 한다. 형제가 많은 경우에는 적어도 한 명의 아들이 막내딸이 결혼한 후에 부모와 함께 살아야 한다. 중부지역에서는 결혼식 후에 신부집에서 3일 밤을 보내는 것이 전통적이며, 태국 전 지역이 막내딸은 결혼하면 보통 그 지역에서 살도록 한다.

(4) 가족문화

1 부부관계

태국은 결혼을 하면 여자의 경우 남편의 성(性)을 따른다. 태국은 간통죄가 없다고 한다(법은 단지 "아내가 간통하면 이혼을 할 수 있다"고 규정해 두었다). 또한 이혼이 자유로우며, 이혼 위자료나 보상제도가 없다 보니 평소 재산관리를 따로 한다고 한다. 또, 태국은 모계중심 사회로서, 자녀를 어머니의 호적에 올릴 수 있다. 이러한 결혼풍습의 복합적인 요소로 인해 일찍 결혼했다가 단기간에 이혼하는 사례가 비일비재해 안마업소 등 관광업종에 종사하는 20대 초반의 여성들 중에 자녀를 둔 이혼녀가 상당수에 달한다고 한다.

2 시골가정

- 가족은 태국의 전반적인 농가에서 사회의 소공동체로 역할을 한다.
- 태국의 시골가정은 조상이나 후손보다는 같은 세대와 사촌들과의 관계를 중시

하는 경향이 있다. 새 가정은 가족이 있는 지역 근처에 꾸미기는 하지만 젊은 부부는 부모세대에 대한 의무감으로 구속되지 않는다. 반면, 친척관계는 매우 중요하게 생각하여 사회적으로 대인관계를 형성하는 데 있어서 직계가족이나 가까운 친척이 도움을 준다. 따라서 직계가족 이외에 사회적으로 지위가 다른 공동체와는 교류가 일반적으로 적다.

- 가족의 성씨는 약 50년 전에 정부가 공식적으로 지어 준 것을 그대로 사용하기 때문에 성이 세대간의 연관성을 나타내 주지는 못한다.
- 세대간에는 존경해야 한다는 것이 중요하다는 것을 어렸을 때부터 가정에서 자녀들에게 교육한다.
- 어려서부터 국가에 대한 애국심, 충성심, 존경심으로 형성된다. 왕이나 정부를 '제 2의 부모'로 생각한다.

3 도시가정

- 도시의 상류층 가정은 조상에 대한 자부심을 갖는다. 특히 5대를 걸쳐서 전해오는 조상의 귀족생활 등을 구두로 전승받는 것을 자랑스럽게 여긴다. 하지만 이러한 가족형태는 사회구조가 빠른 속도로 변하고 나이든 지식층의 숫자가 감소함으로 인해 서서히 무너지고 있다.
- 태국 도시가정의 경우는 한 집에서 모든 가족이 같이 살지 않고, 같은 마을의 다른 집에 살지만 가족간의 유대는 계속 강화한다.
- 가족의 수입은 부인의 활동적인 역할에 의존하지 않아, 여자는 남자의 활동영역에 참여할 수 없다.
- 도시의 상류층은 시골의 가정에 비해 성별 역할의 차이가 크다. 상류층은 일부다처제의 형태로 가족간의 권위나 애정의 위계층을 형성하여 사회의 서열이나 가정의 공식적 직위가 남자 가장중심의 지배를 나타낸다.
- 성별 역할의 차이는 자녀교육에도 영향을 주어, 여자는 상류층 남편에게 어울리는 적합한 부인이 되고 가족을 우아하게 꾸려 나갈 수 있도록 교육받는다. 반면 남자는 가족의 부, 사회적 지위, 위신을 좌우하는 정부관리직을 선호하여 이와 관련된 과외를 받는다.
- 오늘날은 딸에게 서구교육을 받게 하고, 상류층 남자에게만 국한되었던 분야의

전문적인 일도 여자들에게 맡긴다.

- 하위층의 남자는 주로 버스운전이나 기능공, 여자는 재봉사, 미용사, 간호사 등의 일을 배운다.

4 남녀차별

- 아버지가 지도자로서 중요하거나 남편이 권력이 있다고 간주하는 가부장적 가정이다.
- 혼인신고를 함으로써 결혼한 여자는 남편의 성을 따라야만 한다.
- 태어난 자식도 아버지의 성을 따른다.
- 가정의 모든 재산에 대한 권한이 남편에게 있다.
- 아내는 부부의 총재산에 관련된 어떠한 법률 행위를 남편의 허락없이 행할 수 없다.

5 연장자 존경

태국의 가족은 손아랫사람이 형, 고모, 숙모, 그리고 삼촌을 존경함으로써 어릴 때부터 연장자에 대한 중요성을 강조한다.

6 혈연적 연관성

- 자식뿐만 아니라, 친척이 타지방에서 온다면 적절하게 지원해 주어야 하며, 양가의 친척은 동일하다.
- 농촌에서 결혼한 남녀는 대개 여자 측의 부모와 살기를 선택한다.
- 독자적으로 분가하여 살기 전 약 1년 동안은 부모를 도와 생활한다. 부모를 돕는 기간은 대체로 2~10년이다.

7 태국 사회의 남녀 지위

- 남녀는 서로 거의 동등한 위치에 있다.
- 여성은 남성과 동등하게 교육, 직업을 가질 기회를 가지게 되었으며 남성과 교제할 수 있는 자유도 많이 가지게 되었다.
- 어떤 여성이 애인을 바꾸거나 여러 명의 남자와 놀러 가기를 좋아한다면 아마

비난을 받을 것이다. 반면에 남자가 여러 명의 애인이 있는 것은 아무런 손해가 없다고 간주한다.

- 결혼한 여성이라면 한 명의 남편만을 사랑하고 성실해야만 한다는 신조를 가지고 있다.
- 그러나 남편은 성문제에 있어서 경험을 가질 권리가 있고, 이를 결점이라고 간주하지 않는다. 비록 법이 일부일처제로 규정되어 있다 하더라도 실질적으로 첩을 둘 수 있다.
- 태국의 남성은 여성보다 많은 권리와 자유가 있다.

5) 몽골

(1) 사회 문화적 배경 및 형태

몽골공화국이라는 국호를 가지고 있는 몽골은 원래 '용감한'이란 뜻을 지닌 부족이었으나, 징기스칸에 의해 통솔된 몽골부 발전에 따라 민족의 이름 'Mongol' 및 지역이름 'Mongolia'로 변화되었다. 몽골은 국토의 약 4/5가 기복이 완만한 초원으로 이루어져 있으며, 목초지가 좋아 몽골인들은 수백 년 동안 가축을 키우는 유목생활을 한다. 평균 고도가 해발 1,580m인 몽골은 지형에 따라 크게 세 지역으로 나뉘며, 지질활동이 활발해서 때로는 엄청난 위력을 지닌 지진이 일어나기도 한다.

몽골인구는 20개의 민족집단으로 구성되어 있으나 몽골인이 94.9%로 주류를 이루고 있어 언어상으로는 거의 차이를 보이지 않는다. 뚜렷한 대륙성 기후로 강수량이 매우 적고 기온변화가 잦으며 기온차가 큰 것이 특징이며, 겨울 평균기온은 영하 26℃~18℃이고, 여름 평균기온은 17~23℃이고, 겨울은 춥고 맑으며 건조하여 거의 눈이 내리지 않고 여름은 따뜻하고 짧으며, 연평균 220~260일 가량 맑은 날일 정도로 기후의 뚜렷한 특징은 해가 비치는 날이 많다. 몽골은 목초지와 광물과 석유개발의 잠재적 가능성이 있는 곳이며, 몽골토지의 80%는 광대한 목축업과 전통적인 소 · 말 · 낙타 · 염소 그리고 양떼의 방목에 적합하다. 집약 농업은 짧은 기간에 한정되며 그날그날의 온도에 민감하게 영향을 받으며, 몽골은 준보석 뿐만 아니라 석탄, 철, 주석, 구리, 금, 은, 텅스텐, 아연, 섬광석 등의 광물자원이 풍부하기 때문에 몽골은 장기적으로 무역과 관광에 전망이 좋은 편이다. 1990년대 이후 농업부문이 조금씩 축소되고 1996년 이후 도시화, 산업화가 추진되면서 산업부문의 구조적인 변화가 일어나고 있다.

(2) 종교

몽골은 종교의 자유를 허용하며 티베트의 불교인 라마교는 몽골인 대다수(몽골 전체인구의 90% 정도)가 믿고 있다. 회교는 4%, 기독교는 1990년에 최초의 교회가 설립되어 현재 0.3%가 믿고 있다. 또한 몽골인들의 샤머니즘은 주술 · 종교적 직능자인 샤먼을 중심으로 하는 종교현상이며, 이슬람교는 몽골에서는 빈도수가 가장 적은 편이다.

(3) 결혼문화

몽골속담에 "적절한 의례 없이 데려온 아내는 적법한 아내가 아니다"가 있을 정도로 결혼식은 성대하고 거룩한 날이다. 몽골의 결혼식은 크게 청혼(약혼), 혼례준비, 신부 데려오기, 혼례식, 신부집 방문, 재산 분배의 절차를 거친다.

먼저 청혼은 몽골의 결혼식을 알리는 행위이다. 역사시대에는, 청혼은 자식들을 결혼시키는 부모들의 문제였다. 그렇기 때문에 부모와 잘 알고 있는 친인척이나 이웃 등이 양 집안 간의 중매를 맡았다. 현대의 청혼은 이미 결혼 당사자들끼리 결혼을 약속한 상태에서도 이루어지는데, 이는 전통혼례의 맥을 이어가기 위한 하나의 절차로써 이해할 수 있다. 청혼을 위해서는 신랑과 몇몇의 친척들로 이루어진 무리들이 신부의 가족이 살고 있는 게르[1)]까지 향한다. 이 때 신랑 측은 신부 측에게 청혼 선물을 건네면서 청혼을 하게 되는데, 신부 측에서 이 선물을 받아들이면 청혼(약혼)이 성립한 것으로 여긴다. 청혼 후에 가장 먼저 이루어지는 것은 무당을 찾아가 결혼을 할 좋은 날을 얻는 것이다. 날짜가 정해지면 신랑 측 가족들은 친지들을 모아 결혼할 음식 등을 장만한다. 신랑 측에서 장만하는 것은 음식뿐만 아니라 신혼부부가 앞으로 살게 될 새로운 게르 역시 포함된다.

---

1) 게르 : 몽골어로는 ger, 중앙아시아 유목민이 거처하는 천막같은 집으로 파오라고도 한다. 나무막대를 세운 뒤 가죽이나 펠트, 밝은색의 수직물로 덮은 집이다. 실내에는 기하학 무늬나 동물을 도식화한 무늬의 밝은 색깔(보통 붉은색) 양탄자를 비치한다. 유르트(yurta)라고도 씀.

결혼식에 대한 모든 절차는 모두 신랑의 집에서 이루어진다. 몽골인들은 결혼식에서 새로이 맺어진 부부를 위해 노래를 하거나 시를 지어 부르는 풍습이 있으며, 신혼부부의 형, 동생들이 주로 그러한 역할을 맡는다. 결혼식 중간에 신부는 수태차를 끓여 내오는데, 이는 충실한 결혼생활을 약속하는 하나의 상징적인 행위이다.

결혼식은 길게 4일까지 행해지는 경우도 있는데, 이는 극히 드물고 보통 늦은 밤까지 결혼행사를 하는 것이 대부분이다. 결혼식이 끝나고 신혼부부는 새로이 만든 게르로 가서 결혼 생활을 시작한다. 결혼식이 지난 다음날 아침이 되면 본격적으로 재산분배가 시작된다. 부모는 아들부부의 능력을 고려하여, 가축군(群) 중 일부를 분배하여 상속한다.

몽골의 현대적 결혼은 사회주의 구성원을 새롭게 양성하기 위한 표시로 신랑과 신부가 몽골의 대형 국기 앞에서 결혼 서약을 한다.

(4) 가족문화

몽골인들은 유목생활로 이동을 자주 해야 하는 유목생활의 특수성 때문에 가족 구성원들의 결속력이 무엇보다도 중요하다. 유목사회에서 집안일을 담당하는 여성의 역할은 주로 착유, 음식 만들기, 옷 만들기, 유제품 만들기와 같은 가사노동이다. 반면 남자의 경우 새벽부터 밖에 나가 가축 떼를 거느려 목축을 한다. 그 외에도 수렵과 마구 등의 도구를 제작하며, 가죽, 펠트 만들기, 가축 도살을 남자들이 도맡아한다.

몽골의 아주 독특한 인식이 있는데, 나이가 아주 어린 동생을 둔 경우에는 형이나 누나가 그 동생을 '아이Düü'라고 불러 마치 자신의 아이인양 대한다. 이러한 '아이'는 잘못했을 때 부모 대신 형이나 누나가 그를 처벌하기도 하며, 재산 분배의 대상이기도하다. 몽골사회에서 노인은 대단히 존경받는다. 몽골인들은 어른을 대할 때 옷매무새를 단정히 하고 양손을 공손히 앞으로 모아 연장자에 대한 경의를 표한다. 연장자에 이름을 부를 때는, 반드시 존칭을 사용하여야 하며, 처음 보는 연장자에게는 "삼촌, 형"과 같은 존칭을 사용한다. 특히 몽골은 여성들이 훨씬 교육을 많이 받으며, 기술교육 등 전문직을 얻을 수 있는 고등교육을 여성이 많이 받고 있어서 여성의 학력이 남성보다 훨씬 높기 때문에 대학의 교수들도 여성의 수가 훨씬 많을 수밖에 없다. 예를 들어 의사의 68% 이상은 여성이며 공무원 수에 있어서도 여성이

74% 이상으로 압도적이다. 여성들은 활발한 사회참여를 통해 여성 지위와 권익향상에 많은 기여하고 있으며, 자녀들이 성장하면서(특히 결혼한 후) 몽골사회에서 어머니가 아버지보다 더 권위가 있다. 전통적으로 몽골사회에서 남편의 친족집단에서 아내의 지위는 남편이 가지는 지위에 맞추어 규정되었고, 아내의 친족집단에서 남편의 지위 또한 아내가 가지는 지위에 의하여 결정한다. 아내는 실제로 단지 상징적인 권위를 가진 남편보다 더 큰 영향력을 행세한다. 오늘날 몽골의 많은 여성들은 남편으로부터 별로 간섭을 받지 않고 가족지출과 같은 문제를 결정한다.

또 우리가 알아야 할 몽골의 재미있는 관습은 왼쪽 손에서 물건을 받거나 건네주는 것은 예의에 어긋나는 행동으로 받아들여지고 있으며, 사람들에게 물건을 받을 때는 양손으로 받는 것이 예의이다. 또한 갓난아기를 귀여워할 때는, "귀엽지 않아" 처럼 반대로 말을 해야 하며, '마물은 귀여운 아이를 데리고 간다'고 전해지고 있으며, 이것은 액막이를 의미하며, 실제로 귀여운 아이로 자라길 바라는 마음에서 비롯된 것으로 여겨지고 있다.

3. 다문화가족 복지의 문제점 및 과제

다문화가족이 우리 사회를 접하게 되면서부터 발생되는 여러 가지 문제점에 대해 살펴보면 주로 의사소통의 어려움, 문화의 차이에서 오는 어려움, 자녀교육상의 문제, 경제적 어려움, 이혼급증 문제, 다문화가족 지원체제 부족 등이 있다.

따라서 본 절에서는 다문화가족의 문제점을 자세히 알아보고 그 대안책에 대해 논의하고자 한다.

1) 다문화가족의 문제점

(1) 의사소통 문제

다문화가족은 한국어가 서툴기 때문에 주변 사람들과 원활한 의사소통을 하는데 많은 어려움을 갖는다. 그러다 보니 자신의 감정에 대해 마음껏 표현할 수가 없어 각종 정보나 자원, 취업으로부터 소외되기도 한다. 여성 결혼이민자 50% 이상이 기초생활보장제도 자체를 모르고 23.6%가 건강보험 가입이 안 되는 것으로 잘못 알고 있는 형편이다. 또한 사회복지 서비스 제공기관을 이용하지 않는 경우가 86% 이상이며, 기관이 있다는 사실을 몰라서 이용하지 못하는 경우도 39.2%나 되었다(설동훈, 2005).

(2) 문화적 차이

각 나라나 민족마다 살아가는 방법, 즉 의식주 문화가 다르게 마련이다. 같은 한국인끼리 결혼을 해도 그 동안 서로 살아온 생활방식의 차이로 갈등을 겪는 경우가 많은데 하물며 다른 나라 사람과 함께 산다는 것은 더 많은 문화적 이질감을 느낄 수밖에 없다.

특히 한국남자와 결혼한 외국인 여성들은 한국음식 요리하기, 시부모님 모시기, 제사상 차리기 등을 어려워하는 것으로 나타났다.

(3) 자녀문제

다문화가족의 자녀들은 부모의 서로 다른 가치관과 생활풍습의 차이로 어떤 것을 따라야 할지 혼돈을 겪을 수 있다. 또한 자녀교육이 주로 어머니에 의해 이루어지므로 어머니가 한국말이 서툴고 한국풍습에 익숙치 못할 경우 자녀를 교육하는 데 많은 어려움을 가진다.

한국어가 미숙한 부모 밑에서 자랄 경우 잘못하면 자녀의 언어발달이 늦을 수 있고 아이의 학교숙제나 준비물 챙기기 등 부모의 학습지원이 부족하여 자녀가 학습부진을 겪는다. 또한 어눌한 말과 외모의 차이로 인해 다른 아이들에게 놀림을 받거나 따돌림을 받는 경험을 할 수 있어 자신의 정체감에 대해 혼란을 느낄 수 있다.

(4) 경제적 빈곤문제

다문화가족의 절반 이상이 최저생계비보다 적은 수입을 가진다고 한다. 의사소통의 어려움과 우리 사회의 편견, 전문지식과 기술의 미비 때문에 적합한 일자리를 구하지 못한 것이 원인이다. 또한 직장 내에서도 내국인과 동등한 대우를 받지 못하고 낮은 임금을 받거나 학대를 당하기도 한다.

다문화가족은 저소득 가구가 다수이나, 기초생활보장 수급자는 소수인 것으로 나타났다. 전체 여성 결혼이민자 가구 중 소득이 최저생계비 이하인 가구는 52.9%임에도 불구하고 기초생활보장 수급가구는 13.7%에 불과하다. 경제적인 이유 때문에 끼니를 거른 경험이 있는 경우도 15.5%로 나타나 생계유지에 어려움을 알 수 있다. 여성 결혼이민자의 경제활동 참여율은 60% 수준으로 그 이유로는 생계유지의 목적(51%), 자녀교육비 충당(17%)이 많고, 취업직종은 음식점 종업원 등 서비스직이 가장 많았다(52%). 미취업 사유로는 자녀양육이 가장 많고(43%), 다음이 구직실패(21%) 순으로 나타났다.

(5) 이혼급증 문제

다문화가족 부부는 사랑으로 결혼을 결정한 것이 아니라 대부분은 다른 목적에 의해 만나게 된 경우가 많다. 즉, 종교적 이유, 경제적인 목적, 혹은 호기심에 의해 만나기 때문에 상대방에게 쉽게 싫증내기 쉽다. 또한 돈을 매개로 이루어진 상업화된 결혼환경과 시댁과 친지의 비우호적인 환경, 가정폭력 등으로 인해 가정불화로 이어지는 경우도 적지 않다.

특히 알코올 중독, 이상 성행위자, 상습적 폭력 등으로 결혼생활이 불가능한 사람들이 국제결혼 시장에 유입되어 배우자를 철저히 통제하고 성적 학대하는 그 양상의 정도가 심각한 수준에 이르는 경우도 많은 것으로 나타났다. 가정폭력의 경험은 언어폭력(31%)이 가장 많고 신체적 폭력(26.5%), 성적 학대(23.1%), 위협(18.4%)의 순으로 나타났다(설동훈, 2005).

(6) 다문화가족 지원체제 부족

다문화가족은 해마다 늘어나는데 도움을 주는 기관이나 단체, 제도는 충분하지 못하다.

현장에 있는 사회복지 전달체계가 제대로 작동하지 못해 대부분의 여성 결혼이민자가 읍 · 면 · 동사무소와 같은 공적 기관은 물론이고 사회복지관, 이주여성상담소 등 민간기관을 이용하는 경우는 극히 드문 것으로 나타났다. 그 이유 중 하나는 그러한 기관들이 있다는 것조차 모르는 경우가 많아 홍보가 부족한 것으로 보이며, 한편 이용하는 일부 사람들조차 그 만족도는 별로 높지 않은 것으로 나타났다. 또한 국민기초생활보장제도에 대한 엄격한 기준으로 인해 혜택을 받는 사람이 드물며, 의료보장체제에 있어서 잘 모르거나 원칙으로 인해 대부분의 다문화가족들이 어려운 경제 현실에 놓여 있다.

2) 한국의 지원정책과 과제

다문화가족을 위한 정책을 세우기 전에 먼저 우리인식이 변화되어야 하고, 다문화 사회의 이해가 확산되어야 하고, 또한 지역사회 시민의 이해와 상호 문화의 이해, 다문화 사회에서의 개인의 역할 인식과 세계적 · 미래지향적 의식이 고취되어야 한다. 여성가족부의 다문화가족을 위한 지원정책과 몇몇 학자들이 제안한 다문화가족에 대한 정책적 방안을 제시하면 다음과 같다.

(1) 다문화가족을 위한 생애주기별 맞춤형 지원서비스의 기본방향

다문화가족을 위한 가족교육 · 상담 · 문화 프로그램 등 서비스 제공을 통해 결혼이민자의 한국사회 조기적응 및 다문화가족의 안정적인 가족생활 지원을 위해 단계별로 시행하고 있다.

1 1단계 : 입국 전 결혼준비기

① 국제결혼 과정의 인권보호와 교육프로그램

• 국제결혼중개업 등록제 시행('08년)
  - 결혼중개업 표준약관 제정, 중개업자의 신상정보 사전제공 의무화 추진('10년)
• 결혼중개업자 전문지식 및 윤리의식 향상교육 실시
  - 결혼중개업제도, 인권보호, 소비자보호, 상담실무 등을 교육
• 입국 전 현지 오리엔테이션 프로그램 실시
  - 베트남, 캄보디아, 몽골, 필리핀 등 4개국 현지에 사전교육 프로그램 운영 및 콜센터 설치('10년)
• 한국인 예비배우자 결혼준비 교육 실시

1 2단계 : 입국 초 가족관계 형성기

① 결혼이민자의 조기적응 및 안정적 생활지원

• 한국어교육, 문화이해교육, 가족통합교육, 상담 등 종합서비스 제공
• 다국어판 생활 · 정책정보 매거진(Rainbow, 연 4회, 8개 언어, 회당 7만부), 한국생활 가이드북, 소비자 정보안내 책자 발간 · 배포, 다문화가족 포털 '다누리' 운영 등 한국생활 정보제공
• 의사소통 지원을 위한 통 · 번역 서비스 제공
  - 한국어가 유창한 결혼이민자(210명, 12개 언어)가 다문화가족지원센터에서 직접 통 · 번역 서비스 제공

② 다양한 매체를 통한 한국어교육

• 집합교육 : 언어별 · 수준별로 세분화된 교육프로그램 실시 중
  - 전국 159개 다문화가족지원센터에서 초 1, 2 · 중 1, 2 · 고급교육(5개반) 실시
• 방문교육 : 다문화가족지원센터에서 "찾아가는 서비스" 실시
  - '09년 한글교육지도사 1,264명, 9,200 가정 지원
• 온라인교육 : 한국디지털대학교와 '08. 1월 협약 체결
• 방송교육 : 방송매체를 활용한 한국어교육 실시

③ 위기개입 및 가족통합교육 실시

• 가정폭력 피해 상담 · 보호를 위해 이주여성 긴급전화 및 전용쉼터, 법률구조기관 등 관련기관간 연계 강화
  - 이주여성긴급지원센터(1577-1366) 9개 언어 24시간 지원, 이주여성쉼터 18개소 운영
• 다문화가족지원센터 및 방문교육지도사의 남편교육 · 상담기능 강화
• 결혼이민자 · 배우자 · 시부모 · 부부관계 · 부모자녀 등 가족관계 증진을 위한 가족통합교육 추진

3 3단계 : 자녀양육 및 정착기

① 다문화가족 자녀의 양육 · 교육 지원

• 부모의 자녀양육 능력 향상을 위해 아동양육 가정방문지도 실시
• 다문화가족 자녀 언어발달 지원
  - 언어발달 진단, 교육 프로그램 제공(언어발달지도사 100여 명)
  - 센터 내 다문화 언어교실 개설 및 어린이집 파견서비스 제공
• 어린이집에서 사회정서 증진 프로그램 등 다문화 프로그램 실시
• 다문화가족 자녀 이중언어 역량 개발
• 어릴 때부터 이중언어 사용을 통해 글로벌 인재 육성

4 4단계 : 역량강화기

① 결혼이민자의 경제 · 사회적 자립 지원

• 결혼이민자의 직업교육 · 훈련 실시(정보화교육 등)
• 통번역 요원 및 다문화 강사 등 결혼이민자 적합 직종 개발
  - 다문화 강사를 양성해 지역 내 어린이집 및 초등학교 등에서의 활동과 연계 지원
  - 원어민 외국어 강사를 양성해 지역교육청과 연계하여 보조강사로 활동할 수 있도록 지원
  - 통 · 번역사 등 이민자 적합 직종을 개발

• 국가별 결혼이민자 자조모임 지원

5 전단계 : 다문화 역량강화

① 대국민 인식개선 및 홍보

• 다문화가족 모니터링단 운영
• 다문화가족 포털사이트 '다누리' 운영
• 다문화 인식 개선을 위한 콘텐츠 개발 및 보급

② 다문화가족 실태조사 실시(다문화가족지원법 제4조)

• 전국 규모의 다문화가족 실태를 조사 · 분석해 정책수립에 필요한 기초통계자료 확보 및 맞춤형 서비스 개발
• 조사 항목(다문화가족지원법시행규칙 제2조 제3항)
  - 성별, 연령, 학력, 취업상태 등 가족구성원의 일반특성에 관한 사항
  - 소득, 지출, 자산 등 가족의 경제상태에 관한 사항
  - 자녀양육, 가족부양 등 가족행태 및 가족관계에 관한 사항
  - 의식주, 소비, 여가, 정보 이용 등 생활양식에 관한 사항
  - 가족갈등 등 가족문제에 관한 사항
  - 다문화가족 지원 관련 교육 · 상담 등 서비스 수요에 관한 사항
  - 그 밖에 다문화가족의 현황 및 실태파악에 필요한 사항(여성가족부 정책가이드, 다문화가족)

(2) 다문화 가족의 사회경제적 특성을 기초한 정책방안

-김승권, 「한국 다문화가족의 사회경제적 특성과 정책적 함의 」(2010)

첫째, 한국국적 취득이 어렵지 않도록 제도를 개선할 필요가 있다. 특히 자녀를 출산한 경우에는 영주권 취득과 국적취득의 문을 보다 넓게 할 필요가 있다.

둘째, 한국어교육과 한국 사회적응 교육은 체류 기간이 2년 미만인 최근 입국자를 중심으로 강화하여야 한다. 특히 한국어 쓰기 능력을 신장하는 방안을 지역사회

다문화가족지원센터를 중심으로 강화할 필요가 있다.

셋째, 다문화가족 안정을 도모하기 위해서 부부의 연령 및 교육수준이 현저하게 차이가 날 경우 이것이 가족생활과 부부생활에 어떠한 영향을 미치는지에 대한 교육이 필요하다.

넷째, 다문화가족의 가족생활 안정을 위하여 가구 경제를 책임지고 있는 사람에 대해 우선적으로 직업훈련 및 취업연계를 강화할 필요가 있다.

다섯째, 다문화가족의 주거환경을 개선하기 위한 정책적 방안이 강구되어야 한다. 이를 위해 장기임대 아파트 특별지원과 주거환경 개선방안이 병행될 필요가 있다.

여섯째, 다문화가족의 삶의 만족도를 증진하기 위하여 다문화가족 특성별 욕구를 정기적으로 파악하여 맞춤형 서비스를 제공하여야 한다. 이를 위해 지역사회 중심으로 다문화가족에 대한 사례관리 및 개별가족의 욕구에 맞는 서비스를 제공하기 위한 구체적인 방안을 강구하여야 한다.

(3) 다문화가족의 결혼과 가족생활 관련 정책방안

- 조애저, 「다문화가족의 결혼 및 가족생활과 정책방안」, 2010-

첫째, 가족구성원간의 원만한 관계형성을 위한 올바른 부부관계 정립 및 전문적인 상담을 확대 · 실시한다. 다문화가족은 언어소통의 어려움과 문화적 갈등으로 인해 부부 및 가족관계에서 어려움을 경험하고 있으며, 갈등이나 문제가 심화될 경우 가족해체로 이어질 가능성도 지니고 있다. 따라서 가족구성원간의 원만한 관계형성을 위한 올바른 부부관계상 정립을 한 프로그램을 개발 · 보급하도록 하고, 가족갈등의 해소 및 가족문제의 해결을 위해 전문적인 가족상담을 확대 · 실시하도록 한다.

둘째, 재혼가족 대상의 가족생활 교육 및 가족관계 증진을 위한 전문적인 프로그램을 개발 · 보급한다.

재혼으로 구성된 가족형태는 다양하여 재혼생활에서 겪게 되는 문제들도 다양해지고 있다는 점에서 재혼가족을 대상으로 하는 가족생활교육, 가족관계 증진을 위한 전문적인 프로그램 등의 개발이 요구된다.

셋째, 결혼이민자들 자신의 문화권에서의 가족관계 특성을 한국가족관계와 비교문화적 맥락에서 분석하여 다문화가족의 가족관계 증진 프로그램에 활용할 수 있도록 가족 프로그램을 개발 · 보급의 지원이 필요하다.

넷째, 정부는 국제결혼 준비과정에 대한 결혼이민자의 출신국가별로 철저한 분석과 이에 근거한 각종 정보제공 및 사전교육 시스템이 갖추어져야 한다.

다섯째, 결혼중개업체에 대한 관리와 교육이 철저히 이루어져야 한다. 현재 정부는 '결혼중개업의 관리에 관한 법률'(제10301호)을 일부 개정하여 2010. 11. 18일부터 시행되고 있다.

(4) 사회안전망과 사회복지 서비스 확충

현재 국적 조항에 의해 수급을 제한하고 있는 규정을 완화해 생계유지가 곤란한 여성결혼자(가구)에게 최소한 생활유지를 위한 지원을 할 수 있는 제도적 장치를 강구해야 한다. 더불어 여성 결혼이민자 대다수가 국민기초생활보장 수급대상에서 탈락한 이후 구직을 통해 생계를 유지하므로 여성 결혼이민자들의 특성과 현실을 고려한 직업훈련과 일자리 창출이 필요하다. 특히 여성 결혼이민자들에게 직업훈련과 일자리를 제공하는 것은 여성 결혼이민자들에게 독립적 시민으로서 한국사회와 함께 생활할 수 있는 기초를 마련해 주는 매우 중요하고도 절실한 과제다.

(5) 보건 · 의료서비스 정비

기존 의료보장체제를 적극적으로 활용할 수 있게 해 주는 정확한 정책지원 방안을 찾고, 치료비를 조장 혹은 지원해 주거나 지리적 접근성을 강화시켜 줄 수 있는 다양한 지원책 마련이 시급할 것으로 판단된다. 여성결혼자에 대한 치료적 접근은 그 유형별 특성에 맞추어져 이루어져야 할 것이며, 특히 정신 심리적 측면의 경우는 개인이 처한 상황을 잘 파악해서 심도 깊은 개입이 이루어져야 한다. 비자발적 · 자발적 문제들을 해결하기 위해 모성보호 측면의 정책적 배려가 필요하다(김혜경 외, 2006).

생각해보기

1. 다문화주의란 무엇인가?

2. 다문화가족의 형성배경에 대해 기술해 보시오.

3. 다문화가족의 사회적 특성에 대해 논하시오.

4. 다문화가족의 문제점에 대해 논하시오.

5. 다문화가족을 지원하기 위한 정책적 대안책에 대한 나의 생각을 써 보시오.

아동복지의 과제와 전망

14
Chapter

1. 아동복지의 동향
2. 아동복지의 과제
3. 아동복지의 전망

우리나라 아동복지법의 근간이 되는 아동복리법은 1961년 제정되어 시설보호아동, 소년소녀가정아동 등 요보호 아동의 보호와 양육이 시작되었다.

이후 1981년 아동복지법의 개정과 1991년 영유아보육법의 제정으로 우리나라의 아동복지는 요보호 아동 중심에서 일반 아동의 복지를 위한 방향으로 변화되었다.

특히 1991년 UN아동권리협약의 비준, 2002년 어린이 보호 · 육성 종합계획, 2003년 어린이 안전종합대책, 2004년 빈곤아동 · 청소년 종합대책을 수립하면서 비로소 체계적인 정책기반을 마련하게 되었다. 국내 입양 및 가정위탁제도의 시행과 아동학대 예방사업의 실시, 어린이보호구역 개선 및 어린이 용품 안전강화, 지역아동센터 운영 등 일반 아동을 위한 예방대책을 마련하기 시작하는 등 아동정책의 발전을 가져왔다. 그러나 전반적으로 아동정책은 그 역사에 비하여 정책의 성숙도나 발전 정도는 타 정책에 비해 느리다는 것으로 평가되고 있다(양동교, 2009).

2009년 제25회 유아교육학술대회에서 양동교(2009)는 우리나라 아동 · 청소년 환경의 변화와 아동 · 청소년 주요정책을 발표하였는데 그 내용을 토대로 지금 현재 우리나라의 아동복지정책의 현황을 살펴본 뒤 아동복지의 과제와 전망을 살펴보고자 한다.

1. 아동복지의 동향

1) 아동 · 청소년 정책 환경의 변화

(1) 취약 · 위기계층 아동 · 청소년의 지속적 증가

이혼율 증가, 빈곤, 사회부적응 등으로 인해 가출이나 학업중단 청소년이 늘어나고 있으며, 국제결혼가정 자녀, 외국인근로자 자녀, 새터민 등 다문화가족의 아동 · 청소년이 늘어나고 있다. 또한, 청년실업의 증가와 사회적 패러다임의 변화로 청소년이 진로를 개척하고 직업을 선택하는데 있어 어려움이 증가되고 있다. 이에 아동 · 청소년 대상별 집중지원 체제의 필요성이 요구되고 있다.

1 아동 · 청소년의 절대 빈곤율과 소득계층간 교육기회 격차의 지속적인 증가

아동 절대 빈곤율은 2001년 5.4%에서 2006년 8.5%로 증가(통계청, 가계조사, 각 연도)하였으며, 1~5분위 간 사교육비 지출격차는 2003년 4.8배에서 2006년 6.1배로 증가하였다.

2 불안정한 가족의 증가와 자녀양육 기능의 약화로 보호 필요 및 위기 아동 · 청소년 증가

인구 1천명당 이혼건수는 1996년 1.7건에서 2007년 2.5건으로 크게 증가하였으며, 한부모 가구수도 1990년 889천 가구에서 2006년 1,370천 가구로 크게 증가하였다. 또한 이혼 당시 20세 미만 자녀수는 1996년 93.5천명에서 2007년 119.6천명으로 증가하였다.

3 아동 · 청소년 가출 경험률 증가

청소년의 가출 경험률은 1999년 8.6%에서 2007년 12.1%로 증가하였음을 볼 수 있다.

4 다문화, 새터민 가정 아동 · 청소년 증가

국제결혼가정 자녀 초 · 중 · 고 재학생 수는 2005년 6,121명에서 2008년 18,769명으로 증가하였고(교육과학기술부, 각 연도), 새터민 아동 · 청소년 입국자(25세 이하) 누적수도 2000년 104명에서 2006년 1,615명으로 크게 증가하였다(통일부).

(2) 아동 · 청소년 안전사고 및 유해환경 증가

후기 산업화 이후 지속적으로 진행되고 있는 도시화는 문명의 발달과 생활의 편리성을 가져왔으나, 지역사회 내 근린관계가 약화되어 과거 전통사회가 가지고 있던 아동 · 청소년에 대한 비행억지력이나 각종 체험기회를 통한 교육적 기능을 상실해 가는 등 공동체 의식이 급속히 해체되고 있다. 향락산업의 번창에 따른 청소년 유해환경이 늘어나고 있으며, 청소년의 비행, 폭력 등이 증가하고 있다. 또한, 서구화된 식습관과 운동부족 등으로 체격은 커지고 있으나 체력은 저하되어 아동 · 청소년의 건강수준이 낮아지고 있다. 이에 아동 · 청소년 안전사고 및 유해환경, 건강위해 요인 증가에 따른 체계적인 안전 · 보호체계의 필요성이 증대되고 있다.

1 아동 안전사고 발생 지속 증가

아동 10만명당 안전사고 사망자수는 2003년 10.6명에서 2006년 8.0명으로 감소 추세에 있으나, 아동 안전사고 발생건수는 2003년 2,342건에서 2006년 4,541건, 가정 내 아동 안전사고 발생건수는 2003년 1,380건에서 2006년 2,762로 증가하고 있다.

2 아동 · 청소년 유해업소 증가

학교환경위생 정화구역 내 유해업소 수는 줄어들고 있으나(2004년 53,940개소에서 2006년 49,317개소), 아동 · 청소년 유해업소 수는 꾸준히 늘어나고 있는 추세다(2004년 682,157개소에서 2007년 760,386개소).

3 아동 · 청소년 유해매체물과 인터넷 중독위험군 증가

아동 · 청소년 유해매체물 결정고시건수는 2005년 21,763건에서 2007년 29,702건으로 증가하였으며, 2007년 현재 아동 · 청소년의 14.2%가 인터넷 중독 위험군으로 파악되고 있다(보건복지부).

4 아동학대 및 실종 등 유해행위 건수 증가

아동학대 신고건수는 2003년 4,983건에서 2007년 9,478건으로 증가하였으며, 인구 1천명당 아동학대 발생수도 2003년 0.26명에서 2007년 0.52명으로 증가하였고, 실종아동(14세 미만) 발생건수도 2006년 7,064건에서 2007년 8,602건으로 증가하였다.

5 아동 · 청소년 성폭력, 성매매, 학교 내 폭력 등 비율 증가

아동 · 청소년(13세 미만) 성폭력 신고 수는 2003년 642명에서 2007년 1,081명으로 증가하였으며(경찰청), 아동 · 청소년 성매매 중 인터넷 매개로 한 성매매 비율이 2002년 68.0%에서 2006년 90.9%로 크게 증가(국가청소년위원회, 각 연도)하였다.

학교폭력 징계 학생 수는 2003년 7,769명에서 2004년 7,488명, 2005년 5,653명, 2006년 6,267명으로 다소 감소 추세이나 학교폭력 문제는 여전히 심각한 실정이다(교육과학기술부).

6 아동 · 청소년의 음주 및 흡연

아동 · 청소년 음주율은 2006년 47.6%, 2007년 46.6%로 약간 감소하는 추세이나 여전히 높은 수준이며, 남자 고등학교의 흡연율은 1997년 35.3%를 정점으로 2007년 16.2%로, 여자 고등학생도 2000년 10.7%에서 2007년 4.8%로, 여자는 1997년 3.9%에서 2007년 2.6%로 감소하였다.

7 아동 · 청소년 비만율 및 정신건강 유해요인 증가

아동 · 청소년 비만율은 1998년 8.7%, 2005년 16.0%로 증가하였다(통계청). 또한, 청소년의 35%가 아침을 거르고, 33%가 지방 위주의 열량 과다 섭취하고 있으며, 아동 · 청소년 체육활동 참가율은 50.2%('94)→ 38.0%('06)로 감소하였고(통계청), 12~14세 아동 · 청소년 스트레스 인지율은 24.1%('98)→ 27.4%('05)로, 15~18세 아동 · 청소년 스트레스 인지율은 33.3%('98)→ 37.1%('05)로 증가하였다(보건복지부).

8 아동 · 청소년 자살시도율 증가

아동 · 청소년(5~24세) 10만명당 자살시도율은 약 5명, 청소년 자살시도율은 약 5%로 나타났다.

(3) 아동 · 청소년의 역량 강화 필요성 증대

출산율의 감소와 평균수명의 연장에 따라 아동 · 청소년 인구가 감소하고 노인인구가 늘어나는 고령화 사회가 본격적으로 도래하고 있다. 1980년 아동 · 청소년(0~24세) 인구는 20,949천명으로 전체 인구(37,407천명)의 56.0%를 차지하였으나, 2009년에는 1,676천명으로 전체 인구 48,747천명의 30.1%로 감소하였으며, 앞으로도 지속적인 감소가 예상된다. 이와 같은 청소년 인구의 감소와 고령화 사회로의 진전에 따라 저출산 대책 등이 주요한 아동 · 청소년 정책의 과제로 등장하고 있다. 이제 아동 · 청소년정책과 사업은 과거 젊은 세대의 여가시간을 활용하는 청소년활동 기회 제공이나 뒤쳐진 아이들을 보호하는 차원을 넘어 젊은 세대의 세대독립을 지원하고 다른 사람과 더불어 살아가는 시민성을 준비할 수 있도록 적극적으로 나서야 한다.

또한, 앞으로 교육개혁과 함께 청소년의 여가시간이 크게 늘어날 것이며, 청소년의 여가문화 활동에 대한 수요가 증대되고, 특히 주말 생활패턴이 획기적으로 변화될 것으로 전망된다.

자유여행 · 아르바이트 · 문화활동 · 레저스포츠 활동 · 수련활동 참가 등 청소년의 활동이 증가할 것이나, 비용 · 시간 등의 이유로 활동에 참가할 여유가 없는 청소년들의 상대적 박탈감이나 청소년 비행의 증가도 예상된다.

1 미래 성장 동력인 아동 · 청소년 인구감소

노인 1명당 부양 젊은 세대 8.2명('05)→ 4.6명('20)→1.4명('50)으로 급감할 것으로 전망된다. 따라서 노인인구 부양을 위한 생산가능 인구의 조세 및 사회보장비 부담 증가로 젊은 세대의 역량 강화가 필요하다. 한편 연금수급자에 대한 가입자의 부양비율은 41.9%('30)로 증가가 예상된다.

2 학습에 대한 낮은 흥미, 낮은 교육 경쟁력

학업 성취도는 높으나 학업에 대한 흥미 · 경쟁력, 학교소속감 등은 낮은 수준이며, 고등교육 경쟁력 취약과 기업요구에 부응하지 못하는 교육 현실이 문제화되고 있다. 한편, 대학진학률은 82.1%('06)로 세계 최고수준이나 IMD(International Institute for Management Development) 경쟁력지표 중 고등교육의 경제사회 요구 부합도는 비교국 61개국 중 50위로 낮은 수준이다.

기업 인사담당자 조사 결과, 대학교육 기업현장 부합도는 전문대 22.4%, 4년제 인문사회계열 23.8%, 4년제 이공계열 37.8%(한국직업능력개발원, 2006)에 불과하며, 대졸 신입사원의 70%가 대학이 기업에서 요구하는 인재를 육성하지 못한다고 응답하였다.

3 세계화 · 정보화 시대로 사회 문화적 역량강화 필요성 증대

성숙한 삶의 질을 구현하기 위해서는 아동 · 청소년의 글로벌 · 디지털 활동 · 문화체험을 통한 사회 문화적 역량 강화가 필요하나 입시위주의 교육으로 아동 · 청소년 활동 · 문화 참여시간이 부족한 실정이다. PISA 조사결과 우리나라 청소년들의 주당 학습량은 49.4시간으로 OECD평균(33.9)보다 15.5시간 많으며, 세계 최장의 학습시간은 보충교육, 사교육으로 인해 발생한다고 할 수 있고, 사교육으로 인한 밤 10시 이후 귀가 중 · 고교생이 전체의 77%로 나타났다(한국청소년개발원, 2006).

4 아동 · 청소년 활동 인프라 부족

청소년수련관 건립 법정목표치 달성비율 61%, 청소년문화의집 건립 법정목표치 달성비율 38%(국가청소년위원회, 2007)이며, 1개 청소년수련시설당 청소년 수는 한국 13,159명, 독일 1,720명, 영국 3,252명, 일본 4,892명(보건복지부, 2008)으로 나타났다.

5 민주시민의식 함양을 위한 아동 · 청소년 참여역량 강화 필요

성숙한 민주시민사회 구성을 위해서는 아동 · 청소년의 권리 · 참여체험을 통한 참여역량 강화가 필요하다. 중 · 고등학교 청소년 중 권리교육 유경험자 비율은 전체의 13.5%이다(한국청소년개발원, 2003). 청소년참여위원회 설치현황 및 설치율은 111개소(45%)('05)→130개소(53%)('06)→146개소(59%)('07)로 나타났으며, 청소년운영위원회 설치현황 및 설치율은 170개소(53%)('05)→210개소(65%)('06)→250개소(78%)('07)로 집계되었다.

청소년 자원봉사 활동현황은 861,142명('03)→1,328,378명('04)→1,529,910명('05)→1,711,209명('06)→2,355,568('07)이 참여했다.

2) 아동 · 청소년 주요정책

(1) 권리보장 및 참여증진

2006년부터 한국보건사회연구원 내 아동권리 모니터링 센터를 설치 · 운영해 오고 있으며 2009년 아동 · 청소년 맞춤형 권리교육 교재를 개발하여 관련 교육기관에 배포하여 권리교육을 실시하는데 사용하고 있다.

(2) 안전 및 보호강화

안전한 생활환경 조성을 위하여 2006년 저출산 고령사회 기본계획에 반영하여 아동 안전사고 예방사업을 추진해 오고 있다.

또한, 유해환경 개선 및 유익환경 조성을 위하여 유해환경 감시단을 운영하고 있으며, 청소년 음주 · 흡연예방을 위한 모니터링 및 사회분위기 조성 제도개선 등을 통하여 노력하고 있다.

유해행위로부터 보호를 위해 전국아동보호 전문기관에서 아동학대 예방사업과 실종예방 및 조기 발견을 위하여 2005년 「실종아동 등의 보호 및 지원에 관한 법률」을 제정하였다.

(3) 건강증진

아동 · 청소년의 건강한 신체발달을 위하여 식생활 및 비만 · 저체중 관리, 질병예방 및 관리, 간접흡연으로부터의 보호 등의 사업을 추진하고 있으며, 정신건강 향상을 위하여 정신질환 예방, 정신건강 서비스 연계체계 강화 및 인식향상 교육 등을 추진하고 있다.

(4) 역량개발

아동 · 청소년의 역량 강화를 위하여 글로벌 인재양성 지원강화, 국내 · 외 아동 · 청소년의 교류프로그램의 다양화, 다문화 수용성 증진 등이 추진되고 있으며, 민주시민 역량 강화를 위한 시민윤리교육, 올바른 경제관 함양지원, 자원봉사 및 동아리 활동 활성화를 지원하고 있다. 또한 진로 및 자립지원과 아동 · 청소년 방과후 활동 프로그램 지원체계 마련, 아동 · 청소년 활동시설의 확충 등으로 활동기반을 강화하고 있다.

(5) 공평한 출발 기회의 보장

아동 · 청소년의 기본생활을 보장하기 위한 경제적 지원은 아동 · 청소년 양육비, 교육비 지원, 장애 아동 · 청소년 부양비 지원, 급식 및 의료비 지원을 들 수 있고 통합적 지원으로는 드림스타트사업, 방과후 활동 지원(방과후 아카데미, 방과후학교, 지역아동센터)과의 연계 강화 등을 추진하고 있다.

그리고 아동 · 청소년의 보호 및 위기관리 강화와 역량 강화와 자립지원, 한부모 · 조손입양 · 위탁가장 지원, 다문화 · 새터민 가족지원사업 등 가족의 유형에 따라 지원 유형을 달리하여 가족해체나 위기 등을 이겨내도록 가족 유형별 지원을 함으로써 공평한 출발 기회의 보장을 위한 노력을 하고 있다.

3) 아동복지의 세계적 동향

오늘날의 세계는 사회 경제적 발달 수준에 따라 선진국, 개발도상국 그리고 저개발국으로 분류되어 양극화 현상을 보이고 있으며 부족별, 민족별 갈등은 새로운 형태의 내전을 야기해 왔으며 르완다, 팔레스타인 지역의 무력 충돌, 보스니아와 중앙아시아에서 계속되고 있는 분쟁상태는 아동들의 생존 보호, 발달에 심각한 영향을 끼치고 있다.

아동을 위한 정상회담 10주년을 맞이하여 2001년 UN은 아동특별총회를 개최했으며 UN총회에 제출한 보고서에 의하면 아동에 관련되어 전 세계가 당면하고 있는 문제를 빈곤, 아동보건, 장애, 교육 및 여가활동, 무력분쟁, 아동노동, 성적학대 등으로 보고 이에 대한 대처방안을 강구할 것을 촉구하고 있다.

지난 10년간 5세 이하 아동들이 예방할 수 있는 질병임에도 불구하고 매일 3만명 연간 1천명이 사망하였으며, 출생아 10명당 1명이 5세 이전에 사망하였으며 매년 1백만명 이상의 15~19세에 해당하는 청소년들이 상해, 질병, 폭력, 자살, 임신 등으로 목숨을 잃고 있는 실정이다. HI/AIDS 감염으로 15세 미만의 1천명의 아동들이 고아가 되어 방치되거나 어린이집에 입소하고 있으며, 또 하나의 심각한 문제로 전세계적으로 1억 5천만명의 장애아동 및 청소년들이 차별과 빈곤, 보건 및 교육기회로부터 소외당하고 있는 실정이다.

부족 또는 민족간의 무력전쟁 등으로 아동과 여성들의 희생을 강요하며 전세계적으로 2천5백만명의 아동들이 무력분쟁으로 그들의 가정으로부터 피난을 떠났으며 30만명의 아동들이 소년병으로 무력분쟁에 투입되고 있다.

아동학대와 방임은 어느 사회계층에서나 발생되고 있으며 특히 매춘, 불법성매매 등 성적학대와 상업적 성착취도 늘어나고 있는 실정이다.

유니세프 한국위원회의 자료 나눔터에 어린이 통계 보고에는 어린이의 생존과 보건, 영양, 모성보건, 신생아, 식수와 위생, 교육, 어린이보호, 에이즈와 관련된 자료가 제시되어 있는데 이를 소개하면 다음과 같다.

(1) 기초자료(2007)

- 세계인구 : 66억 5,540만명
- 18세 미만 : 22억 1,345만명
- 5세 미만 : 6억 2,910만명
- 연간 출생아 수 : 1억 3,577만명

(2) 어린이 생존과 보건

1 5세 미만 어린이 사망률

연간 5세 미만 어린이 사망자 수(2007년)는 920만명(하루평균 25,000명)이며 개발도상국 911만명(99%)이며, 이 중 최빈국은 377만명(41%)이다.

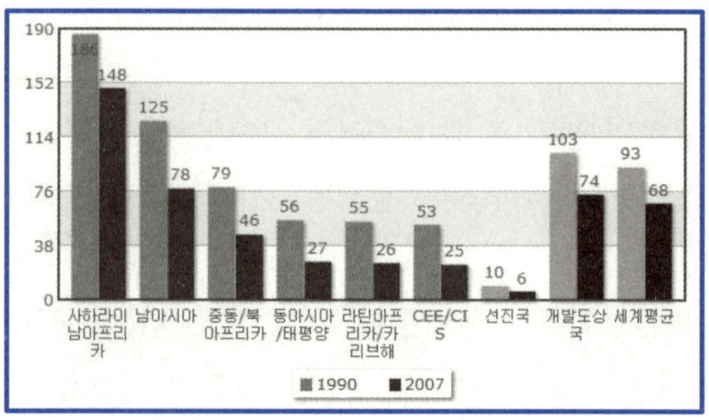

[그림 14-1] 5세 미만 사망률 변화(1990~2007. 1,000명 기준)

지역별 어린이 사망자 수는 어린이 사망률이 가장 높은 지역과 나라는 중서부아프리카(169명/1000명), 시에라리온(262명)이다.

2 보건

① 매년 폐렴으로 인해 사망하는 어린이는 약 3백만명(5세 미만 영아포함)이며 매년 설사병으로 사망하는 5세 미만 어린이는 170만명이다.

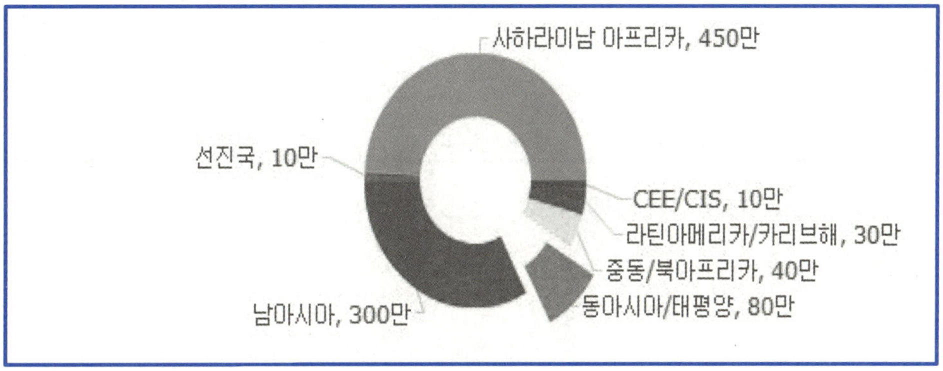

[그림 14-2] 지역별 5세 미만 어린이 사망자 수(명)

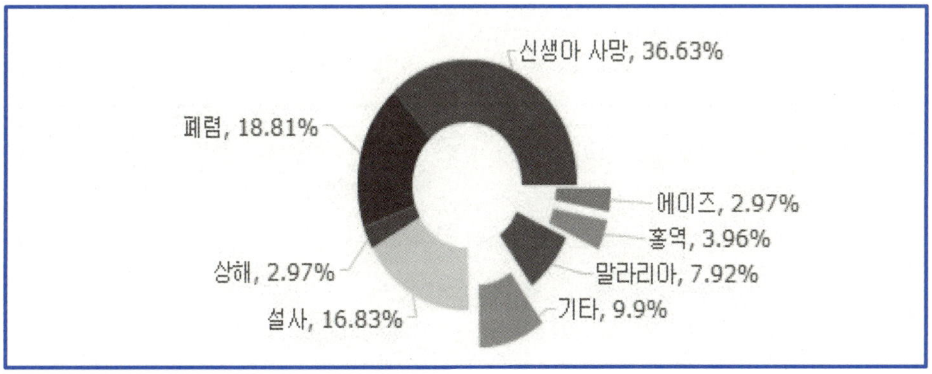

[그림 14-3] 5세 미만 어린이 사망 원인(2000-2003)

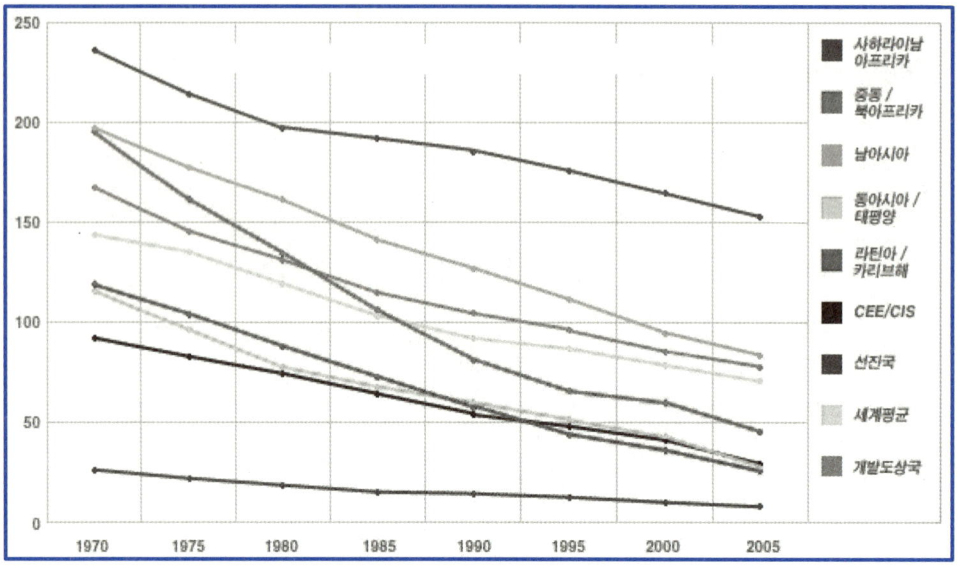

[그림 14-4] 5세 미만 어린이 사망률 추이(1970~2005, 1,000명 기준)

② 매년 설사병으로 사망하는 5세 미만 어린이는 170만명이다.

③ 전세계 30억명의 인구가 말라리아 위험지역에 거주하고 있으며, 매년 말라리아로 인해 1백만명이 사망하며, 이 중 5세 미만 어린이 80만명(대부분 사하라이남 아프리카)이 사망한다.

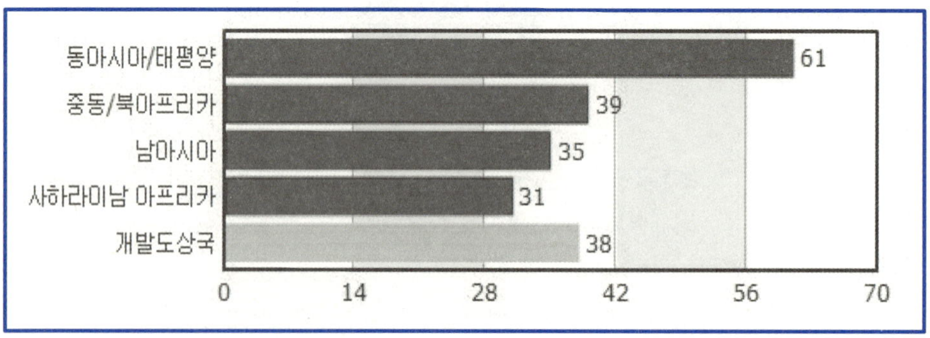

[그림 14-5] 설사병에 걸린 5세 미만 어린이 중 적절한 치료를 받는 비율(%)

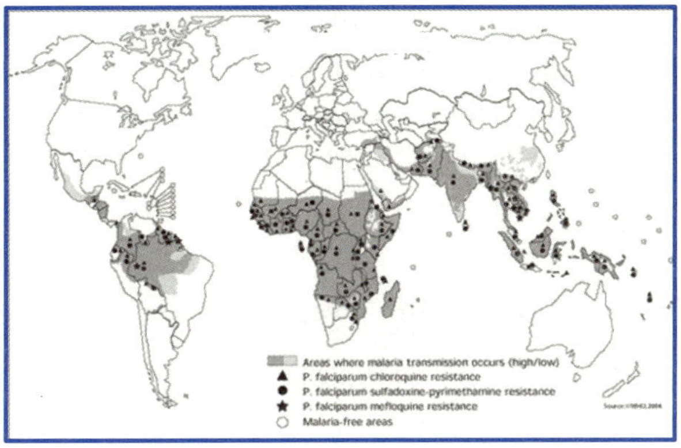

[그림 14-6] 세계 말라리아 위험지역(2004)

④ 전세계 예방접종을 받지 못하는 어린이는 2천 4백만명이다.

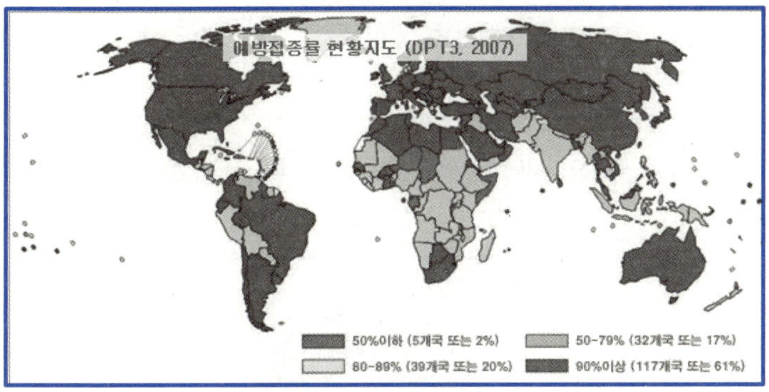

[그림 14-7] 예방접종률 현황지도(DPT3. 2007)

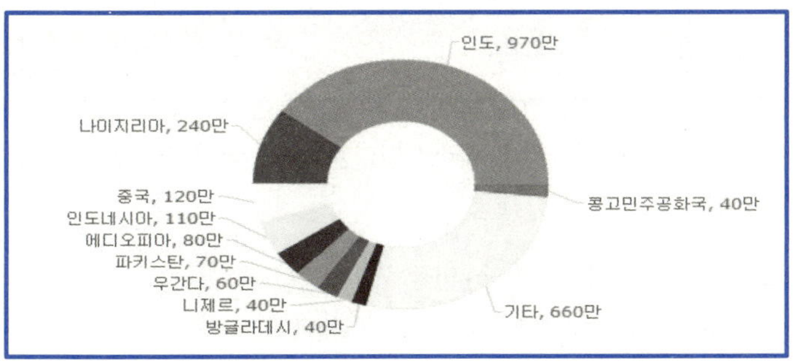

[그림 14-8] 예방접종률이 가장 낮은 나라 10개국 현황(1천 750만명)

※ 예방접종의 기준 : DPT3(디프테리아, 백일해, 파상풍 예방접종 3회 접종시)
※ 기본 6대 질병 : 백일해(pertussis), 어린이결핵(childhood tuberculosis), 파상풍(tetanus), 소아마비(polio), 홍역(measles), 디프테리아(diphtheria)

(3) 영양

① 영양실조로 고통받는 5세 미만 어린이 1억 4천 8백만명이다.
② 저체중아 출산은 어린이는 1천 8백만명이다.

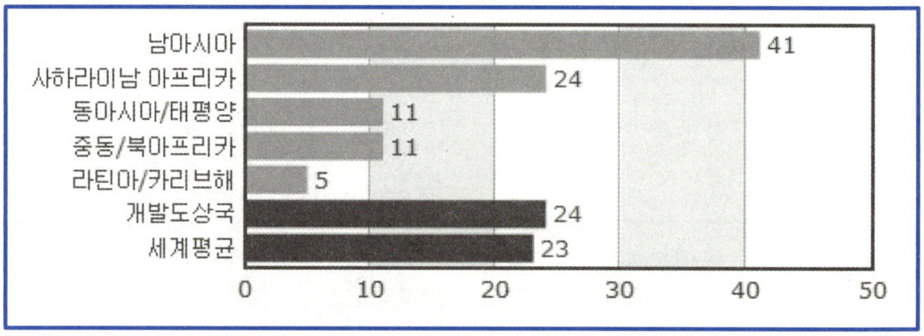

[그림 14-9] 지역별 영양실조 어린이 비율(2000-2007, %)

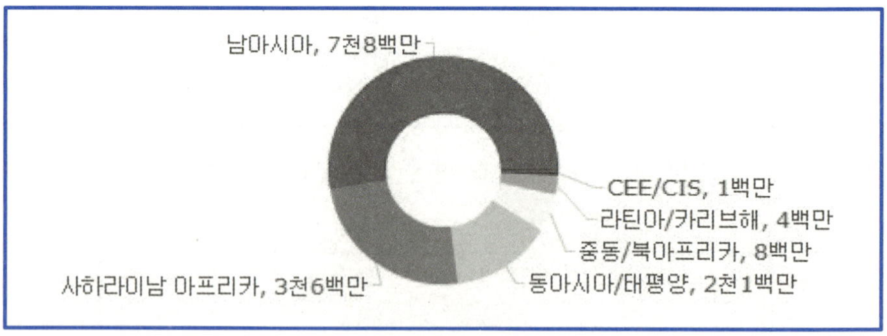

[그림 14-10] 지역별 영양실조 어린이의 수(명)

저체중아 출산율이 가장 높은 나라는 예멘(32%)이다.

※ 저체중아 : 출생시 2.5kg 미만 어린이

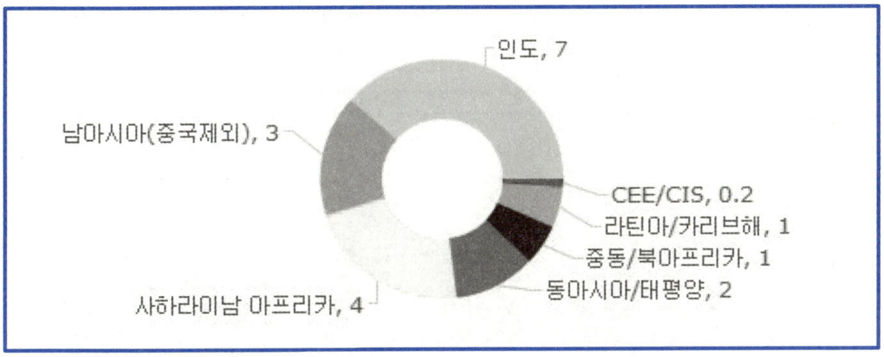

[그림 14-11] 지역별 저체중아 어린이(2000-2007. 백만명)

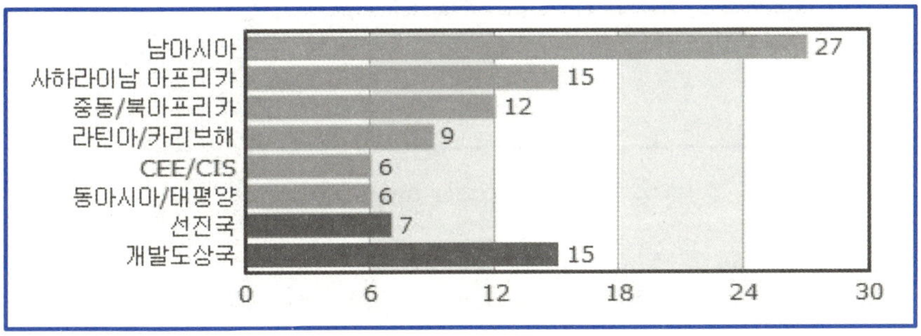

[그림 14-12] 지역별 저체중아 어린이 비율(2000-2007. %)

③ 완전 모유수유율(개발도상국, 생후~5개월)은 39%이다

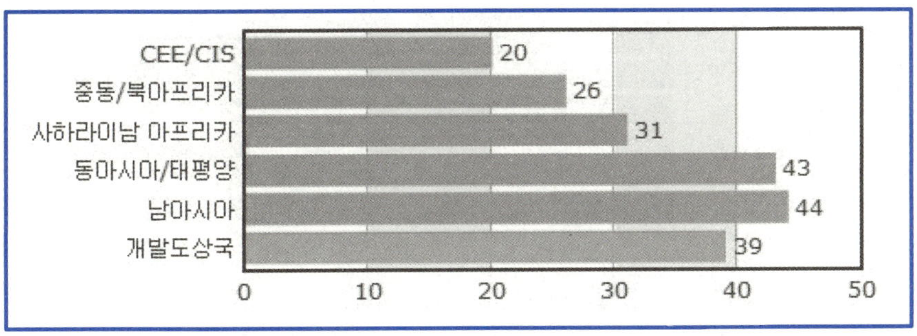

[그림 14-13] 지역별 완전 모유수유율(2000-2007. 0~5개월. %)

※ 중국 제외됨. 라틴아메리카/카리브해 연안국가는 불충분한 자료로 인해 제외됨.

※ 모유수유를 통해 개발도상국 5세 미만 어린이 140만명의 생명을 구할 수 있습니다.

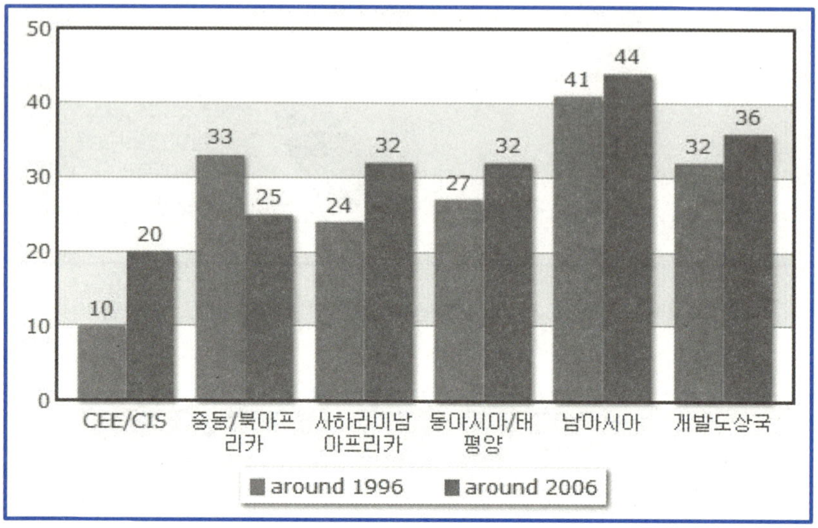

[그림 4-14] 모유수유율의 변화(1996-2006, %)

④ 요드결핍으로 뇌손상 위험에 처한 신생아 수는 3천 7백만명이다.

⑤ 비타민 A 결핍에 걸린 어린이 1억~1억4천만명이며, 비타민 A 결핍 정도가 심각한 수준의 어린이는 4백만명이다. 그리고 철분결핍/빈혈로 고통받는 어린이 수는 20억명이다.

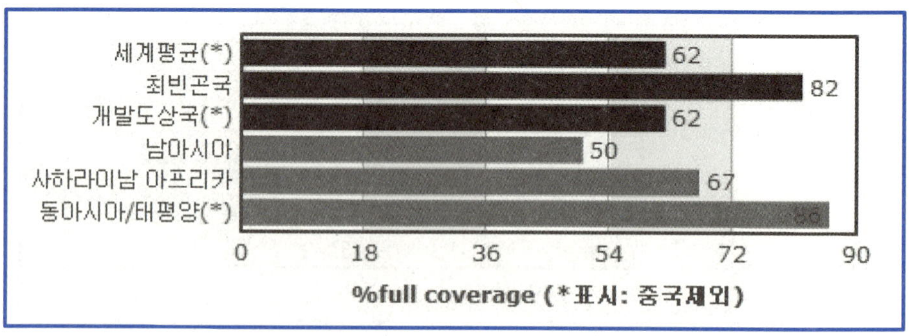

[그림 4-15] 비타민 A를 충분히(2회 이상) 공급받는 어린이 비율: 31%

(4) 모성보건

1 모성사망

임신, 출산 등으로 인해 연간 50만명 이상이 사망(2005년, 536,000명) 하고 있다.

※ 대부분 개발도상국의 모성이며, 절반이 사하라이남 아프리카 모성임.

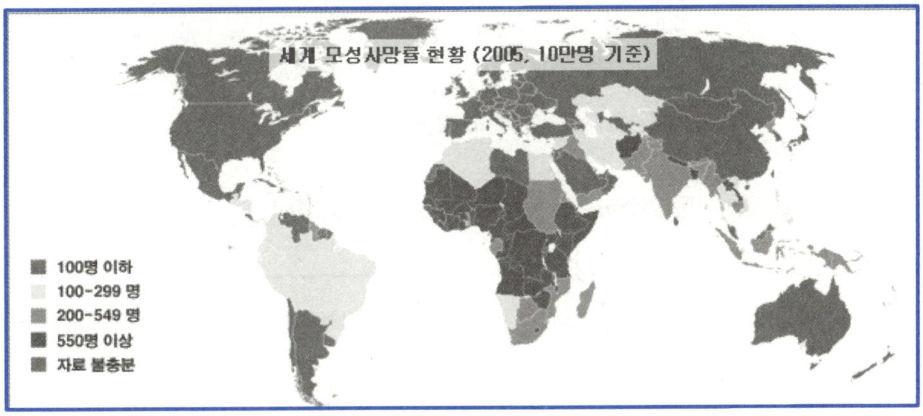

[그림 14-16] 세계 모성사망률 현황(2005, 10만명 기준)

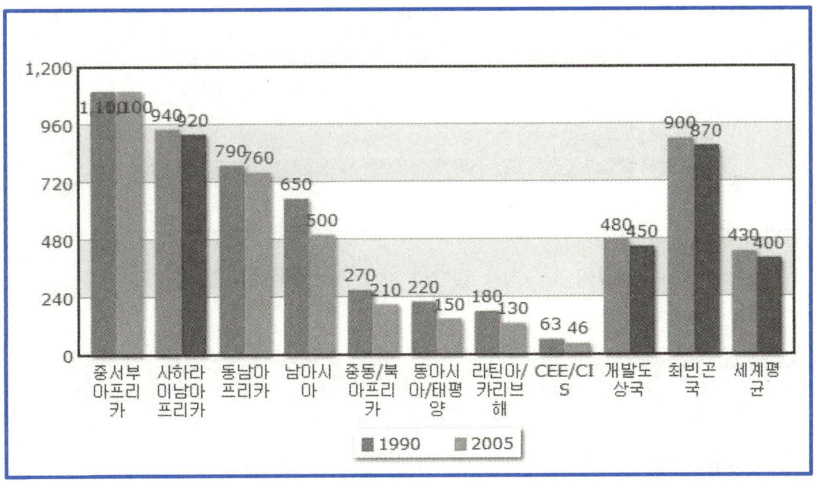

[그림 14-17] 지역별 모성사망률 변화(1990-2005, 10만명 기준)

2 출산지원

연간 출산 중 숙련된 요원의 도움을 받지 못하는 건수는 5천만건이다.

※ 전세계 출산 10건당 4건

※ 여성(15~49세)의 임신 중 1회 이상 의료진료를 받는 비율(지역별, 2000-2007, %)

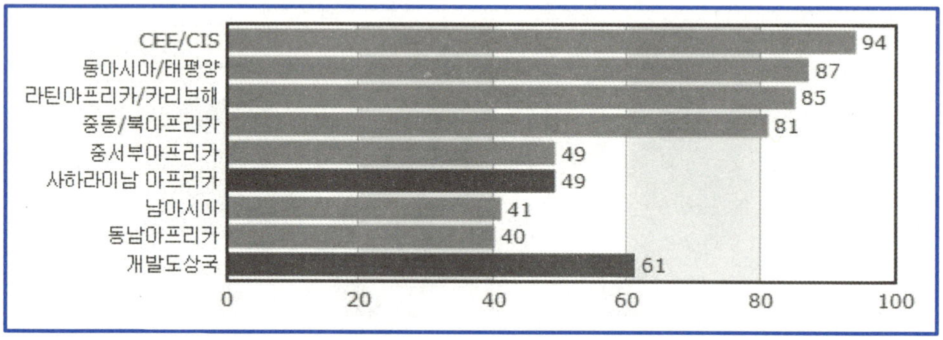

[그림 14-18] 출산시 전문의료원의 도움을 받는 지역별 비율(2000-2007, %)

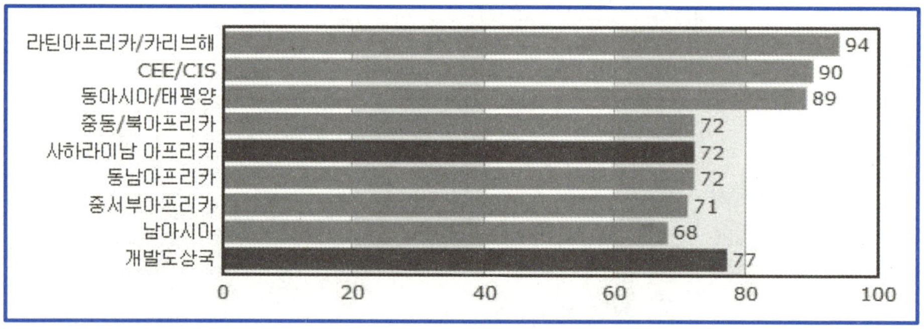

[그림 14-19] 출산전 보호(Antenatal Care)

(5) 신생아

연간 신생아(~28일) 사망수는 약 4백만명이며, 5세 미만 어린이 사망수의 37%에 해당하며 3분의 1 이상이 감염으로 인하여 사망하고 있다.

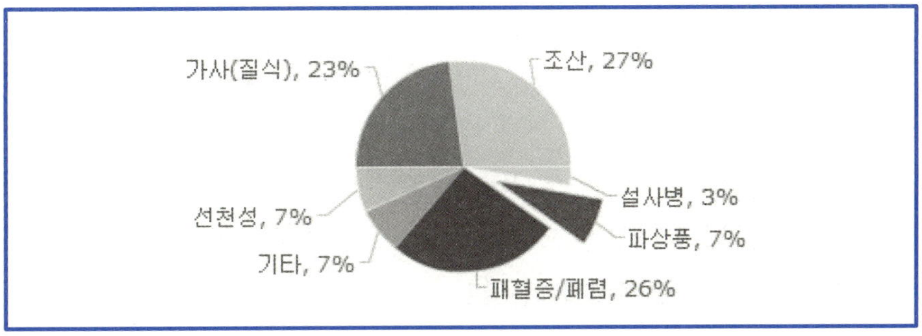

[그림 14-20] 신생아 사망 원인(2000. %)

개발도상국이 선진국에 비해 신생아 사망 위험률이 10배 이상 높게 나타나고 있다.

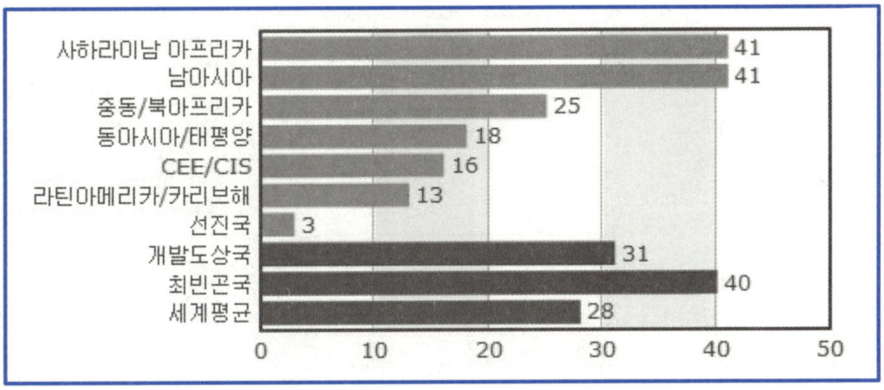

[그림 14-21] 지역별 신생아 사망률(2004년. 1.000명당)

(6) 식수와 위생

1 식수

전세계 안전한 식수를 사용하지 못하는 인구는 8억 8천 4백만명(2006)이다. 이 중 5세 미만 어린이 1억 2천 5백만명, 농촌 7억 4천 6백만명(84%), 도시 1억 3천 7백만명(16%)이다.

전세계에서 안전한 식수를 사용하는 인구는 57억명이다.

오염된 물로 인한 질병은 다음과 같다.

① 설사병 : 연간 40억 건이 발병, 220만명이 사망하며, 대부분 5세 미만 어린이다. 매일 설사병으로 사망하는 5세 미만 어린이는 5천명

② 기생충 : 개발도상국 인구의 10%가 감염

③ 트라코마 : 약 6백만명이 오염된 물로 트라코마에 걸려 실명

④ 주혈흡충병 : 전세계 2억명이 감염

⑤ 콜레라 : 전세계적인 위험질병으로 긴급상황시 특히 위협적임

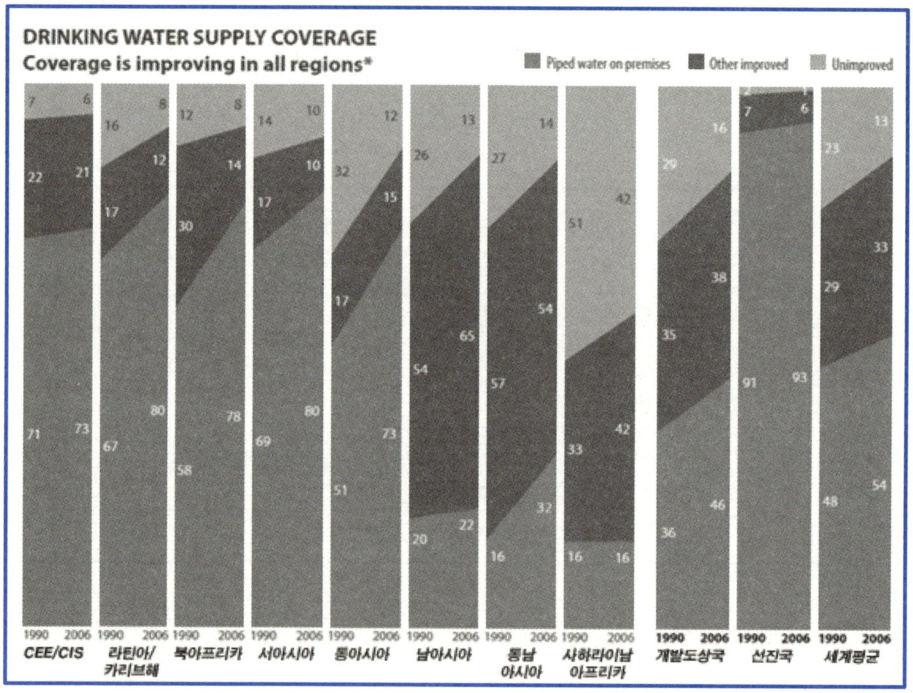

[그림 14-22] 식수 이용률 추이(1990-2006. %)

2 위생

위생적인 화장실을 이용하지 못하는 인구는 25억명이며, 이 중 18억명은 아시아 지역에 거주하고 있으며, 이 중 12억명은 여전히 노천에서 용변을 보고 있다.

위생적인 화장실을 이용하지 못하는 5세 미만 어린이 2억 8천만명 이상이며, 위생적인 화장실을 이용하지 못하는 10명 중 8명은 농촌지역 주민이다.

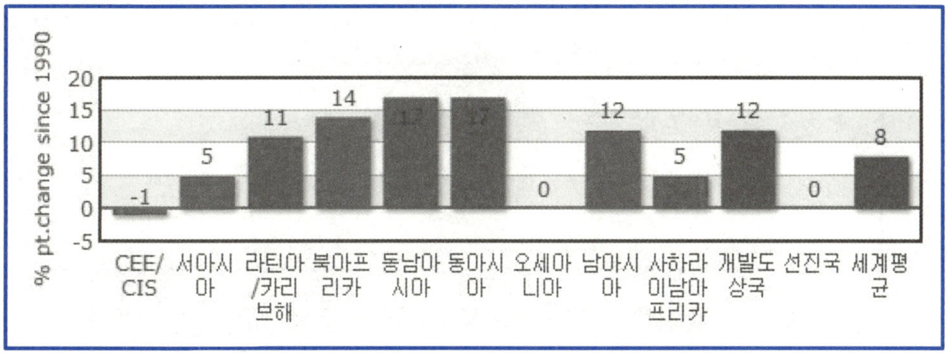

[그림 14-23] 위생적인 화장실 이용 증가율(1990-2006, %)

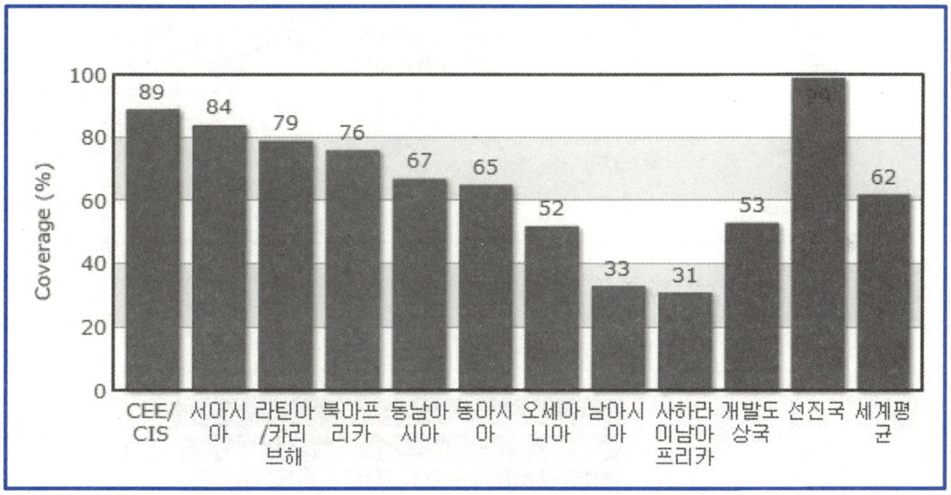

[그림 14-24] 위생적인 화장실 이용률(2000, %)

(7) 교육

초등학교 교육을 받지 못하는 어린이가 1억 1백만명이 되며, 이 중 여자 어린이가 52%(5천3백만명)가 된다. 그리고 전 세계 어린이 중 85% 어린이만 교육을 받고 있다.

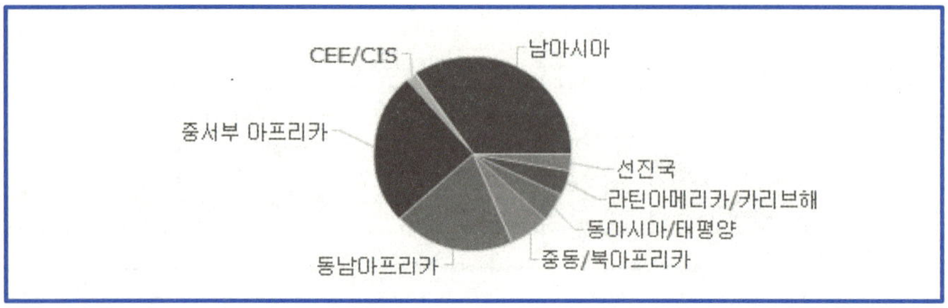

[그림 14-25] 지역별 교육을 받지 못하는 어린이 현황(백만명 기준, 2007)

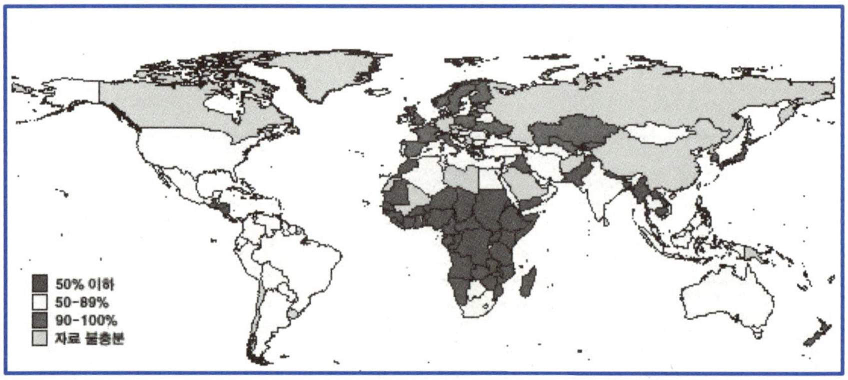

[그림 14-26] 지도로 본 중등학교 진학률(2000-2007)

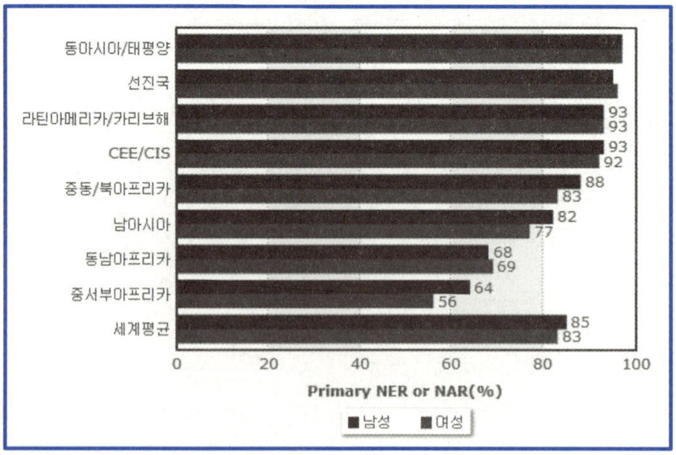

[그림 14-27] 초등학교 교육을 받는 성비(2000-2007)

(8) 어린이 보호

1 출생등록

한 해 출생아 중 등록되지 않는 어린이 5천1백만명이고 이 중 44%가 남아시아 어린이다.

사하라이남 아프리카의 5세 미만 어린이 3명 중 2명은 출생등록이 되지 않고 있다.

표 14-1 지역별 출생아 및 미등록 현황

(2003, 천명, %)

Regional Summaries	연간출생 어린이수(2003)	미등록률 (%)	미등록 어린이 수 (천명)
사하라이남 아프리카	26.879	55	14.751
중동/북아프리카	9.790	16	1.543
남아시아	37.099	63	23.395
동아시아/태평양	31.616	19	5.901
라틴아메리카/카리브해	11.567	15	1.787
CEE/CIS	5.250	23	1.218
선진국	10.827	2	218
개발도상국	119.973	40	48.147
최빈곤국	27.819	71	19.682
세계평균	133.028	36	48.276

2 어린이 노동

노동에 종사하는 어린이 1억 5천 8백만명이다(개발도상국 어린이 6명 중 1명 꼴로 노동에 종사하며, 사하라이남 아프리카 지역이 가장 높은 수준을 보임).

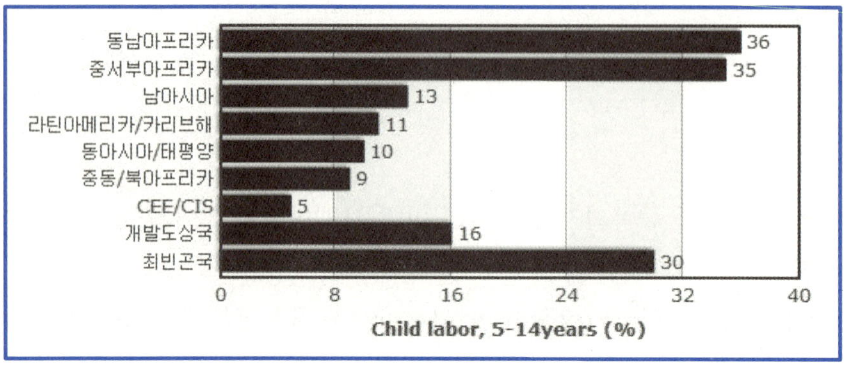

[그림 14-28] 지역별 어린이 노동 현황(5~14세, 1999-2007)

3 조혼

세계 여성(20~24세) 중, 18세 이전에 결혼한 여성의 수는 6천만명이다.

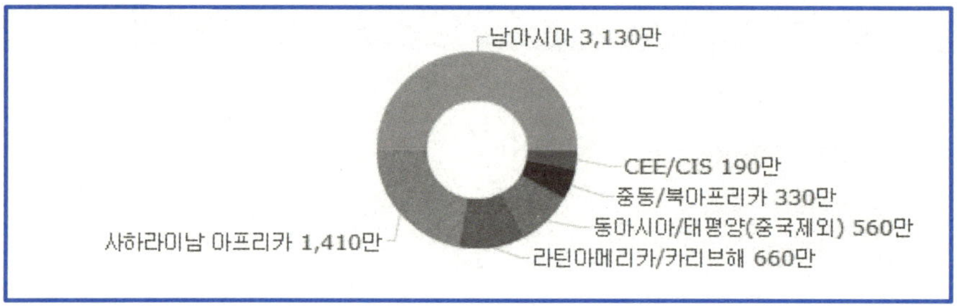

[그림 14-29] 조혼의 지역별 현황(2006)

가난할수록 조혼 위험성이 더 높으며 기니, 말리, 니제르, 차드, 중앙아프리카공화국, 방글라데시의 경우 여성(20~24세)의 60% 이상이 18세 이전에 결혼하였다.

[그림 14-30] 지도로 보는 세계 조혼 현황(1987~2006)

4 여성할례

15~49세 여성 중 여성할례로 고통받은 여성은 7천만명으로 주로 아프리카와 중동지역 27개 나라에 분포되어 있다.

5 어린이 훈육

29개국 조사결과 2~14세 어린이의 86%가 가정에서 체벌을 경험하였으며, 어린이의 5명 중 1명 꼴로 신체학대 수준의 체벌을 경험하였다. 도시, 농촌, 빈부 격차를 떠나 사회 전반적인 양상이다.

한편 매년 인신매매되는 어린이가 120만명이며, 상업적 성착취에 희생되는 어린이는 200만명이다.

6 분쟁과 어린이

분쟁으로 인한 난민의 수가 1,452만명(이 중, 18세 미만 어린이 41%)이며, 분쟁으로 인한 이재민의 수는 2,450만명(이 중, 18세 미만 어린이 36%)이다.

소년병은 측정하기 어려우나, 1998년 이래 징집해제되어 가족의 품으로 돌아간 어린이의 수가 10만명 이상이다.

(9) 에이즈

1 에이즈 현황 요약

전세계 에이즈 감염자 수 3,320만명으로 이 중 성인이 3,080만명(여성 1,550만명)이고, 15세 미만 어린이가 210만명이다(현재 15~24세의 에이즈 감염자 수 : 540만명, 이 중, 사하라이남 아프리카 감염자 수 328만명).

연간 에이즈 감염된 수 270만명으로 이 중 성인이 230만명으로 15세 미만 어린이는 37만명이다. 대부분 태 중, 출산 중 수유를 통해 감염되었다(연간 새로 감염되는 성인 중 15~4세가 차지하는 비율 40%).

에이즈 감염 어린이의 90%가 사하라이남 아프리카 어린이다.

연간 에이즈로 인한 사망자 수 200만명으로 성인 180만명, 15세 미만 어린이

27만명이다.

2 에이즈 고아 1500만명

이 중 사하라이남 아프라카의 에이즈 고아가 1,210만명이다.

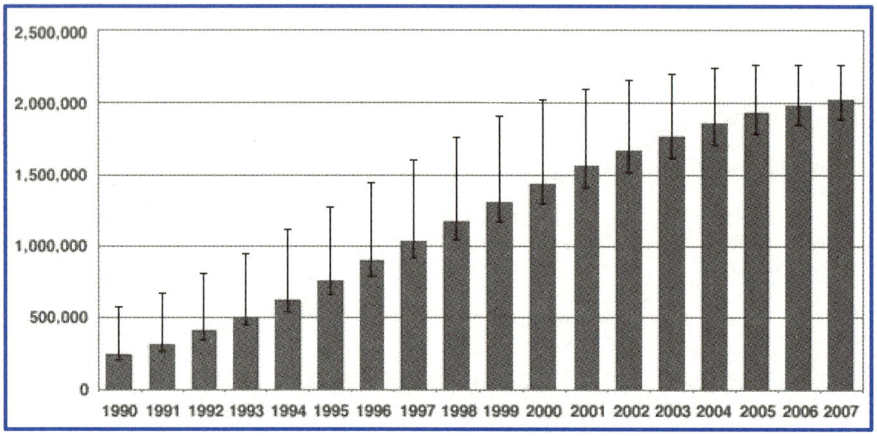

[그림 14-31] 어린이의 에이즈 감염 추세(1990-2007, 명)

2. 아동복지의 과제

1) 일본의 아동복지와 우리의 과제

(1) 일본의 아동복지 정책은 요보호 아동중심에서 전체 일반아동의 건전 육성을 위한 아동상담의 활성화 → 각종 아동놀이, 문화시설, 전문화, 다양화 등이다.

(2) 서구에서 겪고 있는 인구의 격감으로 인한 미래사회의 인력자원 확보를 위해 출산율을 높이고 아동의 건전한 성장 · 발달을 돕기 위해 정부가 적극적으로 개입한다.

(3) 자녀를 가진 가정에 대한 정부의 아동수당과 아동부양수당이 지급된다.

(4) 아동복지 시설의 종류가 매우 다양하며 전문화 되어 있다.

(5) 아동복지법을 포함한 일본 복지의 6법은 조치권자인 정부의 책임으로 의무화 되어 있다.

일본의 아동복지와 비교하여 보완해야 할 한국 아동복지의 과제는 다음과 같다.

① 시설보호 특히 장애아 시설의 경우 장애유형별로 다양한 주거 및 동원시설이 개발되어야 한다.

② 아동상담의 기능과 역할이 강화되어야 한다.

③ 아동수당을 포함한 도움을 필요로 하는 아동들에 대한 정부의 재정적 지원이 강화되어야 한다.

④ 아동학대 예방과 치료를 위한 정부의 제도적 · 재정적 지원과 시민사회의 인식이 재고되어야 한다.

2) 스웨덴의 아동복지와 우리의 과제

(1) 아동 성장 · 발달의 결정적인 시기에 부모가 아동과 함께 지낼 수 있는 시간을 최대한 확보해 줌으로써 아동이 신체적으로나 정서적으로 건전하게 성장할 수 있도록 각종 제도적 장치를 마련하고 있다.

(2) 장기간의 출산휴가와 완전복직을 취업모들에게 보장함으로써 근로의욕을 높이며 출산을 장려하기 위한 각종 혜택을 강화한다.

(3) 낮 동안 보호를 필요로 하는 아동들을 위한 탁아서비스를 취학아동들을 위한 방과후 프로그램으로 확대한다.

(4) 가정으로부터 분리된 요보호 아동들을 시설보호가 아닌 위탁가정 등 가정보호로 대처한다.

스웨덴의 아동복지와 비교하여 보완해야 할 우리나라의 아동복지 과제는 다음과 같다.

① 선 가정 후 시설보호를 정부의 아동복지정책으로 추진하고 있으며, 요보호 아동에 대한 시설보호 대신 소년소녀가정을 위한 정부 및 지역사회의 지원을 확대해야 한다.

② 위탁가정 / 그룹홈 설치의 활성화가 필요하다.
③ 특히 2세 미만의 아동들을 가진 취업모를 위한 보육프로그램 개발이 시급하다.

3) 미국의 아동복지와 우리의 과제

미국의 아동복지는 카두신의 지지적 서비스, 보충적 서비스, 대리적 서비스로 분류되고 있는데 예방적 차원의 지지적 서비스와 보충적 서비스를 치료적 차원의 대리적 서비스에 우선하여 정책적으로 개발해 왔으며, 최근에 이르러 다양한 가정 중심의 서비스가 개발되고 있다.

미국의 아동복지와 비교하여 보완해야 할 우리나라의 아동복지 과제는 시설복지가 대표되는 대리적 아동복지를 대안적 아동복지로 전환시키려는 노력을 강구해야 하며 아동과 부모를 지지하는 서비스로 변화되는 것이 바람직하다.

4) 프랑스의 아동복지와 우리의 과제

프랑스 아동서비스는 가족정책에 포함되어 있으며 아동이 건전한 가정환경에서 양육 · 보호될 수 있도록 가족수당, 유아수당, 재택아동보육수당 등 10여 종이나 되는 각종 수당과 급여를 통한 재정적 지원을 강화해 왔으며 부모로부터 분리된 아동들의 대부분이 시설보호가 아닌 가정위탁보호서비스를 제공받고 있다는 특징이 있다.

우리나라는 프랑스와 유사한 점이 많으며 따라서 프랑스의 변화를 하나의 모델로 수용할 수 있을 것이다.

5) 영국의 아동복지와 우리의 과제

1980년대 미국의 레이건 정부가 사회복지예산을 삭감하면서 아동을 포함한 요보호자들에 대한 정부의 책임을 지역사회와 가정에 전가시키는 보수주의적 정책을 택했던 것과 같이 1980년대 이후 대처리즘은 사회복지 분야에 대한 수혜대상과 급여수준을 축소함으로써 국민보건서비스, 교육 및 주택급여 부분의 사회복지 예산이 감소되면서 경제적 침체를 유발시키고 있는 실정이다.

6) 한국의 아동복지 과제

지역별 분류에서는 우리나라가 속해 있는 동아시아-태평양지역의 보건, 교육, 영양, 경제 등의 수준에서 한국이 매우 높으며 선진국과의 사회지표상의 단순비교에서도 경제를 포함한 일부 분야를 제외하고는 거의 비슷한 수준에 도달하고 있다.

① 건전한 가정은 아동복지의 가장 중요한 전제조건이 된다는 점에서 가족원의 결속력을 통한 가족해체를 예방하기 위한 정부의 요보호가정에 대한 지원이 강화되어야 한다.

② 가정 내의 긴장을 해소하고 가족원의 기능을 강화하기 위한 가족지원 서비스가 다양함으로써 가출, 비행, 기타의 문제행동아의 발생을 예방하여야 한다.

③ 점증되고 있는 사회문제의 하나인 아동학대와 방임의 예방 및 치료를 위한 국민적 홍보, 신고의 확대, 전문가 교육 등이 활성화하여야 한다.

④ 여성 취업률의 증가에 따라 맞벌이 부부들을 위한 탁아서비스가 시설탁아, 가정탁아, 기타 다양한 형태로 활성화되어야 한다.

⑤ 일반 건전 아동 육성을 위하여 출산휴가의 제도적 확대와 복직의 보장, 출산휴가에 있어서 남편들의 유급휴가를 통한 산모보호 등 사회프로그램을 실시하여야 한다.

⑥ 법, 제도적 지원이 강화되어야 한다.

⑦ 아동복지의 발전을 위한 연구가 지속적으로 이루어져야 한다.

⑧ 앞으로의 정부와 지역사회의 아동복지에 대한 투자는 아동이 보호의 대상만이 아닌 권리의 주체로서 아동의 최선의 이익을 우선하는 아동에 대한 적극적인 사회보호와 다양한 여가 및 심성개발을 위한 일반 전체 아동들을 위한 다양한 프로그램이 개발되어야 한다.

3. 아동복지의 전망

1) 아동복지의 전망

(1) 아동복지에 대한 새로운 인식

오늘날 아동복지의 개념은 종전에 가졌던 막연한 자선적 혹은 인도적인 사고와는 달리 좀 더 국가발전에 호응하는 이념, 즉 목적과 가치를 갖는 것으로 그 사업을 위해 전문적 지식과 개념을 새롭게 해야 할 것이다.

아동복지의 목적은 국가발전의 원동력, 국가부강의 기본 및 국가안정의 바탕이라고 할 수 있는 것이다. 가치의 면에서 볼 때 아동복지는 인격 완성의 기초를 마련해 주며, 아동들의 기본권을 보장해 주는 것이다. 또한 실천면에서도 아동복지는 사회복지의 한 분야로서 사회복지의 적극적 활동분야라는 확신을 가진 좀 더 많은 정규적인 훈련과 경험을 쌓은 아동복지 전문가들에 의해서 그 사업이 수행되어야 하겠다.

(2) 다양한 아동복지 프로그램 개발

오늘날 아동복지의 대상은 특수아동으로부터 일반아동에 이르는 모든 아동을 포함하고 있다. 따라서 일반아동의 경우에 있어서도 그들의 건전한 성장 · 발달을 위하여 다양하고 적절한 프로그램과 서비스를 계속 개발해야 할 것이다.

예를 들면 아동공원, 어린이놀이터, 아동회관, 아동도서관, 소년 · 소녀단, 유스호스텔, YMCA YWCA 활동 등을 들 수 있을 것이다. 한편 자신이나 자기 주위환경에 문제가 발생한 아동에 대해 문제해결의 방안을 널리 연구 · 개발해야 할 것이다. 예컨대 아동복지사업을 부모들이 충분하게 수행하지 못하는 부모의 기능을 강화,

보완, 대리하는 것 이라고 할 때, 가정위탁 보호, 입양, 가정상담, 가정조성사업, 보호사업, 아동상담 프로그램, 치료시설 서비스, 사회보장 등의 다양한 프로그램들이 개발되어야 할 것이다.

(3) 아동복지 실천면에서의 새로운 방법과 기능의 활용

우리는 지금까지 불우한 아동들의 의식주을 해결해 주는 데만 급급하였고, 사회적으로 적응할 수 있는 인격형성에 그 목표를 두어야 한다는데 무관심하였다.

선진국의 경우를 보더라도 아동의 시설보호사업에서 그 방법이나 기능에 많은 변화를 가져오고 있다. 우리나라의 경우 일반 육아시설에 있어서도 기능이나 방법이 새로이 검토되고 활동됨으로써 우리가 당면한 많은 청소년 문제, 특히 시설아동들의 고질적인 문제를 해결할 수 있을 것이라 생각한다. 또한 아동전반에 관한 가정생활, 건강, 교육, 종교, 오락, 노동 및 기타 특수한 보호 등을 종합적으로 고려하는 프로그램이나 서비스를 주도록 해야 한다. 더 나아가 특히 방법 면에서 단순한 보호중심적 형태에서 전문적인 사회복지방법론을 채택한다면 더욱더 성공적인 아동복지를 이룩할 수 있을 것이다.

(4) 공적 및 사적 기관운영의 조화적 발전

아동복지사업이 공적이어야 하느냐, 사적이어야 하느냐 하는 문제를 일률적으로 어느 것이 좋다고 규정짓기는 어려운 문제이나, 아동복지사업의 성격이나 경향에 따라서는 공적인 것이 주가 되고 사적인 것이 부가되거나 또는 그 반대인 경우가 되기도 하는데 이들은 서로 조화를 이루고 분담을 하여 발전해야 할 것이다. 아동복지행정이 잘 이루어져 나가고 있는 국가들의 경우 가장 기본적인 프로그램은 모두 정부가 공적부조로 시행하고 있다.

(5) 충족되지 않은 욕구 개발과 그 평가활동의 촉진

우리가 참된 아동복지를 실천하기 위해서는 다양한 욕구의 개발과 현존 프로그램의 정확한 평가 작업을 통해서 올바른 아동복지 활동에 공헌할 수 있어야 한다.

아동들의 욕구와 그에 맞는 서비스 등을 계속적으로 조사 · 평가하여 과학적인 문제 해결 방법을 통해서 그 문제를 해결해야 할 것이다.

(6) 재원과 아동복지 전문 인력의 확보

현재 아동복지사업에 쓰여 지고 있는 재원의 할당은 아직도 부족하여 이에 대한 자립 확보 방안의 강구가 시급하다. 또한 정부, 학교, 민간단체들로서 아동복지 전문요원의 선정 및 훈련과 이미 훈련받은 요원에 대한 법적인 면이나 자격면의 대책이 속히 수립되어야 하겠다.

2) 한국사회의 미래와 휴먼뉴딜

휴먼뉴딜은 이명박 대통령의 대선 캠프에서 사회복지 분야정책을 개발할 때 '생애 디딤돌 7개 프로젝트'를 만든 것으로 태어나서 죽을 때까지 잘 살아갈 수 있도록 '디딤돌'을 놓아준다는 종합적인 인적 투자로 중산층을 두텁게 만들자는 프로젝트이다.

휴먼뉴딜과 관련한 보건복지부의 정책은 '중산층 탈락방지', '중산층 진입촉진', '미래중산층 육성(아동 · 청소년투자)'들 세 가지를 '휴먼뉴딜' 정책 축으로 확정했다.

본 장에서는 아동복지의 전망을 조망해 보기 위하여 보건복지부의 한국 사회의 미래와 휴먼뉴딜이라는 주제의 내용 중 아동 · 청소년 관련 내용들을 발췌 정리하였다.

(1) 휴먼뉴딜 개념

1 개념

① 휴먼뉴딜은 경제위기 극복과 함께, 사회통합과 미래성장 잠재력 확충을 위하여 모든 국민의 '의지와 역량개발'을 지원하고 공정한 '경제 · 사회활동 참여기회'를 보장하는 사회분야 국정운영 기조이다.

② "빈곤에 대한 물적 지원에 더해 그들의 역량(capability)을 키울 수 있는 기회,

교육, 건강, 영양상태, 선택의 자유를 배려하는 것이 중요하다." -1998년 노벨 경제학상 수상자 아마티아 Sen교수

③ "자생적 경제 성장과 사회 발전을 위해서는 인적 자본 축적이 필수적이며, 아동의 역량개발을 위한 투자는 향후 사회비용의 절감이다."-2000년 노벨경제학상 수상자 Heckman 교수

2 휴먼뉴딜 핵심가치

① 의지 : 일하고 공부하고 성공하고 싶은 의지가 있거나 의지가 생기도록 하여 국민 각자의 꿈을 실현할 수 있는 국가

② 역량 : 경제적 · 인지적 · 신체적 · 정서적 대응능력 향상을 위한 생애주기별 연속적 지원

③ 기회 : 누구나 건전하고 건강한 생산 활동에 참여하는 시민으로서 사회에 기여할 수 있는 기회 보장

3 휴먼뉴딜 추진원칙

표 14-2 휴먼뉴딜 추진원칙

구분	과거정책기조	휴먼뉴딜 정책방향
내용	단순보호 중심 사회안전망	역량개발과 일을 통한 도약 [트램폴린형 사회안전망]
	사후대응적 접근	조기개입 및 사전예방적 접근
	개인단위 단절적 지원	가족단위 통합지원

① 트램폴린(Trampoline)형 사회안전망은 사회에서 뒤쳐진 사람들을 붙잡아 주고 다시금 경제활동 인구로 들어갈 수 있도록 유지시켜 주는 복지제도의 관점

② 사회 안전망(Social Safety Net)-트램폴린(Trampoline)-생업 · 취업활동(Trapeze) 3가지 차원(T. Friedman, 2002)

④ 비전 및 추진목표

① 비전 : 휴먼뉴딜 정책을 통한 중산층 복원과 미래 성장 잠재력 확충

② 핵심가치 : 역량, 의지, 기회

③ 3대 추진목표 : 중산층 탈락방지, 중산층 진입 촉진(트램폴린형 사회안전망), 미래두터운 중산층 만들기

④ 6대 추진방향 : 가구 총소득 확대, 가계지출 부담경감, 경제위기가구 중산층 조기재진입, 적극적 빈곤탈출, 아동의 역량 최대화, 가난 대물림 끊기

⑤ 주요정책 대상 : 중산층 983만 가구(59%), 저소득층 344만 가구(20.6%), 저소득층 · 중하층 아동 · 청소년(33%) 430만명

⑤ 타 제도와의 관계

① 사회적 보호시스템과의 관계 : 기초적 사회안전망은 지속적으로 내실화한다는 것을 전제로 새로운 사회적 위험(new social risks) 대응과제 포괄

② 적용범위 : 개인, 가족, 지역사회의 역량 강화에 가장 밀접한 복지 · 건강 · 교육 · 고용훈련 등 휴먼인프라 분야

(2) 복지정책의 추진현황

① 일생에 걸친 주요 보건복지정책

① 임신출산-난임시술, 예방접종, 산모 도우미

② 영유아보육-보육료지원, 양육수당, 아이돌보미

③ 아동 · 청소년-드림스타트, 방과후 통합돌봄, 드림스타트 디딤씨앗통장, 아동급식, 장애아동재활, 아동인지 · 건강관리

④ 가족-한부모, 미혼모, 다문화가족 맞춤형 지원

② 영유아보육

① 보육료 지원확대 : 보육료 전액지원 확대

-0~5세 아동 대상 지원기준 완화('08) 차상위 계층(39만명)→('09)소득하위 50%(61만명)

-차등보육료 지원 확대-영유아 가구 소득하위 70%(436만원) 이하 ('08)62만명 →('09)79만명

-둘째아 보육료 지원-(지원기준) 소득하위 70%(436만원) 이하 영유아 가구 중 2자녀 이상 동시에 어린이집 또는 유치원 이용시 (지원기준) 둘째아부터 보육료 50% 지원

② 어린이집 미이용 아동 양육수당 지원

-지원대상 : 차상위 이하 가정 만 0~1세아(11만명)

-지원내용 : 매월 10만원 지원

('08 기준) 영유아 274만명 중 약 42%(116만명)는 어린이집 유치원 미이용

③ 보육서비스 이용 : I -사랑카드 도입('09 9월)

-추진배경 : 어린이집 이용 부모에게 전자바우처 발급→보육서비스 선택의 기회 확대

-발급대상 : 약 90만명 - 어린이집 약 33천개소

④ 어린이집 종사자 처우개선

-특별근무수당지원 : 농어촌 지역 보육교사 대상 월 11만원

-대체교사 파견 : 보육교사 휴가, 보수교육 등 대비 450명

-어린이집 안전공제회 : 안전사고 예방 및 보상 체계화

3 아동 · 청소년

① 취약계층 아동지원 강화

표 14-3 취약계층 아동지원 강화

구분	드림스타트 사업확대	디딤씨앗통장(CDA)
지원대상	저소득층 아동	요보호 아동 (시설보호가 필요한 아동위주)
지원내용	보건, 복지, 교육, 문화 등 맞춤형 통합 서비스 제공	자립자금 지원을 위해 아동에 대한 후원금과 정부지원을 1 : 1로 매칭
추진내용	('08)32개 지역(22천명) ('09)75개 지역(52천명)	통장발급 34천명 적립총액 301억원

② 방과후 돌봄 및 아동급식 지원

-방과후 돌봄 : 맞벌이 및 한부모 가구 등의 방과후 나홀로 아동 · 청소년에게 지역아동센터(초등학생), 방과후 아카데미, 보육 등으로 지원

-결식아동 지원 : ('08)29만명→('09)45만명 총 16만명 확대(421억원)

③ 아동에 대한 사회서비스 확대

-돌봄서비스 지원강화 : 아이돌보미(84천 가구), 산모신생아 도우미(59천명) 등

-건강 · 인지능력 향상 : 아동 인지능력 향상, 건강관리, 장애아동 재활치료사업 등

4 가족지원

① 한부모 가족 자녀양육 지원

-양육비 지원 : ('09)10세 미만→12세 미만 아동 월 5만원 지원

-교육비 지원 : 고교 입학금, 수업료

-부모법률구조사업 : 비양육 배우자에 대한 자녀양육비 청구소송 지원

② 한부모 및 미혼모 자립지원

-복지자금대여 : 저소득 한부모 가구에 저리(연 3%)로 2천만원 한도 내 창업자금 융자

-미혼모 공동생활가정 지원 : 자녀양육 미혼모에게 주거 제공 및 자립프로그램 실시

③ 가족친화 사회환경 조성지원

-가족친화 우수기업 인증제 : 탄력적 근무, 자녀출산 양육지원 우수기업에 부여('08-14개업체)

생각해보기

1. 현재 우리 주변의 아동 · 청소년에게 가장 필요한 과제는 무엇인가 토론해봅시다.

2. 한국 사회의 휴먼뉴딜에서 아동관련 정책을 살펴보자.

참고 문헌

강란혜 외(2005). 아동복지론. 서울 : 대왕사.

강명득(2006). 재외동포의 법적지위 및 출입국관리 현황과 전망. OK times ; Overseas Koreans time 통권 제152호(2006. 7), pp. 11-14.

강문희 외(2006). 영유아 발달의 이해. 서울 : 신정.

강문희 · 김매희 · 이경희 · 정정옥(2000). 야간 및 24시간 보육실태 및 요구도 조사연구. 영유아보육학 제22집. 27-55.

강지나(2007). 학교사회복지사의 역할에 관한 연구. 가톨릭 대학교 사회복지대학원 석사학위 논문.

강현주(2007). 학교사회복지에서의 사례관리 실천방안에 관한 연구. We Start 사업의 사례를 중심으로. 서강대학교 공공정책대학원 석사학위 논문.

강휘원(2006). 한국 다문화사회의 형성 요인과 통합 정책. 국가정책연구, 20(2) : 5-34.

건강가정기본법 실무팀(2004a). 건강가정지원센터 운영 관련세미나 1차 자료집.

건강가정기본법 실무팀(2004b). 건강가정지원센터 운영 관련세미나 2차 자료집.

건강가정기본법 시행령과 시행규칙.

건강가정지원센터 사업보고대회(2007). 중앙건강가정지원센터.

건강가정지원센터 운영가이드북(2008). 중앙건강가정지원센터.

건강가정지원센터 종사자 Workshop 자료집(2005). 중앙건강가정지원센터.

고성혜(1992). 아동학대 개념규정 및 아동학대에 대한 모 · 자녀의 지각성향. 서울대학교 박사학위 청구논문.

공계순(2009). 아동복지론. 서울 : 학지사.

공계순 · 박현선 · 오승환 · 이상균 · 이현주(2003). 아동복지론. 서울 : 학지사.

공인숙 외(2002). 영유아보육론. 서울 : 교육과학사.

공인숙 · 한미현 · 김영주(2002). 영유아보육론. 서울 : 교육과학사.

공재성 외(2008), 하늘과 맞닿은 바람의 나라 몽골. 서울 : 이른아침.

공창숙(2006). 방과후 아동지도 총론. 경기 : 양서원.

곽영숙 · 홍강의(1989). 아동학대 현상의 개념. 정신건강연구(한양대학교 정신건강연구소), 6, 37- 52.

교육과학기술부(2008). 방과후 활동사업 간의 연계협력을 통한 교육안전망 구축방안 연구.
교육과학기술부(2009). 2009년 교육과학기술부 통계.
구자헌(1984). 한국사회복지사. 서울 : 홍익재.
______(1989). 아동복지. 한국사회복지연구소.
권영미(2000). 부모의 이혼이 자녀의 자아존중감과 사회성에 미치는 영향. 중앙대학교 대학원 석사학위 논문.
금명자 외(2006). 다문화가정 청소년(혼혈청소년) 연구-사회적응 실태조사 및 고정관념 조사. 한국청소년상담원 편.
김경옥(2002). 우리나라 보육정책의 실태와 개선방안. 영남대학교 대학원 석사학위논문
김경희 외(2006). 보육학개론. 서울 : 창지사.
김계현 외(2000). 학교상담과 생활지도. 서울 : 학지사.
김광일 · 고복자(1987). 아동구타의 발생률 조사. 정신건강연구(한양대학교 정신선강연구소), 6, 66-81.
김기환(1996). 학생복지를 위한 학교사회사업의 필요성. 한국아동복지학, 4, 159-185.
김달님(2001). 학교 내 학교사회복지사의 역할에 관한 사례연구. 가톨릭 대학교 사회복지대학원 석사학위 논문.
김달호(2008). 우리나라 영 · 유아 보육사업 개선방안에 관한연구. 인제대학교 행정대학원 석사학위 논문.
김명희(2008). 아동복지론. 서울 : 교문사.
김성경 외(2007). 아동복지론. 경기 : 양서원.
김성경 · 김혜영 · 최현미(2009). 아동복지론. 경기 : 양서원.
김승권 외(2009), 2009년 전국 다문화가족실태조사 연구.
김승권(2010). 한국다문화가족의 사회경제적 특성과 정책적 함의.
김아영(2006). 초등교사의 다문화 교육 인식 실태조사. 서울교육대학교 석사학위 논문.
김연진 · 한성심 · 윤혜경 · 최진원 · 현미숙(2004). 보육학개론, 서울 : 동문사.
김영임(2002). 이주노동자 가족의 자녀양육 실태와 지원방안. 성공회대학교 석사학위 논문.
김영종(2002). 사회복지행정. 서울 : 학지사.
김익균 외(2002). 아동복지론. 서울 : 대학출판사.
김인숙(2003). 가족지원기본법(안) 제정의 배경과 내용. 한국사회복지학회 정책토론회 자료집, 1-20. 국회헌정기념관.
김재인(1996). 초등학교에서의 방과후 아동지도 프로그램. 아동연구 제10권, 107-152.
김재인 · 이향란(2004). 외국의 방과후 아동보육제도연구. 한국여성개발원.
김정원 외(2005). 외국인 근로자 자녀교육복지 실태 분석 연구. 한국교육개발원.
김정원(2006). 국내 몽골 출신 외국인 근로자 자녀 학교교육 실태 분석. 교육사회학연구, 16(3) : 95-129.
김종해(2004). 영유아보육법 개정의 의미와 과제. 한국사회의 바람직한 유아보육/교육을 말한다. 대한 YWCA 연합회 사회문제포럼, 2004. 5. 12.

김준성(2008). 상담능력 향상을 위한 대화기술 교육 방안에 관한 연구 : 군 초급간부 중심으로. 원광대학교 산업. 경영대학원 석사학위 논문.

김진숙(2003). 영 · 유아 보육서비스 발전방안에 관한 연구. 중앙대학교 행정대학원 석사학위 논문.

김진이(1999). 포괄적 보육프로그램 개발을 위한 보육욕구에 관한 연구. 연세대학교 대학원 박사학위 논문

김현용 외(2001). 현대사회와 아동 : 아동복지의 시각에서. 서울 : 소화출판사.

김혜경 외(2006). 가족복지론. 서울 : 공동체.

김혜련(2010). 다문화가족의 건강 및 보건의료실태와 정책과제.

김혜영(1990). 아동학대 관련변인에 관한 연구 : 가출아동과 일반아동간의 비교. 이화여자대학교 석사학위 청구논문.

김호순 · 황진구 외(2006). 청소년 방과후아카데미 시설환경모델 개발. 한국청소년 개발원 연구보고(수시과제), 06-R 18.

김홍원 외(2007), 2006 방과후학교 성과분석 연구 수탁연구 CR 2007-13. 한국교육개발원.

남세진(1995). 한국사회복지의 선택. 파주 : 나남출판사.

남영옥 · 이경희(2005). 야간방과후 아동보육에 관한 탐색적 연구. 방과후아동지도연구, 2권(2), 8. 한국방과후아동지도학회.

노병일(2008). 아동복지론. 경기 : 공동체.

노충래 · 홍진주(2006). 이주노동자 자녀의 한국사회 적응실태 연구 : 서울경기지역 몽골출신 이주노동자 자녀를 중심으로. 한국아동복지학 22 : 127-159.

노혜련(1998). 아동권리 국제협약의 시각에서 본 한국아동의 인권. 파주 : 나남출판사.

______(2002). 사회복지학개론. 8. 169-172. 서울 : 학지사.

도미향 · 남연희 · 이무영 · 변미희(2006). 아동복지론. 경기 : 공동체.

동승자(2000). 이혼가정 아동의 통제소재, 스트레스 대처행동과 우울 · 불안의 관계. 가톨릭대학교 대학원 석사학위 논문.

문선화 외(2009). 한국사회와 아동청소년 복지. 경기 : 양서원.

박경일 외(2004). 사회복지학 강의. 경기 : 양서원.

박경일 · 김경호 외(2003). 사회복지학 강의. 경기 : 양서원.

박병호(1996). "가족정책의 방향" : 한국가족정책의 이해. 서울 : 학지사.

박성수 외(2000). 상담심리학. 한국방송통신대학교 출판부.

박성수(1995). 생활지도. 서울 : 정민사.

박옥임 외(2008). 가족복지론. 서울 : 청목출판사.

박원길(1999). 몽골의 문화와 자연지리. 민속원.

박인규(2009). 방과후 아동지도 프로그램에 대한 부모만족도 연구 : 포항지역을 중심으로. 경안신학대학교대학원 석사학위 논문.

박정란 · 서홍란(2001). 아동복지론. 경기 : 양서원.

박종보 · 조용만(2006). 다문화가족지원법 마련을 위한 연구. 여성가족부.

박종삼 외(2002). 사회복지학개론. 서울 : 학지사.
박지혜 · 공선영 · 홍훈식(2006). 2005 경기가족여성통계. 경기도가족여성개발원.
박현숙(2007). 한국 방과후 아동지도의 활성화 방안. 서울스포츠복지대학원대학교 석사학위 논문.
배화옥(2010). 아동과 복지. 서울 : 신정.
보건복지가족부(2010). 2010년 보육사업안내.
보건복지가족부(2010). 2010년 보육통계. 보육정책과.
보건복지가족부(2010). 청소년 백서.
보건복지가족부 · 1391 중앙아동보호전문기관(2009). 전국아동학대현황보고서.
보건복지부(1999). 보육사업안내. 보건복지부.
보건복지부(2005). 2005년 아동복지사업안내.
보건복지부(2007). 2007년 아동복지사업안내.
보건복지부(2010). 2010년도 아동청소년복지사업안내. 보건복지부.
보건복지부(2014). 전국지역 아동센터 실태조사보고서. 지역아동센터중앙지원단.
보건복지부(2014). 2013년 보육통계.
빈부격차 · 차별시정위원회(2006). 여성 결혼이민자 가족의 사회통합 지원대책.
사미경(2005). 아동복지에 있어서 Montessori교육이 아동발달에 미치는 영향에 대한 연구. 취학전 아동을 중심으로. 세종대학교 행정대학원 석사학위 논문.
서영숙 외(2007). 보육과정. 경기 : 공동체.
서영숙 외(2010). 방과후 아동지도. 경기 : 양서원.
서영숙 · 김경해(1999). 영유아보육론. 경기 : 양서원.
서영숙 · 김경혜(2003). 영유아보육론. 경기 : 양서원.
서영숙 · 허정경. 오현주(2007). 방과후 아동지도론. 경기 : 양서원.
서운 외(2005). 사회복지학의 이해. 서울 : 학지사.
서울대학교 사범대학교육연구소(1981). 교육학용어사전. 서울 : 배영사.
서은주(1992). 아동학대 발생 현황과 관련변인에 개한 연구. 계명대 대학원 석사학위 청구논문.
서혁(2007). 다문화가족 현황 및 한국어교육 지원방안. 이화여자대학교 석사학위 논문
설동훈 외(2005). 국제결혼 이주여성 실태조사 및 보건 · 복지지원 정책방안. 보건복지부.
설동훈(1999). 외국인 노동자와 한국사회. 서울대학교출판부.
설동훈 · 이혜경 · 조성남(2006). 결혼이민자 가족실태조사 및 중장기 지원정책방안연구. 여성가족부.
설동훈 · 최홍엽 · 한건수(2002). 국내 거주 외국인 노동자인권실태조사. 국가인권위원회.
설동훈 · 한건수 · 이란주(2003). 국내 거주 외국인 노동자 아동의 인권실태조사. 국가인권위원회.
성영혜 · 윤석희 · 이경화(1995). 부모교육. 서울 : 문음사.
송명자(1996). 발달심리학. 서울 : 학지사.
송인섭(2004). 교육심리학. 경기 : 양서원.

송주미(1998). 한국 아동복지관의 변천과정 연구 : 정책 분석을 중심으로. 숙명여자대학교 대학원 박사학위 논문.
신연호(1993). 아동학대의 실태와 대책에 관한 연구. 청주대학교 석사학위 청구논문.
신영화(1986). 한국아동학대의 사회, 인구 및 가정환경 특성에 관한 연구. 서울대학교 석사학위 청구논문.
신혜영 · 유민임(2009). 방과후 아동지도. 서울 : 창지사.
심리학사전(1970). 공진출판, 190-191.
심인선(2010). 결혼이민자의 취업 및 직업훈련실태와 정책과제
쑤팟뜨라 쑤팝(2007). 태국사회와 문화.
아동복지법(2010). 보건복지부.
안영진, 장선철(2006). 아동상담. 서울 : 동문사.
양동교(2009). 아동 · 청소년 정책현황 및 권리. 2009년 제25회 유아교육학술대회. 아이코리아 연수원.
여성가족부(2006). 2006 보육사업안내.
여성가족부(2010). 2010 한부모가정 지원사업 안내. 여성가족부.
여성가족부(2013). 청소년 방과후 아카데미 운영결과 보고서. 한국청소년활동 진흥원.
여성가족부 · 중앙건강가정지원센터(2007). 2007 결혼이민자가족 아동양육지원사업 운영매뉴얼.
연진영(1992). 아동학대의 실태 및 신체적 학대의 실태와 예방대책에 관한 연구. 중앙대학교 석사학위 청구논문.
오성배(2005). 코시안(Kosian) 아동의 성장과 환경에 관한 사례 연구. 한국교육, 32(3) : 61-83.
오승환(2000). 저소득 결손가족 청소년의 적응 결정요인. 서울대학교 대학원 박사학위 논문.
오정수 · 정익중(2009). 아동복지론. 서울 : 학지사.
우종모 · 김재호 · 조당호(2004). 사회복지행정론. 경기 : 양서원.
유안진(1995). 유아환경론. 서울 : 창지사.
유안진(1999). 아동발달의 이해. 서울 : 문음사.
유희정 · 강정희(2002). 영유아 보육서비스 다양화 및 보육인프라 확충방안 연구. 여성개발원 연구보고서, 220-12.
윤난호(1996). 아동이 보고한 학대와 가정환경 관련변인과의 관계. 숙명여자대학교 교육대학원 석사학위 청구논문.
윤종희(1991). 가족학 연구와 생태학적 접근. 가족학연구회 편, 197-226.
윤철수 · 진혜경 · 안정선(2006). 학교교육과 복지. 한국학교사회복지사협회 부설 교육복지 연구소. 경기 : 양서원.
윤현희(2008). 방과후 아동지도 활성화 방안에 관한 연구 : 초등학교 저학년의 방과후 아동지도를 중심으로. 한양대학교 행정자치대학원 석사학위 논문.
은지용(2007). 청소년 다문화 학습 프로그램 모형개발 연구. 청소년학연구, 14(3) : 217-241.
이경림(2004). '지역아동센터 운영 및 설립방안'. 부스러기사랑나눔회.
이대근(2001). 아동복지론. 서울 : 형설출판사.

이문영(2008). 교육의 새로운 만남을 위한 교육학 개론. 서울 : 교육아카데미.
이소희 외(2004). 영유아보육론. 경기 : 양서원.
이소희(1989). 아동학대 확인을 위한 가정환경 분석 연구. 숙명여자대학교 박사학위 청구논문.
이소희(2002). 아동보육론. 서울 : 양지사.
이소희(2005). 보육학개론. 경기 : 양서원.
이소희(2005). 아동보육론. 서울 : 대왕사.
이소희(2005). 아동복지론. 서울 : 학현사.
이소희 · 유미숙(1997). 유아복지. 서울 : 형설출판사.
이순형 외(2000). 열린교육을 위한 주제탐구 표현활동 : 어린이집과 초등학교의 방과후 프로그램. 서울 : 창지사.
이순형 외(2003). 아동복지 이론과 실천. 서울 : 학지사.
이순형 외(2003). 아동복지. 서울 : 학지사.
이순형 외(2008). 아동복지-이론과 실천. 서울 : 학지사.
이옥(2000). 한국 영유아보육사업의 이념적 방향과 과제. 한국영유아보육학 제23집, 1-24.
이옥형(1997). 아동발달. 서울 : 집문당.
이용교(1999). 현대청소년복지론. 경기 : 양서원.
이인정 · 최해경(2000). 인간행동과 사회환경. 파주 : 나남출판사.
이장호(1993). 상담심리학입문. 서울 : 박영사.
이재연 외(1990). 아동상담과 치료. 경기 : 양서원.
이재연(1992). 아동발달. 서울 : 문음사.
이재연 · 박은미 · 황옥경 · 김형모 · 이은주 · 강현아(2008). 아동복지론. 서울 : 학지사.
이정희(1994). 우리나라 고등학교 상담실 운영개선에 관한 연구. 경희대 행정대학원 석사학위 논문.
이종성(2007). "새터민 청소년의 한국사회 적응과 한국교회의 역할". 감리교 신학대학대학원 석사학위 논문.
이주연(2003). 교회의 부모교육. 아동기 부모를 중심으로. 한신대학교 대학원 석사학위 논문.
이주자코호트사업(2007-2010). 내부자료.
이창수(2007). 포괄적 보육서비스를 위한 보육정책의 발전방향 연구. 경희대학교 대학원 박사학위 논문.
2007년 국제결혼가정 자녀의 교육기회 실태와 대안 모색. 인간연구, 12 : 1-15.
이태희(2004). 아동발달심리를 고려한 소아전문클리닉 실내 디자인에 관한 연구. 홍익대학교 산업대학원 석사학위 논문.
이해경 · 이양 · 용홍출(2005). 교육심리학. 경기 : 양서원.
이해경 외(2007). 평생학습자를 위한 교육학의 이해. 서울 : 학지사.
이화진(2008). 학교사회사업에 관한 연구. 동국대학교 행정대학원 석사학위 논문.
임은영(2008). 보육서비스의 개선방안에 관한 연구. 조선대학교 정책대학원 석사학위 논문.
임종운(2002). 아동복지론. 서울 : 홍익재.

장상란(2008). 평가인증 후 보육시설 종사자의 평가인증에 대한 인식 및 사후관리 실태. 경성대학교 교육대학원 석사학위 논문.

장애아동복지지원법 제정을 위한 공동대책위원회(2009). 장애아동복지지원법 제정을 위한 전국지역순회간담회 자료집.

장애인 등에 대한 특수교육법(2010). 보건복지부.

장인협(1981). 사회복지론. 서울 : 서울대학출판부.

장인협 · 오정수(2001). 아동청소년복지론. 서울대학교출판부.

장혜경 외(2003). 외국인 노동자 가족관련 정책 비교연구. 한국여성개발원.

장혜경(2004). 외국인 근로자 자녀의 교육소외 실태와 대책. 한국교육개발원, 제25차 KEDI 교육정책포럼 : 99-123.

전남련 · 이애련(2008). 아동복지. 서울 : 형설출판사.

전재일 외(1997). 학교사회사업. 사회복지개발연구원.

정기선 외(2007). 경기도내 국제결혼 이민자가족 실태조사 및 정책적 지원방안 연구. 경기도가족여성개발원.

정영숙 외(2001). 아동발달과 부모교육. 서울 : 시그마프레스.

정옥분(2004). 발달심리학. 서울 : 학지사.

정원식 · 박성수(1978). 카운슬링의 원리. 서울 : 교육과학사.

정일봉(2006). 학교사회사업의 제도화 방안에 관한 연구. 조선대학교 정책대학원 석사학위 논문.

조기석(2009). 방과후 아동보육의 활성화 방안. 가야대학교 행정대학원 석사학위 논문.

조성연 외(2008). 아동발달의 이해. 서울 : 신정.

조영달 외(2006). 다문화가정 자녀교육지원을 위한 자료개발연구. 교육인적자원부.

조희금 · 김경신 · 정민자 · 송혜림 · 이승미 · 성미애 · 이현아(2007). 건강가정론. 서울 : 신정.

주영희(1984). 가출아동을 통한 학대에 대한 조사연구. 사회복지, 80, 71-133.

주정일 · 이소희(1998). 개정판 아동복지학. 서울 : 교문사.

주정일 · 이소희(2003). 아동복지실천론. 서울 : 교문사.

중앙, 시 · 도 · 시 · 군 · 구 건강가정지원센터의 역할 및 체계구축(2005). 중앙건강가정지원센터.

질병관리본부(2007). 2006년 혼인통계 결과. 보도자료.

질병관리본부(2007). 인구동태통계(2002~2006). DB 웹서비스.

최명민 · 이기영 · 최현미 · 김정진(2009), 문화적 다양성과 사회복지. 서울 : 학지사.

최미현(2006). 학교사회사업 활성화 방안에 관한 연구. 조선대학교 정책대학원 석사학위 논문.

최선희(2003). 교육복지투자 우선지역 아동 · 청소년 실태조사. 강북 · 노원지역사업 담당자 워크샵. 서울특별시 성북교육청 · 강북지역복지협의회 · 노원교육복지협의회.

최성재 · 남기민(2004). 사회복지행정론 개정판. 파주 : 나남출판사.

최순옥 외(2004). 가정폭력 피해여성을 대상으로 한 집단치료놀이의 효과성. 아동복지연구 2권 2호.

최순옥(2005). 가정폭력피해가족을 위한 가족치료놀이 프로그램 개발 및 효과. 숙명여자대학교 대학원 박사학위 논문.

최재규(1989). 한국사회복지행정 전달체계에 관한 연구. 한국토지행정학회보 2.

통계청(2006). 2005년 혼인 · 이혼통계 결과. 보도자료.

통일부(2008). 새터민 입국현황.

평택대학교 다문화가족센터(2007). 다문화가족백서.

표갑수(1994). 아동청소년복지론. 청주대학교출판부.

표갑수(2000). 아동청소년복지론. 서울 : 나남출판사.

한국교육개발원(2012). 교육통계 분석 자료집－유 · 초 · 중등교육 통계편

한미현 외(2007). 아동복지. 서울 : 창지사.

한성심(2003). 아동복지론. 서울 : 창지사.

한성심(2004). 영유아보육법 개정에 따른 보육프로그램 재조명. 한국유아교육 보육행정학회지, 제8권 1호.

한성심 · 송주미(2006). 아동복지론. 서울 : 창지사.

한인영 · 홍순례 · 김혜란(2004). 학교와 사회복지 실천. 파주 : 나남출판사.

함세남 외(2001). 사회복지역사와 철학. 서울 : 학지사.

허남순(1993) 아동학대의 실태 및 대책. 한국아동복지학(한국아동복지학회), 23-45.

홍금자(2000). "근대 사회사업의 성립과 발달사적 구분에 관한 연구." 한국사회복지학 통권 40. 226-269.

홍진주(2004). 몽골출신 이주노동자 자녀의 사회심리적 적응에 관한 연구. 이화여자대학교 석사학위 논문.

황영희(1987). 부모의 결혼 만족도와 아동학대와의 관계. 숙명여자대학교 석사학위 청구논문.

Allen-Meares, P., Washintion, R., & Welsh, B.(1966). Social Work Service in Schools(2nd ed.). Englewood Cliffs, N.J : Prentice-Hall.

Alvy, K. T.(1975). Preventing child abuse. American Psycholgist, 30, 921-928.

Banks, J. A.(2006). Cultural diversity and education : Foundation, curriculum, ald teaching. Boston : Pearson Education, Inc.

Baumrind, D.(1967). Effect of authoritative parental control on child behavior. Child Development, 37, 887-907.

Bennett, C.(1990). Comprehensive multicultural Education-Theory and Practice. 2nd ed., Allyn and Bacon.

Berger, K. S.(2003). Developing Person Through Childhood and Adolescense. N.Y : Worth Publishers.

Bradbury, B., & Jantii, M.(2000). "Child Poverty across the Industrialized World : Evidence from Luxembourg Incom Study." In K. Vleminkx & T. Smeeding(Ed.). Child Wellbeing, Child Poverty and Child Policy in Modern Nations. The Policy Press, pp. 11-32.

Browne, K. Saqi, S.(1988). "Parent-Child interaction in abusing families : its possible causes and consequences." In P. Maher(ed.), child Abuse. Oxford : Basil Blackwell, 77-103.

Burgess, R. L., & Conger, R. D.(1978). "Family intereaction in abusive, neglectful, and normal families." Child Development 49, 1163-1173.

Campbell, D. E.(2004). Choosing Democracy : A practical guide to multicultural education. New Jersey : Pearson Education, Inc.

Chafel, J. A., & Hadley, K. G.(2001). Poverty and the well-being of children and families. In Handbook of clinical child psychology. ed., C. Eugene Walker & Michael C. Roberts. New York : John Wiley & Sons.

Clarke-Stewart, A.(1993). Day care. Cambridge, MA : Havard University Press.

Claussen, A. H., & Crittenden, P. M.(1991). Physical and Psychological Maltreatment : Relations Among Types of Maltreatment. Child Abuse & Neglect, 15, 5-18.

Costin, L. B.(1979), Child Welfare : Policies and Practice, New York : McGraw-Hill.

Costin, L. B.(1987). School social work practice : A new model. Social Work, 20(1).

Duncan, C. J., & Brooks-Gunn, J.(2000). Family poverty, welfare reform and child development. Child Development, 71(1), 188-197.

Erikson. E. H.(1974). Identit und Lebenszyklus. Drei Aufstze, Frankfurt.

Faller, K. C. & Stone, J. B.(1981). The child welfare system. In Faller, K. C.(Ed.), Social Work with abused and Neglected Children. N.Y : The Free Press.

Fontana, V. J.(1973). "The diagnosis of maltreatment syndrome in children," in J. V. Cook & R. T. Bowles(Eds.), Child Abuse-comissions and omissins Tornto : Butterworth Company, 69-72.

Frederckson, H.(1957). The Child and His Welfare (2nd ed.). San Francisco : Freeman.

Fullinwider, R.(1995). Multicultural education : Concepts, Policies, and Controversies, in Fullinwider R. ed., Public Education in a Multicultural Society-Policy, Theory, Critique-, NY : Cambridge University Press, 3-22.

Garbarino, J.(1992). The meaning of poverty in the world of children. American Behavioral Scientist, 35(2) : 220-237.

Gelles, R. J.(1973). "Child abuse as Psycholpathology : A socialogical critique and refomation." A. J. of Orthopsychiatry 43, 611-621.

Gil, D. G.(1971). "Violence against children," J. of Marriage and the Family 33, 637-648.

Gilbert, N., & Specht, H.(1974). Dimensions of Social Welfare Police, Englewood Cliffs, N. J. : Prentice-Hall.

Hare, I.(1994). School social work in transition. Social Work in Education, 16(1), 64-68.

Herrenkohl, R. C., Herrenkohl, E. C. & Egolf, B. P.(1983). "Circumstances surrounding the occurrence of child maltreatment." J. of Consulting and Clinical Psychology 51, 424-431.

Howes, C., & Hamilton, C. E.(1993). Children's realationships with child care teachers : Stability and concordance with parental attachments. Child Development, 63, 867-878.

Justice, B. & Justice, R.(1976). The Abusing Family. NeW York : Human Sciences Press.

Kadushin, A.(1989). Child Abuse, An Inernational Event. New York, Colombia University Press.

Kadushin, A., & Martin, J. A.(1988). Child welfere services (4th Ed.). N.Y : Macmillan Publishing Co.

Kempe, C. H. & Helfer, R. E.(1974). The battered child. 1st, ed. Chicago University of Chicago Press.

Kinard, E. M.(1979). "The psychological consequences of abuse for the child." J. of Social Issues 35, (2), 82-100

Korbin, J.(1980). "The cross-cultural contex of child abuse and neglect." In C. Kempe & R. E. Helfer(Ed.). The battered Chicago : University of Chicago Press, 21-35.

Leventhal, J. H.(1981). Risk factors for child abuse, methodologic standards in case-control studies. peaiatrics, 68, 684-690.

Mario, D. T.(1983). "Injured children and their parents." Children 31, 147-152.

Mussen, P. H.(1979). The Psychological Development of the Child. N.Y : Prentice-Hall.

Papalia, D. E., & Olds, S. W.(1989). Human development(7th ed.). McGraw-Hill.

Parekh, B.(2006). Rethinking Multiculturalism : Cultural diversity and political theory. New York : Palgrave Macmilan.

Patterson, C. H.(1973). Theories of counseling and psychotherapy (2nd ed.). New York : Harper & Row.

Popple, P., & Leighninger, L.(1999). Social Work, Social Welfare, and American Society(4th Ed.), Allyn & Bacon.

Rettew, D. C., Copeland, W., Stanger, C., & Hudziak, J. J.(2004). Associations between temperament and DSM-IV externalizing disorders in children and adolescents. Development and Behavioral Pediatrics, 25, 383-391.

Rimland, B.(1964). Infantile autism. New York : Appleton-Century-Crofts.

Rogers. C. R.(1951). Client- centered Therapy, Boston : Houghton Mifflin.

Santrock, J. W.(2002). Children(8th ed.). New York : McGraw.

Schaefer, C. E.(1993). The Therapeutic Powers of Play. New Jersey : A Jason Aronson.

Schaefer, H. R., & Emerson, P. E.(1964). The development of social attachments in infancy. Monographs of the Social Research in Child Development, 29(3Sereal no. 94), 211-227.

Schwartz(1995). Crossing Borders/Schifting Paradigms : Multiculturalism and Children's Literature, Harvard Educational Review, 65 : 634-650.

Shaffer, D. R.(1999). Developmental psychology : Childhood and adolesence(5th ed.). Pacific Grove, CA : Brooks/Cole.

Shahmoon-Shanok, R.(1997). Giving Back Future's Promise : Working Resourcefully with Parents of Children Who Have Severe Disorders of Relating and Communicating. Zero

To Three, 17(5), 37-48.

Sharf, R. S.(2000). Theories of psychotherapy and counseling(2nd ed.). Belmont, CA : Brooks/Cole.

Smith, S. L.(1984). Significant research findings in the etiology of child abuse. Social Casework(June), 337-346.

Steinmets, S. K. & Straus, M. A.(1974). General introduction : Social myth and social system in the study of intra-family Violenc, In S. K. Steinmetz & M. A. Straus(Eds.), Violence in the Family. New York : Harper and Row Company, 3-24.

Stern, D. N.(1985). The Interpersonal Word of the Infant : A View from Psychoanalysis and Developmental Psychology. New York. : Basic books.

Straus, M. A.(1979). Measuring intrafamily conflict and violence : The conflict tactics(CT) scales. Journal of Marriage and the Family, 21, 75-88.

Suomi, S. J., Harlow, H. F.(1972). Social rehabilitation ofislate-reared monkeys. Developmental Psychology, 6, 487-496.

Tedeschi, R. G., & Calhoun, L. G.(1996). The Posttraumatic Growth Inventory : measuring the positive legacy of trauma. Journal of Traumatic Stress, 9(3), 455-471.

U.S. Department of Health and Human Services(1995). Social Society Programs throughout the World-1995.

Veronen, L. J., & Kilpatrick. D. G.(1983). Stress management for rape victims. In D. Meichenbaum & M. E. Jaremko (Eds.), Stress reduction and prevention. New York : Plenum. 341-374.

Wadsworth, B. J.(1972). Piaget's theroy of cognitive development. An intraduction for Student of Psychlogy and Education, New York : David Mcay Company, Inc.

White, B. L.(1993). The first three years of life. N.Y : Fire Side : Simon & Schuster.

Winnicott, D. W.(1958). Collected Papers : Through Paediatrics to Psychoanalysis. London : Tavistock.

Winnicott, D. W.(1971). Playing and Reality. London : Tavistock Education, 39, 879-880.

〈인터넷 자료〉

건강가정지원센터 http://www.familynet.or.kr

곡교어린이 : http : //www.gokgyo.co.kr

교육과학기술부 : http : //www.mest.go.kr

구운초등학교방과후 : http : //www.guun.es.kr

국가정보원(http : //www.nis.go.kr)

동방사회복지회 http : //www.eastern.or.kr

드림스타트 http : //www.dreamstart.kr/

들꽃 방과후 아카데미 : http : //www.wahaha.or.kr

법제처 http://www.mw.go.kr
베트남정보, http : //ww.vietinfo.co.kr
보건복지부 http : //www.mohw.go.kr
보건복지부 http : //www.mw.go.kr/
사단법인 한국입양홍보회 http : //www.mpak.co.kr/
여성가족부 http://www.moleg.go.kr/
위스타트 http : //westart.joins.com/
중앙가정위탁지원센터 http : //www.fostercare.or.kr/
중앙아동자립지원센터 http : //www.adongjarip.or.kr/
청소년 방과후아카데미 : http : //www.youthacademy.or.kr
태국대사관 http : //www.thaiembassy.or.kr/thai.htm
한국태국학회 http : //k-thaistudies.or.kr/thai_1_1.htm
한누리 지역아동센터 : http : //www.jesuits.kr/hnr
http : //www.thailand.co.kr/see_main2.htm
http.//www.tabunka.jp
http.//www.raa.de
http : //www.h5.dion.ne.jp/%7Epobinuri/tha_history.htm
http : //ask.nate.com/qna/view.html?n=5140988

〈교육과학기술부 · 교육청 자료〉

강원도교육청(2007). 「2007년도 주요업무계획」.
경기도교육청(2007). 「다문화가정 학생현황」. 내부자료.
교육인적자원부(2007). 「2007년도 다문화가정 자녀교육지원 계획」.
교육인적자원부(2007). 「다문화가정 자녀현황」. 보도자료.
교육인적자원부(2007). 「시도별, 학교급별 학생수」. 내부자료.
교육인적자원부(2007). 「시도교육청 다문화가정 자녀교육지원 현황」. 국회제출자료.
광주광역시교육청(2007). 「으뜸 광주교육 2007」.
부산광역시교육청(2007). 「2007학년도 부산교육계획」.
서울특별시교육청(2007). 「2007년도 주요업무계획」.

저자 소개

✍ 최순옥

숙명여자대학교 문학박사(아동/청소년복지)
(현) 장안대학 사회복지학과 교수
(전) 순천향대학교 사회복지학과 겸임교수
(전) 새터어린이집, 희망어린이집 시설장

✍ 윤난호

숙명여자대학교 문학박사(아동복지)
(현) 서일대학보육교사교육원 주임교수
(현) 한국아동청소년심리상담센터 아동상담실장
(현) 도봉구청, 중랑구청, 구리시청보육정책위원

✍ 장수영

숙명여자대학교 문학박사(아동복지)
(현) 단국대학교 사회복지학과 외래교수
(전) 명지전문대학 유아교육과 겸임교수
(전) 공작유치원 원장, 그린어린이집 시설장

✍ 이주연

숙명여자대학교 문학박사(아동/청소년복지)
(현) 세계사이버대학 아동보육과 교수
(현) 홍정애치료놀이상담센터 부소장
(전) 김포대학 사회복지과 겸임교수

✍ 김은숙

숙명여자대학교 문학박사(아동/청소년복지)
(현) 오은영 소아청소년클리닉 아동 · 청소년심리치료사
(현) 중앙대학교 대학원. 인제대학교 대학원 외래교수
(전) 마산대학교 보건복지학부 교수

증보개정판

아동복지의 이해

초판발행 2011년 2월 25일
개정2쇄 2015년 8월 25일

2015. 8.

저 자 최순옥 · 윤난호 · 장수영 · 이주연 · 김은숙
발행인 김현태
발행처 태영출판사

주 소 (08301) 서울 구로구 구로동 104-10 동남오피스텔 201호
전 화 02 · 839-3757, 839-3752
팩 스 02 · 837-3754
등 록 2005년 5월 30일 제12-421호
http://www.taeyeongbook.co.kr
E-mail tys2005@hanmail.net
ISBN 978-89-6302-151-5 93370
정 가 20,000원

NAVER
태영출판사

* 잘못 만들어진 책은 교환해 드립니다.